ŒUVRES

DE

CORNEILLE

II

Yf 2341

IMPRIMERIE DE BEAU,
à Saint-Germain-en-Laye.

OEUVRES

DE

CORNEILLE

NOUVELLE ÉDITION AUGMENTÉE D'UNE VIE DE CORNEILLE

ET DE NOTICES SUR CHAQUE PIÈCE;

PAR ÉMILE DE LA BÉDOLLIÈRE.

DEUXIÈME PARTIE.

PARIS,
GUSTAVE BARBA, ÉDITEUR
31 — RUE DE SEINE — 31

20

POMPÉE,

TRAGÉDIE EN CINQ ACTES.

NOTICE.

La Harpe dans son *Cours de littérature*, a porté sur *Pompée* le jugement que voici :

« La première question qui se présente sur la tragédie qui a pour titre *Pompée*, c'est de savoir quel en est le sujet. Ce ne peut être la *mort de Pompée*, quoique depuis longtemps on se soit accoutumé à l'afficher sous ce titre, très-improprement, car Pompée est assassiné au commencement du deuxième acte. Ce pourrait être la vengeance de cette mort, si Ptolémée, qui périt dans un combat à la fin de la pièce, était tué en punition de son crime. Mais il ne l'est que parce que César, à qui ce prince perfide veut faire éprouver le sort de Pompée, se trouve heureusement le plus fort, et triomphe de l'armée égyptienne. Cette conspiration contre César et le péril qu'il court forment donc une seconde action, moins intéressante que la première; car on sait quels éloges unanimes les connaisseurs ont donnés à la scène d'exposition, qui montre Ptolémée délibérant avec ses ministres sur l'accueil qu'il doit faire à Pompée vaincu à Pharsale et cherchant un asile en Égypte. On ne peut pas commencer une tragédie d'une manière plus imposante à la fois et plus attachante; et quoique l'exécution en soit souvent gâtée par l'enflure et la déclamation, cette ouverture de pièce, en ne la considérant que par son objet, passe avec raison pour un modèle. Des scènes d'une galanterie froide, et quelquefois indécente, entre César et Cléopâtre, ne sont qu'un remplissage vicieux qui achève de faire de cette pièce un ouvrage très-irrégulier, composé de parties incohérentes. Les caractères ne sont pas moins répréhensibles. Le roi Ptolémée, qui supplie sa sœur Cléopâtre d'employer son crédit auprès de César pour en obtenir la grâce de Photin, est entièrement avili.

» César, qui n'a *vaincu à Pharsale que pour Cléopâtre*, et qui *n'est venu en Égypte que pour elle*, est encore plus sensiblement dégradé, parce que c'est un des personnages dont le nom seul annonce la grandeur. Cléopâtre, qui parle d'amour et de mariage, en style de comédie, à César, qui est marié, joue un rôle indigne d'une princesse. Cependant la pièce est restée au théâtre malgré tous ses défauts, et s'y soutient par une de ces ressources qui appartiennent au génie de

Corneille, par le seul rôle de Cornélie. Il offre un mélange de noblesse et de douleur, de sublime et de pathétique, qui fait revivre en elle tout l'intérêt attaché à ce seul nom de Pompée. Il ne paraît point dans la pièce, mais il semble que son ombre la remplisse et l'anime. L'urne qui contient ses cendres, et qu'apporte à sa veuve un Romain obscur qui a rendu les derniers devoirs aux restes d'un héros malheureux; l'expression touchante des regrets de Cornélie et les serments qu'elle fait de venger son époux; les regrets mêmes de César, qui ne peut refuser des larmes au sort de son ennemi, répandent de temps en temps sur cette pièce une sorte de deuil majestueux qui convient à la tragédie. La scène où Cornélie vient avertir César des complots formés contre sa vie par Ptolémée et Photin est encore une de ces hautes conceptions qui caractérisent le grand Corneille, et rappellent l'auteur des *Horaces* et de *Cinna*. »

Les observations de La Harpe sont pleines de sens, à l'exception de la première. Le titre qu'il repousse vaut certainement mieux que celui qu'il propose d'adopter. Le vaincu de Pharsale ne saurait donner son nom à un drame dans lequel il ne paraît pas. Mais sa mort est réellement le point de départ de l'action.

La *Mort de Pompée* fut représentée en 1641, avec le plus grand succès. La principale critique qu'on en fit, ce fut qu'il y avait trop de héros, trop de personnages attirant l'admiration ou la pitié. Comme on ne savait pour lequel prendre un parti, l'émotion que chacun d'eux inspirait ne semblait ni assez distincte ni assez vive.

Corneille fit imprimer la *Mort de Pompée* en 1644 chez Antoine de Sommaville, et la dédia à l'*éminentissime* cardinal Mazarin. « Je présente, lui disait-il, le grand Pompée à Votre Eminence, c'est-à-dire le plus grand personnage de l'ancienne Rome au plus illustre de la nouvelle. Je mets sous la protection du premier ministre de notre jeune roi un héros qui, dans sa bonne fortune, fut le protecteur de beaucoup de rois, et qui dans sa mauvaise eut encore des rois pour ses ministres. »

Ces flatteries furent récompensées par une gratification, en échange de laquelle Corneille adressa à son bienfaiteur un remercîment en vers. On y remarque ce passage :

> Mon bonheur n'a point eu de douteuse apparence,
> Tes dons ont devancé même mon espérance,
> Et ton cœur généreux m'a surpris d'un bienfait
> Qui ne m'a pas coûté seulement un souhait.
> La grâce en affaiblit quand il faut qu'on l'attende ;
> Tel pense l'acheter, alors qu'il la demande,
> Et c'est je ne sais quoi d'abaissement secret
> Où quiconque a du cœur ne consent qu'à regret ;
> C'est un terme honteux que celui de prière :
> Tu me l'as épargné, tu m'as fait grâce entière :
> Ainsi l'honneur se mêle au bien que je reçois :
> Qui donne comme toi, donne plus d'une fois,

Son don marque une estime et plus pure et plus pleine.
Il attache les cœurs d'une plus forte chaîne,
Et, prenant nouveau prix de la main qui le fait,
Sa façon de bien faire est un second bienfait.
. . . .
Reçois, avec les vœux de mon obéissance,
Ces vers précipités par ma reconnaissance.
L'impatient transport de mon ressentiment
N'a pu pour les polir m'accorder un moment:
S'ils ont moins de douceur, ils en ont plus de zèle;
Leur rudesse est le sceau d'une ardeur plus fidèle,
Et ta bonté verra dans leur témérité
Avec moins d'ornement plus de sincérité.

Corneille a imité dans cette tragédie quelques passages de la *Pharsale* de Lucain. L'événement qu'il a pris pour sujet arriva l'an 45 avant J.-C.

Pompée après sa défaite s'était dirigé du côté de la mer. Il héla un vaisseau dont le patron nommé Péticius voulut bien le prendre à bord, et il se rendit à Mitylène, où il retrouva sa femme Cornélie. Quelques-uns de ses partisans vinrent le rejoindre, et délibérèrent avec lui sur le parti qu'il avait à prendre. A la suite de longs pourparlers, il résolut d'aller demander asile à Ptolémée Dionysius, qui venait de monter sur le trône d'Egypte à l'âge de quatorze ans, et au père duquel il avait rendu de grands services.

La flottille de Pompée partit de l'île de Chypre, et arriva en Egypte après une heureuse et courte traversée. Ptolémée était à Péluse, en guerre avec sa sœur Cléopâtre. Pompée envoya un de ses amis pour annoncer au roi son arrivée, et le prier de le recevoir. Un conseil fut aussitôt assemblé, et les opinions diverses qu'on y émit furent celles que Corneille prête à ses personnages dans la scène d'exposition. Le ministre Photin et un rhéteur, nommé Théodote de Chio, firent décider l'assassinat du proscrit. On en chargea l'Egyptien Achillas, Septimius et Salvius, anciens chefs de cohorte sous Pompée, et quelques satellites obscurs. Ils montèrent sur une barque et s'approchèrent de la galère où Pompée attendait la réponse royale. Ils l'invitèrent à descendre dans leur barque pour se rendre à terre. Pompée y consentit, embrassa sa femme, et quitta son bord. Pendant le trajet, voyant ses guides garder le silence, il se mit à étudier une harangue qu'il avait écrite en grec pour la prononcer devant Ptolémée.

Au moment où il allait débarquer, Septimius lui porta un coup d'épée par derrière. Achillas et Salvius tirèrent en même temps leurs épées et le frappèrent avec fureur. Pompée se couvrit le visage de sa robe, et tomba sans avoir fait aucun mouvement pour se défendre, sans avoir prononcé une seule parole. Les meurtriers lui coupèrent la tête, et jetèrent le cadavre à l'eau. Cornélie, qui avait assisté de loin à cet affreux spectacle, ordonna aussitôt de lever l'ancre, et ses vaisseaux gagnèrent le large.

César arriva quelques jours après en Egypte, et il détourna les yeux avec horreur quand on lui présenta la tête de son antagoniste. Par ses ordres, Achillas et Photin subirent le dernier supplice.

On voit par ce récit que la tragédie de Corneille n'est pas complétement conforme à la vérité historique.

Un poëte obscur, Charles Chalmer, avait déjà publié en 1638 une tragédie intitulée la *Mort de Pompée*, qu'il dédia au cardinal de Richelieu. Il n'est rien resté de cette pièce, que celle de Corneille aura probablement contribué à faire oublier.

ÉMILE DE LA BÉDOLLIÈRE.

PERSONNAGES.

JULES-CÉSAR.
MARC-ANTOINE.
LÉPIDE.
CORNÉLIE, femme de Pompée.
PTOLOMÉE, roi d'Égypte.
CLÉOPATRE, sœur de Ptolomée.
PHOTIN, chef du conseil d'Égypte.
ACHILLAS, lieutenant général des armées du roi d'Égypte.
SEPTIME, tribun romain à la solde du roi d'Égypte.
CHARMION, dame d'honneur de Cléopâtre.
ACHORÉE, écuyer de Cléopâtre.
PHILIPPE, affranchi de Pompée.
TROUPE DE ROMAINS.
TROUPE D'ÉGYPTIENS.

La scène est à Alexandrie, dans le palais de Ptolomée.

POMPÉE.

ACTE PREMIER.

SCÈNE I.

PTOLOMÉE, PHOTIN, ACHILLAS, SEPTIME.

PTOLOMÉE. Le destin se déclare; et nous venons d'entendre
Ce qu'il a résolu du beau-père et du gendre.
Quand les dieux étonnés semblaient se partager,
Pharsale a décidé ce qu'ils n'osaient juger.
Ses fleuves teints de sang, et rendus plus rapides
Par le débordement de tant de parricides;
Cet horrible débris d'aigles, d'armes, de chars,
Sur ces champs empestés confusément épars,
Ces montagnes de morts privés d'honneurs suprêmes,
Que la nature force à se venger eux-mêmes,
Et dont les troncs pourris exhalent dans les vents
De quoi faire la guerre au reste des vivants,
Sont les titres affreux dont le droit de l'épée
Justifiant César a condamné Pompée.
Ce déplorable chef du parti le meilleur,
Que sa fortune lasse abandonne au malheur,
Devient un grand exemple, et laisse à la mémoire
Des changements du sort une éclatante histoire.
Il fuit, lui qui, toujours triomphant et vainqueur,
Vit ses prospérités égaler son grand cœur;
Il fuit, et dans nos ports, dans nos murs, dans nos villes;
Et, contre son beau-père ayant besoin d'asiles,
Sa déroute orgueilleuse en cherche aux mêmes lieux
Où contre les Titans en trouvèrent les dieux.
Il croit que ce climat, en dépit de la guerre,
Ayant sauvé le ciel sauvera bien la terre,
Et, dans son désespoir à la fin se mêlant,
Pourra prêter l'épaule au monde chancelant.
Oui, Pompée avec lui porte le sort du monde,
Et veut que notre Egypte, en miracles féconde,
Serve à sa liberté de sépulcre ou d'appui,
Et relève sa chute ou trébuche sous lui.
  C'est de quoi, mes amis, nous avons à résoudre.
Il apporte en ces lieux les palmes ou la foudre:

S'il couronna le père, il hasarde le fils ;
Et, nous l'ayant donnée, il expose Memphis.
Il faut le recevoir ou hâter son supplice,
Le suivre ou le pousser dedans le précipice.
L'un me semble peu sûr, l'autre peu généreux ;
Et je crains d'être injuste ou d'être malheureux.
Quoi que je fasse enfin, la fortune ennemie
M'offre bien des périls ou beaucoup d'infamie :
C'est à moi de choisir ; c'est à vous d'aviser
A quel choix vos conseils me doivent disposer.
Il s'agit de Pompée ; et nous aurons la gloire
D'achever de César ou troubler la victoire ;
Et je puis dire enfin que jamais potentat
N'eut à délibérer d'un si grand coup d'Etat.

PROTIN. Seigneur, quand par le fer les choses sont vidées,
La justice et le droit sont de vaines idées ;
Et qui veut être juste en de telles saisons
Balance le pouvoir et non pas les raisons.
　Voyez donc votre force ; et regardez Pompée,
Sa fortune abattue et sa valeur trompée.
César n'est pas le seul qu'il fuie en cet état :
Il fuit et le reproche et les yeux du sénat,
Dont plus de la moitié piteusement étale
Une indigne curée aux vautours de Pharsale ;
Il fuit Rome perdue, il fuit tous les Romains,
A qui par sa défaite il met les fers aux mains ;
Il fuit le désespoir des peuples et des princes,
Qui vengeraient sur lui le sang de leurs provinces,
Leurs Etats et d'argent et d'hommes épuisés,
Leurs trônes mis en cendre et leurs sceptres brisés.
Auteur des maux de tous, il est à tous en butte,
Et fuit le monde entier écrasé sous sa chute.
Le défendrez-vous seul contre tant d'ennemis ?
L'espoir de son salut en lui seul était mis ;
Lui seul pouvait pour soi : cédez alors qu'il tombe.
Soutiendrez-vous un faix sous qui Rome succombe,
Sous qui tout l'univers se trouve foudroyé,
Sous qui le grand Pompée a lui-même ployé ?
Quand on veut soutenir ceux que le sort accable,
A force d'être juste on est souvent coupable,
Et la fidélité qu'on garde imprudemment,
Après un peu d'éclat, traîne un long châtiment,
Trouve un noble revers, dont les coups invincibles
Pour être glorieux ne sont pas moins sensibles.
　Seigneur, n'attirez point le tonnerre en ces lieux ;
Rangez-vous du parti des destins et des dieux ;
Et sans les accuser d'injustice ou d'outrage,
Puisqu'ils font les heureux, adorez leur ouvrage ;

Quels que soient leurs décrets, déclarez-vous pour eux,
Et pour leur obéir perdez le malheureux.
Pressé de toutes parts des colères célestes,
Il en vient dessus vous faire fondre les restes;
Et sa tête, qu'à peine il a pu dérober,
Toute prête de choir, cherche avec qui tomber.
Sa retraite chez vous en effet n'est qu'un crime;
Elle marque sa haine, et non pas son estime,
Il ne vient que vous perdre en venant prendre port :
Et vous pouvez douter s'il est digne de mort!
Il devait mieux remplir nos vœux et notre attente,
Faire voir sur ses nefs la victoire flottante;
Il n'eût ici trouvé que joie et que festins;
Mais puisqu'il est vaincu, qu'il s'en prenne aux destins.
J'en veux à sa disgrâce, et non à sa personne;
J'exécute à regret ce que le ciel ordonne;
Et du même poignard pour César destiné
Je perce en soupirant son cœur infortuné.
Vous ne pouvez enfin qu'aux dépens de sa tête
Mettre à l'abri la vôtre et parer la tempête.
Laissez nommer sa mort un injuste attentat :
La justice n'est pas une vertu d'Etat.
Le choix des actions ou mauvaises ou bonnes
Ne fait qu'anéantir la force des couronnes;
Le droit des rois consiste à ne rien épargner.
La timide équité détruit l'art de régner :
Quand on craint d'être injuste, on a toujours à craindre;
Et qui veut tout pouvoir doit oser tout enfreindre,
Fuir comme un déshonneur la vertu qui le perd,
Et voler sans scrupule au crime qui le sert.
　C'est là mon sentiment. Achillas et Septime
S'attacheront peut-être à quelque autre maxime;
Chacun a son avis : mais, quel que soit le leur,
Qui punit le vaincu ne craint point le vainqueur.

ACHILLAS. Seigneur, Photin dit vrai : mais, quoique de Pompée
Je voie et la fortune et la valeur trompée,
Je regarde son sang comme un sang précieux
Qu'au milieu de Pharsale ont respecté les dieux.
Non qu'en un coup d'Etat je n'approuve le crime;
Mais, s'il n'est nécessaire, il n'est point légitime.
Et quel besoin ici d'une extrême rigueur?
Qui n'est point au vaincu ne craint point le vainqueur.
Neutre jusqu'à présent, vous pouvez l'être encore;
Vous pouvez adorer César, si l'on l'adore :
Mais quoique vos encens le traitent d'immortel,
Cette grande victime est trop pour son autel;
Et sa tête immolée au dieu de la victoire
Imprime à votre nom une tache trop noire;

Ne le pas secourir suffit sans l'opprimer.
En usant de la sorte on ne vous peut blâmer.
Vous lui devez beaucoup; par lui Rome animée
A fait rendre le sceptre au feu roi Ptolomée :
Mais la reconnaissance et l'hospitalité
Sur les âmes des rois n'ont qu'un droit limité.
Quoi que doive un monarque, et dût-il sa couronne,
Il doit à ses sujets encor plus qu'à personne,
Et cesse de devoir quand la dette est d'un rang
A ne point s'acquitter qu'aux dépens de leur sang.
S'il est juste d'ailleurs que tout se considère,
Que hasardait Pompée en servant votre père?
Il se voulut par là faire voir tout-puissant,
Et vit croître sa gloire en le rétablissant.
Il le servit enfin, mais ce fut de la langue;
La bourse de César fit plus que sa harangue :
Sans ses mille talents, Pompée et ses discours
Pour rentrer en Egypte étaient un froid secours.
Qu'il ne vante donc plus ses mérites frivoles;
Les effets de César valent bien ses paroles;
Et si c'est un bienfait qu'il faut rendre aujourd'hui,
Comme il parla pour vous, vous parlerez pour lui :
Ainsi vous le pouvez et devez reconnaître.
Le recevoir chez vous, c'est recevoir un maître,
Qui, tout vaincu qu'il est, bravant le nom de roi,
Dans vos propres États vous donnerait la loi.
Fermez-lui donc vos ports, mais épargnez sa tête.
S'il le faut toutefois, ma main est toute prête;
J'obéis avec joie, et je serais jaloux
Qu'autre bras que le mien portât les premiers coups.

SEPTIME. Seigneur, je suis Romain; je connais l'un et l'autre.
Pompée a besoin d'aide; il vient chercher la vôtre :
Vous pouvez, comme maître absolu de son sort,
Le servir, le chasser, le livrer vif ou mort.
Des quatre, le premier vous serait trop funeste;
Souffrez donc qu'en deux mots j'examine le reste.
    Le chasser, c'est vous faire un puissant ennemi,
Sans obliger par là le vainqueur qu'à demi,
Puisque c'est lui laisser, et sur mer et sur terre,
La suite d'une longue et difficile guerre,
Dont peut-être tous deux également lassés
Se vengeraient sur vous de tous les maux passés.
Le livrer à César n'est que la même chose :
Il lui pardonnera s'il faut qu'il en dispose;
Et, s'armant à regret de générosité,
D'une fausse clémence il fera vanité;
Heureux de l'asservir en lui donnant la vie,
Et de plaire par là même à Rome asservie :

Cependant que, forcé d'épargner son rival,
Aussi bien que Pompée il vous voudra du mal.
Il faut le délivrer du péril et du crime,
Assurer sa puissance et sauver son estime,
Et du parti contraire, en ce grand chef détruit,
Prendre sur vous la honte et lui laisser le fruit.
   C'est là mon sentiment; ce doit être le vôtre :
Par là vous gagnez l'un et ne craignez plus l'autre.
Mais, suivant d'Achillas le conseil hasardeux,
Vous n'en gagnez aucun et les perdez tous deux.

PTOLOMÉE. N'examinons donc plus la justice des causes,
Et cédons au torrent qui roule toutes choses.
Je passe au plus de voix; et de mon sentiment
Je veux bien avoir part à ce grand changement.
Assez et trop longtemps l'arrogance de Rome
A cru qu'être Romain c'était être plus qu'homme.
Abattons sa superbe avec sa liberté;
Dans le sang de Pompée éteignons sa fierté;
Tranchons l'unique espoir où tant d'orgueil se fonde;
Et donnons un tyran à ces tyrans du monde :
Secondons le destin qui les veut mettre aux fers :
Et prêtons-lui la main pour venger l'univers.
Rome, tu serviras; et ces rois que tu braves,
Et que ton insolence ose traiter d'esclaves,
Adoreront César avec moins de douleur,
Puisqu'il sera ton maître aussi bien que le leur.
   Allez donc, Achillas, allez avec Septime
Nous immortaliser par cet illustre crime :
Qu'il plaise au ciel ou non, laissez-m'en le souci;
Je crois qu'il veut sa mort, puisqu'il l'amène ici.

ACHILLAS. Seigneur, je crois tout juste alors qu'un roi l'ordonne.
PTOLOMÉE. Allez, et hâtez-vous d'assurer ma couronne;
Et vous ressouvenez que je mets en vos mains
Le destin de l'Egypte et celui des Romains.

SCÈNE II.

PTOLOMÉE, PHOTIN.

PTOLOMÉE. Photin, ou je me trompe, ou ma sœur est déçue;
De l'abord de Pompée elle espère autre issue :
Sachant que de mon père il a le testament,
Elle ne doute point de son couronnement;
Elle se croit déjà souveraine maîtresse
D'un sceptre partagé que sa bonté lui laisse;
Et, se promettant tout de leur vieille amitié,
De mon trône en son âme elle prend la moitié,
Où de son vain orgueil les cendres rallumées
Poussent déjà dans l'air de nouvelles fumées.

PHOTIN. Seigneur, c'est un motif, que je ne disais pas,
Qui devait de Pompée avancer le trépas.
Sans doute il jugerait de la sœur et du frère
Suivant le testament du feu roi votre père,
Son hôte et son ami, qui l'en daigna saisir :
Jugez après cela de votre déplaisir.
Ce n'est pas que je veuille, en vous parlant contre elle,
Rompre les sacrés nœuds d'une amour fraternelle :
Du trône et non du cœur je la veux éloigner ;
Car c'est ne régner pas qu'être deux à régner.
Un roi qui s'y résout est mauvais politique ;
Il détruit son pouvoir quand il le communique ;
Et les raisons d'Etat... Mais, seigneur, la voici.

SCÈNE III.
PTOLOMÉE, CLÉOPATRE, PHOTIN.

CLÉOPATRE. Seigneur, Pompée arrive, et vous êtes ici !
PTOLOMÉE. J'attends dans mon palais ce guerrier magnanime,
Et lui viens d'envoyer Achillas et Septime.
CLÉOPATRE. Quoi ! Septime à Pompée ! à Pompée Achillas !
PTOLOMÉE. Si ce n'est assez d'eux, allez, suivez leurs pas.
CLÉOPATRE. Donc pour le recevoir c'est trop que de vous-même ?
PTOLOMÉE. Ma sœur, je dois garder l'honneur du diadème.
CLÉOPATRE. Si vous en portez un, ne vous en souvenez
Que pour baiser la main de qui vous le tenez,
Que pour en faire hommage aux pieds d'un si grand homme.
PTOLOMÉE. Au sortir de Pharsale est-ce ainsi qu'on le nomme ?
CLÉOPATRE. Fût-il dans son malheur de tous abandonné,
Il est toujours Pompée, et vous a couronné.
PTOLOMÉE. Il n'en est plus que l'ombre, et couronna mon père,
Dont l'ombre et non pas moi lui doit ce qu'il espère.
Il peut aller, s'il veut, dessus son monument
Recevoir ses devoirs et son remercîment.
CLÉOPATRE. Après un tel bienfait, c'est ainsi qu'on le traite !
PTOLOMÉE. Je m'en souviens, ma sœur, et je vois sa défaite.
CLÉOPATRE. Vous la voyez, de vrai, mais d'un œil de mépris.
PTOLOMÉE. Le temps de chaque chose ordonne et fait le prix.
Vous qui l'estimez tant, allez lui rendre hommage ;
Mais songez qu'au port même il peut faire naufrage.
CLÉOPATRE. Il peut faire naufrage ! et même dans le port !
Quoi ! vous auriez osé lui préparer la mort ?
PTOLOMÉE. J'ai fait ce que les dieux m'ont inspiré de faire,
Et que pour mon Etat j'ai jugé nécessaire.
CLÉOPATRE. Je ne le vois que trop, Photin et ses pareils
Vous ont empoisonné de leurs lâches conseils.
Ces âmes, que le ciel ne forma que de boue...
PHOTIN. Ce sont de nos conseils, oui, madame ; et j'avoue.

CLÉOPATRE. Photin, je parle au roi : vous répondrez pour tous
Quand je m'abaisserai jusqu'à parler à vous.
PTOLOMÉE. *à Photin.* Il faut un peu souffrir de cette humeur hautaine;
Je sais votre innocence, et je connais sa haine :
Après tout, c'est ma sœur, oyez sans repartir.
CLÉOPATRE. Ah! s'il est encor temps de vous en repentir,
Affranchissez-vous d'eux et de leur tyrannie;
Rappelez la vertu par leurs conseils bannie,
Cette haute vertu, dont le ciel et le sang
Enflent toujours les cœurs de ceux de notre rang.
PTOLOMÉE. Quoi! d'un frivole espoir déjà préoccupée,
Vous me parlez en reine en parlant de Pompée;
Et d'un faux zèle ainsi votre orgueil revêtu
Fait agir l'intérêt sous le nom de vertu!
Confessez-le, ma sœur, vous sauriez vous en taire,
N'était le testament du feu roi notre père;
Vous savez qui le garde.
CLÉOPATRE.   Et vous saurez aussi
Que la seule vertu me fait parler ainsi;
Et que, si l'intérêt m'avait préoccupée,
J'agirais pour César, et non pas pour Pompée.
Apprenez un secret que je voulais cacher;
Et cessez désormais de me rien reprocher.
Quand ce peuple insolent qu'enferme Alexandrie
Fit quitter au feu roi son trône et sa patrie,
Et que jusque dans Rome il alla du sénat
Implorer la pitié contre un tel attentat,
Il nous mena tous deux pour toucher son courage,
Vous assez jeune encor, moi déjà dans un âge
Où ce peu de beauté que m'ont donné les cieux
D'un assez vif éclat faisait briller mes yeux.
César en fut épris, et du moins j'eus la gloire
De le voir hautement donner lieu de le croire;
Mais, voyant contre lui le sénat irrité,
Il fit agir Pompée et son autorité.
Ce dernier nous servit à sa seule prière,
Qui de leur amitié fut la preuve dernière :
Vous en savez l'effet, et vous en jouissez;
Mais pour un tel amant ce ne fut pas assez.
Après avoir pour nous employé ce grand homme
Qui nous gagna soudain toutes les voix de Rome,
Son amour en voulut seconder les efforts,
Et, nous ouvrant son cœur, nous ouvrit ses trésors.
Nous eûmes de ses feux, encore en leur naissance,
Et les nerfs de la guerre, et ceux de la puissance;
Et les mille talents qui lui sont encor dus
Remirent en nos mains tous nos Etats perdus.
Le roi, qui s'en souvint à son heure fatale,

Me laissa, comme à vous, la dignité royale ;
Et par son testament il vous fit cette loi,
Pour me rendre une part de ce qu'il tint de moi.
C'est ainsi qu'ignorant d'où vint ce bon office,
Vous appelez faveur ce qui n'est que justice,
Et l'osez accuser d'une aveugle amitié,
Quand du tout qu'il me doit il me rend la moitié.
PTOLOMÉE. Certes, ma sœur, le conte est fait avec adresse !
CLÉOPATRE. César viendra bientôt, et j'en ai lettre expresse :
Et peut-être aujourd'hui vos yeux seront témoins
De ce que votre esprit s'imagine le moins.
Ce n'est pas sans sujet que je parlais en reine :
Je n'ai reçu de vous que mépris et que haine ;
Et, de ma part du sceptre indigne ravisseur,
Vous m'avez plus traitée en esclave qu'en sœur ;
Même, pour éviter des effets plus sinistres,
Il m'a fallu flatter vos insolents ministres,
Dont j'ai craint jusqu'ici le fer ou le poison ;
Mais Pompée ou César m'en va faire raison ;
Et, quoi qu'avec Photin Achillas en ordonne,
Ou l'une ou l'autre main me rendra ma couronne.
Cependant mon orgueil vous laisse à démêler
Quel était l'intérêt qui me faisait parler.

SCÈNE IV.

PTOLOMÉE, PHOTIN.

PTOLOMÉE. Que dites-vous, ami, de cette âme orgueilleuse ?
PHOTIN. Seigneur, cette surprise est pour moi merveilleuse ;
Je n'en sais que penser : et mon cœur étonné
D'un secret que jamais il n'aurait soupçonné,
Inconstant et confus dans son incertitude,
Ne se résout à rien qu'avec inquiétude.
PTOLOMÉE. Sauverons-nous Pompée ?
PHOTIN. Il faudrait faire effort,
Si nous l'avions sauvé, pour conclure sa mort.
Cléopatre vous hait ; elle est fière, elle est belle :
Et si l'heureux César a de l'amour pour elle,
La tête de Pompée est l'unique présent
Qui vous fasse contre elle un rempart suffisant.
PTOLOMÉE. Ce dangereux esprit a beaucoup d'artifice.
PHOTIN. Son artifice est peu contre un si grand service.
PTOLOMÉE. Mais si, tout grand qu'il est, il cède à ses appas ?
PHOTIN. Il la faudra flatter. Mais ne m'en croyez pas ;
Et pour mieux empêcher qu'elle ne vous opprime,
Consultez-en encore Achillas et Septime.
PTOLOMÉE. Allons donc les voir faire, et montons à la tour ;
Et nous en résoudrons ensemble à leur retour.

ACTE DEUXIÈME.

SCÈNE I.

CLÉOPATRE, CHARMION.

CLÉOPATRE. Je l'aime; mais l'éclat d'une si belle flamme,
Quelque brillant qu'il soit, n'éblouit point mon âme;
Et toujours ma vertu retrace dans mon cœur
Ce qu'il doit au vaincu, brûlant pour le vainqueur.
Aussi qui l'ose aimer porte une âme trop haute
Pour souffrir seulement le soupçon d'une faute;
Et je le traiterais avec indignité,
Si j'aspirais à lui par une lâcheté.
CHARMION. Quoi! vous aimez César! et, si vous étiez crue,
L'Egypte pour Pompée armerait à sa vue,
En prendrait la défense, et par un prompt secours
Du destin de Pharsale arrêterait le cours!
L'amour certes sur vous a bien peu de puissance!
CLÉOPATRE. Les princes ont cela de leur haute naissance :
Leur âme dans leur sang prend des impressions
Qui dessous leur vertu rangent leurs passions.
Leur générosité soumet tout à leur gloire :
Tout est illustre en eux quand ils daignent se croire;
Et si le peuple y voit quelques déréglements,
C'est quand l'avis d'autrui corrompt leurs sentiments.
Ce malheur de Pompée achève la ruine;
Le roi l'eût secouru, mais Photin l'assassine :
Il croit cette âme basse, et se montre sans foi;
Mais, s'il croyait la sienne, il agirait en roi.
CHARMION. Ainsi donc de César l'amante et l'ennemie...
CLÉOPATRE. Je lui garde ma flamme exempte d'infamie,
Un cœur digne de lui.
CHARMION. Vous possédez le sien?
CLÉOPATRE. Je crois le posséder.
CHARMION. Mais le savez-vous bien?
CLÉOPATRE. Apprends qu'une princesse aimant sa renommée,
Quand elle dit qu'elle aime, est sûre d'être aimée,
Et que les plus beaux feux dont son cœur soit épris
N'oseraient l'exposer aux hontes d'un mépris.
Notre séjour à Rome enflamma son courage :
Là j'eus de son amour le premier témoignage;
Et depuis jusqu'ici chaque jour ses courriers
M'apportent en tribut ses vœux et ses lauriers.

Partout, en Italie, aux Gaules, en Espagne,
La fortune le suit et l'amour l'accompagne :
Son bras ne dompte point de peuple ni de lieux,
Dont il ne rende hommage au pouvoir de mes yeux;
Et, de la même main dont il quitte l'épée,
Fumante encor du sang des amis de Pompée,
Il trace des soupirs, et, d'un style plaintif,
Dans son champ de victoire il se dit mon captif.
Oui, tout victorieux il m'écrit de Pharsale;
Et, si sa diligence à ses feux est égale,
Ou plutôt si la mer ne s'oppose à ses feux,
L'Egypte le va voir me présenter ses vœux.
Il vient, ma Charmion, jusque dans nos murailles
Chercher auprès de moi le prix de ses batailles,
M'offrir toute sa gloire, et soumettre à mes lois
Ce cœur et cette main qui commandent aux rois :
Et ma rigueur, mêlée aux faveurs de la guerre,
Ferait un malheureux du maître de la terre.

CHARMION. J'oserais bien jurer que vos charmants appas
Se vantent d'un pouvoir dont ils n'useront pas;
Et que le grand César n'a rien qui l'importune,
Si vos seules rigueurs ont droit sur sa fortune.
Mais quelle est votre attente, et que prétendez-vous,
Puisque d'une autre femme il est déjà l'époux,
Et qu'avec Calpurnie un paisible hyménée
Par des liens sacrés tient son âme enchaînée ?

CLÉOPATRE. Le divorce, aujourd'hui si commun aux Romains,
Peut rendre en ma faveur tous ces obstacles vains :
César en sait l'usage et la cérémonie;
Un divorce chez lui fit place à Calpurnie.

CHARMION. Par cette même voie il pourra vous quitter.

CLÉOPATRE. Peut-être mon bonheur saura mieux l'arrêter;
Peut-être mon amour aura quelque avantage
Qui saura mieux pour moi ménager son courage.
Mais laissons au hasard ce qui peut arriver;
Achevons cet hymen, s'il se peut achever :
Ne durât-il qu'un jour, ma gloire est sans seconde
D'être, du moins un jour, la maîtresse du monde.
J'ai de l'ambition ; et, soit vice ou vertu,
Mon cœur sous son fardeau veut bien être abattu :
J'en aime la chaleur, et la nomme sans cesse
La seule passion digne d'une princesse.
Mais je veux que la gloire anime ses ardeurs,
Qu'elle mène sans honte au faîte des grandeurs;
Et je la désavoue alors que sa manie
Nous présente le trône avec ignominie.
Ne t'étonne donc plus, Charmion, de me voir
Défendre encor Pompée, et suivre mon devoir :

Ne pouvant rien de plus pour sa vertu séduite,
Dans mon âme en secret je l'exhorte à la fuite;
Et voudrais qu'un orage, écartant ses vaisseaux,
Malgré lui l'enlevât aux mains de ses bourreaux.
　Mais voici de retour le fidèle Achorée,
Par qui j'en apprendrai la nouvelle assurée.

SCÈNE II.

CLÉOPATRE, ACHORÉE, CHARMION.

CLÉOPATRE. En est-ce déjà fait, et nos bords malheureux
Sont-ils déjà souillés d'un sang si généreux?
ACHORÉE. Madame, j'ai couru par votre ordre au rivage;
J'ai vu la trahison, j'ai vu toute sa rage;
Du plus grand des mortels j'ai vu trancher le sort;
J'ai vu dans son malheur la gloire de sa mort:
Et puisque vous voulez qu'ici je vous raconte
La gloire d'une mort qui nous couvre de honte,
Ecoutez, admirez, et plaignez son trépas.
　Ses trois vaisseaux en rade avaient mis voiles bas;
Et voyant dans le port préparer nos galères,
Il croyait que le roi, touché de ses misères,
Par un beau sentiment d'honneur et de devoir,
Avec toute sa cour le venait recevoir;
Mais voyant que ce prince, ingrat à ses mérites,
N'envoyait qu'un esquif rempli de satellites,
Il soupçonne aussitôt son manquement de foi,
Et se laisse surprendre à quelque peu d'effroi.
Enfin, voyant nos bords et notre flotte en armes,
Il condamne en son cœur ces indignes alarmes,
Et réduit tous les soins d'un si pressant ennui
A ne hasarder pas Cornélie avec lui:
« N'exposons, lui dit-il, que cette seule tête
» A la réception que l'Egypte m'apprête;
» Et, tandis que moi seul j'en courrai le danger,
» Songe à prendre la fuite afin de me venger.
» Le roi Juba nous garde une foi plus sincère;
» Chez lui tu trouveras et mes fils et ton père;
» Mais quand tu les verrais descendre chez Pluton,
» Ne désespère point, du vivant de Caton. »
Tandis que leur amour en cet adieu conteste,
Achillas à son bord joint son esquif funeste:
Septime se présente, et, lui tendant la main,
Le salue empereur en langage romain;
Et, comme député de ce jeune monarque:
« Passez, seigneur, dit-il, passez dans cette barque;
» Les sables et les bancs, cachés dessous les eaux,

» Rendent l'accès mal sûr à de plus grands vaisseaux. »
Ce héros voit la fourbe, et s'en moque dans l'âme.
Il reçoit les adieux des siens et de sa femme,
Leur défend de le suivre, et s'avance au trépas
Avec le même front qu'il donnait les Etats.
La même majesté sur son visage empreinte
Entre ces assassins montre un esprit sans crainte;
Sa vertu tout entière à la mort le conduit :
Son affranchi Philippe est le seul qui le suit.
C'est de lui que j'ai su ce que je viens de dire;
Mes yeux ont vu le reste, et mon cœur en soupire,
Et croit que César même à de si grands malheurs
Ne pourra refuser des soupirs et des pleurs.

CLÉOPATRE. N'épargnez pas les miens; achevez, Achorée,
L'histoire d'une mort que j'ai déjà pleurée.

ACHORÉE. On l'amène; et du port nous le voyons venir,
Sans que pas un d'entre eux daigne l'entretenir.
Ce mépris lui fait voir ce qu'il en doit attendre.
Sitôt qu'on a pris terre, on l'invite à descendre;
Il se lève; et soudain, pour signal, Achillas
Derrière ce héros tirant son coutelas,
Septime et trois des siens, lâches enfants de Rome,
Percent à coups pressés les flancs de ce grand homme,
Tandis qu'Achillas même, épouvanté d'horreur,
De ces quatre enragés admire la fureur...

CLÉOPATRE. Vous qui livrez la terre aux discordes civiles,
Si vous vengez sa mort, dieux, épargnez nos villes!
N'imputez rien aux lieux, reconnaissez les mains;
Le crime de l'Egypte est fait par des Romains.
Mais que fait et que dit ce généreux courage?

ACHORÉE. D'un des pans de sa robe il couvre son visage,
A son mauvais destin en aveugle obéit,
Et dédaigne de voir le ciel qui le trahit,
De peur que d'un coup d'œil contre une telle offense
Il ne semble implorer son aide ou sa vengeance.
Aucun gémissement à son cœur échappé
Ne le montre, en mourant, digne d'être frappé;
Immobile à leurs coups, en lui-même il rappelle
Ce qu'eut de beau sa vie, et ce qu'on dira d'elle;
Et tient la trahison que le roi leur prescrit
Trop au-dessous de lui pour y prêter l'esprit.
Sa vertu dans leur crime augmente ainsi son lustre;
Et son dernier soupir est un soupir illustre,
Qui, de cette grande âme achevant les destins,
Etale tout Pompée aux yeux des assassins.
Sur les bords de l'esquif sa tête enfin penchée,
Par le traître Septime indignement tranchée,
Passe au bout d'une lance en la main d'Achillas,

Ainsi qu'un grand trophée après de grands combats ;
On descend ; et, pour comble à sa noire aventure,
On donne à ce héros la mer pour sépulture,
Et le tronc sous les flots roule dorénavant
Au gré de la fortune, et de l'onde, et du vent.
La triste Cornélie, à cet affreux spectacle,
Par de longs cris aigus tâche d'y mettre obstacle,
Défend ce cher époux de la voix et des yeux,
Puis, n'espérant plus rien, lève les mains aux cieux ;
Et, cédant tout à coup à la douleur plus forte,
Tombe dans sa galère évanouie ou morte.
Les siens en ce désastre, à force de ramer,
L'éloignent de la rive et regagnent la mer.
Mais sa fuite est mal sûre ; et l'infâme Septime,
Qui se voit dérober la moitié de son crime,
Afin de l'achever, prend six vaisseaux au port,
Et poursuit sur les eaux Pompée après sa mort.
Cependant Achillas porte au roi sa conquête ;
Tout le peuple tremblant en détourne la tête.
Un effroi général offre à l'un sous ses pas
Des abîmes ouverts pour venger ce trépas ;
L'autre entend le tonnerre ; et chacun se figure
Un désordre soudain de toute la nature ;
Tant l'excès du forfait, troublant leurs jugements,
Présente à leur terreur l'excès des châtiments !
Philippe, d'autre part, montrant sur le rivage
Dans une âme servile un généreux courage,
Examine d'un œil et d'un soin curieux
Où les vagues rendront ce dépôt précieux,
Pour lui rendre, s'il peut, ce qu'aux morts on doit rendre,
Dans quelque urne chétive en ramasser la cendre,
Et d'un peu de poussière élever un tombeau
A celui qui du monde eut le sort le plus beau.
Mais comme vers l'Afrique on poursuit Cornélie,
On voit d'ailleurs César venir de Thessalie :
Une flotte paraît, qu'on a peine à compter.

CLÉOPATRE. C'est lui-même, Achorée, il n'en faut point douter :
Tremblez, tremblez, méchants, voici venir la foudre ;
Cléopâtre a de quoi vous mettre tous en poudre :
César vient, elle est reine, et Pompée est vengé ;
La tyrannie est bas, et le sort a changé.
  Admirons cependant le destin des grands hommes ;
Plaignons-les, et par eux jugeons ce que nous sommes.
Ce prince d'un sénat maître de l'univers,
Dont le bonheur semblait au-dessus du revers,
Lui que sa Rome a vu, plus craint que le tonnerre,
Triompher en trois fois des trois parts de la terre,
Et qui voyait encore en ces derniers hasards

L'un et l'autre consul suivre ses étendards ;
Sitôt que d'un malheur sa fortune est suivie,
Les monstres de l'Egypte ordonnent de sa vie :
On voit un Achillas, un Septime, un Photin,
Arbitres souverains d'un si noble destin ;
Un roi qui de ses mains a reçu la couronne
A ces pestes de cour lâchement l'abandonne.
Ainsi finit Pompée : et peut-être qu'un jour
César éprouvera même sort à son tour.
Rendez l'augure faux, dieux, qui voyez mes larmes,
Et secondez partout et mes vœux et ses armes !

CHARMION. Madame, le roi vient, qui pourra vous ouïr.

SCÈNE III.

PTOLOMÉE, CLÉOPATRE, CHARMION.

PTOLOMÉE. Savez-vous le bonheur dont nous allons jouir,
Ma sœur ?
CLÉOPATRE. Oui, je le sais, le grand César arrive :
Sous les lois de Photin je ne suis plus captive.
PTOLOMÉE. Vous haïssez toujours ce fidèle sujet.
CLÉOPATRE. Non, mais en liberté je ris de son projet.
PTOLOMÉE. Quel projet faisait-il dont vous pussiez vous plaindre ?
CLÉOPATRE. J'en ai souffert beaucoup, et j'avais plus à craindre.
Un si grand politique est capable de tout,
Et vous donnez les mains à tout ce qu'il résout.
PTOLOMÉE. Si je suis ses conseils, j'en connais la prudence.
CLÉOPATRE. Si j'en crains les effets, j'en vois la violence.
PTOLOMÉE. Pour le bien de l'Etat tout est juste en un roi
CLÉOPATRE. Ce genre de justice est à craindre pour moi :
Après ma part du sceptre, à ce titre usurpée,
Il en coûte la vie et la tête à Pompée.
PTOLOMÉE. Jamais un coup d'Etat ne fut mieux entrepris.
Le voulant secourir, César nous eût surpris ;
Vous voyez sa vitesse ; et l'Egypte troublée
Avant qu'être en défense en serait accablée.
Mais je puis maintenant à cet heureux vainqueur
Offrir en sûreté mon trône et votre cœur.
CLÉOPATRE. Je ferai mes présents ; n'ayez soin que des vôtres,
Et dans vos intérêts n'en confondez point d'autres.
PTOLOMÉE. Les vôtres sont les miens, étant de même sang.
CLÉOPATRE. Vous pouvez dire encore étant de même rang,
Etant rois l'un et l'autre ; et toutefois je pense
Que nos deux intérêts ont quelque différence.
PTOLOMÉE. Oui, ma sœur ; car l'Etat, dont mon cœur est content,
Sur quelques bords du Nil à grand'peine s'étend :
Mais César, à vos lois soumettant son courage,

Vous va faire régner sur le Gange et le Tage.
CLÉOPATRE. J'ai de l'ambition ; mais je la sais régler :
Elle peut m'éblouir, et non pas m'aveugler.
Ne parlons point ici du Tage ni du Gange ;
Je connais ma portée, et ne prends point le change.
PTOLOMÉE. L'occasion vous rit, et vous en userez.
CLÉOPATRE. Si je n'en use bien, vous m'en accuserez.
PTOLOMÉE. J'en espère beaucoup, vu l'amour qui l'engage.
CLÉOPATRE. Vous la craignez peut-être encore davantage ;
Mais, quelque occasion qui me rie aujourd'hui,
N'ayez aucune peur, je ne veux rien d'autrui ;
Je ne garde pour vous ni haine ni colère ;
Et je suis bonne sœur, si vous n'êtes bon frère.
PTOLOMÉE. Vous montrez cependant un peu bien du mépris.
CLÉOPATRE. Le temps de chaque chose ordonne et fait le prix.
PTOLOMÉE. Votre façon d'agir le fait assez connaître.
CLÉOPATRE. Le grand César arrive, et vous avez un maître.
PTOLOMÉE. Il l'est de tout le monde, et je l'ai fait le mien.
CLÉOPATRE. Allez lui rendre hommage ; et j'attendrai le sien.
Allez, ce n'est pas trop pour lui que de vous-même ;
Je garderai pour vous l'honneur du diadème.
Photin vous vient aider à le bien recevoir ;
Consultez avec lui quel est votre devoir.

SCÈNE IV.

PTOLOMÉE, PHOTIN.

PTOLOMÉE. J'ai suivi tes conseils ; mais plus je l'ai flattée,
Et plus dans l'insolence elle s'est emportée ;
Si bien qu'enfin, outré de tant d'indignités,
Je m'allais emporter dans les extrémités :
Mon bras, dont ses mépris forçaient la retenue,
N'eût plus considéré César ni sa venue,
Et l'eût mise en état, malgré tout son appui,
De s'en plaindre à Pompée auparavant qu'à lui.
L'arrogante ! à l'ouïr elle est déjà ma reine ;
Et si César en croit son orgueil et sa haine,
Si, comme elle s'en vante, elle est son cher objet,
De son frère et son roi je deviens son sujet.
Non, non ; prévenons-la : c'est faiblesse d'attendre
Le mal qu'on voit venir sans vouloir s'en défendre :
Otons-lui les moyens de nous plus dédaigner,
Otons-lui les moyens de plaire et de régner ;
Et ne permettons pas qu'après tant de bravades
Mon sceptre soit le prix d'une de ses œillades.
PHOTIN. Seigneur, ne donnez point de prétexte à César
Pour attacher l'Egypte aux pompes de son char.

Ce cœur ambitieux, qui par toute la terre
Ne cherche qu'à porter l'esclavage et la guerre,
Enflé de sa victoire, et des ressentiments
Qu'une perte pareille imprime aux vrais amants,
Quoique vous ne rendiez que justice à vous-même,
Prendrait l'occasion de venger ce qu'il aime;
Et, pour s'assujettir et vos États et vous,
Imputerait à crime un si juste courroux.

PTOLOMÉE. Si Cléopâtre vit, s'il la voit, elle est reine.
PHOTIN. Si Cléopâtre meurt, votre perte est certaine.
PTOLOMÉE. Je perdrai qui me perd, ne pouvant me sauver.
PHOTIN. Pour la perdre avec joie, il faut vous conserver.
PTOLOMÉE. Quoi! pour voir sur sa tête éclater ma couronne?
Sceptre, s'il faut enfin que ma main t'abandonne,
Passe, passe plutôt en celle du vainqueur!
PHOTIN. Vous l'arracherez mieux de celle d'une sœur.
Quelques feux que d'abord il lui fasse paraître,
Il partira bientôt, et vous serez le maître.
L'amour à ses pareils ne donne point d'ardeur
Qui ne cède aisément aux soins de leur grandeur.
Il voit encor l'Afrique et l'Espagne occupées
Par Juba, Scipion, et les jeunes Pompées;
Et le monde à ses lois n'est point assujetti
Tant qu'il verra durer ces restes du parti.
Au sortir de Pharsale un si grand capitaine
Saurait mal son métier, s'il laissait prendre haleine,
Et s'il donnait loisir à des cœurs si hardis
De relever du coup dont ils sont étourdis:
S'il les vainc, s'il parvient où son désir aspire,
Il faut qu'il aille à Rome établir son empire,
Jouir de sa fortune et de son attentat,
Et changer à son gré la forme de l'Etat.
Jugez durant ce temps ce que vous pourrez faire.
Seigneur, voyez César, forcez-vous à lui plaire;
En lui déférant tout, veuillez vous souvenir
Que les événements régleront l'avenir.
Remettez en ses mains trône, sceptre, couronne;
Et, sans en murmurer, souffrez qu'il en ordonne.
Il en croira sans doute ordonner justement
En suivant du feu roi l'ordre et le testament:
L'importance d'ailleurs de ce dernier service
Ne permet pas d'en craindre une entière injustice.
Quoi qu'il en fasse enfin, feignez d'y consentir,
Louez son jugement, et laissez-le partir.
Après, quand nous verrons le temps propre aux vengeances,
Nous aurons et la force et les intelligences.
Jusque-là, réprimez ces transports violents
Qu'excitent d'une sœur les mépris insolents :

Les bravades enfin sont des discours frivoles;
Et qui songe aux effets néglige les paroles.
PTOLOMÉE. Ah! tu me rends la vie et le sceptre à la fois :
Un sage conseiller est le bonheur des rois.
Cher appui de mon trône, allons, sans plus attendre,
Offrir tout à César afin de tout reprendre;
Avec toute ma flotte allons le recevoir,
Et par ces vains honneurs séduire son pouvoir.

ACTE TROISIÈME.

SCÈNE I.

CHARMION, ACHORÉE.

CHARMION. Oui, tandis que le roi va lui-même en personne
Jusqu'aux pieds de César prosterner sa couronne,
Cléopâtre s'enferme en son appartement,
Et, sans s'en émouvoir, attend son compliment.
Comment nommerez-vous une humeur si hautaine?
ACHORÉE. Un orgueil noble et juste, et digne d'une reine
Qui soutient avec cœur et magnanimité
L'honneur de sa naissance et de sa dignité.
Lui pourrai-je parler?
CHARMION.   Non : mais elle m'envoie
Savoir à cet abord ce qu'on a vu de joie;
Ce qu'à ce beau présent César a témoigné;
S'il a paru content, ou s'il l'a dédaigné;
S'il traite avec douceur, s'il traite avec empire;
Ce qu'à nos assassins enfin il a pu dire.
ACHORÉE. La tête de Pompée a produit des effets
Dont ils n'ont pas sujets d'être fort satisfaits.
Je ne sais si César prendrait plaisir à feindre;
Mais pour eux jusqu'ici je trouve lieu de craindre :
S'ils aimaient Ptolomée, ils l'ont fort mal servi.
Vous l'avez vu partir; et moi, je l'ai suivi.
Ses vaisseaux en bon ordre ont éloigné la ville,
Et pour joindre César n'ont avancé qu'un mille.
Il venait à plein voile; et si dans les hasards
Il éprouva toujours pleine faveur de Mars,
Sa flotte, qu'à l'envi favorisait Neptune,
Avait le vent en poupe ainsi que sa fortune.
Dès le premier abord notre prince étonné
Ne s'est plus souvenu de son front couronné;
Sa frayeur a paru sous sa fausse allégresse;
Toutes ses actions ont senti la bassesse :

J'en ai rougi moi-même, et me suis plaint à moi
De voir là Ptoloméo, et n'y voir point de roi;
Et César, qui lisait sa peur sur son visage,
Le flattait par pitié pour lui donner courage.
Lui, d'une voix tombante offrant ce don fatal :
« Seigneur, vous n'avez plus, lui dit-il, de rival ;
» Ce que n'ont pu les dieux dans votre Thessalie,
» Je vais mettre en vos mains Pompée et Cornélie :
» En voici déjà l'un ; et pour l'autre, elle fuit,
» Mais avec six vaisseaux un des miens la poursuit. »
A ces mots Achillas découvre cette tête :
Il semble qu'à parler encore elle s'apprête;
Qu'à ce nouvel affront un reste de chaleur
En sanglots mal formés exhale sa douleur;
Sa bouche encore ouverte et sa vue égarée
Rappellent sa grande âme à peine séparée;
Et son courroux mourant fait un dernier effort
Pour reprocher aux dieux sa défaite et sa mort.
César, à cet aspect comme frappé du foudre,
Et comme ne sachant que croire ou que résoudre,
Immobile, et les yeux sur l'objet attachés,
Nous tient assez longtemps ses sentiments cachés;
Et je dirai, si j'ose en faire conjecture,
Que, par un mouvement commun à la nature,
Quelque maligne joie en son cœur s'élevait,
Dont sa gloire indignée à peine le sauvait.
L'aise de voir la terre à son pouvoir soumise
Chatouillait malgré lui son âme avec surprise;
Et de cette douceur son esprit combattu
Avec un peu d'effort rassurait sa vertu.
S'il aime sa grandeur, il hait la perfidie;
Il se juge en autrui, se tâte, s'étudie,
Examine en secret sa joie et ses douleurs,
Les balance, choisit, laisse couler des pleurs;
Et forçant sa vertu d'être encor la maîtresse,
Se montre généreux par un trait de faiblesse.
Ensuite il fait ôter ce présent de ses yeux,
Lève les mains ensemble et les regards aux cieux,
Lâche deux ou trois mots contre cette insolence;
Puis tout triste et pensif il s'obstine au silence,
Et même à ses Romains ne daigne repartir
Que d'un regard farouche et d'un profond soupir.
Enfin ayant pris terre avec trente cohortes,
Il se saisit du port, il se saisit des portes,
Met des gardes partout et des ordres secrets,
Fait voir sa défiance ainsi que ses regrets,
Parle d'Egypte en maître, et de son adversaire
Non plus comme ennemi, mais comme son beau-père.

ACTE III.

Voilà ce que j'ai vu.

CHARMION. Voilà ce qu'attendait,
Ce qu'au juste Osiris la reine demandait.
Je vais bien la ravir avec cette nouvelle :
Vous, continuez-lui ce service fidèle.

ACHORÉE. Qu'elle n'en doute point. Mais César vient. Allez,
Peignez-lui bien nos gens pâles et désolés;
Et moi, soit que l'issue en soit douce ou funeste,
J'irai l'entretenir quand j'aurai vu le reste.

SCÈNE II.

CÉSAR, PTOLOMÉE, LÉPIDE, PHOTIN, ACHORÉE, SOLDATS ROMAINS, SOLDATS ÉGYPTIENS.

PTOLOMÉE. Seigneur, montez au trône, et commandez ici.
CÉSAR. Connaissez-vous César de lui parler ainsi?
Que m'offrirait de pis la fortune ennemie,
A moi qui tiens le trône égal à l'infamie!
Certes Rome à ce coup pourrait bien se vanter
D'avoir eu juste lieu de me persécuter;
Elle qui d'un même œil les donne et les dédaigne,
Qui ne voit rien aux rois qu'elle aime ou qu'elle craigne,
Et qui verse en nos cœurs, avec l'âme et le sang,
Et la haine du nom, et le mépris du rang.
C'est ce que de Pompée il vous fallait apprendre;
S'il en eût aimé l'offre, il eût su s'en défendre :
Et le trône et le roi se seraient ennoblis
A soutenir la main qui les a rétablis.
Vous eussiez pu tomber, mais tout couvert de gloire;
Votre chute eût valu la plus haute victoire :
Et si votre destin n'eût pu vous en sauver,
César eût pris plaisir à vous en relever.
Vous n'avez pu former une si noble envie.
Mais quel droit aviez-vous sur cette illustre vie?
Que vous devait son sang pour y tremper vos mains,
Vous qui devez respect au moindre des Romains?
Ai-je vaincu pour vous dans les champs de Pharsale?
Et, par une victoire aux vaincus trop fatale,
Vous ai-je acquis sur eux en ce dernier effort
La puissance absolue et de vie et de mort?
Moi qui n'ai jamais pu la souffrir à Pompée,
La souffrirai-je en vous sur lui-même usurpée,
Et que de mon bonheur vous ayez abusé
Jusqu'à plus attenter que je n'aurais osé?
De quel nom après tout pensez-vous que je nomme
Ce coup où vous tranchez du souverain de Rome?
Et qui sur un seul chef lui fait bien plus d'affront
Que sur tant de milliers ne fit le roi de Pont?

Pensez-vous que j'ignore ou que je dissimule
Que vous n'auriez pas eu pour moi plus de scrupule,
Et que, s'il m'eût vaincu, votre esprit complaisant
Lui faisait de ma tête un semblable présent?
Grâces à ma victoire, on me rend des hommages
Où ma fuite eût reçu toutes sortes d'outrages;
Au vainqueur, non à moi, vous faites tout l'honneur,
Si César en jouit, ce n'est que par bonheur.
Amitié dangereuse, et redoutable zèle,
Que règle la fortune, et qui tourne avec elle!
Mais parlez; c'est trop être interdit et confus.

PTOLOMÉE. Je le suis, il est vrai, si jamais je le fus;
Et vous-même avouerez que j'ai sujet de l'être.
Etant né souverain, je vois ici mon maître :
Ici, dis-je, où ma cour tremble en me regardant,
Où je n'ai point encore agi qu'en commandant,
Je vois une autre cour sous une autre puissance,
Et ne puis plus agir qu'avec obéissance.
De votre seul aspect je me suis vu surpris :
Jugez si vos discours rassurent mes esprits;
Jugez par quels moyens je puis sortir d'un trouble
Que forme le respect, que la crainte redouble,
Et ce que vous peut dire un prince épouvanté
De voir tant de colère et tant de majesté.
Dans ces étonnements dont mon âme est frappée
De rencontrer en vous le vengeur de Pompée,
Il me souvient pourtant que, s'il fut notre appui,
Nous vous dûmes dès lors autant et plus qu'à lui.
Votre faveur pour nous éclata la première;
Tout ce qu'il fit après fut à votre prière ;
Il émut le sénat pour des rois outragés
Que sans cette prière il aurait négligés.
Mais de ce grand sénat les saintes ordonnances
Eussent peu fait pour nous, seigneur, sans vos finances :
Par là de nos mutins le feu roi vint à bout;
Et, pour en bien parler, nous vous devons le tout.
Nous avons honoré votre ami, votre gendre,
Jusqu'à ce qu'à vous-même il ait osé se prendre;
Mais voyant son pouvoir, de vos succès jaloux,
Passer en tyrannie, et s'armer contre vous...

CÉSAR. Tout beau : que votre haine en son sang assouvie
N'aille point à sa gloire; il suffit de sa vie.
N'avancez rien ici que Rome ose nier;
Et justifiez-vous sans le calomnier.

PTOLOMÉE. Je laisse donc aux dieux à juger ses pensées,
Et dirai seulement qu'en vos guerres passées,
Où vous fûtes forcé par tant d'indignités,
Tous nos vœux ont été pour vos prospérités;

Que, comme il vous traitait en mortel adversaire,
J'ai cru sa mort pour vous un malheur nécessaire;
Et que sa haine injuste, augmentant tous les jours,
Jusque dans les enfers chercherait du secours;
Ou qu'enfin, s'il tombait dessous votre puissance,
Il nous fallait pour vous craindre votre clémence;
Et que le sentiment d'un cœur trop généreux,
Usant mal de vos droits, vous rendît malheureux.
J'ai donc considéré qu'en ce péril extrême
Nous vous devions, seigneur, servir malgré vous-même;
Et, sans attendre d'ordre en cette occasion,
Mon zèle ardent l'a pris à ma confusion.
Vous m'en désavouez, vous l'imputez à crime;
Mais pour servir César rien n'est illégitime.
J'en ai souillé mes mains pour vous en préserver;
Vous pouvez en jouir, et le désapprouver :
Et j'ai plus fait pour vous, plus l'action est noire,
Puisque c'est d'autant plus vous immoler ma gloire,
Et que ce sacrifice, offert par mon devoir,
Vous assure la vôtre avec votre pouvoir.

CÉSAR. Vous cherchez, Ptolomée, avecque trop de ruses
De mauvaises couleurs et de froides excuses,
Votre zèle était faux, si seul il redoutait
Ce que le monde entier à pleins vœux souhaitait!
Et s'il vous a donné ces craintes trop subtiles,
Qui m'ôtent tout le fruit de nos guerres civiles,
Où l'honneur seul m'engage, et que pour terminer
Je ne veux que celui de vaincre et pardonner,
Où mes plus dangereux et plus grands adversaires,
Sitôt qu'ils sont vaincus, ne sont plus que mes frères;
Et mon ambition ne va qu'à les forcer,
Ayant dompté leur haine, à vivre, et m'embrasser.
O combien d'allégresse une si triste guerre
Aurait-elle laissé dessus toute la terre,
Si Rome avait pu voir marcher en même char,
Vainqueurs de leur discorde, et Pompée et César!
Voilà ces grands malheurs que craignait votre zèle.
O crainte ridicule autant que criminelle!
Vous craigniez ma clémence! ah! n'ayez plus ce soin;
Souhaitez-la plutôt, vous en avez besoin.
Si je n'avais égard qu'aux lois de la justice,
Je m'apaiserais Rome avec votre supplice,
Sans que ni vos respects, ni votre repentir,
Ni votre dignité, vous pussent garantir;
Votre trône lui-même en serait le théâtre :
Mais voulant épargner le sang de Cléopâtre,
J'impute à vos flatteurs toute la trahison,
Et je veux voir comment vous m'en ferez raison;

Suivant les sentiments dont vous serez capable,
Je saurai vous tenir innocent ou coupable,
Cependant à Pompée élevez des autels;
Rendez-lui les honneurs qu'on rend aux immortels;
Par un prompt sacrifice expiez tous vos crimes;
Et surtout pensez bien au choix de vos victimes.
Allez y donner ordre, et me laissez ici
Entretenir les miens sur quelque autre souci.

SCÈNE III.

CÉSAR, ANTOINE, LÉPIDE.

CÉSAR. Antoine, avez-vous vu cette reine adorable?
ANTOINE. Oui, seigneur, je l'ai vue : elle est incomparable;
Le ciel n'a point encor, par de si doux accords,
Uni tant de vertus aux grâces d'un beau corps.
Une majesté douce épand sur son visage
De quoi s'assujettir le plus noble courage;
Ses yeux savent ravir, son discours sait charmer;
Et, si j'étais César, je la voudrais aimer.
CÉSAR. Comme a-t-elle reçu les offres de ma flamme?
ANTOINE. Comme n'osant la croire, et la croyant dans l'âme,
Par un refus modeste et fait pour inviter,
Elle s'en dit indigne, et la croit mériter.
CÉSAR. En pourrai-je être aimé?
ANTOINE. Douter qu'elle vous aime,
Elle qui de vous seul attend son diadème,
Qui n'espère qu'en vous! douter de ses ardeurs,
Vous qui pouvez la mettre au faîte des grandeurs?
Que votre amour sans crainte à son amour prétende;
Au vainqueur de Pompée il faut que tout se rende;
Et vous l'éprouverez. Elle craint toutefois
L'ordinaire mépris que Rome fait des rois;
Et surtout elle craint l'amour de Calpurnie :
Mais, l'une et l'autre crainte à votre aspect bannie,
Vous ferez succéder un espoir assez doux,
Lorsque vous daignerez lui dire un mot pour vous.
CÉSAR. Allons donc l'affranchir de ces frivoles craintes,
Lui montrer de mon cœur les sensibles atteintes;
Allons, ne tardons plus.
ANTOINE. Avant que de la voir,
Sachez que Cornélie est en votre pouvoir.
Septime vous l'amène, orgueilleux de son crime,
Et pense auprès de vous se mettre en haute estime :
Dès qu'ils ont abordé, vos chefs, par vous instruits,
Sans leur rien témoigner, les ont ici conduits.
CÉSAR. Qu'elle entre. Ah! l'importune et fâcheuse nouvelle!

Qu'à mon impatience elle semble cruelle!
Ô ciel! et ne pourrai-je enfin à mon amour
Donner en liberté ce qui reste du jour?

SCÈNE IV.
CÉSAR, ANTOINE, LÉPIDE, SEPTIME.

SEPTIME. Seigneur...
CÉSAR.   Allez, Septime, allez vers votre maître :
César ne peut souffrir la présence d'un traître,
D'un Romain lâche assez pour servir sous un roi,
Après avoir servi sous Pompée et sous moi.

SCÈNE V.
CORNÉLIE, CÉSAR, ANTOINE, LÉPIDE.

CORNÉLIE. César, car le destin, que dans tes fers je brave,
Me fait ta prisonnière, et non pas ton esclave,
Et tu ne prétends pas qu'il m'abatte le cœur
Jusqu'à te rendre hommage et te nommer seigneur;
De quelque rude trait qu'il m'ose avoir frappée,
Veuve du jeune Crasse, et veuve de Pompée,
Fille de Scipion, et, pour dire encor plus,
Romaine, mon courage est encore au-dessus;
Et de tous les assauts que sa rigueur me livre
Rien ne me fait rougir que la honte de vivre.
J'ai vu mourir Pompée, et ne l'ai pas suivi;
Et bien que le moyen m'en ait été ravi,
Qu'une pitié cruelle à mes douleurs profondes
M'ait ôté le secours et du fer et des ondes,
Je dois rougir pourtant, après un tel malheur,
De n'avoir pu mourir d'un excès de douleur.
Ma mort était ma gloire, et le destin m'en prive,
Pour croître mes malheurs et me voir ta captive.
Je dois bien toutefois rendre grâces aux dieux
De ce qu'en arrivant je te trouve en ces lieux,
Que César y commande, et non pas Ptolomée.
Hélas! et sous quel astre, ô ciel! m'as-tu formée,
Si je leur dois des vœux de ce qu'ils ont permis
Que je rencontre ici mes plus grands ennemis,
Et tombe entre leurs mains plutôt qu'aux mains d'un prince
Qui doit à mon époux son trône et sa province?
    César, de ta victoire écoute moins le bruit;
Elle n'est que l'effet du malheur qui me suit :
Je l'ai porté pour dot chez Pompée et chez Crasse.
Deux fois du monde entier j'ai causé la disgrâce;
Deux fois de mon hymen le nœud mal assorti
A chassé tous les dieux du plus juste parti.

Heureuse en mes malheurs, si ce triste hyménée,
Pour le bonheur de Rome, à César m'eût donnée,
Et si j'eusse avec moi porté dans ta maison
D'un astre envenimé l'invincible poison!
Car enfin n'attends pas que j'abaisse ma haine;
Je te l'ai déjà dit, César, je suis Romaine :
Et, quoique ta captive, un cœur comme le mien,
De peur de s'oublier, ne te demande rien.
Ordonne ; et, sans vouloir qu'il tremble ou s'humilie,
Souviens-toi seulement que je suis Cornélie.

CÉSAR. O d'un illustre époux noble et digne moitié,
Dont le courage étonne et le sort fait pitié!
Certes, vos sentiments font assez reconnaître
Qui vous donna la main, et qui vous donna l'être ;
Et l'on juge aisément, au cœur que vous portez,
Où vous êtes entrée et de qui vous sortez.
L'âme du jeune Crasse, et celle de Pompée,
L'une et l'autre vertu par le malheur trompée,
Le sang des Scipions protecteur de nos dieux,
Parlent par votre bouche, et brillent dans vos yeux ;
Et Rome dans ses murs ne voit point de famille
Qui soit plus honorée ou de femme ou de fille.
Plût au grand Jupiter, plût à ces mêmes dieux
Qu'Annibal eût bravés jadis sans vos aïeux,
Que ce héros si cher dont le ciel vous sépare
N'eût pas si mal connu la cour d'un roi barbare,
Ni mieux aimé tenter une incertaine foi,
Que la vieille amitié qu'il eût trouvée en moi ;
Qu'il eût voulu souffrir qu'un bonheur de mes armes
Eût vaincu ses soupçons, dissipé ses alarmes ;
Et qu'enfin, m'attendant sans plus se défier,
Il m'eût donné moyen de me justifier!
Alors, foulant aux pieds la discorde et l'envie,
Je l'eusse conjuré de se donner la vie,
D'oublier ma victoire, et d'aimer un rival
Heureux d'avoir vaincu pour vivre son égal.
J'eusse alors regagné son âme satisfaite,
Jusqu'à lui faire aux dieux pardonner sa défaite ;
Il eût fait à son tour, en me rendant son cœur,
Que Rome eût pardonné la victoire au vainqueur.
Mais puisque par sa perte, à jamais sans seconde,
Le sort a dérobé cette allégresse au monde,
César s'efforcera de s'acquitter vers vous
De ce qu'il voudrait rendre à cet illustre époux.
Prenez donc en ces lieux liberté tout entière :
Seulement pour deux jours soyez ma prisonnière,
Afin d'être témoin comme, après nos débats,
Je chéris sa mémoire et venge son trépas,

Et de pouvoir apprendre à toute l'Italie
De quel orgueil nouveau m'enfle la Thessalie.
Je vous laisse à vous-même, et vous quitte un moment.
Choisissez-lui, Lépide, un digne appartement;
Et qu'on l'honore ici, mais en dame romaine,
C'est-à-dire un peu plus qu'on n'honore la reine.
Commandez, et chacun aura soin d'obéir.

CORNÉLIE. O ciel! que de vertus vous me faites haïr!

ACTE QUATRIÈME.

SCÈNE I.

PTOLOMÉE, ACHILLAS, PHOTIN.

PTOLOMÉE. Quoi! de la même main et de la même épée
Dont il vient d'immoler le malheureux Pompée,
Septime, par César indignement chassé,
Dans un tel désespoir à vos yeux a passé?

ACHILLAS. Oui, seigneur; et sa mort a de quoi vous apprendre
La honte qu'il prévient et qu'il vous faut attendre.
Jugez quel est César à ce courroux si lent :
Un moment pousse et rompt un transport violent;
Mais l'indignation qu'on prend avec étude
Augmente avec le temps, et porte un coup plus rude.
Ainsi n'espérez pas de le voir modéré :
Par adresse il se fâche après s'être assuré.
Sa puissance établie, il a soin de sa gloire;
Il poursuivait Pompée, et chérit sa mémoire,
Et veut tirer à soi, par un courroux accort,
L'honneur de sa vengeance et le fruit de sa mort.

PTOLOMÉE. Ah! si je t'avais cru, je n'aurais pas de maître;
Je serais dans le trône où le ciel m'a fait naître :
Mais c'est une imprudence assez commune aux rois
D'écouter trop d'avis et se tromper au choix.
Le destin les aveugle au bord du précipice;
Ou si quelque lumière en leur âme se glisse,
Cette fausse clarté, dont il les éblouit,
Les plonge dans un gouffre et puis s'évanouit.

PHOTIN. J'ai mal connu César; mais puisqu'en son estime
Un si rare service est un énorme crime,
Il porte dans son flanc de quoi nous en laver;
C'est là qu'est notre grâce, il nous l'y faut trouver.
Je ne vous parle plus de souffrir sans murmure,
D'attendre son départ pour venger cette injure;
Je sais mieux conformer les remèdes au mal :

Justifions sur lui la mort de son rival;
Et, notre main alors également trempée
Et du sang de César et du sang de Pompée,
Rome, sans leur donner de titres différents,
Se croira par vous seul libre de deux tyrans.

PTOLOMÉE. Oui, par là seulement ma perte est évitable:
C'est trop craindre un tyran que j'ai fait redoutable:
Montrons que sa fortune est l'œuvre de nos mains;
Deux fois en même jour disposons des Romains;
Faisons leur liberté comme leur esclavage.
César, que tes exploits n'enflent plus ton courage;
Considère les miens, tes yeux en sont témoins.
Pompée était mortel, et tu ne l'es pas moins:
Il pouvait plus que toi; tu lui portais envie:
Tu n'as, non plus que lui, qu'une âme et qu'une vie;
Et son sort que tu plains te doit faire penser
Que ton cœur est sensible, et qu'on peut le percer.
Tonne, tonne à ton gré, fais peur de ta justice:
C'est à moi d'apaiser Rome par ton supplice;
C'est à moi de punir ta cruelle douceur,
Qui n'épargne en un roi que le sang de sa sœur.
Je n'abandonne plus ma vie et ma puissance
Au hasard de sa haine ou de ton inconstance;
Ne crois pas que jamais tu puisses à ce prix
Récompenser sa flamme ou punir ses mépris:
J'emploierai contre toi de plus nobles maximes.
Tu m'as prescrit tantôt de choisir des victimes,
De bien penser au choix; j'obéis, et je voi
Que je n'en puis choisir de plus digne que toi,
Ni dont le sang offert, la fumée et la cendre,
Puissent mieux satisfaire aux mânes de ton gendre.
Mais ce n'est pas assez, amis, de s'irriter;
Il faut voir quels moyens on a d'exécuter:
Toute cette chaleur est peut-être inutile;
Les soldats du tyran sont maîtres de la ville;
Que pouvons-nous contre eux? et, pour les prévenir,
Quel temps devons-nous prendre, et quel ordre tenir?

ACHILLAS. Nous pouvons tout, seigneur, en l'état où nous sommes:
A deux milles d'ici vous avez six mille hommes,
Que, depuis quelques jours, craignant des remûments,
Je faisais tenir prêts à tous événements.
Quelques soins qu'ait César, sa prudence est déçue:
Cette ville a sous terre une secrète issue,
Par où, fort aisément, on les peut cette nuit
Jusque dans le palais introduire sans bruit;
Car, contre sa fortune aller à force ouverte,
Ce serait trop courir vous-même à votre perte;
Il nous le faut surprendre au milieu du festin,

Enivré des douceurs de l'amour et du vin.
Tout le peuple est pour nous; tantôt à son entrée
J'ai remarqué l'horreur que ce peuple a montrée,
Lorsqu'avec tant de faste il a vu ses faisceaux
Marcher arrogamment et braver nos drapeaux ;
Au spectacle insolent de ce pompeux outrage
Ses farouches regards étincelaient de rage :
Je voyais sa fureur à peine se dompter;
Et, pour peu qu'on le pousse, il est prêt d'éclater.
Mais surtout les Romains que commandait Septime,
Pressés de la terreur que sa mort leur imprime,
Ne cherchent qu'à venger par un coup généreux
Le mépris qu'en leur chef ce superbe a fait d'eux.

PTOLOMÉE. Mais qui pourra de nous approcher sa personne,
Si, durant le festin, sa garde l'environne?
PHOTIN. Les gens de Cornélie, entre qui vos Romains
Ont déjà reconnu des frères, des germains,
Dont l'âpre déplaisir leur a laissé paraître
Une soif d'immoler leur tyran à leur maître :
Ils ont donné parole, et peuvent, mieux que nous,
Dans les flancs de César porter les premiers coups.
Son faux art de clémence, ou plutôt sa folie,
Qui pense gagner Rome en flattant Cornélie,
Leur donnera sans doute un assez libre accès
Pour de ce grand dessein assurer le succès.
  Mais voici Cléopâtre : agissez avec feinte,
Seigneur, et ne montrez que faiblesse et que crainte :
Nous allons vous quitter, comme objets odieux
Dont l'aspect importun offenserait ses yeux.
PTOLOMÉE. Allez : je vous rejoins.

SCÈNE II.

PTOLOMÉE, CLÉOPATRE, ACHORÉE, CHARMION.

CLÉOPATRE.   J'ai vu César, mon frère,
Et de tout mon pouvoir combattu sa colère.
PTOLOMÉE. Vous êtes généreuse; et j'avais attendu
Cet office de sœur que vous m'avez rendu.
Mais cet illustre amant vous a bientôt quittée.
CLÉOPATRE. Sur quelque brouillerie, en la ville excitée,
Il a voulu lui-même apaiser les débats
Q'avec nos citoyens ont eus quelques soldats :
Et moi, j'ai bien voulu moi-même vous redire
Que vous ne craigniez rien pour vous ni votre empire;
Et que le grand César blâme votre action
Avec moins de courroux que de compassion.
Il vous plaint d'écouter ces lâches politiques

> Qui n'inspirent aux rois que des mœurs tyranniques.
> Ainsi que la naissance ils ont les esprits bas;
> En vain on les élève à régir des Etats :
> Un cœur né pour servir sait mal comme on commande;
> Sa puissance l'accable alors qu'elle est trop grande;
> Et sa main, que le crime en vain fait redouter,
> Laisse choir le fardeau qu'elle ne peut porter.

PTOLOMÉE. Vous dites vrai, ma sœur; et ces effets sinistres
> Me font bien voir ma faute au choix de mes ministres.
> Si j'avais écouté de plus nobles conseils,
> Je vivrais dans la gloire où vivent mes pareils;
> Je mériterais mieux cette amitié si pure
> Que pour un frère ingrat vous donne la nature;
> César embrasserait Pompée en ce palais;
> Notre Egypte à la terre aurait rendu la paix,
> Et verrait son monarque encore à juste titre
> Ami de tous les deux, et peut-être l'arbitre.
> Mais, puisque le passé ne peut se révoquer,
> Trouvez bon qu'avec vous mon cœur s'ose expliquer.
> Je vous ai maltraitée; et vous êtes si bonne
> Que vous me conservez la vie et la couronne :
> Vainquez-vous tout à fait; et, par un digne effort,
> Arrachez Achillas et Photin à la mort :
> Elle leur est bien due; ils vous ont offensée;
> Mais ma gloire en leur perte est trop intéressée:
> Si César les punit des crimes de leur roi,
> Toute l'ignominie en rejaillit sur moi :
> Il me punit en eux; leur supplice est ma peine.
> Forcez en ma faveur une trop juste haine :
> De quoi peut satisfaire un cœur si généreux
> Le sang abject et vil de ces deux malheureux?
> Que je vous doive tout : César cherche à vous plaire,
> Et vous pouvez d'un mot désarmer sa colère.

CLÉOPATRE. Si j'avais en mes mains leur vie et leur trépas,
> Je les méprise assez pour ne m'en venger pas;
> Mais sur le grand César je puis fort peu de chose,
> Quand le sang de Pompée à mes désirs s'oppose.
> Je ne me vante pas de pouvoir le fléchir :
> J'en ai déjà parlé, mais il a su gauchir;
> Et, tournant le discours sur une autre matière,
> Il n'a ni refusé ni souffert ma prière.
> Je veux bien toutefois encor m'y hasarder :
> Mes efforts redoublés pourront mieux succéder;
> Et j'ose croire...

PTOLOMÉE. Il vient; souffrez que je l'évite;
> Je crains que ma présence à vos yeux ne l'irrite,
> Que son courroux ému ne s'aigrisse à me voir;
> Et vous agirez seule avec plus de pouvoir.

SCÈNE III.

CÉSAR, CLÉOPATRE, ANTOINE, LÉPIDE, CHARMION, ACHORÉE,
ROMAINS.

CÉSAR. Reine, tout est paisible; et la ville calmée,
Qu'un trouble assez léger avait trop alarmée,
N'a plus à redouter le divorce intestin
Du soldat insolent et du peuple mutin.
Mais, ô dieux! ce moment que je vous ai quittée
D'un trouble bien plus grand a mon âme agitée;
Et ces soins importuns qui m'arrachaient de vous
Contre ma grandeur même allumaient mon courroux:
Je lui voulais du mal de m'être si contraire,
De rendre ma présence ailleurs si nécessaire;
Mais je lui pardonnais, au simple souvenir
Du bonheur qu'à ma flamme elle fait obtenir.
C'est elle dont je tiens cette haute espérance,
Qui flatte mes désirs d'une illustre apparence,
Et fait croire à César qu'il peut former des vœux,
Qu'il n'est pas tout à fait indigne de vos feux,
Et qu'il peut en prétendre une juste conquête,
N'ayant plus que les dieux au-dessus de sa tête.
Oui, reine, si quelqu'un dans ce vaste univers
Pouvait porter plus haut la gloire de vos fers;
S'il était quelque trône où vous pussiez paraître
Plus dignement assise en captivant son maître;
J'irais, j'irais à lui, moins pour le lui ravir,
Que pour lui disputer le droit de vous servir;
Et je n'aspirerais au bonheur de vous plaire
Qu'après avoir mis bas un si grand adversaire.
C'était pour acquérir un droit si précieux
Que combattait partout mon bras ambitieux;
Et dans Pharsale même il a tiré l'épée
Plus pour le conserver que pour vaincre Pompée.
Je l'ai vaincu, princesse : et le dieu des combats
M'y favorisait moins que vos divins appas;
Ils conduisaient ma main, ils enflaient mon courage:
Cette pleine victoire est leur dernier ouvrage:
C'est l'effet des ardeurs qu'ils daignaient m'inspirer;
Et vos beaux yeux enfin m'ayant fait soupirer,
Pour faire que votre âme avec gloire y réponde,
M'ont rendu le premier et de Rome et du monde.
C'est ce glorieux titre, à présent effectif,
Que je viens ennoblir par celui de captif:
Heureux, si mon esprit gagne tant sur le vôtre
Qu'il en estime l'un et me permette l'autre!

CLÉOPATRE. Je sais ce que je dois au souverain bonheur
Dont me comble et m'accable un tel excès d'honneur.
Je ne vous tiendrai plus mes passions secrètes;
Je sais ce que je suis, je sais ce que vous êtes.
Vous daignâtes m'aimer dès mes plus jeunes ans;
Le sceptre que je porte est un de vos présents;
Vous m'avez par deux fois rendu le diadème :
J'avoue après cela, seigneur, que je vous aime,
Et que mon cœur n'est point à l'épreuve des traits
Ni de tant de vertus, ni de tant de bienfaits.
Mais, hélas! ce haut rang, cette illustre naissance,
Cet Etat de nouveau rangé sous ma puissance,
Ce sceptre par vos mains dans les miennes remis,
A mes vœux innocents sont autant d'ennemis :
Ils allument contre eux une implacable haine;
Ils me font méprisable alors qu'ils me font reine;
Et si Rome est encor telle qu'auparavant,
Le trône où je me sieds m'abaisse en m'élevant;
Et ces marques d'honneur, comme titres infâmes,
Me rendent à jamais indigne de vos flammes.
J'ose encor toutefois, voyant votre pouvoir,
Permettre à mes désirs un généreux espoir.
Après tant de combats, je sais qu'un si grand homme
A droit de triompher des caprices de Rome,
Et que l'injuste horreur qu'elle eut toujours des rois
Peut céder par votre ordre à de plus justes lois;
Je sais que vous pouvez forcer d'autres obstacles :
Vous me l'avez promis, et j'attends ces miracles :
Votre bras dans Pharsale a fait de plus grands coups,
Et je ne les demande à d'autres dieux qu'à vous.

CÉSAR. Tout miracle est facile où mon amour s'applique :
Je n'ai plus qu'à courir les côtes de l'Afrique,
Qu'à montrer mes drapeaux au reste épouvanté
Du parti malheureux qui m'a persécuté;
Rome, n'ayant plus lors d'ennemis à me faire,
Par impuissance enfin prendra soin de me plaire;
Et vos yeux la verront, par un superbe accueil,
Immoler à vos pieds sa haine et son orgueil.
Encore une défaite, et dans Alexandrie
Je veux que cette ingrate en ma faveur vous prie;
Et qu'un juste respect conduisant ses regards
A votre chaste amour demande des Césars.
C'est l'unique bonheur où mes désirs prétendent;
C'est le fruit que j'attends des lauriers qui m'attendent.
Heureux, si mon destin, encore un peu plus doux,
Me les faisait cueillir sans m'éloigner de vous!
Mais, las! contre mon feu mon feu me sollicite;
Si je veux être à vous, il faut que je vous quitte :

En quelques lieux qu'on fuie, il me faut y courir,
Pour achever de vaincre et de vous conquérir.
Permettez cependant qu'à ces douces amorces
Je prenne un nouveau cœur et de nouvelles forces,
Pour faire dire encore aux peuples pleins d'effroi
Que venir, voir et vaincre est même chose en moi.

CLÉOPATRE. C'est trop, c'est trop, seigneur; souffrez que j'en abuse :
Votre amour fait ma faute, il fera mon excuse.
Vous me rendez le sceptre, et peut-être le jour;
Mais si j'ose abuser de cet excès d'amour,
Je vous conjure encor, par ses plus puissants charmes,
Par ce juste bonheur qui suit toujours vos armes,
Par tout ce que j'espère et que vous attendez,
De n'ensanglanter pas ce que vous me rendez.
Faites grâce, seigneur; ou souffrez que j'en fasse,
Et montre à tous par là que j'ai repris ma place.
Achillas et Photin sont gens à dédaigner;
Ils sont assez punis en me voyant régner;
Et leur crime...

CÉSAR.   Ah! prenez d'autres marques de reine :
Dessus mes volontés vous êtes souveraine;
Mais, si mes sentiments peuvent être écoutés,
Choisissez des sujets dignes de vos bontés;
Ne vous donnez sur moi qu'un pouvoir légitime,
Et ne me rendez point complice de leur crime.
C'est beaucoup que pour vous j'ose épargner le roi;
Et si mes feux n'étaient...

SCÈNE IV.

CÉSAR, CORNÉLIE, CLÉOPATRE, ACHORÉE, ANTOINE, LÉPIDE, CHARMION, ROMAINS.

CORNÉLIE.   César, prends garde à toi :
Ta mort est résolue, on la jure, on l'apprête;
A celle de Pompée on veut joindre ta tête.
Prends-y garde, César; ou ton sang répandu
Bientôt parmi le sien se verra confondu.
Mes esclaves en sont : apprends de leurs indices
L'auteur de l'attentat, et l'ordre et les complices.
Je te les abandonne.

CÉSAR.   O cœur vraiment romain,
Et digne du héros qui vous donna la main !
Ses mânes, qui du ciel ont vu de quel courage
Je préparais la mienne à venger son outrage,
Mettant leur haine bas, me sauvent aujourd'hui
Par la moitié qu'en terre il nous laisse de lui.
Il vit, il vit encore en l'objet de sa flamme,

Il parle par sa bouche, il agit dans son âme,
Il la pousse, et l'oppose à cette indignité,
Pour me vaincre par elle en générosité.
CORNÉLIE. Tu te flattes, César, de mettre en ta croyance
Que la haine ait fait place à la reconnaissance.
Ne le présume plus; le sang de mon époux
A rompu pour jamais tout commerce entre nous :
J'attends la liberté qu'ici tu m'as offerte,
Afin de l'employer tout entière à ta perte ;
Et je te chercherai partout des ennemis,
Si tu m'oses tenir ce que tu m'as promis.
Mais, avec cette soif que j'ai de ta ruine,
Je me jette au-devant du coup qui t'assassine,
Et forme des désirs avec trop de raison
Pour en aimer l'effet par une trahison :
Qui la sait et la souffre a part à l'infamie.
Si je veux ton trépas, c'est en juste ennemie :
Mon époux a des fils, il aura des neveux :
Quand ils te combattront, c'est là que je le veux ;
Et qu'une digne main, par moi-même animée,
Dans ton champ de bataille, aux yeux de ton armée,
T'immole noblement, et par un digne effort,
Aux mânes du héros dont tu venges la mort.
Tous mes soins, tous mes vœux, hâtent cette vengeance;
Ta perte la recule, et ton salut l'avance.
Quelque espoir qui d'ailleurs me l'ose ou puisse offrir,
Ma juste impatience aurait trop à souffrir :
La vengeance éloignée est à demi perdue ;
Et quand il faut l'attendre elle est trop cher vendue.
Je n'irai point chercher sur les bords africains
Le foudre souhaité que je vois en tes mains ;
La tête qu'il menace en doit être frappée.
J'ai pu donner la tienne au lieu d'elle à Pompée :
Ma haine avait le choix; mais cette haine enfin
Sépare son vainqueur d'avec son assassin,
Et ne croit avoir droit de punir ta victoire
Qu'après le châtiment d'une action si noire.
Rome le veut ainsi : son adorable front
Aurait de quoi rougir d'un trop honteux affront,
De voir en même jour, après tant de conquêtes,
Sous un indigne fer ses deux plus nobles têtes.
Son grand cœur, qu'à tes lois en vain tu crois soumis,
En veut aux criminels plus qu'à ses ennemis,
Et tiendrait à malheur le bien de se voir libre
Si l'attentat du Nil affranchissait le Tibre.
Comme autre qu'un Romain n'a pu l'assujettir,
Autre aussi qu'un Romain ne l'en doit garantir ·
Tu tomberais ici sans être sa victime ;

Au lieu d'un châtiment ta mort serait un crime;
Et, sans que tes pareils en conçussent d'effroi,
L'exemple que tu dois périrait avec toi.
Venge-la de l'Egypte à son appui fatale;
Et je la vengerai, si je puis, de Pharsale.
Va, ne perds point de temps, il presse. Adieu : tu peux
Te vanter qu'une fois j'ai fait pour toi des vœux.

SCÈNE V.

CÉSAR, CLÉOPATRE, ANTOINE, LÉPIDE, ACHORÉE, CHARMION.

CÉSAR. Son courage m'étonne autant que leur audace.
Reine, voyez pour qui vous me demandiez grâce !
CLÉOPATRE. Je n'ai rien à vous dire : allez, seigneur, allez
Venger sur ces méchants tant de droits violés.
On m'en veut plus qu'à vous : c'est ma mort qu'ils respirent.
C'est contre mon pouvoir que les traîtres conspirent;
Leur rage, pour l'abattre, attaque mon soutien,
Et par votre trépas cherche un passage au mien.
Mais, parmi ces transports d'une juste colère,
Je ne puis oublier que leur chef est mon frère.
Le saurez-vous, seigneur? et pourrai-je obtenir
Que ce cœur irrité daigne s'en souvenir?
CÉSAR. Oui, je me souviendrai que ce cœur magnanime
Au bonheur de son sang veut pardonner son crime.
Adieu, ne craignez rien ; Achillas et Photin
Ne sont pas gens à vaincre un si puissant destin :
Pour les mettre en déroute, eux et tous leurs complices,
Je n'ai qu'à déployer l'appareil des supplices,
Et pour soldats choisis envoyer des bourreaux,
Qui portent hautement mes haches pour drapeaux.
(*César rentre avec des Romains.*)
CLÉOPATRE. Ne quittez pas César, allez, cher Achorée,
Repousser avec lui ma mort qu'on a jurée;
Et quand il punira nos lâches ennemis,
Faites-le souvenir de ce qu'il m'a promis.
Ayez l'œil sur le roi dans la chaleur des armes,
Et conservez son sang pour épargner mes larmes.
ACHORÉE. Madame, assurez-vous qu'il ne peut y périr,
Si mon zèle et mes soins peuvent le secourir.

ACTE CINQUIÈME.

SCÈNE I.

CORNÉLIE *tenant une petite urne en sa main*, PHILIPPE.

CORNÉLIE. Mes yeux, puis-je vous croire? et n'est-ce point un songe
Qui sur mes tristes vœux a formé ce mensonge?
Te revois-je, Philippe? et cet époux si cher
A-t-il reçu de toi les honneurs du bûcher?
Cette urne que je tiens contient-elle sa cendre?
O vous, à ma douleur objet terrible et tendre,
Eternel entretien de haine et de pitié,
Restes du grand Pompée, écoutez sa moitié.
N'attendez point de moi de regrets ni de larmes;
Un grand cœur à ses maux applique d'autres charmes.
Les faibles déplaisirs s'amusent à parler,
Et quiconque se plaint cherche à se consoler.
Moi, je jure des dieux la puissance suprême,
Et, pour dire encor plus, je jure par vous-même;
Car vous pouvez bien plus sur ce cœur affligé
Que le respect des dieux qui l'ont mal protégé :
Je jure donc par vous, ô pitoyable reste,
Ma divinité seule après ce coup funeste,
Par vous, qui seul ici pouvez me soulager,
De n'éteindre jamais l'ardeur de le venger.
Ptolomée à César, par un lâche artifice,
Rome, de ton Pompée a fait un sacrifice;
Et je n'entrerai point dans tes murs désolés
Que le prêtre et le dieu ne lui soient immolés.
Faites-m'en souvenir, et soutenez ma haine,
O cendres, mon espoir aussi bien que ma peine;
Et pour m'aider un jour à perdre son vainqueur,
Versez dans tous les cœurs ce que ressent mon cœur.
    Toi qui l'as honoré sur cette infâme rive
D'une flamme pieuse autant comme chétive,
Dis-moi, quel bon démon a mis en ton pouvoir
De rendre à ce héros ce funèbre devoir?

PHILIPPE. Tout couvert de son sang, et plus mort que lui-même,
Après avoir cent fois maudit le diadème,
Madame, j'ai porté mes pas et mes sanglots
Du côté que le vent poussait encor les flots.
Je cours longtemps en vain : mais enfin d'une roche
J'en découvre le tronc vers un sable assez proche,
Où la vague en courroux semblait prendre plaisir
A feindre de le rendre et puis s'en ressaisir.

Je m'y jette, et l'embrasse, et le pousse au rivage;
Et, ramassant sous lui le débris d'un naufrage,
Je lui dresse un bûcher à la hâte et sans art,
Tel que je pus sur l'heure et qu'il plut au hasard.
A peine brûlait-il que le ciel plus propice
M'envoie un compagnon en ce pieux office :
Cordus, un vieux Romain qui demeure en ces lieux,
Retournant de la ville, y détourne les yeux;
Et n'y voyant qu'un tronc dont la tête est coupée,
A cette triste marque il reconnaît Pompée.
Soudain la larme à l'œil : « O toi, qui que tu sois,
» A qui le ciel permet de si dignes emplois,
» Ton sort est bien, dit-il, autre que tu ne penses :
» Tu crains des châtiments, attends des récompenses;
» César est en Egypte, et venge hautement
» Celui pour qui ton zèle a tant de sentiment.
» Tu peux faire éclater les soins qu'on t'en voit prendre,
» Tu peux même à sa veuve en rapporter la cendre.
» Son vainqueur l'a reçue avec tout le respect
» Qu'un dieu pourrait ici trouver à son aspect.
» Achève, je reviens. » Il part et m'abandonne
Et rapporte aussitôt ce vase, qu'il me donne,
Où sa main et la mienne enfin ont renfermé
Ces restes d'un héros par le feu consumé.

CORNÉLIE. O que sa piété mérite de louanges!
PHILIPPE. En entrant j'ai trouvé des désordres étranges :
J'ai vu fuir tout un peuple en foule vers le port,
Où le roi, disait-on, s'était fait le plus fort.
Les Romains poursuivaient; et César, dans la place
Ruisselante du sang de cette populace,
Montrait de sa justice un exemple assez beau,
Faisant passer Photin par les mains d'un bourreau.
Aussitôt qu'il me voit, il daigne me connaître;
Et prenant de ma main les cendres de mon maître :
« Restes d'un demi-dieu, dont à peine je puis
» Egaler le grand nom, tout vainqueur que j'en suis,
» De vos traîtres, dit-il, voyez punir les crimes :
» Attendant des autels, recevez ces victimes;
» Bien d'autres vont les suivre. Et toi, cours au palais
» Porter à sa moitié ce don que je lui fais;
» Porte à ses déplaisirs cette faible allégeance,
» Et dis-lui que je cours achever sa vengeance. »
Ce grand homme, à ces mots, me quitte en soupirant
Et baise avec respect ce vase, qu'il me rend.
CORNÉLIE. O soupirs! ô respect! ô qu'il est doux de plaindre
Le sort d'un ennemi, quand il n'est plus à craindre!
Qu'avec chaleur, Philippe, on court à le venger,
Lorsqu'on s'y voit forcé par son propre danger,

Et quand cet intérêt qu'on prend pour sa mémoire
Fait notre sûreté comme il croît notre gloire!
César est généreux, j'en veux être d'accord;
Mais le roi le veut perdre, et son rival est mort.
Sa vertu laisse lieu de douter à l'envie
De ce qu'elle ferait s'il le voyait en vie :
Pour grand qu'en soit le prix, son péril en rabat;
Cette ombre qui la couvre en affaiblit l'éclat :
L'amour même s'y mêle, et le force à combattre;
Quand il venge Pompée, il défend Cléopatre.
Tant d'intérêts sont joints à ceux de mon époux,
Que je ne devrais rien à ce qu'il fait pour nous,
Si, comme par soi-même un grand cœur juge un autre,
Je n'aimais mieux juger sa vertu par la nôtre,
Et croire que nous seuls armons ce combattant,
Parce qu'au point qu'il est j'en voudrais faire autant.

SCÈNE II.

CLÉOPATRE, CORNÉLIE, PHILIPPE, CHARMION.

CLÉOPATRE. Je ne viens pas ici pour troubler une plainte
Trop juste à la douleur dont vous êtes atteinte;
Je viens pour rendre hommage aux cendres d'un héros
Qu'un fidèle affranchi vient d'arracher aux flots
Pour le plaindre avec vous, et vous jurer, madame,
Que j'aurais conservé ce maître de votre âme,
Si le ciel, qui vous traite avec trop de rigueur,
M'en eût donné la force aussi bien que le cœur.
Si pourtant, à l'aspect de ce qu'il vous renvoie,
Vos douleurs laissaient place à quelque peu de joie;
Si la vengeance avait de quoi vous soulager,
Je vous dirais aussi qu'on vient de vous venger;
Que le traître Photin... Vous le savez peut-être?
CORNÉLIE. Oui, princesse, je sais qu'on a puni ce traître.
CLÉOPATRE. Un si prompt châtiment vous doit être bien doux.
CORNÉLIE. S'il a quelque douceur, elle n'est que pour vous.
CLÉOPATRE. Tous les cœurs trouvent doux le succès qu'ils espèrent.
CORNÉLIE. Comme nos intérêts, nos sentiments diffèrent :
Si César à sa mort joint celle d'Achillas,
Vous êtes satisfaite, et je ne la suis pas.
Aux mânes de Pompée il faut une autre offrande;
La victime est trop basse, et l'injure trop grande;
Et ce n'est pas un sang que, pour la réparer,
Son ombre et ma douleur daignent considérer.
L'ardeur de le venger, dans mon âme allumée,
En attendant César, demande Ptolomée.
Tout indigne qu'il est de vivre et de régner,

ACTE V.

Je sais bien que César se force à l'épargner :
Mais quoi que son amour ait osé vous promettre,
Le ciel plus juste enfin n'osera le permettre;
Et, s'il peut une fois écouter tous mes vœux,
Par la main l'un de l'autre ils périront tous deux.
Mon âme à ce bonheur, si le ciel me l'envoie,
Oubliera ses douleurs pour s'ouvrir à la joie.
Mais si ce grand souhait demande trop pour moi,
Si vous n'en perdez qu'un, ô ciel, perdez le roi !

CLÉOPATRE. Le ciel sur nos souhaits ne règle pas les choses.
CORNÉLIE. Le ciel règle souvent les effets sur les causes,
Et rend aux criminels ce qu'ils ont mérité.
CLÉOPATRE. Comme de la justice il a de la bonté.
CORNÉLIE. Oui; mais il fait juger, à voir comme il commence,
Que sa justice agit et non pas sa clémence.
CLÉOPATRE. Souvent de la justice il passe à la douceur.
CORNÉLIE. Reine, je parle en veuve, et vous parlez en sœur.
Chacune a son sujet d'aigreur ou de tendresse,
Qui dans le sort du roi justement l'intéresse.
Apprenons, par le sang qu'on aura répandu,
A quels souhaits le ciel a le mieux répondu.
Voici votre Achorée.

SCÈNE III.

CORNÉLIE, CLÉOPATRE, ACHORÉE, PHILIPPE, CHARMION.

CLÉOPATRE. Hélas ! sur son visage
Rien ne s'offre à mes yeux que de mauvais présage.
Ne nous déguisez rien, parlez sans me flatter;
Qu'ai-je à craindre, Achorée, ou qu'ai-je à regretter?
ACHORÉE. Aussitôt que César eut su la perfidie...
CLÉOPATRE. Ce ne sont pas ces soins que je veux qu'on me die.
Je sais qu'il fit trancher et clore ce conduit
Par où ce grand secours devait être introduit;
Qu'il manda tous les siens pour s'assurer la place
Où Photin a reçu le prix de son audace;
Que d'un si prompt supplice Achillas étonné
S'est aisément saisi du port abandonné;
Que le roi l'a suivi; qu'Antoine a mis à terre
Ce qui dans ses vaisseaux restait de gens de guerre;
Que César l'a rejoint; et je ne doute pas
Qu'il n'ait su vaincre encore et punir Achillas.
ACHORÉE. Oui, madame, on a vu son bonheur ordinaire...
CLÉOPATRE. Dites-moi seulement s'il a sauvé mon frère,
S'il m'a tenu promesse.
ACHORÉE. Oui, de tout son pouvoir.
CLÉOPATRE. C'est là l'unique point que je voulais savoir.

3.

Madame, vous voyez, les dieux m'ont écoutée.
CORNÉLIE. Ils n'ont que différé la peine méritée.
CLÉOPATRE. Vous la vouliez sur l'heure, ils l'en ont garanti.
ACHORÉE. Il faudrait qu'à nos vœux il eût mieux consenti.
CLÉOPATRE. Que disiez-vous naguère? et que viens-je d'entendre?
Accordez ces discours que j'ai peine à comprendre.
ACHORÉE. Aucuns ordres ni soins n'ont pu le secourir;
Malgré César et nous il a voulu périr :
Mais il est mort, madame, avec toutes les marques
Que puissent laisser d'eux les plus dignes monarques;
Sa vertu rappelée a soutenu son rang,
Et sa perte aux Romains a coûté bien du sang.
Il combattait Antoine avec tant de courage,
Qu'il emportait déjà sur lui quelque avantage;
Mais l'abord de César a changé le destin :
Aussitôt Achillas suit le sort de Photin;
Il meurt, mais d'une mort trop belle pour un traître,
Les armes à la main, en défendant son maître.
Le vainqueur crie en vain qu'on épargne le roi;
Ces mots au lieu d'espoir lui donnent de l'effroi;
Son esprit alarmé les croit un artifice
Pour réserver sa tête à l'affront d'un supplice.
Il pousse dans nos rangs, il les perce, et fait voir
Ce que peut la vertu qu'arme le désespoir;
Et son cœur, emporté par l'erreur qui l'abuse,
Cherche partout la mort que chacun lui refuse.
Enfin perdant haleine après ces grands efforts,
Près d'être environné, ses meilleurs soldats morts,
Il voit quelques fuyards sauter dans une barque;
Il s'y jette; et les siens, qui suivent leur monarque,
D'un si grand nombre en foule accablent ce vaisseau
Que la mer l'engloutit avec tout son fardeau.
C'est ainsi que sa mort lui rend toute sa gloire,
A vous toute l'Egypte, à César la victoire.
Il vous proclame reine; et bien qu'aucun Romain
Du sang que vous pleurez n'ait vu rougir sa main,
Il nous fait voir à tous un déplaisir extrême,
Il soupire, il gémit. Mais le voici lui-même,
Qui pourra mieux que moi vous montrer la douleur
Que lui donne du roi l'invincible malheur.

SCÈNE IV.

CÉSAR, CORNÉLIE, CLÉOPATRE, ANTOINE, LÉPIDE, ACHORÉE,
CHARMION, PHILIPPE.

CORNÉLIE. César, tiens-moi parole, et me rends mes galères :
Achillas et Photin ont reçu leurs salaires;

ACTE V.

Leur roi n'a pu jouir de ton cœur adouci,
Et Pompée est vengé ce qu'il peut l'être ici.
Je n'y saurais plus voir qu'un funeste rivage,
Qui de leur attentat m'offre l'horrible image,
Ta nouvelle victoire et le bruit éclatant
Qu'aux changements de roi pousse un peuple inconstant;
Et parmi ces objets ce qui le plus m'afflige,
C'est d'y revoir toujours l'ennemi qui m'oblige.
Laisse-moi m'affranchir de cette indignité,
Et souffre que ma haine agisse en liberté.
A cet empressement j'ajoûte une requête :
Vois l'urne de Pompée; il y manque sa tête:
Ne me la retiens plus; c'est l'unique faveur
Dont je te puis encor prier avec honneur.

CÉSAR. Il est juste; et César est tout prêt de vous rendre
Ce reste où vous avez tant de droit de prétendre:
Mais il est juste aussi qu'après tant de sanglots
A ses mânes errants nous rendions le repos;
Qu'un bûcher allumé par ma main et la vôtre
Le venge pleinement de la honte de l'autre;
Que son ombre s'apaise en voyant notre ennui;
Et qu'une urne plus digne et de vous et de lui,
Après la flamme éteinte et les pompes finies,
Renferme avec éclat ses cendres réunies.
De cette même main dont il fut combattu
Il verra des autels dressés à sa vertu :
Il recevra des vœux, de l'encens, des victimes,
Sans recevoir par là d'honneurs que légitimes.
Pour ces justes devoirs je ne veux que demain;
Ne me refusez pas ce bonheur souverain.
Faites un peu de force à votre impatience;
Vous êtes libre après; partez en diligence;
Portez à notre Rome un si digne trésor;
Portez...

CORNÉLIE. Non pas, César, non pas à Rome encor :
Il faut que ta défaite et que tes funérailles
A cette cendre aimée en ouvrent les murailles;
Et quoiqu'elle la tienne aussi chère que moi,
Elle n'y doit rentrer qu'en triomphant de toi.
Je la porte en Afrique; et c'est là que j'espère
Que les fils de Pompée, et Caton, et mon père,
Secondés par l'effort d'un roi plus généreux,
Ainsi que la justice auront le sort pour eux.
C'est là que tu verras sur la terre et sur l'onde
Le débris de Pharsale armer un autre monde;
Et c'est là que j'irai, pour hâter tes malheurs,
Porter de rang en rang ces cendres et mes pleurs.
Je veux que de ma haine ils reçoivent des règles;

Qu'ils suivent au combat des urnes au lieu d'aigles;
Et que ce triste objet porte en leur souvenir
Les soins de le venger, et ceux de te punir.
Tu veux à ce héros rendre un devoir suprême;
L'honneur que tu lui rends rejaillit sur toi-même :
Tu m'en veux pour témoin; j'obéis au vainqueur :
Mais ne présume pas toucher par là mon cœur :
La perte que j'ai faite est trop irréparable;
La source de ma haine est trop inépuisable;
A l'égal de mes jours je la ferai durer;
Je veux vivre avec elle, avec elle expirer.
Je t'avouerai pourtant, comme vraiment Romaine,
Que pour toi mon estime est égale à ma haine;
Que l'une et l'autre est juste, et montre le pouvoir,
L'une de ta vertu, l'autre de mon devoir;
Que l'une est généreuse, et l'autre intéressée,
Et que dans mon esprit l'une et l'autre est forcée :
Tu vois que ta vertu, qu'en vain on veut trahir,
Me force de priser ce que je dois haïr;
Juge ainsi de la haine où mon devoir me lie,
La veuve de Pompée y force Cornélie.
J'irai, n'en doute point, au sortir de ces lieux,
Soulever contre toi les hommes et les dieux;
Ces dieux qui t'ont flatté, ces dieux qui m'ont trompée,
Ces dieux qui dans Pharsale ont mal servi Pompée,
Qui, la foudre à la main, l'ont pu voir égorger;
Ils connaîtront leur faute, et le voudront venger.
Mon zèle, à leur refus, aidé de sa mémoire,
Te saura bien sans eux arracher la victoire;
Et quand tout mon effort se trouvera rompu,
Cléopâtre fera ce que je n'aurai pu.
Je sais quelle est ta flamme et quelles sont ses forces,
Que tu n'ignores pas comme on fait les divorces,
Que t'on amour t'aveugle, et que pour l'épouser
Rome n'a point de lois que tu n'oses briser :
Mais sache aussi qu'alors la jeunesse romaine
Se croira tout permis sur l'époux d'une reine,
Et que de cet hymen tes amis indignés
Vengeront sur ton sang leurs avis dédaignés.
J'empêche ta ruine, empêchant tes caresses.
Adieu : j'attends demain l'effet de tes promesses.

SCÈNE V.

CÉSAR, CLÉOPATRE, ANTOINE, LÉPIDE, CHARMION.

CLÉOPATRE. Plutôt qu'à ces périls je vous puisse exposer,
Seigneur, perdez en moi ce qui les peut causer;

ACTE V.

Sacrifiez ma vie au bonheur de la vôtre;
Le mien sera trop grand, et je n'en veux point d'autre,
Indigne que je suis d'un César pour époux,
Que de vivre en votre âme, étant morte pour vous.

CÉSAR. Reine, ces vains projets sont le seul avantage
Qu'un grand cœur impuissant a du ciel en partage:
Comme il a peu de force, il a beaucoup de soins;
Et s'il pouvait plus faire, il souhaiterait moins.
Les dieux empêcheront l'effet de ces augures,
Et mes félicités n'en seront pas moins pures,
Pourvu que votre amour gagne sur vos douleurs
Qu'en faveur de César vous tarissiez vos pleurs,
Et que votre bonté, sensible à ma prière,
Pour un fidèle amant oublie un mauvais frère.
On aura pu vous dire avec quel déplaisir
J'ai vu le désespoir qu'il a voulu choisir;
Avec combien d'efforts j'ai voulu le défendre
Des paniques terreurs qui l'avaient pu surprendre.
Il s'est de mes bontés jusqu'au bout défendu,
Et de peur de se perdre il s'est enfin perdu.
O honte pour César, qu'avec tant de puissance,
Tant de soins de vous rendre entière obéissance,
Il n'ait pu toutefois, en ces événements,
Obéir au premier de vos commandements!
Prenez-vous-en au ciel, dont les ordres sublimes
Malgré tous nos efforts savent punir les crimes;
Sa rigueur envers lui vous offre un sort plus doux,
Puisque par cette mort l'Egypte est toute à vous.

CLÉOPATRE. Je sais que j'en reçois un nouveau diadème,
Qu'on n'en peut accuser que les dieux et lui-même :
Mais comme il est, seigneur, de la fatalité
Que l'aigreur soit mêlée à la félicité,
Ne vous offensez pas si cet heur de vos armes,
Qui me rend tant de biens, me coûte un peu de larmes,
Et si, voyant sa mort due à sa trahison,
Je donne à la nature ainsi qu'à la raison.
Je n'ouvre point les yeux sur ma grandeur si proche,
Qu'aussitôt à mon cœur mon sang ne le reproche :
J'en ressens dans mon âme un murmure secret,
Et ne puis remonter au trône sans regret.

SCÈNE VI.

CÉSAR, CLÉOPATRE, ANTOINE, LÉPIDE, ACHORÉE.

ACHORÉE. Un grand peuple, seigneur, dont cette cour est pleine,
Par des cris redoublés demande à voir la reine,
Et tout impatient déjà se plaint aux cieux

	Qu'on lui donne trop tard un bien si précieux.
CÉSAR.	Ne lui refusons plus le bonheur qu'il désire;

Princesse, allons par là commencer votre empire.
   Fasse le juste ciel, propice à mes désirs,
Que ces longs cris de joie étouffent vos soupirs,
Et puissent ne laisser dedans votre pensée
Que l'image des traits dont mon âme est blessée!
Cependant, qu'à l'envi ma suite et votre cour
Préparent pour demain la pompe d'un beau jour,
Où, dans un digne emploi l'une et l'autre occupée,
Couronne Cléopâtre et m'apaise Pompée,
Élève à l'une un trône, à l'autre des autels,
Et jure à tous les deux des respects immortels.

EXAMEN DE POMPÉE.

A bien considérer cette pièce, je ne crois pas qu'il y en ait sur le théâtre où l'histoire soit plus conservée et plus falsifiée tout ensemble. Elle est si connue, que je n'ai osé en changer les événements; mais il s'y en trouvera peu qui soient arrivés comme je les fais arriver. Je n'y ai ajouté que ce qui regarde Cornélie, qui semble s'y offrir d'elle-même, puisque, dans la vérité historique, elle était dans le même vaisseau que son mari lorsqu'il aborda en Égypte, qu'elle le vit descendre dans la barque où il fut assassiné à ses yeux par Septime, et qu'elle fut poursuivie sur mer par les ordres de Ptolomée. C'est ce qui m'a donné occasion de feindre qu'on l'atteignit, et qu'elle fut ramenée devant César, bien que l'histoire n'en parle point.

La diversité des lieux où les choses se sont passées et la longueur du temps qu'elles ont consumé dans la vérité historique m'ont réduit à cette falsification pour les ramener dans l'unité de jour et de lieu. Pompée fut massacré devant les murs de Pélusium, qu'on appelle aujourd'hui Damiette, et César prit terre à Alexandrie. Je n'ai nommé ni l'une ni l'autre ville, de peur que le nom de l'une n'arrêtât l'imagination de l'auditeur, et ne lui fît remarquer malgré lui la fausseté de ce qui s'est passé ailleurs.

Le lieu particulier est, comme dans *Polyeucte*, un grand vestibule commun à tous les appartements du palais royal; et cette unité n'a rien que de vraisemblable, pourvu qu'on se détache de la vérité historique. Le premier, le troisième et le quatrième acte y ont leur justesse manifeste; il peut y avoir quelque difficulté pour le deuxième et le cinquième, dont Cléopâtre ouvre l'un et Cornélie l'autre. Elles sembleraient toutes deux avoir plus de raison de parler dans leur appartement; mais l'impatience de la curiosité féminine les en peut faire sortir, l'une pour apprendre plutôt des nouvelles de la mort de

Pompée, ou par Achorée, qu'elle a envoyé en être témoin, ou par le premier qui entrera dans ce vestibule; et l'autre pour en savoir du combat de César et des Romains contre Ptolomée et les Égyptiens, pour empêcher que ce héros n'en aille donner à Cléopâtre avant qu'à elle, et pour obtenir de lui d'autant plus tôt la permission de partir. En quoi on peut remarquer que, comme elle sait qu'il est amoureux de cette reine, et qu'elle peut douter qu'au retour de son combat, les trouvant ensemble, il ne lui fasse le premier compliment, le soin qu'elle a de conserver la dignité romaine lui fait prendre la parole la première, et obliger par là César à lui répondre avant qu'il puisse dire rien à l'autre.

Pour le temps, il m'a fallu réduire en soulèvement tumultuaire une guerre qui n'a pu durer guère moins d'un an, puisque Plutarque rapporte qu'incontinent après que César fut parti d'Alexandrie, Cléopâtre accoucha de Césarion. Quand Pompée se présenta pour entrer en Égypte, cette princesse et le roi son frère avaient chacun leur armée prête à en venir aux mains l'une contre l'autre, et n'avaient garde ainsi de loger dans le même palais. César, dans ses Commentaires, ne parle point de ses amours avec elle, ni que la tête de Pompée lui fut présentée quand il arriva. C'est Plutarque et Lucain qui nous apprennent l'un et l'autre; mais ils ne lui font présenter cette tête que par un des ministres du roi, nommé Théodote, et non pas par le roi même, comme je l'ai fait.

Il y a quelque chose d'extraordinaire dans le titre de ce poëme, qui porte le nom d'un héros qui n'y parle point; mais il ne laisse pas d'en être en quelque sorte le principal acteur, puisque sa mort est la cause unique de tout ce qui s'y passe. J'ai justifié ailleurs l'unité d'action qui s'y rencontre, par cette raison que les événements y ont une telle dépendance l'un de l'autre, que la tragédie n'aurait pas été complète si je ne l'eusse poussée jusqu'au terme où je la fais finir. C'est à ce dessein que, dès le premier acte, je fais connaître la venue de César, à qui la cour d'Égypte immole Pompée pour gagner les bonnes grâces du victorieux; et ainsi il m'a fallu nécessairement faire voir quelle réception il ferait à leur lâche et cruelle politique. J'ai avancé l'âge de Ptolomée, afin qu'il pût agir, et que, portant le titre de roi, il tâchât d'en soutenir le caractère. Bien que les historiens et le poëte Lucain l'appellent communément *rex puer*, le *roi enfant*, il ne l'était pas à un tel point qu'il ne fût en état d'épouser sa sœur Cléopâtre, comme l'avait ordonné son père. Hirtius dit qu'il était *puer jam adulta ætate*; et Lucain appelle Cléopâtre incestueuse, dans ce vers qu'il adresse à ce roi par apostrophe:

Incestæ sceptris cessure sororis;

soit qu'elle eût déjà contracté ce mariage incestueux, soit à cause qu'après la guerre d'Alexandrie et la mort de Ptolomée, César la fit épouser à son jeune frère, qu'il rétablit dans le trône : d'où l'on peut tirer une conséquence infaillible, que si le plus jeune des deux frères était en âge de se marier quand César partit d'Égypte, l'aîné en était capable quand il y arriva, puisqu'il n'y tarda pas plus d'un an.

Le caractère de Cléopâtre garde une ressemblance ennoblie par ce qu'on y peut imaginer de plus illustre. Je ne la fais amoureuse que par ambition, et en sorte qu'elle semble n'avoir point d'amour qu'en tant qu'il peut servir à sa grandeur. Quoique la réputation qu'elle a laissée la fasse passer pour une femme lascive et abandonnée à ses plaisirs, et que Lucain, peut-être en haine de César, la nomme en quelque endroit *meretrix regina*, et fasse dire ailleurs à l'eunuque Photin, qui gouvernait sous le nom de son frère Ptolomée :

> *Quem non e nobis credit Cleopatra nocentem,*
> *A quo casta fuit?*

Je trouve qu'à bien examiner l'histoire, elle n'avait que de l'ambition sans amour, et que par politique elle se servait des avantages de sa beauté pour affermir sa fortune. Cela paraît visible en ce que les historiens ne marquent point qu'elle se soit donnée qu'aux deux premiers hommes du monde, César et Antoine; et qu'après la déroute de ce dernier, elle n'épargna aucun artifice pour engager Auguste dans la même passion qu'ils avaient eue pour elle, et fit voir par là qu'elle ne s'était attachée qu'à la haute puissance d'Antoine, et non pas à sa personne.

Pour le style, il est plus élevé en ce poëme qu'en aucun des miens, et ce sont sans contredit les vers les plus pompeux que j'aie faits. La gloire n'en est pas toute à moi. J'ai traduit de Lucain tout ce que j'y ai trouvé de propre à mon sujet; et comme je n'ai point fait de scrupule d'enrichir notre langue du pillage que j'ai pu faire chez lui, j'ai tâché, pour le reste, à entrer si bien dans sa manière de former ses pensées et de s'expliquer, que ce qu'il m'a fallu y joindre du mien sentît son génie, et ne fût pas indigne d'être pris pour un larcin que je lui eusse fait.

J'ai parlé, en l'Examen de *Polyeucte*, de ce que je trouve à dire en la confidence que fait Cléopâtre à Charmion, au deuxième acte.

Il ne me reste qu'un mot touchant les narrations d'Achorée, qui ont toujours passé pour fort belles; en quoi je ne veux pas aller contre le jugement du public, mais seulement faire remarquer de nouveau que celui qui les fait et les personnes qui les écoutent ont l'esprit assez tranquille pour avoir toute la patience qu'il y faut donner. Celle du troisième acte, qui est à mon gré la plus magnifique, a été accusée de n'être pas reçue par une personne digne de la recevoir; mais bien que Charmion, qui l'écoute, ne soit qu'une domestique de Cléopâtre, qu'on peut toutefois prendre pour sa dame d'honneur, étant envoyée exprès par cette reine pour l'écouter, elle tient lieu de cette reine même, qui cependant montre un orgueil digne d'elle, d'attendre la visite de César dans sa chambre, sans aller au-devant de lui. D'ailleurs Cléopâtre eût rompu tout le reste de ce troisième acte, si elle s'y fût montrée; et il m'a fallu la cacher par adresse de théâtre, et trouver pour cela dans l'action un prétexte qui fût glorieux pour elle et qui ne laissât point paraître le secret de l'art qui m'obligeait à l'empêcher de se produire.

RODOGUNE,

TRAGÉDIE EN CINQ ACTES.

NOTICE.

Pendant que Corneille travaillait à la tragédie de *Rodogune*, un ami indiscret auquel il avait confié son sujet l'alla porter à un poëte nommé Gabriel Gilbert, secrétaire de Christine, reine de Suède, à la cour de France. Gilbert se hâta de faire représenter une *Rodogune* qui tomba, malgré la protection de la reine de Suède et de Monsieur, duc d'Orléans, frère de Louis XIII. Un an après environ, au mois d'avril 1646, la *Rodogune* de Corneille parut sur le théâtre de l'hôtel de Bourgogne, et fut regardée comme une des plus belles pièces de Corneille. Le dernier acte surtout présentait la conception la plus dramatique qui fût connue chez les anciens comme chez les modernes. Corneille préférait cette tragédie à tous ses autres ouvrages. En 1759, les comédiens eurent à décider, dans une occasion remarquable, quelle était la meilleure pièce de Pierre Corneille. Son petit-neveu, unique héritier de ce nom illustre, fit parvenir, le lundi 3 mars, la requête suivante aux comédiens assemblés :

« Messieurs, permettez que le neveu du grand Corneille réclame aujourd'hui en sa faveur le respect dont vous êtes pénétrés pour ce père de votre théâtre. J'ai eu le malheur de perdre mes parents en bas âge, et d'être privé de l'éducation qui convenait à ma naissance. Ils m'ont laissé un nom illustre, et n'ont pu me mettre en état de le soutenir. Je n'ai que le faible mérite de sentir toute la gloire attachée à ce nom. Il est gravé dans vos cœurs, messieurs, avec de si grands caractères de vénération et de reconnaissance, que j'espère beaucoup de ces nobles sentiments qui vous animent. Chargé d'une femme et d'une fille, j'ai vécu pendant cinq ans d'un emploi de vingt-quatre livres par mois; ce n'est que du commencement de cette année qu'on m'en a donné un de quarante-huit livres par mois; il ne m'a pas été possible de subsiter avec un revenu aussi borné sans faire des dettes. Mes créanciers me persécutent, et je suis à la veille de succomber à leurs poursuites. Vous pourriez du moins, messieurs, adoucir ma situation à cet égard en me cédant le produit d'une représentation de telle pièce de mon oncle que vous jugerez à propos. Je vous prie, messieurs, de m'accorder cette grâce, qui me procurera une aisance passagère, et à vous un honneur durable. Je serais fâché, cependant, de vous faire tort en vous demandant un des beaux jours de votre spectacle. Je m'estimerai trop heureux si vous voulez bien prendre un mardi, un jeudi ou un vendredi pour jouer la pièce que vous aurez choisie, et je vous prierai de faire mettre sur l'affiche que c'est au profit du neveu du grand Corneille. Je veux que toute la terre soit informée et de votre bienfait et de ma reconnaissance. J'ai l'honneur d'être, avec la plus grande admiration de vos talents, » etc.

Cette lettre fut favorablement accueillie. Les comédiens firent prendre des renseignements, et reconnaissant que Jean-François pouvait justifier tout ce qu'il avait avancé, ils firent droit à sa demande. Il s'agissait d'introduire dans la composition du spectacle un des chefs-d'œuvre de l'auteur, et *Rodogune* fut choisie à la suite d'une longue délibération. Le bénéficiaire fut instruit en ces termes de la résolution prise en sa faveur:

« Monsieur, il nous est difficile de vous peindre, et notre surprise d'avoir ignoré jusqu'à ce moment qu'il existât un neveu du grand Corneille, et notre satisfaction en apprenant cette nouvelle. Les acclamations les plus touchantes ont été d'abord les seuls interprètes de notre sensibilité. Revenus de ce premier trouble d'une joie imprévue, nous n'avons pas hésité un instant à vous accorder la représentation que vous souhaitez, et qui vous est due à tant de titres; mais permettez-nous, monsieur, de n'avoir aucun égard à votre généreuse discrétion. Vous vous êtes restreint à nous demander un mardi, un jeudi, ou un vendredi; nous nous croyons obligés de vous céder un de nos beaux jours. Il a été décidé d'une voix unanime dans notre assemblée, que nous présenterions lundi prochain, 10 de ce mois, à votre profit, la tragédie de *Rodogune*, un des chefs-d'œuvre de Pierre Corneille. Nous vous prions aussi, monsieur, d'accepter pour toujours vos entrées en notre spectacle, d'y choisir votre place, et de l'occuper le plus souvent qu'il vous sera possible. Nous devons au grand Corneille, à la nation, à nous-mêmes, ces témoignages bien faibles sans doute, mais les seuls que nous puissions donner de notre respect, de notre vénération, de notre gratitude pour le fondateur de la scène française. Un descendant de ce grand homme est en droit de tout exiger de notre reconnaissance. Nous vous supplions, monsieur, de la mettre à toute épreuve; vous ne l'affaiblirez ni ne l'épuiserez jamais; elle est aussi forte, aussi vive et aussi durable que les écrits de votre oncle immortel. Nous avons l'honneur d'être, » etc.

Voltaire remarque avec raison que l'exposition de *Rodogune* est obscure. On ne sait ni dans quel temps, ni dans quel lieu, l'action se passe, et la ville de Séleucie, en Syrie, n'est pas nommée une seule fois. Les événements qui font le sujet de *Rodogune* s'accomplirent 126 ans avant J. C. On en trouvera le récit en tête de l'examen que, suivant son usage, Corneille a fait de sa tragédie.

ÉMILE DE LA BÉDOLLIÈRE.

PERSONNAGES.

CLÉOPATRE, reine de Syrie, veuve de Démétrius Nicanor.
SÉLEUCUS, } fils de Démétrius et de Cléopâtre.
ANTIOCHUS,
RODOGUNE, sœur de Phraates, roi des Parthes.
TIMAGENE, gouverneur des deux princes.
ORONTE, ambassadeur de Phraates.
LAONICE, sœur de Timagène, confidente de Cléopâtre.

La scène est à Séleucie, dans le palais royal.

RODOGUNE.

ACTE PREMIER.
SCÈNE I.
LAONICE, TIMAGÈNE.

LAONICE. Enfin ce jour pompeux, cet heureux jour nous luit,
Qui d'un trouble si long doit dissiper la nuit;
Ce grand jour où l'hymen, étouffant la vengeance,
Entre le Parthe et nous remet l'intelligence,
Affranchit sa princesse, et nous fait pour jamais
Du motif de la guerre un lien de la paix;
Ce grand jour est venu, mon frère, où notre reine,
Cessant de plus tenir la couronne incertaine,
Doit rompre aux yeux de tous son silence obstiné,
De deux princes jumeaux nous déclarer l'aîné :
Et l'avantage seul d'un moment de naissance,
Dont elle a jusqu'ici caché la connaissance,
Mettant au plus heureux le sceptre dans la main,
Va faire l'un sujet et l'autre souverain.
Mais n'admirez-vous point que cette même reine
Le donne pour époux à l'objet de sa haine,
Et n'en doit faire un roi qu'afin de couronner
Celle que dans les fers elle aimait à gêner?
Rodogune, par elle en esclave traitée,
Par elle se va voir sur le trône montée,
Puisque celui des deux qu'elle nommera roi
Lui doit donner la main et recevoir sa foi.

TIMAGÈNE. Pour le mieux admirer trouvez bon, je vous prie,
Que j'apprenne de vous les troubles de Syrie.
J'en ai vu les premiers, et me souviens encor
Des malheureux succès du grand roi Nicanor,
Quand des Parthes vaincus pressant l'adroite fuite,
Il tomba dans leurs fers au bout de sa poursuite.
Je n'ai pas oublié que cet événement
Du perfide Tryphon fit le soulèvement.
Voyant le roi captif, la reine désolée,
Il crut pouvoir saisir la couronne ébranlée;
Et le sort favorable à son lâche attentat
Mit d'abord sous ses lois la moitié de l'Etat.
La reine craignant tout de ces nouveaux orages,

En sut mettre à l'abri ses plus précieux gages ;
Et, pour n'exposer pas l'enfance de ses fils,
Me les fit chez son frère enlever à Memphis.
Là nous n'avons rien su que de la renommée,
Qui, par un bruit confus diversement semée,
N'a porté jusqu'à nous ces grands renversements
Que sous l'obscurité de cent déguisements.

LAONICE. Sachez donc que Tryphon, après quatre batailles,
Ayant su nous réduire à ces seules murailles,
En forma tôt le siége ; et, pour comble d'effroi,
Un faux bruit s'y coula touchant la mort du roi.
Le peuple épouvanté, qui déjà dans son âme
Ne suivait qu'à regret les ordres d'une femme,
Voulut forcer la reine à choisir un époux.
Que pouvait-elle faire, et seule, et contre tous ?
Croyant son mari mort, elle épousa son frère.
L'effet montra soudain ce conseil salutaire.
Le prince Antiochus, devenu nouveau roi,
Sembla de tous côtés traîner l'heur avec soi :
La victoire attachée au progrès de ses armes
Sur nos fiers ennemis rejeta nos alarmes,
Et la mort de Tryphon dans un dernier combat,
Changeant tout notre sort, lui rendit tout l'Etat.
Quelque promesse alors qu'il eût faite à la mère
De remettre ses fils au trône de leur père,
Il témoigna si peu de la vouloir tenir,
Qu'elle n'osa jamais les faire revenir.
Ayant régné sept ans, son ardeur militaire
Ralluma cette guerre où succomba son frère :
Il attaqua le Parthe, et se crut assez fort
Pour en venger sur lui la prison et la mort.
Jusque dans ses Etats il lui porta la guerre ;
Il s'y fit partout craindre à l'égal du tonnerre ;
Il lui donna bataille, où mille beaux exploits...
Je vous achèverai le reste une autre fois :
Un des princes survient.

(*Laonice veut se retirer.*)

SCÈNE II.

ANTIOCHUS, TIMAGÈNE, LAONICE.

ANTIOCHUS. Demeurez, Laonice ;
Vous pouvez comme lui me rendre un bon office.
Dans l'état où je suis, triste et plein de souci,
Si j'espère beaucoup, je crains beaucoup aussi.
Un seul mot aujourd'hui, maître de ma fortune,
M'ôte ou donne à jamais le sceptre et Rodogune,
Et de tous les mortels ce secret révélé

Me rend le plus content ou le plus désolé.
Je vois dans le hasard tous les biens que j'espère,
Et ne puis être heureux sans le malheur d'un frère,
Mais d'un frère si cher qu'une sainte amitié
Fait sur moi de ses maux rejaillir la moitié.
Donc pour moins hasarder j'aime mieux moins prétendre,
Et pour rompre le coup que mon cœur n'ose attendre,
Lui cédant de deux biens le plus brillant aux yeux,
M'assurer de celui qui m'est plus précieux :
Heureux si, sans attendre un fâcheux droit d'aînesse,
Pour un trône incertain j'en obtiens la princesse,
Et puis par ce partage épargner les soupirs
Qui naîtraient de ma peine ou de ses déplaisirs !
  Va le voir de ma part, Timagène, et lui dire
Que pour cette beauté je lui cède l'empire :
Mais porte-lui si haut la douceur de régner
Qu'à cet éclat du trône il se laisse gagner ;
Qu'il s'en laisse éblouir jusqu'à ne pas connaître
A quel prix je consens de l'accepter pour maître.

SCÈNE III.
ANTIOCHUS, LAONICE.

ANTIOCHUS. Et vous, en ma faveur voyez ce cher objet,
Et tâchez d'abaisser ses yeux sur un sujet
Qui peut-être aujourd'hui porterait la couronne
S'il n'attachait les siens à sa seule personne,
Et ne la préférait à cet illustre rang
Pour qui les plus grands cœurs prodiguent tout leur sang.

SCÈNE IV.
ANTIOCHUS, LAONICE, TIMAGÈNE.

TIMAGÈNE. Seigneur, le prince vient ; et votre amour lui-même
Lui peut sans interprète offrir le diadème.
ANTIOCHUS. Ah ! je tremble ; et la peur d'un trop juste refus
Rend ma langue muette et mon esprit confus.

SCÈNE V.
SÉLEUCUS, ANTIOCHUS, TIMAGÈNE, LAONICE.

SÉLEUCUS. Vous puis-je en confiance expliquer ma pensée ?
ANTIOCHUS. Parlez ; notre amitié par ce doute est blessée.
SÉLEUCUS. Hélas ! c'est le malheur que je crains aujourd'hui.
L'égalité, mon frère, en est le ferme appui ;
C'en est le fondement, la liaison, le gage ;
Et, voyant d'un côté tomber tout l'avantage,
Avec juste raison je crains qu'entre nous deux
L'égalité rompue en rompe les doux nœuds.

Et que ce jour fatal à l'heure de notre vie
Jette sur l'un de nous trop de honte ou d'envie.
ANTIOCHUS. Comme nous n'avons eu jamais qu'un sentiment,
Cette peur me touchait, mon frère, également;
Mais, si vous le voulez, j'en sais bien le remède.
SÉLEUCUS. Si je le veux! bien plus! je l'apporte, et vous cède
Tout ce que la couronne a de charmant en soi.
Oui, seigneur, car je parle à présent à mon roi,
Pour le trône cédé, cédez-moi Rodogune,
Et je n'envierai point votre haute fortune.
Ainsi notre destin n'aura rien de honteux,
Ainsi notre bonheur n'aura rien de douteux;
Et nous mépriserons ce faible droit d'aînesse,
Vous, satisfait du trône, et moi de la princesse.
ANTIOCHUS. Hélas!
SÉLEUCUS.   Recevez-vous l'offre avec déplaisir?
ANTIOCHUS. Pouvez-vous nommer offre une ardeur de choisir
Qui, de la même main qui me cède un empire,
M'arrache un bien plus grand, et le seul où j'aspire?
SÉLEUCUS. Rodogune?
ANTIOCHUS.   Elle-même; ils en sont les témoins.
SÉLEUCUS. Quoi! l'estimez-vous tant?
ANTIOCHUS.   Quoi! l'estimez-vous moins?
SÉLEUCUS. Elle vaut bien un trône, il faut que je le die.
ANTIOCHUS. Elle vaut à mes yeux tout ce qu'en a l'Asie.
SÉLEUCUS. Vous l'aimez donc, mon frère?
ANTIOCHUS.   Et vous l'aimez aussi :
C'est là tout mon malheur, c'est là tout mon souci.
J'espérais que l'éclat dont le trône se pare
Toucherait vos désirs plus qu'un objet si rare;
Mais aussi bien qu'à moi son prix vous est connu,
Et dans ce juste choix vous m'avez prévenu.
Ah! déplorable prince!
SÉLEUCUS.   Ah! destin trop contraire!
ANTIOCHUS. Que ne ferais-je point contre un autre qu'un frère!
SÉLEUCUS. O mon cher frère! ô nom pour un rival trop doux!
Que ne ferais-je point contre un autre que vous!
ANTIOCHUS. Où nous vas-tu réduire, amitié fraternelle?
SÉLEUCUS. Amour, qui doit ici vaincre de vous ou d'elle?
ANTIOCHUS. L'amour, l'amour doit vaincre; et la triste amitié
Ne doit être à tous deux qu'un objet de pitié.
Un grand cœur cède un trône, et le cède avec gloire;
Cet effort de vertu couronne sa mémoire :
Mais, lorsqu'un digne objet a pu nous enflammer,
Qui le cède est un lâche, et ne sait pas aimer.
De tous deux Rodogune a charmé le courage;
Cessons par trop d'amour de lui faire un outrage :
Elle doit épouser, non pas vous, non pas moi,

ACTE I.

Mais de moi, mais de vous, quiconque sera roi.
La couronne entre nous flotte encore incertaine;
Mais sans incertitude elle doit être reine;
Cependant, aveuglés dans notre vain projet,
Nous la faisions tous deux la femme d'un sujet!
Régnons; l'ambition ne peut être que belle,
Et pour elle quittée, et reprise pour elle;
Et ce trône où tous deux nous osions renoncer,
Souhaitons-le tous deux afin de l'y placer:
C'est dans notre destin le seul conseil à prendre;
Nous pouvons nous en plaindre, et nous devons l'attendre.

SÉLEUCUS. Il faut encor plus faire, il faut qu'en ce grand jour
Notre amitié triomphe aussi bien que l'amour.
Ces deux siéges fameux de Thèbes et de Troie,
Qui mirent l'une en sang, l'autre aux flammes en proie,
N'eurent pour fondement à leurs maux infinis
Que ceux que contre nous le sort a réunis.
Il sème entre nous deux toute la jalousie
Qui dépeupla la Grèce et saccagea l'Asie:
Un même espoir du sceptre est permis à tous deux;
Pour la même beauté nous faisons mêmes vœux.
Thèbes périt pour l'un, Troie a brûlé pour l'autre.
Tout va choir en ma main ou tomber en la vôtre.
En vain notre amitié tâchait à partager;
Et si j'ose tout dire, un titre assez léger,
Un droit d'aînesse obscur, sur la foi d'une mère,
Va combler l'un de gloire et l'autre de misère.
Que de sujets de plainte en ce double intérêt
Aura le malheureux contre un si faible arrêt!
Que de sources de haine! Hélas! jugez le reste,
Craignez-en avec moi l'événement funeste;
Ou plutôt avec moi faites un digne effort
Pour armer votre cœur contre un si triste sort.
Malgré l'éclat du trône et l'amour d'une femme,
Faisons si bien régner l'amitié sur notre âme,
Qu'étouffant dans leur perte un regret suborneur
Dans le bonheur d'un frère on trouve son bonheur.
Ainsi ce qui jadis perdit Thèbes et Troie
Dans nos cœurs mieux unis ne versera que joie.
Ainsi notre amitié, triomphante à son tour,
Vaincra la jalousie en cédant à l'amour;
Et, de notre destin bravant l'ordre barbare,
Trouvera des douceurs aux maux qu'il nous prépare.

ANTIOCHUS. Le pourrez-vous, mon frère?
SÉLEUCUS.   Ah! que vous me pressez!
Je le voudrai du moins, mon frère, et c'est assez;
Et ma raison sur moi gardera tant d'empire,
Que je désavouerai mon cœur s'il en soupire.

ANTIOCHUS. J'embrasse comme vous ces nobles sentiments;
　　　　　Mais allons leur donner le secours des serments,
　　　　　Afin qu'étant témoins de l'amitié jurée
　　　　　Les dieux contre un tel coup assurent sa durée.
SÉLEUCUS. Allons, allons l'étreindre, au pied de leurs autels,
　　　　　Par des liens sacrés et des nœuds immortels.

SCÈNE VI.
LAONICE, TIMAGÈNE.

LAONICE. Peut-on plus dignement mériter la couronne?
TIMAGÈNE. Je ne suis point surpris de ce qui vous étonne;
　　　　　Confident de tous deux, prévoyant leur douleur,
　　　　　J'ai prévu leur constance et j'ai plaint leur malheur.
　　　　　Mais, de grâce, achevez l'histoire commencée.
LAONICE. Pour la reprendre donc où nous l'avons laissée,
　　　　　Les Parthes au combat par les nôtres forcés,
　　　　　Tantôt presque vainqueurs, tantôt presque enfoncés,
　　　　　Sur l'une et l'autre armée également heureuse
　　　　　Virent longtemps voler la victoire douteuse :
　　　　　Mais la fortune enfin se tourna contre nous,
　　　　　Si bien qu'Antiochus, percé de mille coups,
　　　　　Près de tomber aux mains d'une troupe ennemie,
　　　　　Lui voulut dérober les restes de sa vie;
　　　　　Et, préférant aux fers la gloire de périr,
　　　　　Lui-même par sa main acheva de mourir.
　　　　　La reine, ayant appris cette triste nouvelle,
　　　　　En reçut tôt après une autre plus cruelle;
　　　　　Que Nicanor vivait; que, sur un faux rapport,
　　　　　De ce premier époux elle avait cru la mort;
　　　　　Que, piqué jusqu'au vif contre son hyménée,
　　　　　Son âme à l'imiter s'était déterminée;
　　　　　Et que, pour s'affranchir des fers de son vainqueur,
　　　　　Il allait épouser la princesse sa sœur.
　　　　　C'est cette Rodogune où l'un et l'autre frère
　　　　　Trouve encor les appas qu'avait trouvés leur père.
　　　　　La reine envoie en vain pour se justifier;
　　　　　On a beau la défendre, on a beau le prier,
　　　　　On ne rencontre en lui qu'un juge inexorable;
　　　　　Et son amour nouveau la veut croire coupable :
　　　　　Son erreur est un crime; et, pour l'en punir mieux,
　　　　　Il veut même épouser Rodogune à ses yeux,
　　　　　Arracher de son front le sacré diadème,
　　　　　Pour ceindre une autre tête en sa présence même;
　　　　　Soit qu'ainsi sa vengeance eût plus d'indignité,
　　　　　Soit qu'ainsi cet hymen eût plus d'autorité,
　　　　　Et qu'il assurât mieux par cette barbarie,
　　　　　Aux enfants qui naîtraient le trône de Syrie.

Mais tandis qu'animé de colère et d'amour
Il vient déshériter ses fils par son retour,
Et qu'un gros escadron de Parthes pleins de joie
Conduit ces deux amants et court comme à la proie,
La reine, au désespoir de n'en rien obtenir,
Se résout de se perdre ou de le prévenir.
Elle oublie un mari qui veut cesser de l'être,
Qui ne veut plus la voir qu'en implacable maître;
Et, changeant à regret son amour en horreur,
Elle abandonne tout à sa juste fureur.
Elle-même leur dresse une embûche au passage,
Se mêle dans les coups, porte partout sa rage,
En pousse jusqu'au bout les furieux effets.
Que vous dirai-je enfin? les Parthes sont défaits,
Le roi meurt, et, dit-on, par la main de la reine;
Rodogune captive est livrée à sa haine.
Tous les maux qu'une esclave endure dans les fers,
Alors sans moi, mon frère, elle les eût soufferts.
La reine, à la gêner prenant mille délices,
Ne commettait qu'à moi l'ordre de ses supplices;
Mais, quoi que m'ordonnât cette âme toute en feu,
Je promettais beaucoup et j'exécutais peu.
Le Parthe cependant en jure la vengeance :
Sur nous à main armée il fond en diligence,
Nous surprend, nous assiége, et fait un tel effort,
Que, la ville aux abois, on lui parle d'accord.
Il veut fermer l'oreille, enflé de l'avantage;
Mais voyant parmi nous Rodogune en otage,
Enfin il craint pour elle, et nous daigne écouter;
Et c'est ce qu'aujourd'hui l'on doit exécuter.
 La reine de l'Egypte a rappelé nos princes
Pour remettre à l'aîné son trône et ses provinces.
Rodogune a paru, sortant de sa prison,
Comme un soleil levant dessus notre horizon.
Le Parthe a décampé, pressé par d'autres guerres
Contre l'Arménien qui ravage ses terres :
D'un ennemi cruel il s'est fait notre appui.
La paix finit la haine; et, pour comble aujourd'hui,
Dois-je dire de bonne ou mauvaise fortune?
Nos deux princes tous deux adorent Rodogune.

TIMAGÈNE. Sitôt qu'ils ont paru tous deux en cette cour,
 Ils ont vu Rodogune, et j'ai vu leur amour :
 Mais, comme étant rivaux, nous les trouvons à plaindre,
 Connaissant leur vertu je n'en vois rien à craindre.
 Pour vous, qui gouvernez cet objet de leurs vœux...
LAONICE. Je n'ai point encor vu qu'elle aime aucun des deux.
TIMAGÈNE. Vous me trouvez mal propre à cette confidence,
 Et, peut-être à dessein... Je la vois qui s'avance.

Adieu : je dois au rang qu'elle est prête à tenir
Du moins la liberté de vous entretenir.

SCÈNE VII.
RODOGUNE, LAONICE.

RODOGUNE. Je ne sais quel malheur aujourd'hui me menace,
Et coule dans ma joie une secrète glace :
Je tremble, Laonice, et te voulais parler,
Ou pour chasser ma crainte, ou pour m'en consoler.
LAONICE. Quoi! madame, en ce jour pour vous si plein de gloire!
RODOGUNE. Ce jour m'en promet tant que j'ai peine à tout croire.
La fortune me traite avec trop de respect;
Et le trône, et l'hymen, tout me devient suspect.
L'hymen semble à mes yeux cacher quelque supplice,
Le trône sous mes pas creuser un précipice :
Je vois de nouveaux fers après les miens brisés,
Et je prends tous ces biens pour des maux déguisés;
En un mot, je crains tout de l'esprit de la reine.
LAONICE. La paix qu'elle a jurée en a calmé la haine.
RODOGUNE. La haine entre les grands se calme rarement :
La paix souvent n'y sert que d'un amusement;
Et, dans l'état où j'entre, à te parler sans feinte,
Elle a lieu de me craindre, et je crains cette crainte.
Non qu'enfin je ne donne au bien des deux États
Ce que j'ai dû de haine à de tels attentats :
J'oublie et pleinement toute mon aventure;
Mais une grande offense est de cette nature
Que toujours son auteur impute à l'offensé
Un vif ressentiment dont il le croit blessé;
Et, quoiqu'en apparence on les réconcilie,
Il le craint, il le hait, et jamais ne s'y fie;
Et, toujours alarmé de cette illusion,
Sitôt qu'il peut le perdre, il prend l'occasion.
Telle est pour moi la reine.
LAONICE.   Ah! madame, je jure
Que par ce faux soupçon vous lui faites injure :
Vous devez oublier un désespoir jaloux
Où força son courage un infidèle époux.
Si, teinte de son sang et toute furieuse,
Elle vous traita lors en rivale odieuse,
L'impétuosité d'un premier mouvement
Engageait sa vengeance à ce dur traitement :
Il fallait un prétexte à vaincre sa colère,
Il y fallait du temps; et, pour ne vous rien taire,
Quand je me dispensais à lui mal obéir,
Quand en votre faveur je semblais la trahir,
Peut-être qu'en son cœur plus douce et repentie

Elle en dissimulait la meilleure partie ;
Que, se voyant tromper, elle fermait les yeux,
Et qu'un peu de pitié la satisfaisait mieux.
A présent que l'amour succède à la colère,
Elle ne vous voit plus qu'avec des yeux de mère ;
Et si de cet amour je la voyais sortir,
Je jure de nouveau de vous en avertir :
Vous savez comme quoi je vous suis tout acquise.
Le roi souffrirait-il d'ailleurs quelque surprise ?

RODOGUNE. Qui que ce soit des deux qu'on couronne aujourd'hui,
Elle sera sa mère, et pourra tout sur lui.

LAONICE. Qui que ce soit des deux, je sais qu'il vous adore :
Connaissant leur amour, pouvez-vous craindre encore ?

RODOGUNE. Oui, je crains leur hymen, et d'être à l'un des deux.

LAONICE. Quoi ! sont-ils des sujets indignes de vos feux ?

RODOGUNE. Comme ils ont même sang avec pareil mérite,
Un avantage égal pour eux me sollicite ;
Mais il est malaisé dans cette égalité
Qu'un esprit combattu ne penche d'un côté.
Il est des nœuds secrets, il est des sympathies,
Dont par le doux rapport les âmes assorties
S'attachent l'une à l'autre, et se laissent piquer
Par ces je ne sais quoi qu'on ne peut expliquer.
C'est par là que l'un d'eux obtient la préférence :
Je crois voir l'autre encore avec indifférence ;
Mais cette indifférence est une aversion
Lorsque je la compare avec ma passion.
Etrange effet d'amour ! incroyable chimère !
Je voudrais être à lui si je n'aimais son frère ;
Et le plus grand des maux toutefois que je crains,
C'est que mon triste sort me livre entre ses mains.

LAONICE. Ne pourrai-je servir une si belle flamme ?

RODOGUNE. Ne crois pas en tirer le secret de mon âme :
Quelque époux que le ciel veuille me destiner,
C'est à lui pleinement que je veux me donner.
De celui que je crains si je suis le partage,
Je saurai l'accepter avec même visage :
L'hymen me le rendra précieux à son tour,
Et le devoir fera ce qu'aurait fait l'amour,
Sans crainte qu'on reproche à mon humeur forcée
Qu'un autre qu'un mari règne sur ma pensée.

LAONICE. Vous craignez que ma foi vous l'ose reprocher !

RODOGUNE. Que ne puis-je à moi-même aussi bien le cacher !

LAONICE. Quoi que vous me cachiez, aisément je devine ;
Et pour vous dire enfin ce que je m'imagine,
Le prince...

RODOGUNE. Garde-toi de nommer mon vainqueur :
Ma rougeur trahirait les secrets de mon cœur ;

4.

Et je te voudrais mal de cette violence
Que ta dextérité ferait à mon silence;
Même de peur qu'un mot, par hasard échappé,
Te fasse voir ce cœur et quels traits l'ont frappé,
Je romps un entretien dont la suite me blesse :
Adieu; mais souviens-toi que c'est sur ta promesse
Que mon esprit reprend quelque tranquillité.
LAONICE. Madame, assurez-vous sur ma fidélité.

ACTE DEUXIÈME.

SCÈNE I.

CLÉOPATRE.

Serments fallacieux, salutaire contrainte
Que m'imposa la force et qu'accepta ma crainte,
Heureux déguisements d'un immortel courroux,
Vains fantômes d'Etat, évanouissez-vous :
Si d'un péril pressant la terreur vous fit naître,
Avec ce péril même il vous faut disparaître,
Semblables à ces vœux, dans l'orage formés,
Qu'efface un prompt oubli quand les flots sont calmés.
Et vous qu'avec tant d'art cette feinte a voilée
Recours des impuissants, haine dissimulée,
Digne vertu des rois, noble secret de cour,
Eclatez, il est temps, et voici notre jour :
Montrons-nous toutes deux, non plus comme sujettes,
Mais telle que je suis, et telle que vous êtes.
Le Parthe est éloigné, nous pouvons tout oser :
Nous n'avons rien à craindre et rien à déguiser;
Je hais, je règne encor. Laissons d'illustres marques
En quittant, s'il le faut, ce haut rang des monarques :
Faisons-en avec gloire un départ éclatant,
Et rendons-le funeste à celle qui l'attend.
C'est encor, c'est encor cette même ennemie
Qui cherchait ses honneurs dedans mon infamie,
Dont la haine à son tour croit me faire la loi,
Et régner par mon ordre et sur vous et sur moi.
Tu m'estimes bien lâche, imprudente rivale,
Si tu crois que mon cœur jusque-là se ravale,
Qu'il souffre qu'un hymen, qu'on t'a promis en vain,
Te mette ta vengeance et mon sceptre à la main.
Vois jusqu'où m'emporta l'amour du diadème,
Vois quel sang il me coûte; et tremble pour toi-même :
Tremble, te dis-je; et songe, en dépit du traité,
Que pour t'en faire un don je l'ai trop acheté.

SCÈNE II.

CLÉOPATRE, LAONICE.

CLÉOPATRE. Laonice, vois-tu que le peuple s'apprête
Au pompeux appareil de cette grande fête?
LAONICE. La joie en est publique, et les princes tous deux
Des Syriens ravis emportent tous les vœux :
L'un et l'autre fait voir un mérite si rare,
Que le souhait confus entre les deux s'égare;
Et ce qu'en quelques-uns on voit d'attachement
N'est qu'un faible ascendant d'un premier mouvement.
Ils penchent d'un côté, prêts à tomber de l'autre :
Leur choix pour s'affermir attend encor le vôtre;
Et de celui qu'ils font ils sont si peu jaloux,
Que votre secret su les réunira tous.
CLÉOPATRE. Sais-tu que mon secret n'est pas ce que l'on pense?
LAONICE. J'attends avec eux tous celui de leur naissance.
CLÉOPATRE. Pour un esprit de cour, et nourri chez les grands,
Tes yeux dans leurs secrets sont bien peu pénétrants.
Apprends, ma confidente, apprends à me connaître.
Si je cache en quel rang le ciel les a fait naître,
Vois, vois que, tant que l'ordre en demeure douteux,
Aucun des deux ne règne, et je règne pour eux :
Quoique ce soit un bien que l'un et l'autre attende,
De crainte de le perdre aucun ne le demande;
Cependant je possède, et leur droit incertain
Me laisse avec leur sort leur sceptre dans la main.
Voilà mon grand secret : sais-tu par quel mystère
Je les laissais tous deux en dépôt chez mon frère?
LAONICE. J'ai cru qu'Antiochus les tenait éloignés
Pour jouir des Etats qu'il avait regagnés.
CLÉOPATRE. Il occupait leur trône, et craignait leur présence;
Et cette juste crainte assurait ma puissance.
Mes ordres en étaient de point en point suivis,
Quand je le menaçais du retour de mes fils :
Voyant ce foudre prêt à suivre ma colère,
Quoi qu'il me plût oser, il n'osait me déplaire :
Et, content malgré lui du vain titre de roi,
S'il régnait au lieu d'eux, ce n'était que sous moi.
Je te dirai bien plus. Sans violence aucune
J'aurais vu Nicanor épouser Rodogune,
Si, content de lui plaire et de me dédaigner,
Il eût vécu chez elle en me laissant régner.
Son retour me fâchait plus que son hyménée,
Et j'aurais pu l'aimer s'il ne l'eût couronnée.
Tu vis comme il y fit des efforts superflus;
Je fis beaucoup alors, et ferais encor plus

S'il était quelque voie, infâme ou légitime,
Que m'enseignât la gloire, ou que m'ouvrît le crime,
Qui me pût conserver un bien que j'ai chéri
Jusqu'à verser pour lui tout le sang d'un mari.
Dans l'état pitoyable où m'en réduit la suite,
Délice de mon cœur, il faut que je te quitte ;
On m'y force, il le faut : mais on verra quel fruit
En recevra bientôt celle qui m'y réduit.
L'amour que j'ai pour toi tourne en haine pour elle :
Autant que l'un fut grand l'autre sera cruelle ;
Et puisqu'en te perdant j'ai sur qui m'en venger,
Ma perte est supportable, et mon mal est léger.

LAONICE. Quoi ! vous parlez encor de vengeance et de haine
Pour celle dont vous-même allez faire une reine !

CLÉOPATRE. Quoi ! je ferais un roi pour être son époux,
Et m'exposer aux traits de son juste courroux !
N'apprendras-tu jamais, âme basse et grossière,
A voir par d'autres yeux que les yeux du vulgaire ?
Toi qui connais ce peuple, et sais qu'aux champs de Mars
Lâchement d'une femme il suit les étendards ;
Que, sans Antiochus, Tryphon m'eût dépouillée ;
Que sous lui son ardeur fut soudain réveillée ;
Ne saurais-tu juger que, si je nomme un roi,
C'est pour le commander, et combattre pour moi ?
J'en ai le choix en main avec le droit d'aînesse ;
Et, puisqu'il en faut faire une aide à ma faiblesse,
Que la guerre sans lui ne peut se rallumer,
J'userai bien du droit que j'ai de le nommer.
On ne montera point au rang dont je dévale
Qu'en épousant ma haine au lieu de ma rivale :
Ce n'est qu'en me vengeant qu'on me le peut ravir ;
Et je ferai régner qui me voudra servir.

LAONICE. Je vous connaissais mal.

CLÉOPATRE. Connais-moi tout entière.
Quand je mis Rodogune en tes mains prisonnière,
Ce ne fut ni pitié, ni respect de son rang,
Qui m'arrêta le bras et conserva son sang.
La mort d'Antiochus me laissait sans armée,
Et d'une troupe en hâte à me suivre animée
Beaucoup dans ma vengeance ayant fini leurs jours,
M'exposaient à son frère, et faible, et sans secours.
Je me voyais perdue à moins d'un tel otage.
Il vint, et sa fureur craignit pour ce cher gage :
Il m'imposa des lois, exigea des serments ;
Et moi, j'accordai tout pour obtenir du temps.
Le temps est un trésor plus grand qu'on ne peut croire :
J'en obtins, et je crus obtenir la victoire.
J'ai pu reprendre haleine ; et, sous de faux apprêts...

Mais voici mes deux fils que j'ai mandés exprès.
Ecoute, et tu verras quel est cet hyménée
Où se doit terminer cette illustre journée.

SCÈNE III.

CLÉOPATRE, ANTIOCHUS, SÉLEUCUS, LAONICE.

CLÉOPATRE. Mes enfants, prenez place. Enfin voici le jour
Si doux à mes souhaits, si cher à mon amour,
Où je puis voir briller sur une de vos têtes
Ce que j'ai conservé parmi tant de tempêtes,
Et vous remettre un bien, après tant de malheurs,
Qui m'a coûté pour vous tant de soins et de pleurs.
Il peut vous souvenir quelles furent mes larmes
Quand Tryphon me donna de si rudes alarmes,
Que pour ne vous pas voir exposés à ses coups,
Il fallut me résoudre à me priver de vous.
Quelles peines depuis, grands dieux! n'ai-je souffertes!
Chaque jour redoubla mes douleurs et mes pertes.
Je vis votre royaume entre ces murs réduit,
Je crus mort votre père; et, sur un si faux bruit,
Le peuple mutiné voulut avoir un maître.
J'eus beau le nommer lâche, ingrat, parjure, traître,
Il fallut satisfaire à son brutal désir;
Et, de peur qu'il en prît, il m'en fallut choisir.
Pour vous sauver l'Etat que n'eussé-je pu faire?
Je choisis un époux avec des yeux de mère,
Votre oncle Antiochus, et j'espérai qu'en lui
Votre trône tombant trouverait un appui.
Mais à peine son bras en relève la chute,
Que par lui de nouveau le sort me persécute;
Maître de votre Etat par sa valeur sauvé,
Il s'obstine à remplir ce trône relevé :
Qui lui parle de vous attire sa menace.
Il n'a défait Tryphon que pour prendre sa place;
Et, de dépositaire et de libérateur,
Il s'érige en tyran et lâche usurpateur.
Sa main l'en a puni : pardonnons à son ombre;
Aussi bien en un seul voici des maux sans nombre.
Nicanor votre père, et mon premier époux...
Mais pourquoi lui donner encor des noms si doux,
Puisque, l'ayant cru mort, il sembla ne revivre
Que pour s'en dépouiller afin de nous poursuivre?
Passons; je ne me puis souvenir sans trembler
Du coup dont j'empêchai qu'il nous pût accabler :
Je ne sais s'il est digne ou d'horreur ou d'estime,
S'il plut aux dieux ou non, s'il fut justice ou crime;
Mais, soit crime ou justice, il est certain, mes fils,

Que mon amour pour vous fit tout ce que je fis;
Ni celui des grandeurs, ni celui de la vie,
Ne jeta dans mon cœur cette aveugle furie.
J'étais lasse d'un trône où d'éternels malheurs
Me comblaient chaque jour de nouvelles douleurs.
Ma vie est presque usée, et ce reste inutile
Chez mon frère avec vous trouvait un sûr asile :
Mais voir, après douze ans et de soins et de maux,
Un père vous ôter le fruit de mes travaux!
Mais voir votre couronne, après lui, destinée
Aux enfants qui naîtraient d'un second hyménée!
A cette indignité je ne connus plus rien;
Je me crus tout permis pour garder votre bien.
Recevez donc, mes fils, de la main d'une mère
Un trône racheté par le malheur d'un père.
Je crus qu'il fit lui-même un crime en vous l'ôtant;
Et si j'en ai fait un en vous le rachetant,
Daigne du juste ciel la bonté souveraine,
Vous en laissant le fruit, m'en réserver la peine,
Ne lancer que sur moi les foudres mérités,
Et n'épandre sur vous que des prospérités!

ANTIOCHUS. Jusques ici, madame, aucun ne met en doute
Les longs et grands travaux que notre amour vous coûte;
Et nous croyons tenir des soins de cet amour
Ce doux espoir du trône aussi bien que le jour;
Le récit nous en charme, et nous fait mieux comprendre
Quelles grâces tous deux nous vous en devons rendre :
Mais, afin qu'à jamais nous les puissions bénir,
Épargnez le dernier à notre souvenir.
Ce sont fatalités dont l'âme embarrassée
A plus qu'elle ne veut se voit souvent forcée.
Sur les noires couleurs d'un si triste tableau
Il faut passer l'éponge, ou tirer le rideau :
Un fils est criminel quand il les examine;
Et, quelque suite enfin que le ciel y destine,
J'en rejette l'idée, et crois qu'en ces malheurs
Le silence ou l'oubli nous sied mieux que les pleurs.
Nous attendons le sceptre avec même espérance :
Mais si nous l'attendons, c'est sans impatience;
Nous pouvons sans régner vivre tous deux contents;
C'est le fruit de vos soins, jouissez-en longtemps :
Il tombera sur nous quand vous en serez lasse;
Nous le recevrons lors de bien meilleure grâce;
Et l'accepter sitôt semble nous reprocher
De n'être revenus que pour vous l'arracher.

SÉLEUCUS. J'ajouterai, madame, à ce qu'a dit mon frère,
Que, bien qu'avec plaisir et l'un et l'autre espère,
L'ambition n'est pas notre plus grand désir;

ACTE II.

Régnez, nous le verrons tous deux avec plaisir;
Et c'est bien la raison que pour tant de puissance
Nous vous rendions du moins un peu d'obéissance
Et que celui de nous dont le ciel a fait choix
Sous votre illustre exemple apprenne l'art des rois.

CLÉOPATRE. Dites tout, mes enfants : vous fuyez la couronne,
Non que son trop d'éclat ou son poids vous étonne;
L'unique fondement de cette aversion,
C'est la honte attachée à sa possession.
Elle passe à vos yeux pour la même infamie,
S'il faut la partager avec votre ennemie,
Et qu'un indigne hymen la fasse retomber
Sur celle qui venait pour vous la dérober.
O nobles sentiments d'une âme généreuse!
O fils vraiment mes fils! ô mère trop heureuse!
Le sort de votre père enfin est éclairci;
Il était innocent, et je puis l'être aussi;
Il vous aima toujours, et ne fut mauvais père
Que charmé par la sœur, ou forcé par le frère;
Et dans cette embuscade où son effort fut vain,
Rodogune, mes fils, le tua par ma main.
Ainsi de cet amour la fatale puissance
Vous coûte votre père, à moi mon innocence;
Et si ma main pour vous n'avait tout attenté,
L'effet de cet amour vous aurait tout coûté.
Ainsi vous me rendrez l'innocence et l'estime,
Lorsque vous punirez la cause de mon crime.
De cette même main qui vous a tout sauvé,
Dans son sang odieux je l'aurais bien lavé;
Mais comme vous aviez votre part aux offenses,
Je vous ai réservé votre part aux vengeances;
Et, pour ne tenir p   en suspens vos esprits,
Si vous voulez régner, le trône est à ce prix.
Entre deux fils que j'aime avec même tendresse,
Embrasser ma querelle est le seul droit d'aînesse;
La mort de Rodogune en nommera l'aîné.
   Quoi! vous montrez tous deux un visage étonné!
Redoutez-vous son frère? après la paix infâme
Que, même en la jurant, je détestais dans l'âme,
J'ai fait lever des gens par des ordres secrets,
Qu'à vous suivre en tous lieux vous trouverez tout prêts,
Et, tandis qu'il fait tête aux princes d'Arménie,
Nous pouvons sans péril briser sa tyrannie.
Qui vous fait donc pâlir à cette juste loi?
Est-ce pitié pour elle? est-ce haine pour moi?
Voulez-vous l'épouser afin qu'elle me brave,
Et mettre mon destin aux mains de mon esclave?
Vous ne répondez point! Allez, enfants ingrats,

Pour qui je crus en vain conserver ces Etats :
J'ai fait votre oncle roi, j'en ferai bien un autre ;
Et mon nom peut encore ici plus que le vôtre.
SÉLEUCUS. Mais, madame, voyez que pour premier exploit...
CLÉOPATRE. Mais que chacun de vous pense à ce qu'il me doit.
Je sais bien que le sang qu'à vos mains je demande
N'est pas le digne essai d'une valeur bien grande ;
Mais si vous me devez et le sceptre et le jour,
Ce doit être envers moi le sceau de votre amour :
Sans ce gage, ma haine à jamais s'en défie ;
Ce n'est qu'en m'imitant que l'on me justifie.
Rien ne vous sert ici de faire les surpris ;
Je vous le dis encor, le trône est à ce prix ;
Je puis en disposer comme de ma conquête :
Point d'aîné, point de roi, qu'en m'apportant sa tête ;
Et, puisque mon seul choix vous y peut élever,
Pour jouir de mon crime, il le faut achever.

SCÈNE IV.
SÉLEUCUS, ANTIOCHUS.

SÉLEUCUS. Est-il une constance à l'épreuve du foudre
Dont ce cruel arrêt met notre espoir en poudre ?
ANTIOCHUS. Est-il un coup de foudre à comparer aux coups
Que ce cruel arrêt vient de lancer sur nous ?
SÉLEUCUS. O haines, ô fureurs dignes d'une Mégère !
O femme que je n'ose appeler encor mère !
Après que tes forfaits ont régné pleinement,
Ne saurais-tu souffrir qu'on règne innocemment ?
Quels attraits penses-tu qu'ait pour nous la couronne
S'il faut qu'un crime égal par ta main nous la donne ?
Et de quelles horreurs nous doit-elle combler,
Si pour monter au trône il faut te ressembler !
ANTIOCHUS. Gardons plus de respect aux droits de la nature,
Et n'imputons qu'au sort notre triste aventure.
Nous le nommions cruel ; mais il nous était doux,
Quand il ne nous donnait à combattre que nous.
Confidents tout ensemble et rivaux l'un de l'autre
Nous ne concevions point de mal pareil au nôtre ;
Cependant, à nous voir l'un de l'autre rivaux,
Nous ne concevions pas la moitié de nos maux.
SÉLEUCUS. Une douleur si sage et si respectueuse,
Ou n'est guère sensible, ou guère impétueuse ;
Et c'est en de tels maux avoir l'esprit bien fort,
D'en connaître la cause, et l'imputer au sort.
Pour moi, je sens les miens avec plus de faiblesse ;
Plus leur cause m'est chère, et plus l'effet m'en blesse.
Non que pour m'en venger j'ose entreprendre rien ;

Je donnerais encor tout mon sang pour le sien;
Je sais ce que je dois : mais dans cette contrainte,
Si je retiens mon bras, je laisse aller ma plainte;
Et j'estime qu'au point qu'elle nous a blessés
Qui ne fait que s'en plaindre a du respect assez.
Voyez-vous bien quel est le ministère infâme
Qu'ose exiger de nous la haine d'une femme?
Voyez-vous qu'aspirant à des crimes nouveaux
De deux princes ses fils elle fait ses bourreaux?
Si vous pouvez le voir, pouvez-vous vous en taire?

ANTIOCHUS. Je vois bien plus encor, je vois qu'elle est ma mère;
Et plus je vois son crime indigne de ce rang,
Plus je lui vois souiller la source de mon sang.
J'en sens de ma douleur croître la violence;
Mais ma confusion m'impose le silence,
Lorsque dans ses forfaits sur nos fronts imprimés
Je vois les traits honteux dont nous sommes formés.
Je tâche à cet objet d'être aveugle ou stupide;
J'ose me déguiser jusqu'à son parricide;
Je me cache à moi-même un excès de malheur
Où notre ignominie égale ma douleur;
Et, détournant les yeux d'une mère cruelle,
J'impute tout au sort qui m'a fait naître d'elle.
Je conserve pourtant encore un peu d'espoir;
Elle est mère, et le sang a beaucoup de pouvoir;
Et le sort l'eût-il faite encor plus inhumaine,
Une larme d'un fils peut amollir sa haine.

SÉLEUCUS. Ah! mon frère, l'amour n'est guère véhément
Pour des fils élevés dans un bannissement,
Et qu'ayant fait nourrir presque dans l'esclavage
Elle n'a rappelés que pour servir sa rage.
De ses pleurs tant vantés je découvre le fard :
Nous avons en son cœur vous et moi peu de part.
Elle fait bien sonner ce grand amour de mère;
Mais elle seule enfin s'aime et se considère;
Et, quoi que nous étale un langage si doux,
Elle a tout fait pour elle, et n'a rien fait pour nous.
Ce n'est qu'un faux amour que la haine domine :
Nous ayant embrassés, elle nous assassine,
En veut au cher objet dont nous sommes épris,
Nous demande son sang, met le trône à ce prix.
Ce n'est plus de sa main qu'il nous le faut attendre;
Il est, il est à nous, si nous osons le prendre :
Notre révolte ici n'a rien que d'innocent;
Il est à l'un de nous, si l'autre le consent.
Régnons, et son courroux ne sera que faiblesse;
C'est l'unique moyen de sauver la princesse :
Allons la voir, mon frère, et demeurons unis;

C'est l'unique moyen de voir nos maux finis.
Je forme un beau dessein que son amour m'inspire;
Mais il faut qu'avec lui notre union conspire.
Notre amour, aujourd'hui si digne de pitié,
Ne saurait triompher que par notre amitié.

ANTIOCHUS. Cet avertissement marque une défiance
Que la mienne pour vous souffre avec patience.
Allons, et soyez sûr que même le trépas
Ne peut rompre des nœuds que l'amour ne rompt pas.

ACTE TROISIÈME.

SCÈNE I.

RODOGUNE, ORONTE, LAONICE.

RODOGUNE. Voilà comme l'amour succède à la colère,
Comme elle ne me voit qu'avec des yeux de mère,
Comme elle aime la paix, comme elle fait un roi,
Et comme elle use enfin de ses fils et de moi!
Et tantôt mes soupçons lui faisaient une offense?
Elle n'avait rien fait qu'en sa juste défense?
Lorsque tu la trompais, elle fermait les yeux?
Ah! que ma défiance en jugeait beaucoup mieux!
Tu le vois, Laonice.

LAONICE. Et vous voyez, madame,
Quelle fidélité vous conserve mon âme,
Et qu'ayant reconnu sa haine et mon erreur,
Le cœur gros de soupirs, et frémissant d'horreur,
Je romps une foi due aux secrets de ma reine,
Et vous viens découvrir mon erreur et sa haine.

RODOGUNE. Cet avis salutaire est l'unique secours
A qui je crois devoir le reste de mes jours.
Mais ce n'est pas assez de m'avoir avertie;
Il faut de ces périls m'aplanir la sortie;
Il faut que tes conseils m'aident à repousser...

LAONICE. Madame, au nom des dieux, veuillez m'en dispenser;
C'est assez que pour vous je lui sois infidèle,
Sans m'engager encore à des conseils contre elle.
Oronte est avec vous, qui, comme ambassadeur,
Devait de cet hymen honorer la splendeur;
Comme c'est en ses mains que le roi votre frère
A déposé le soin d'une tête si chère,
Je vous laisse avec lui pour en délibérer.
Quoi que vous résolviez, laissez-moi l'ignorer.
Au reste assurez-vous de l'amour des deux princes;

Plutôt que de vous perdre ils perdront leurs provinces :
Mais je ne réponds pas que ce cœur inhumain
Ne veuille à leur refus s'armer d'une autre main.
Je vous parle en tremblant; si j'étais ici vue,
Votre péril croîtrait, et je serais perdue.
Fuyez, grande princesse, et souffrez cet adieu.
RODOGUNE. Va, je reconnaîtrai ce service en son lieu.

SCÈNE II.
RODOGUNE, ORONTE.

RODOGUNE. Que ferons-nous, Oronte, en ce péril extrême,
Où l'on fait de mon sang le prix d'un diadème?
Fuirons-nous chez mon frère? attendrons-nous la mort?
Ou ferons-nous contre elle un généreux effort?
ORONTE. Notre fuite, madame, est assez difficile.
J'ai vu des gens de guerre épandus par la ville.
Si l'on veut votre perte, on vous fait observer;
Ou, s'il vous est permis encor de vous sauver,
L'avis de Laonice est sans doute une adresse :
Feignant de vous servir elle sert sa maîtresse.
La reine, qui surtout craint de vous voir régner,
Vous donne ces terreurs pour vous faire éloigner;
Et, pour rompre un hymen qu'avec peine elle endure,
Elle en veut à vous-même imputer la rupture.
Elle obtiendra par vous le but de ses souhaits,
Et vous accusera de violer la paix ;
Et le roi, plus piqué contre vous que contre elle,
Vous voyant lui porter une guerre nouvelle,
Blâmera vos frayeurs et nos légèretés
D'avoir osé douter de la foi des traités,
Et peut-être, pressé des guerres d'Arménie,
Vous laissera moquée, et la reine impunie.
A ces honteux moyens gardez de recourir.
C'est ici qu'il vous faut ou régner ou périr.
Le ciel pour vous ailleurs n'a point fait de couronne,
Et l'on s'en rend indigne alors qu'on l'abandonne.
RODOGUNE. Ah! que de vos conseils j'aimerais la vigueur,
Si nous avions la force égale à ce grand cœur !
Mais pourrons-nous braver une reine en colère
Avec ce peu de gens que m'a laissés mon frère?
ORONTE. J'aurais perdu l'esprit si j'osais me vanter
Qu'avec ce peu de gens nous puissions résister.
Nous mourrons à vos pieds, c'est toute l'assistance
Que vous peut en ces lieux offrir notre impuissance.
Mais pouvez-vous trembler, quand dans ces mêmes lieux
Vous portez le grand maître et des rois et des dieux?
L'Amour fera lui seul tout ce qu'il vous faut faire.

Faites-vous un rempart des fils contre la mère;
Ménagez bien leur flamme, ils voudront tout pour vous;
Et ces astres naissants sont adorés de tous.
Quoi que puisse en ces lieux une reine cruelle,
Pouvant tout sur ses fils, vous y pouvez plus qu'elle.
Cependant trouvez bon qu'en ces extrémités
Je tâche à rassembler nos Parthes écartés;
Ils sont peu, mais vaillants, et peuvent de sa rage
Empêcher la surprise et le premier outrage.
Craignez moins; et surtout, madame, en ce grand jour,
Si vous voulez régner, faites régner l'amour.

SCÈNE III.

RODOGUNE.

Quoi! je pourrais descendre à ce lâche artifice
D'aller de mes amants mendier le service,
Et, sous l'indigne appât d'un coup d'œil affété,
J'irais jusqu'en leurs cœurs chercher ma sûreté!
Celles de ma naissance ont horreur des bassesses;
Leur sang tout généreux hait ces molles adresses.
Quel que soit le secours qu'ils me puissent offrir,
Je croirai faire assez de le daigner souffrir.
Je verrai leur amour, j'éprouverai sa force,
Sans flatter leurs désirs, sans leur jeter d'amorce
Et s'il est assez fort pour me servir d'appui,
Je le ferai régner, mais en régnant sur lui.
     Sentiments étouffés de colère et de haine,
Rallumez vos flambeaux à celles de la reine,
Et d'un oubli contraint rompez la dure loi,
Pour rendre enfin justice aux mânes d'un grand roi;
Rapportez à mes yeux son image sanglante,
D'amour et de fureur encore étincelante,
Telle que je le vis quand tout percé de coups
Il me cria : *Vengeance! adieu ; je meurs pour vous!*
Chère ombre, hélas! bien loin de l'avoir poursuivie,
J'allais baiser la main qui t'arracha la vie,
Rendre un respect de fille à qui versa ton sang;
Mais pardonne aux devoirs que m'impose mon rang.
Plus la haute naissance approche des couronnes,
Plus cette grandeur même asservit nos personnes;
Nous n'avons point de cœur pour aimer ni haïr:
Toutes nos passions ne savent qu'obéir.
Après avoir armé pour venger cet outrage,
D'une paix mal conçue on m'a faite le gage;
Et moi, fermant les yeux sur ce noir attentat,
Je suivais mon destin en victime d'État :

Mais aujourd'hui qu'on voit cette main parricide,
Des restes de ta vie insolemment avide,
Vouloir encor percer ce sein infortuné
Pour y chercher le cœur que tu m'avais donné,
De la paix qu'elle rompt je ne suis plus le gage;
Je brise avec honneur mon illustre esclavage;
J'ose reprendre un cœur pour aimer et haïr,
Et ce n'est plus qu'à toi que je veux obéir.
 Le consentiras-tu cet effort sur ma flamme,
Toi, son vivant portrait, que j'adore dans l'âme,
Cher prince, dont je n'ose en mes plus doux souhaits
Fier encor le nom aux murs de ce palais?
Je sais quelles seront tes douleurs et tes craintes;
Je vois déjà tes maux, j'entends déjà tes plaintes:
Mais pardonne aux devoirs qu'exige enfin un roi
A qui tu dois le jour qu'il a perdu pour moi.
J'aurai mêmes douleurs, j'aurai mêmes alarmes;
S'il t'en coûte un soupir, j'en verserai des larmes.
 Mais, dieux! que je me trouble en les voyant tous deux!
Amour, qui me confonds, cache du moins tes feux;
Et, content de mon cœur, dont je te fais le maître,
Dans mes regards surpris garde-toi de paraître.

SCÈNE IV.

ANTIOCHUS, SÉLEUCUS, RODOGUNE.

ANTIOCHUS Ne vous offensez pas, princesse, de nous voir
De vos yeux à vous-même expliquer le pouvoir.
Ce n'est pas d'aujourd'hui que nos cœurs en soupirent:
A vos premiers regards tous deux ils se rendirent;
Mais un profond respect nous fit taire et brûler;
Et ce même respect nous force de parler.
 L'heureux moment approche où votre destinée
Semble être aucunement à la nôtre enchaînée,
Puisque d'un droit d'aînesse incertain parmi nous
La nôtre attend un sceptre, et la vôtre un époux.
C'est trop d'indignité que notre souveraine
De l'un de ses captifs tienne le nom de reine;
Notre amour s'en offense, et, changeant cette loi,
Remet à notre reine à nous choisir un roi.
Ne vous abaissez plus à suivre la couronne;
Donnez-la, sans souffrir qu'avec elle on vous donne;
Réglez notre destin qu'ont mal réglé les dieux;
Notre seul droit d'aînesse est de plaire à vos yeux.
L'ardeur qu'allume en nous une flamme si pure
Préfère votre choix au choix de la nature,
Et vient sacrifier à votre élection

Toute notre espérance et notre ambition.
　　Prononcez donc, madame, et faites un monarque;
Nous céderons sans honte à cette illustre marque;
Et celui qui perdra votre divin objet
Demeurera du moins votre premier sujet :
Son amour immortel saura toujours lui dire
Que ce rang près de vous vaut ailleurs un empire :
Il y mettra sa gloire, et, dans un tel malheur,
L'heur de vous obéir flattera sa douleur.

RODOGUNE. Princes, je dois beaucoup à cette déférence
De votre ambition et de votre espérance ;
Et j'en recevrais l'offre avec quelque plaisir
Si celles de mon rang avaient droit de choisir.
Comme sans leurs avis les rois disposent d'elles
Pour affermir leur trône ou finir leurs querelles,
Le destin des Etats est arbitre du leur,
Et l'ordre des traités règle tout dans leur cœur.
C'est lui que suit le mien, et non pas la couronne :
J'aimerai l'un de vous, parce qu'il me l'ordonne;
Du secret révélé j'en prendrai le pouvoir,
Et mon amour pour naître attendra mon devoir.
N'attendez rien de plus, ou votre attente est vaine.
Le choix que vous m'offrez appartient à la reine :
J'entreprendrais sur elle à l'accepter de vous.
Peut-être on vous a tu jusqu'où va son courroux;
Mais je dois par épreuve assez bien le connaître
Pour fuir l'occasion de le faire renaître.
Que n'en ai-je souffert, et que n'a-t-elle osé !
Je veux croire avec vous que tout est apaisé ;
Mais craignez avec moi que ce choix ne ranime
Cette haine mourante à quelque nouveau crime :
Pardonnez-moi ce mot qui viole un oubli
Que la paix entre nous doit avoir établi.
Le feu qui semble éteint souvent dort sous la cendre;
Qui l'ose réveiller peut s'en laisser surprendre;
Et je mériterais qu'il me pût consumer,
Si je lui fournissais de quoi se rallumer.

SÉLEUCUS. Pouvez-vous redouter sa haine renaissante
S'il est en votre main de la rendre impuissante ?
Faites un roi, madame, et régnez avec lui;
Son courroux désarmé demeure sans appui,
Et toutes ses fureurs sans effet rallumées
Ne pousseront en l'air que de vaines fumées.
Mais a-t-elle intérêt au choix que vous ferez,
Pour en craindre les maux que vous vous figurez?
La couronne est à nous; et sans lui faire injure,
Sans manquer de respect aux droits de la nature,

Chacun de nous à l'autre en peut céder sa part,
Et rendre à votre choix ce qu'il doit au hasard.
Qu'un si faible scrupule en notre faveur cesse;
Votre inclination vaut bien un droit d'aînesse,
Dont vous seriez traitée avec trop de rigueur,
S'il se trouvait contraire aux vœux de votre cœur.
On vous applaudirait quand vous seriez à plaindre;
Pour vous faire régner ce serait vous contraindre,
Vous donner la couronne en vous tyrannisant,
Et verser du poison sur ce noble présent.
Au nom de ce beau feu, qui tous deux nous consume,
Princesse, à notre espoir ôtez cette amertume;
Et permettez que l'heur qui suivra votre époux
Se puisse redoubler à le tenir de vous.

RODOGUNE. Ce beau feu vous aveugle autant comme il vous brûle;
Et tâchant d'avancer, son effort vous recule.
Vous croyez que ce choix que l'un et l'autre attend
Pourra faire un heureux sans faire un mécontent;
Et moi, quelque vertu que votre cœur prépare,
Je crains d'en faire deux si le mien se déclare.
Non que de l'un et l'autre il dédaigne les vœux;
Je tiendrais à bonheur d'être à l'un de vous deux :
Mais souffrez que je suive enfin ce qu'on m'ordonne.
Je me mettrai trop haut s'il faut que je me donne;
Quoique aisément je cède aux ordres de mon roi,
Il n'est pas bien aisé de m'obtenir de moi.
Savez-vous quels devoirs, quels travaux, quels services,
Voudront de mon orgueil exiger les caprices;
Par quels degrés de gloire on me peut mériter;
En quels affreux périls il faudra vous jeter?
Ce cœur vous est acquis après le diadème,
Princes, mais gardez-vous de le rendre à lui-même.
Vous y renoncerez peut-être pour jamais,
Quand je vous aurai dit à quel prix je le mets.

SÉLEUCUS. Quels seront les devoirs, quels travaux, quels services
Dont nous ne vous fassions d'amoureux sacrifices?
Et quels affreux périls pourrons-nous redouter,
Si c'est par ces degrés qu'on peut vous mériter?

ANTIOCHUS. Princesse, ouvrez ce cœur, et jugez mieux du nôtre;
Jugez mieux du beau feu qui brûle l'un et l'autre;
Et dites hautement à quel prix votre choix
Veut faire l'un de nous le plus heureux des rois.

RODOGUNE. Princes, le voulez-vous?

ANTIOCHUS. C'est notre unique envie.

RODOGUNE. Je verrai cette ardeur d'un repentir suivie.

SÉLEUCUS. Avant ce repentir tous deux nous périrons.

RODOGUNE. Enfin vous le voulez?

SÉLEUCUS.   Nous vous en conjurons.
RODOGUNE. Hé bien donc, il est temps de me faire connaître.
J'obéis à mon roi, puisqu'un de vous doit l'être ;
Mais quand j'aurai parlé, si vous vous en plaignez,
J'atteste tous les dieux que vous m'y contraignez ;
Et que c'est malgré moi qu'à moi-même rendue
J'écoute une chaleur qui m'était défendue ;
Qu'un devoir rappelé me rend un souvenir
Que la foi des traités ne doit plus retenir.
   Tremblez, princes, tremblez au nom de votre père ;
Il est mort, et pour moi, par les mains d'une mère :
Je l'avais oublié, sujette à d'autres lois ;
Mais libre, je lui rends enfin ce que je dois.
C'est à vous de choisir mon amour ou ma haine.
J'aime les fils du roi, je hais ceux de la reine :
Réglez-vous là-dessus, et sans plus me presser
Voyez auquel des deux vous voulez renoncer.
Il faut prendre parti ; mon choix suivra le vôtre ;
Je respecte autant l'un que je déteste l'autre.
Mais ce que j'aime en vous du sang de ce grand roi,
S'il n'est digne de lui, n'est pas digne de moi.
Ce sang que vous portez, ce trône qu'il vous laisse,
Valent bien que pour lui votre cœur s'intéresse.
Votre gloire le veut, l'amour vous le prescrit.
Qui peut contre elle et lui soulever votre esprit ?
Si vous leur préférez une mère cruelle,
Soyez cruels, ingrats, parricides comme elle :
Vous devez la punir si vous la condamnez ;
Vous devez l'imiter si vous la soutenez...
Quoi ! cette ardeur s'éteint ! l'un et l'autre soupire !
J'avais su le prévoir, j'avais su le prédire...
ANTIOCHUS. Princesse...
RODOGUNE.   Il n'est plus temps, le mot en est lâché ;
Quand j'ai voulu me taire, en vain je l'ai tâché.
Appelez ce devoir haine, rigueur, colère ;
Pour gagner Rodogune il faut venger un père ;
Je me donne à ce prix ; osez me mériter :
Et voyez qui de vous daignera m'accepter.
Adieu, princes.

SCÈNE V.

ANTIOCHUS, SÉLEUCUS.

ANTIOCHUS.   Hélas ! c'est donc ainsi qu'on traite
Les plus profonds respects d'une amour si parfaite !
SÉLEUCUS. Elle nous fuit, mon frère, après cette rigueur.
ANTIOCHUS. Elle fuit, mais en Parthe, en nous perçant le cœur.

ACTE III.

SÉLEUCUS. Que le ciel est injuste ! Une âme si cruelle
Méritait notre mère, et devait naître d'elle.
ANTIOCHUS. Plaignons-nous sans blasphème.
SÉLEUCUS.   Ah ! que vous me gênez
Par cette retenue où vous vous obstinez !
Faut-il encor régner ? faut-il l'aimer encore ?
ANTIOCHUS. Il faut plus de respect pour celle qu'on adore.
SÉLEUCUS. C'est ou d'elle ou du trône être ardemment épris
Que vouloir ou l'aimer ou régner à ce prix.
ANTIOCHUS. C'est et d'elle et de lui tenir bien peu de compte
Que faire une révolte et si pleine et si prompte.
SÉLEUCUS. Lorsque l'obéissance a tant d'impiété,
La révolte devient une nécessité.
ANTIOCHUS. La révolte, mon frère, est bien précipitée
Quand la loi qu'elle rompt peut être rétractée;
Et c'est à nos désirs trop de témérité
De vouloir de tels biens avec facilité.
Le ciel par les travaux veut qu'on monte à la gloire :
Pour gagner un triomphe, il faut une victoire.
Mais que je tâche en vain de flatter nos tourments !
Nos malheurs sont plus forts que ces déguisements.
Leur excès à mes yeux paraît un noir abîme
Où la haine s'apprête à couronner le crime,
Où la gloire est sans nom, la vertu sans honneur,
Où sans un parricide il n'est point de bonheur :
Et, voyant de ces maux l'épouvantable image,
Je me sens affaiblir quand je vous encourage;
Je frémis, je chancelle; et mon cœur abattu
Suit tantôt sa douleur et tantôt sa vertu.
Mon frère, pardonnez à des discours sans suite
Qui font trop voir le trouble où mon âme est réduite.
SÉLEUCUS. J'en ferais comme vous, si mon esprit troublé
Ne secouait le joug dont il est accablé :
Dans mon ambition, dans l'ardeur de ma flamme,
Je vois ce qu'est un trône, et ce qu'est une femme;
Et, jugeant par leur prix de leur possession,
J'éteins enfin ma flamme et mon ambition;
Et je vous céderais l'un et l'autre avec joie,
Si, dans la liberté que le ciel me renvoie,
La crainte de vous faire un funeste présent
Ne me jetait dans l'âme un remords trop cuisant.
Dérobons-nous, mon frère, à ces âmes cruelles,
Et laissons-les sans nous achever leurs querelles.
ANTIOCHUS. Comme j'aime beaucoup, j'espère encore un peu.
L'espoir ne peut s'éteindre où brûle tant de feu;
Et son reste confus me rend quelques lumières
Pour juger mieux que vous de ces âmes si fières.

Croyez-moi, l'une et l'autre a redouté nos pleurs :
Leur fuite à nos soupirs a dérobé leurs cœurs ;
Et si tantôt leur haine eût attendu nos larmes,
Leur haine à nos douleurs aurait rendu les armes.

SELEUCUS. Pleurez donc à leurs yeux, gémissez, soupirez,
Et je craindrai pour vous ce que vous espérez :
Quoi qu'en votre faveur vos pleurs obtiennent d'elles,
Il vous faudra parer leurs haines mutuelles,
Sauver l'une de l'autre ; et peut-être leurs coups,
Vous trouvant au milieu, ne perceront que vous.
C'est ce qu'il faut pleurer : ni maîtresse, ni mère,
N'ont plus de choix ici, ni de lois à nous faire ;
Quoi que leur rage exige ou de vous ou de moi,
Rodogune est à vous, puisque je vous fais roi.
Épargnez vos soupirs près de l'une et de l'autre.
J'ai trouvé mon bonheur, saisissez-vous du vôtre :
Je n'en suis point jaloux ; et ma triste amitié
Ne le verra jamais que d'un œil de pitié.

SCÈNE VI.

ANTIOCHUS.

Que je serais heureux si je n'aimais un frère !
Lorsqu'il ne veut pas voir le mal qu'il se veut faire
Mon amitié s'oppose à son aveuglement :
Elle agira pour vous, mon frère, également,
Et n'abusera point de cette violence
Que l'indignation fait à votre espérance.
La pesanteur du coup souvent nous étourdit :
On le croit repoussé quand il s'approfondit ;
Et, quoi qu'un juste orgueil sur l'heure persuade,
Qui ne sent point son mal est d'autant plus malade.
Ces ombres de santé cachent mille poisons,
Et la mort suit de près ces fausses guérisons.
Daignent les justes dieux rendre vain ce présage !
Cependant allons voir si nous vaincrons l'orage,
Et si contre l'effort d'un si puissant courroux
La nature et l'amour voudront parler pour nous.

ACTE QUATRIÈME.

SCÈNE I.
ANTIOCHUS, RODOGUNE.

RODOGUNE. Prince, qu'ai-je entendu? parce que je soupire,
Vous présumez que j'aime, et vous m'osez le dire!
Est-ce un frère, est-ce vous, dont la témérité
S'imagine...

ANTIOCHUS. Apaisez ce courage irrité,
Princesse; aucun de nous ne serait téméraire
Jusqu'à s'imaginer qu'il eût l'heur de vous plaire :
Je vois votre mérite et le peu que je vaux,
Et ce rival si cher connaît mieux ses défauts.
Mais si tantôt ce cœur parlait par votre bouche,
Il veut que nous croyions qu'un peu d'amour le touche,
Et qu'il daigne écouter quelques-uns de nos vœux,
Puisqu'il tient à bonheur d'être à l'un de nous deux.
Si c'est présomption de croire ce miracle,
C'est une impiété de douter de l'oracle,
Et mériter les maux où vous nous condamnez,
Qu'éteindre un bel espoir que vous nous ordonnez.
Princesse, au nom des dieux, au nom de cette flamme...

RODOGUNE. Un mot ne fait pas voir jusques au fond d'une âme;
Et votre espoir trop prompt prend trop de vanité
Des termes obligeants de ma civilité.
Je l'ai dit, il est vrai; mais, quoi qu'il en puisse être,
Méritez cet amour que vous voulez connaître :
Lorsque j'ai soupiré, ce n'était pas pour vous;
J'ai donné ces soupirs aux mânes d'un époux;
Et ce sont les effets du souvenir fidèle
Que sa mort à toute heure en mon âme rappelle.
Princes, soyez ses fils, et prenez son parti.

ANTIOCHUS. Recevez donc son cœur en nous deux réparti;
Ce cœur, qu'un saint amour rangea sous votre empire,
Ce cœur, pour qui le vôtre à tout moment soupire,
Ce cœur, en vous aimant indignement percé,
Reprend pour vous aimer le sang qu'il a versé;
Il le reprend en nous, il revit, il vous aime,
Et montre, en vous aimant, qu'il est encor le même.
Ah! princesse, en l'état où le sort nous a mis
Pouvons-nous mieux montrer que nous sommes ses fils?

RODOGUNE. Si c'est son cœur en vous qui revit et qui m'aime,
Faites ce qu'il ferait s'il vivait en lui-même :
A ce cœur qu'il vous laisse osez prêter un bras;
Pouvez-vous le porter, et ne l'écouter pas?

S'il vous explique mal ce qu'il en doit attendre,
Il emprunte ma voix pour se mieux faire entendre.
Une seconde fois il vous le dit par moi ;
Prince, il faut le venger.

ANTIOCHUS.   J'accepte cette loi.
Nommez les assassins, et j'y cours.

RODOGUNE.   Quel mystère
Vous fait, en l'acceptant, méconnaître une mère ?

ANTIOCHUS. Ah ! si vous ne voulez voir finir nos destins,
Nommez d'autres vengeurs, ou d'autres assassins.

RODOGUNE. Ah ! je vois trop régner son parti dans votre âme ;
Prince, vous le prenez ?

ANTIOCHUS.   Oui, je le prends, madame ;
Et j'apporte à vos pieds le plus pur de son sang,
Que la nature enferme en ce malheureux flanc.
Satisfaites vous-même à cette voix secrète
Dont la vôtre envers nous daigne être l'interprète :
Exécutez son ordre ; et hâtez-vous sur moi
De punir une reine, et de venger un roi :
Mais, quitte par ma mort d'un devoir si sévère,
Écoutez-en un autre en faveur de mon frère.
De deux princes unis à soupirer pour vous,
Prenez l'un pour victime, et l'autre pour époux ;
Punissez un des fils des crimes de la mère,
Mais payez l'autre aussi des services du père ;
Et laissez un exemple à la postérité,
Et de rigueur entière, et d'entière équité.
Quoi ! n'écouterez-vous ni l'amour ni la haine ?
Ne pourrai-je obtenir ni salaire ni peine ?
Ce cœur qui vous adore, et que vous dédaignez...

RODOGUNE. Hélas ! prince !

ANTIOCHUS.   Est-ce encor le roi que vous plaignez ?
Ce soupir ne va-t-il que vers l'ombre d'un père ?

RODOGUNE. Allez, ou, pour le moins, rappelez votre frère.
Le combat pour mon âme était moins dangereux
Lorsque je vous avais à combattre tous deux :
Vous êtes plus fort seul que vous n'étiez ensemble.
Je vous bravais tantôt, et maintenant je tremble.
J'aime ; n'abusez pas, prince, de mon secret :
Au milieu de ma haine il m'échappe à regret ;
Mais enfin il m'échappe, et cette retenue
Ne peut plus soutenir l'effort de votre vue.
Oui, j'aime un de vous deux malgré ce grand courroux,
Et ce dernier soupir dit assez que c'est vous.

   Un rigoureux devoir à cet amour s'oppose :
Ne m'en accusez point, vous en êtes la cause ;
Vous l'avez fait renaître en me pressant d'un choix
Qui rompt de vos traités les favorables lois.

D'un père mort pour moi voyez le sort étrange:
Si vous me laissez libre, il faut que je le venge;
Et mes feux dans mon âme ont beau s'en mutiner,
Ce n'est qu'à ce prix seul que je puis me donner.
Mais ce n'est pas de vous qu'il faut que je l'attende;
Votre refus est juste autant que ma demande.
A force de respect votre amour s'est trahi:
Je voudrais vous haïr, s'il m'avait obéi;
Et je n'estime pas l'honneur d'une vengeance
Jusqu'à vouloir d'un crime être la récompense.
Rentrons donc sous les lois que m'impose la paix,
Puisque m'en affranchir c'est vous perdre à jamais.
Prince, en votre faveur je ne puis davantage:
L'orgueil de ma naissance enfle encor mon courage;
Et, quelque grand pouvoir que l'amour ait sur moi,
Je n'oublierai jamais que je me dois un roi.
Oui, malgré mon amour, j'attendrai d'une mère
Que le trône me donne ou vous, ou votre frère.
Attendant son secret vous aurez mes désirs;
Et, s'il le fait régner, vous aurez mes soupirs:
C'est tout ce qu'à mes feux ma gloire peut permettre,
Et tout ce qu'à vos feux les miens osent promettre.

ANTIOCHUS. Que voudrais-je de plus? Son bonheur est le mien:
Rendez heureux ce frère, et je ne perdrai rien.
L'amitié le consent si l'amour l'appréhende:
Je bénirai le ciel d'une perte si grande;
Et, quittant les douceurs de cet espoir flottant,
Je mourrai de douleur, mais je mourrai content.

RODOGUNE. Et moi, si mon destin entre ses mains me livre,
Pour un autre que vous s'il m'ordonne de vivre,
Mon amour... Mais adieu, mon esprit se confond.
Prince, si votre flamme à la mienne répond,
Si vous n'êtes ingrat à ce cœur qui vous aime,
Ne me revoyez point qu'avec le diadème.

SCÈNE II.

ANTIOCHUS.

Les plus doux de mes vœux enfin sont exaucés.
Tu viens de vaincre, Amour; mais ce n'est pas assez.
Si tu veux triompher en cette conjoncture,
Après avoir vaincu, fais vaincre la nature;
Et prête-lui pour nous ces tendres sentiments
Que ton ardeur inspire aux cœurs des vrais amants,
Cette pitié qui force, et ces dignes faiblesses
Dont la vigueur détruit les fureurs vengeresses.
Voici la reine. Amour, nature, justes dieux,
Faites-la-moi fléchir, ou mourir à ses yeux.

SCÈNE III.

CLÉOPATRE, ANTIOCHUS, LAONICE.

CLÉOPATRE. Hé bien! Antiochus, vous dois-je la couronne?
ANTIOCHUS. Madame, vous savez si le ciel me la donne.
CLÉOPATRE. Vous savez mieux que moi si vous la méritez.
ANTIOCHUS. Je sais que je péris si vous ne m'écoutez.
CLÉOPATRE. Un peu trop lent peut-être à servir ma colère,
Vous vous êtes laissé prévenir par un frère :
Il a su me venger quand vous délibériez,
Et je dois à son bras ce que vous espériez.
Je vous en plains, mon fils, ce malheur est extrême ;
C'est périr en effet que perdre un diadème.
Je n'y sais qu'un remède, encore est-il fâcheux,
Étonnant, incertain, et triste pour tous deux :
Je périrai moi-même avant que de le dire ;
Mais enfin on perd tout quand on perd un empire.
ANTIOCHUS. Le remède à nos maux est tout en votre main,
Et n'a rien de fâcheux, d'étonnant, d'incertain :
Votre seule colère a fait notre infortune.
Nous perdons tout, madame, en perdant Rodogune :
Nous l'adorons tous deux ; jugez en quels tourments
Nous jette la rigueur de vos commandements.
L'aveu de cet amour sans doute vous offense :
Mais enfin nos malheurs croissent par le silence ;
Et votre cœur, qu'aveugle un peu d'inimitié,
S'il ignore nos maux n'en peut prendre pitié.
Au point où je les vois, c'en est le seul remède.
CLÉOPATRE. Quelle aveugle fureur vous-même vous possède?
Avez-vous oublié que vous parlez à moi?
Ou si vous présumez être déjà mon roi?
ANTIOCHUS. Je tâche avec respect à vous faire connaître
Les forces d'un amour que vous avez fait naître.
CLÉOPATRE. Moi! j'aurais allumé cet insolent amour?
ANTIOCHUS. Et quel autre prétexte a fait notre retour?
Nous avez-vous mandés qu'afin qu'un droit d'aînesse
Donnât à l'un de nous le trône et la princesse?
Vous avez bien fait plus ; vous nous l'avez fait voir,
Et c'était par vos mains nous mettre en son pouvoir.
Qui de nous deux, madame, eût osé s'en défendre,
Quand vous nous ordonniez à tous deux d'y prétendre?
Si sa beauté dès lors n'eût allumé nos feux,
Le devoir auprès d'elle eût attaché nos vœux ;
Le désir de régner eût fait la même chose ;
Et, dans l'ordre des lois que la paix nous impose,
Nous devions aspirer à sa possession
Par amour, par devoir, ou par ambition.

Nous avons donc aimé, nous avons cru vous plaire :
Chacun de nous n'a craint que le bonheur d'un frère ;
Et cette crainte enfin cédant à l'amitié,
J'implore pour tous deux un moment de pitié.
Avons-nous dû prévoir cette haine cachée,
Que la foi des traités n'avait point arrachée ?

CLÉOPATRE. Non ; mais vous avez dû garder le souvenir
Des hontes que pour vous j'avais su prévenir,
Et de l'indigne état où votre Rodogune,
Sans moi, sans mon courage, eût mis votre fortune.
Je croyais que vos cœurs, sensibles à ces coups,
En sauraient conserver un généreux courroux ;
Et je le retenais avec ma douceur feinte,
Afin que, grossissant sous un peu de contrainte,
Ce torrent de colère et de ressentiment
Fût plus impétueux en son débordement.
Je fais plus maintenant ; je presse, sollicite,
Je commande, menace ; et rien ne vous irrite :
Le sceptre, dont ma main vous doit récompenser,
N'a point de quoi vous faire un moment balancer ;
Vous ne considérez ni lui ni mon injure ;
L'amour étouffe en vous la voix de la nature
Et je pourrais aimer des fils dénaturés !

ANTIOCHUS. La nature et l'amour ont leurs droits séparés ;
L'un n'ôte point à l'autre une âme qu'il possède.

CLÉOPATRE. Non, non ; où l'amour règne il faut que l'autre cède.

ANTIOCHUS. Leurs charmes à nos cœurs sont également doux.
Nous périrons tous deux, s'il faut périr pour vous :
Mais aussi...

CLÉOPATRE. Poursuivez, fils ingrat et rebelle.

ANTIOCHUS. Nous périrons tous deux, s'il faut périr pour elle.

CLÉOPATRE. Périssez ! périssez ! votre rébellion
Mérite plus d'horreur que de compassion ;
Mes yeux sauront le voir sans verser une larme,
Sans regarder en vous que l'objet qui vous charme ;
Et je triompherai, voyant périr mes fils,
De ses adorateurs et de mes ennemis.

ANTIOCHUS. Hé bien ! triomphez-en ; que rien ne vous retienne.
Votre main tremble-t-elle ? y voulez-vous la mienne ?
Madame, commandez, je suis prêt d'obéir ;
Je percerai ce cœur qui vous ose trahir :
Heureux si par ma mort je puis vous satisfaire,
Et noyer dans mon sang toute votre colère !
Mais si la dureté de votre aversion
Nomme encor notre amour une rébellion,
Du moins souvenez-vous qu'elle n'a pris pour armes
Que de faibles soupirs et d'impuissantes larmes.

CLÉOPATRE. Ah! que n'a-t-elle pris et la flamme et le fer!
Que bien plus aisément j'en saurais triompher!
Vos larmes dans mon cœur ont trop d'intelligence;
Elles ont presque éteint cette ardeur de vengeance:
Je ne puis refuser des soupirs à vos pleurs;
Je sens que je suis mère auprès de vos douleurs.
C'en est fait, je me rends, et ma colère expire:
Rodogune est à vous aussi bien que l'empire;
Rendez grâces aux dieux qui vous ont fait l'aîné:
Possédez-la, régnez.

ANTIOCHUS. O moment fortuné!
O trop heureuse fin de l'excès de ma peine!
Je rends grâces aux dieux qui calment votre haine.
Madame, est-il possible?

CLÉOPATRE. En vain j'ai résisté:
La nature est trop forte, et mon cœur s'est dompté.
Je ne vous dis plus rien : vous aimez votre mère,
Et votre amour pour moi taira ce qu'il faut taire.

ANTIOCHUS. Quoi! je triomphe donc sur le point de périr!
La main qui me blessait a daigné me guérir!

CLÉOPATRE. Oui, je veux couronner une flamme si belle.
Allez à la princesse en porter la nouvelle;
Son cœur comme le vôtre en deviendra charmé:
Vous n'aimeriez pas tant, si vous n'étiez aimé.

ANTIOCHUS. Heureux Antiochus! heureuse Rodogune!
Oui, madame, entre nous la joie en est commune.

CLÉOPATRE. Allez donc; ce qu'ici vous perdez de moments
Sont autant de larcins à vos contentements:
Et ce soir, destiné pour la cérémonie,
Fera voir pleinement si ma haine est finie.

ANTIOCHUS. Et nous vous ferons voir tous nos désirs bornés
A vous donner en nous des sujets couronnés.

SCÈNE IV.

CLÉOPATRE, LAONICE.

LAONICE. Enfin, ce grand courage a vaincu sa colère.
CLÉOPATRE. Que ne peut point un fils sur le cœur d'une mère!
LAONICE. Vos pleurs coulent encore, et ce cœur adouci...
CLÉOPATRE. Envoyez-moi son frère, et nous laissez ici:
Sa douleur sera grande, à ce que je présume;
Mais j'en saurai sur l'heure adoucir l'amertume.
Ne lui témoignez rien: il lui sera plus doux
D'apprendre tout de moi, qu'il ne serait de vous.

SCÈNE V.

CLÉOPATRE.

Que tu pénètres mal le fond de mon courage!
Si je verse des pleurs, ce sont des pleurs de rage;
Et ma haine, qu'en vain tu crois s'évanouir,
Ne les a fait couler qu'afin de t'éblouir.
Je ne veux plus que moi dedans ma confidence.
Et toi, crédule amant, que charme l'apparence,
Et dont l'esprit léger s'attache avidement
Aux attraits captieux de mon déguisement,
Va, triomphe en idée avec ta Rodogune,
Au sort des immortels préfère ta fortune :
Tandis que, mieux instruite en l'art de me venger,
En de nouveaux malheurs je saurai te plonger.
Ce n'est pas tout d'un coup que tant d'orgueil trébuche;
De qui se rend trop tôt on doit craindre une embûche;
Et c'est mal démêler le cœur d'avec le front,
Que prendre pour sincère un changement si prompt.
L'effet te fera voir comme je suis changée.

SCÈNE VI.

CLÉOPATRE, SÉLEUCUS.

CLÉOPATRE. Savez-vous, Séleucus, que je me suis vengée?
SÉLEUCUS. Pauvre princesse, hélas!
CLÉOPATRE. Vous déplorez son sort!
Quoi! l'aimiez-vous?
SÉLEUCUS. Assez pour regretter sa mort.
CLÉOPATRE. Vous lui pouvez servir encor d'amant fidèle:
Si j'ai su me venger, ce n'a pas été d'elle.
SÉLEUCUS. O ciel! et de qui donc, madame?
CLÉOPATRE. C'est de vous,
Ingrat, qui n'aspirez qu'à vous voir son époux;
De vous, qui l'adorez en dépit d'une mère;
De vous, qui dédaignez de servir ma colère;
De vous, de qui l'amour, rebelle à mes désirs,
S'oppose à ma vengeance, et détruit mes plaisirs.
SÉLEUCUS. De moi?
CLÉOPATRE. De toi, perfide! Ignore, dissimule
Le mal que tu dois craindre et le feu qui te brûle;
Et si, pour l'ignorer, tu crois t'en garantir,
Du moins, en l'apprenant, commence à le sentir.
Le trône était à toi par le droit de naissance;
Rodogune avec lui tombait en ta puissance;
Tu devais l'épouser, tu devais être roi:
Mais comme ce secret n'est connu que de moi,

Je puis comme je veux tourner le droit d'aînesse,
Et donne à ton rival ton sceptre et ta maîtresse.
SÉLEUCUS. A mon frère?
CLÉOPATRE. C'est lui que j'ai nommé l'aîné.
SÉLEUCUS. Vous ne m'affligez point de l'avoir couronné;
Et, par une raison qui vous est inconnue,
Mes propres sentiments vous avaient prévenue :
Les biens que vous m'ôtez n'ont point d'attraits si doux
Que mon cœur n'ait donnés à ce frère avant vous
Et si vous bornez là toute votre vengeance,
Vos désirs et les miens seront d'intelligence.
CLÉOPATRE. C'est ainsi qu'on déguise un violent dépit;
C'est ainsi qu'une feinte au dehors l'assoupit,
Et qu'on croit amuser de fausses patiences
Ceux dont en l'âme on craint les justes défiances.
SÉLEUCUS. Quoi! je conserverais quelque courroux secret!
CLÉOPATRE. Quoi! lâche! tu pourrais la perdre sans regret?
Elle de qui les dieux te donnaient l'hyménée!
Elle dont tu plaignais la perte imaginée!
SÉLEUCUS. Considérer sa perte avec compassion,
Ce n'est pas aspirer à sa possession.
CLÉOPATRE. Que la mort la ravisse, ou qu'un rival l'emporte,
La douleur d'un amant est également forte;
Et tel qui se console après l'instant fatal
Ne saurait voir son bien aux mains de son rival :
Piqué jusques au vif, il tâche à le reprendre;
Il fait de l'insensible, afin de mieux surprendre;
D'autant plus animé, que ce qu'il a perdu
Par rang ou par mérite à sa flamme était dû.
SÉLEUCUS. Peut-être : mais enfin par quel amour de mère
Pressez-vous tellement ma douleur contre un frère?
Prenez-vous intérêt à la faire éclater?
CLÉOPATRE. J'en prends à la connaître et la faire avorter;
J'en prends à conserver, malgré toi, mon ouvrage
Des jaloux attentats de ta secrète rage.
SÉLEUCUS. Je le veux croire ainsi : mais quel autre intérêt
Nous fait tous deux aînés, quand et comme il vous plaît?
Qui des deux vous doit croire? et par quelle justice
Faut-il que sur moi seul tombe tout le supplice,
Et, que du même amour dont nous sommes blessés,
Il soit récompensé quand vous m'en punissez?
CLÉOPATRE. Comme reine, à mon choix je fais justice ou grâce;
Et je m'étonne fort d'où vous vient cette audace,
D'où vient qu'un fils, vers moi noirci de trahison,
Ose de mes faveurs me demander raison.
SÉLEUCUS. Vous pardonnerez donc ces chaleurs indiscrètes :
Je ne suis point jaloux du bien que vous lui faites;
Et je vois quel amour vous avez pour tous deux,

Plus que vous ne pensez et plus que je ne veux.
Le respect me défend d'en dire davantage :
Je n'ai ni faute d'yeux, ni faute de courage,
Madame ; mais enfin n'espérez voir en moi
Qu'amitié pour mon frère et zèle pour mon roi.
Adieu.

SCÈNE VII.
CLÉOPATRE.

De quel malheur suis-je encore capable?
Leur amour m'offensait, leur amitié m'accable;
Et contre mes fureurs je trouve en mes deux fils
Deux enfants révoltés et deux rivaux unis.
Quoi! sans émotion perdre trône et maîtresse!
Quel est ici ton charme, odieuse princesse?
Et par quel privilége, allumant de tels feux,
Peux-tu n'en prendre qu'un et m'ôter tous les deux?
N'espère pas pourtant triompher de ma haine :
Pour régner sur deux cœurs, tu n'es pas encor reine.
Je sais bien qu'en l'état où tous deux je les voi
Il me les faut percer pour aller jusqu'à toi :
Mais n'importe; mes mains sur le père enhardies
Pour un bras refusé sauront prendre deux vies.
Leurs jours également sont pour moi dangereux;
J'ai commencé par lui, j'achèverai par eux.
Sors de mon cœur, nature, ou fais qu'ils m'obéissent :
Fais-les servir ma haine, ou consens qu'ils périssent.
Mais déjà l'un a vu que je les veux punir :
Souvent qui tarde trop se laisse prévenir.
Allons chercher le temps d'immoler mes victimes,
Et de me rendre heureuse à force de grands crimes.

ACTE CINQUIÈME.
SCÈNE I.
CLÉOPATRE.

Enfin, grâces aux dieux, j'ai moins d'un ennemi :
La mort de Séleucus m'a vengée à demi;
Son ombre, en attendant Rodogune et son frère,
Peut déjà de ma part les promettre à son père;
Ils le suivront de près, et j'ai tout préparé
Pour réunir bientôt ce que j'ai séparé.
O toi, qui n'attends plus que la cérémonie
Pour jeter à mes pieds ma rivale punie,

Et par qui deux amants vont d'un seul coup du sort
Recevoir l'hyménée, et le trône, et la mort;
Poison, me sauras-tu rendre mon diadème?
Le fer m'a bien servie, en feras-tu de même?
Me seras-tu fidèle? Et toi? que me veux-tu,
Ridicule retour d'une sotte vertu,
Tendresse dangereuse autant comme importune?
Je ne veux point pour fils l'époux de Rodogune,
Et ne vois plus en lui les restes de mon sang,
S'il m'arrache du trône et la met en mon rang.
 Reste du sang ingrat d'un époux infidèle,
Héritier d'une flamme envers moi criminelle,
Aime mon ennemie, et péris comme lui.
Pour la faire tomber j'abattrai son appui :
Aussi bien sous mes pas c'est creuser un abîme,
Que retenir ma main sur la moitié du crime;
Et, te faisant mon roi, c'est trop me négliger,
Que te laisser sur moi père et frère à venger.
Qui se venge à demi court lui-même à sa peine :
Il faut ou condamner ou couronner sa haine.
Dût le peuple en fureur pour ses maîtres nouveaux
De mon sang odieux arroser leurs tombeaux,
Dût le Parthe vengeur me trouver sans défense,
Dût le ciel égaler le supplice à l'offense;
Trône, à t'abandonner je ne puis consentir :
Par un coup de tonnerre il vaut mieux en sortir,
Il vaut mieux mériter le sort le plus étrange.
Tombe sur moi le ciel, pourvu que je me venge!
J'en recevrai le coup d'un visage remis :
Il est doux de périr après ses ennemis;
Et de quelque rigueur que le destin me traite,
Je perds moins à mourir qu'à vivre leur sujette.
 Mais voici Laonice; il faut dissimuler
Ce que le seul effet doit bientôt révéler.

SCÈNE II.

CLÉOPATRE, LAONICE.

CLÉOPATRE. Viennent-ils, nos amants?
LAONICE.   Ils approchent, madame :
On lit dessus leur front l'allégresse de l'âme;
L'amour s'y fait paraître avec la majesté;
Et, suivant le vieil ordre en Syrie usité,
D'une grâce en tous deux tout auguste et royale,
Ils viennent prendre ici la coupe nuptiale,
Pour s'en aller au temple, au sortir du palais,
Par les mains du grand prêtre être unis à jamais :
C'est là qu'il les attend pour bénir l'alliance.

Le peuple tout ravi par ses vœux le devance,
Et pour eux à grands cris demande aux immortels
Tout ce qu'on leur souhaite au pied de leurs autels,
Impatient pour eux que la cérémonie
Ne commence bientôt, ne soit bientôt finie.
Les Parthes à la foule aux Syriens mêlés,
Tous nos vieux différends de leur âme exilés,
Font leur suite assez grosse, et d'une voix commune
Bénissent à l'envi le prince et Rodogune.
Mais je les vois déjà : madame, c'est à vous
A commencer ici des spectacles si doux.

SCÈNE III.

CLÉOPATRE, ANTIOCHUS, RODOGUNE, ORONTE, LAONICE,
TROUPE DE PARTHES ET DE SYRIENS.

CLÉOPATRE. Approchez, mes enfants; car l'amour maternelle,
Madame, dans mon cœur vous tient déjà pour telle;
Et je crois que ce nom ne vous déplaira pas.
RODOGUNE. Je le chérirai même au delà du trépas.
Il m'est trop doux, madame; et tout l'heur que j'espère,
C'est de vous obéir et respecter en mère.
CLÉOPATRE. Aimez-moi seulement; vous allez être rois,
Et, s'il faut du respect, c'est moi qui vous le dois.
ANTIOCHUS. Ah ! si nous recevons la suprême puissance,
Ce n'est pas pour sortir de votre obéissance :
Vous régnerez ici quand nous y régnerons,
Et ce seront vos lois que nous y donnerons.
CLÉOPATRE. J'ose le croire ainsi. Mais prenez votre place,
Il est temps d'avancer ce qu'il faut que je fasse.
(*Ici Antiochus s'assied dans un fauteuil, Rodogune à sa gauche en même rang, et Cléopâtre à sa droite, mais en rang inférieur, et qui marque quelque inégalité; Oronte s'assied aussi à la gauche de Rodogune, avec la même différence; et Cléopâtre, pendant qu'ils prennent leurs places, parle à l'oreille de Laonice, qui s'en va querir une coupe pleine de vin empoisonné.*)
Peuples, qui m'écoutez, Parthes et Syriens,
Sujets du roi son frère, ou qui fûtes les miens,
Voici de mes deux fils celui qu'un droit d'aînesse
Élève dans le trône et donne à la princesse.
Je lui rends cet Etat que j'ai sauvé pour lui,
Je cesse de régner; il commence aujourd'hui.
Qu'on ne me traite plus ici de souveraine :
Voici votre roi, peuple, et voilà votre reine.
Vivez pour les servir, respectez-les tous deux,
Aimez-les, et mourez, s'il est besoin, pour eux.
Oronte, vous voyez avec quelle franchise
Je leur rends ce pouvoir dont je me suis démise :

Prêtez les yeux au reste, et voyez les effets
Suivre de point en point les traités de la paix.
(*Laonice apporte une coupe.*)
ORONTE. Votre sincérité s'y fait assez paraître,
Madame, et j'en ferai récit au roi mon maître.
CLÉOPATRE. L'hymen est maintenant notre plus cher souci.
L'usage veut, mon fils, qu'on le commence ici :
Recevez de ma main la coupe nuptiale,
Pour être après unis sous la foi conjugale :
Puisse-t-elle être un gage envers votre moitié,
De votre amour ensemble et de mon amitié!
ANTIOCHUS *prenant la coupe.*
Ciel! que ne dois-je point aux bontés d'une mère!
CLÉOPATRE. Le temps presse, et votre heur d'autant plus se diffère.
ANTIOCHUS *à Rodogune.* Madame, hâtons donc ces glorieux moments;
Voici l'heureux essai de nos contentements.
Mais si mon frère était le témoin de ma joie...
CLÉOPATRE. C'est être trop cruel de vouloir qu'il la voie :
Ce sont des déplaisirs qu'il fait bien d'épargner;
Et sa douleur secrète a droit de l'éloigner.
ANTIOCHUS. Il m'avait assuré qu'il la verrait sans peine.
Mais n'importe, achevons.

SCÈNE IV.

CLÉOPATRE, ANTIOCHUS, RODOGUNE, ORONTE, TIMAGÈNE, LAONICE,
TROUPE DE PARTHES ET DE SYRIENS.

TIMAGÈNE. Ah! seigneur!
CLÉOPATRE. Timagène,
Quelle est votre insolence!
TIMAGÈNE. Ah! madame!
ANTIOCHUS *rendant la coupe à Laonice.* Parlez.
TIMAGÈNE. Souffrez pour un moment que mes sens rappelés...
ANTIOCHUS. Qu'est-il donc arrivé?
TIMAGÈNE. Le prince votre frère...
ANTIOCHUS. Quoi! se voudrait-il rendre à mon bonheur contraire?
TIMAGÈNE. L'ayant cherché longtemps afin de divertir
L'ennui que de sa perte il pouvait ressentir,
Je l'ai trouvé, seigneur, au bout de cette allée
Où la clarté du ciel semble toujours voilée.
Sur un lit de gazon, de faiblesse étendu,
Il semblait déplorer ce qu'il avait perdu;
Son âme à ce penser paraissait attachée;
Sa tête sur un bras languissamment penchée,
Immobile, et rêveur en malheureux amant...
ANTIOCHUS. Enfin, que faisait-il? achevez promptement.
TIMAGÈNE. D'une profonde plaie en l'estomac ouverte
Son sang à gros bouillons sur cette couche verte...

ACTE V.

CLÉOPÂTRE. Il est mort?
TIMAGÈNE. Oui, madame.
CLÉOPÂTRE. Ah! destins ennemis,
Qui m'enviez le bien que je m'étais promis!
Voilà le coup fatal que je craignais dans l'âme,
Voilà le désespoir où l'a réduit sa flamme!
Pour vivre en vous perdant il avait trop d'amour,
Madame, et de sa main il s'est privé du jour.
TIMAGÈNE *à Cléopâtre.* Madame, il a parlé; sa main est innocente.
CLÉOPÂTRE *à Timagène.* La tienne est donc coupable; et ta rage inso-
Par une lâcheté qu'on ne peut égaler, [lente,
L'ayant assassiné le fait encor parler.
ANTIOCHUS. Timagène, souffrez la douleur d'une mère,
Et les premiers soupçons d'une aveugle colère :
Comme ce coup fatal n'a point d'autres témoins,
J'en ferais autant qu'elle, à vous connaître moins.
Mais que vous a-t-il dit? Achevez, je vous prie.
TIMAGÈNE. Surpris d'un tel spectacle, à l'instant je m'écrie;
Et soudain à mes cris ce prince, en soupirant,
Avec assez de peine entr'ouvre un œil mourant;
Et ce reste égaré de lumière incertaine
Lui peignant son cher frère au lieu de Timagène,
Rempli de votre idée, il m'adresse pour vous
Ces mots où l'amitié règne sur le courroux :
« Une main qui nous fut bien chère
» Venge ainsi le refus d'un coup trop inhumain.
» Régnez; et surtout, mon cher frère,
» Gardez-vous de la même main;
» C'est... » La Parque à ce mot lui coupe la parole;
Sa lumière s'éteint, et son âme s'envole :
Et moi, tout effrayé d'un si tragique sort,
J'accours pour vous en faire un funeste rapport.
ANTIOCHUS. Rapport vraiment funeste, et sort vraiment tragique,
Qui va changer en pleurs l'allégresse publique.
O frère! plus aimé que la clarté du jour,
O rival! aussi cher que m'était mon amour,
Je te perds, et je trouve en ma douleur extrême
Un malheur dans ta mort plus grand que ta mort même!
O de ses derniers mots fatale obscurité!
En quel gouffre d'horreur m'as-tu précipité?
Quand j'y pense chercher la main qui l'assassine,
Je m'impute à forfait tout ce que j'imagine :
Mais aux marques enfin que tu m'en viens donner,
Fatale obscurité, qui dois-je en soupçonner?
« Une main qui nous fut bien chère! »
(*A Rodogune.*)
Madame, est-ce la vôtre ou celle de ma mère?
Vous vouliez toutes deux un coup trop inhumain;

Nous vous avons tous deux refusé notre main;
Qui de vous s'est vengée? est-ce l'une, est-ce l'autre,
Qui fait agir la sienne au défaut de la nôtre?
Est-ce vous qu'en coupable il me faut regarder?
Est-ce vous désormais dont je me dois garder?

CLÉOPATRE. Quoi! vous me soupçonnez!
RODOGUNE. Quoi! je vous suis suspecte!
ANTIOCHUS. Je suis amant et fils, je vous aime et respecte;
Mais quoi que sur mon cœur puissent des noms si doux,
A ces marques enfin je ne connais que vous.
As-tu bien entendu? dis-tu vrai, Timagène?

TIMAGÈNE. Avant qu'en soupçonner la princesse ou la reine,
Je mourrais mille fois; mais enfin mon récit
Contient, sans rien de plus, ce que le prince a dit.

ANTIOCHUS. D'un et d'autre côté l'action est si noire,
Que, n'en pouvant douter, je n'ose encor la croire.
O quiconque des deux avez versé son sang,
Ne vous préparez plus à me percer le flanc,
Nous avons mal servi vos haines mutuelles,
Aux jours l'une de l'autre également cruelles :
Mais si j'ai refusé ce détestable emploi,
Je veux bien vous servir toutes deux contre moi.
Qui que vous soyez donc, recevez une vie
Que déjà vos fureurs m'ont à demi ravie.
(*Il tire son épée et veut se tuer.*)

RODOGUNE. Ah! seigneur, arrêtez.
TIMAGÈNE. Seigneur, que faites-vous?
ANTIOCHUS. Je sers ou l'une ou l'autre, et je préviens ses coups.
CLÉOPATRE. Vivez, régnez heureux.
ANTIOCHUS. Otez-moi donc de doute,
Et montrez-moi la main qu'il faut que je redoute,
Qui pour m'assassiner ose me secourir,
Et me sauve de moi pour me faire périr.
Puis-je vivre et traîner cette gêne éternelle,
Confondre l'innocente avec la criminelle,
Vivre et ne pouvoir plus vous voir sans m'alarmer,
Vous craindre toutes deux, toutes deux vous aimer?
Vivre avec ce tourment, c'est mourir à toute heure;
Tirez-moi de ce trouble ou souffrez que je meure,
Et que mon déplaisir, par un coup généreux,
Epargne un parricide à l'une de vous deux.

CLÉOPATRE. Puisque le même jour que ma main vous couronne,
Je perds un de mes fils et l'autre me soupçonne;
Qu'au milieu de mes pleurs, qu'il devrait essuyer,
Son peu d'amour me force à me justifier,
Si vous n'en pouvez mieux consoler une mère
Qu'en la traitant d'égale avec une étrangère,
Je vous dirai, seigneur (car ce n'est plus à moi

A nommer autrement et mon juge et mon roi),
Que vous voyez l'effet de cette vieille haine
Qu'en dépit de la paix me garde l'inhumaine,
Qu'en son cœur du passé soutient le souvenir,
Et que j'avais raison de vouloir prévenir.
Elle a soif de mon sang, elle a voulu l'épandre;
J'ai prévu d'assez loin ce que j'en viens d'apprendre!
Mais je vous ai laissé désarmer mon courroux.
(A Rodogune.)
Sur la foi de ses pleurs je n'ai rien craint de vous,
Madame; mais, ô dieux! quelle rage est la vôtre!
Quand je vous donne un fils, vous assassinez l'autre,
Et m'enviez soudain l'unique et faible appui
Qu'une mère opprimée eût pu trouver en lui!
Quand vous m'accablerez, où sera mon refuge?
Si je m'en plains au roi, vous possédez mon juge;
Et s'il m'ose écouter, peut-être! hélas! en vain
Il voudra se garder de cette même main.
Enfin je suis leur mère, et vous leur ennemie;
J'ai recherché leur gloire, et vous leur infamie;
Et si je n'eusse aimé ces fils que vous m'ôtez,
Votre abord en ces lieux les eût déshérités.
C'est à lui maintenant, en cette concurrence,
A régler ses soupçons sur cette différence,
A voir de qui des deux il doit se défier,
Si vous n'avez un charme à vous justifier.

RODOGUNE *à Cléopâtre.* Je me défendrai mal : l'innocence étonnée
Ne peut s'imaginer qu'elle soit soupçonnée;
Et n'ayant rien prévu d'un attentat si grand,
Qui l'en veut accuser sans peine la surprend.
Je ne m'étonne point de voir que votre haine,
Pour me faire coupable, a quitté Timagène.
Au moindre jour ouvert de tout jeter sur moi,
Son récit s'est trouvé digne de votre foi.
Vous l'accusiez pourtant, quand votre âme alarmée
Craignait qu'en expirant ce fils vous eût nommée :
Mais de ses derniers mots voyant le sens douteux,
Vous avez pris soudain le crime entre nous deux.
Certes, si vous voulez passer pour véritable,
Que l'une de nous deux de sa mort soit coupable;
Je veux bien par respect ne vous imputer rien :
Mais votre bras au crime est plus fait que le mien;
Et qui sur un époux fit son apprentissage
A bien pu sur un fils achever son ouvrage.
Je ne dénierai point, puisque vous les savez,
De justes sentiments dans mon âme élevés :
Vous demandiez mon sang, j'ai demandé le vôtre;
Le roi sait quels motifs ont poussé l'une et l'autre;

Comme par sa prudence il a tout adouci,
Il vous connaît peut-être, et me connaît aussi.
(*A Antiochus.*)
Seigneur, c'est un moyen de vous être bien chère,
Que pour don nuptial vous immoler un frère :
On fait plus; on m'impute un coup si plein d'horreur,
Pour me faire un passage à vous percer le cœur.
(*A Cléopâtre.*)
Où fuirais-je de vous après tant de furie,
Madame? et que ferait toute votre Syrie,
Où, seule et sans appui contre mes attentats,
Je verrais... Mais, seigneur, vous ne m'écoutez pas?
ANTIOCHUS. Non, je n'écoute rien; et dans la mort d'un frère
Je ne veux point juger entre vous et ma mère :
Assassinez un fils, massacrez un époux,
Je ne veux me garder ni d'elle ni de vous.
Suivons aveuglément ma triste destinée;
Pour m'exposer à tout achevons l'hyménée.
Cher frère, c'est pour moi le chemin du trépas;
La main qui t'a percé ne m'épargnera pas;
Je cherche à te rejoindre, et non à m'en défendre,
Et lui veux bien donner tout lieu de me surprendre :
Heureux si sa fureur qui me prive de toi
Se fait bientôt connaître en achevant sur moi,
Et si du ciel trop lent à la réduire en poudre
Son crime redoublé peut arracher la foudre!
Donnez-moi.
RODOGUNE *l'empêchant de prendre la coupe.*
Quoi, seigneur!
ANTIOCHUS. Vous m'arrêtez en vain :
Donnez.
RODOGUNE. Ah! gardez-vous de l'une et l'autre main.
Cette coupe est suspecte; elle vient de la reine :
Craignez de toutes deux quelque secrète haine.
CLÉOPATRE. Qui m'épargnait tantôt ose enfin m'accuser!
RODOGUNE. De toutes deux, madame, il doit tout refuser.
Je n'accuse personne, et vous tiens innocente;
Mais il en faut sur l'heure une preuve évidente.
Je veux bien à mon tour subir les mêmes lois.
On ne peut craindre trop pour le salut des rois.
Donnez donc cette preuve; et, pour toute réplique,
Faites faire un essai par quelque domestique.
CLÉOPATRE *prenant la coupe.*
Je le ferai moi-même. Hé bien! redoutez-vous
Quelque sinistre effet encor de mon courroux?
J'ai souffert cet outrage avecque patience.
ANTIOCHUS *prenant la coupe de la main de Cléopâtre après qu'elle a bu.*
Pardonnez-lui, madame, un peu de défiance;

Comme vous l'accusez, elle fait son effort
A rejeter sur vous l'horreur de cette mort :
Et, soit amour pour moi, soit adresse pour elle,
Ce soin la fait paraître un peu moins criminelle.
Pour moi, qui ne vois rien, dans le trouble où je suis,
Qu'un gouffre de malheurs, qu'un abîme d'ennuis,
Attendant qu'en plein jour ces vérités paraissent,
J'en laisse la vengeance aux dieux qui les connaissent,
Et vais, sans plus tarder...

RODOGUNE.   Seigneur, voyez ses yeux
Déjà tout égarés, troubles et furieux,
Cette affreuse sueur qui court sur son visage,
Cette gorge qui s'enfle. Ah! bons dieux! quelle rage!
Pour vous perdre après elle elle a voulu périr.

ANTIOCHUS *rendant la coupe à Laonice.*
N'importe, elle est ma mère, il faut la secourir.

CLÉOPATRE. Va, tu me veux en vain rappeler à la vie ;
Ma haine est trop fidèle et m'a trop bien servie :
Elle a paru trop tôt pour te perdre avec moi ;
C'est le seul déplaisir qu'en mourant je reçoi.
Mais j'ai cette douceur dedans cette disgrâce,
De ne voir point régner ma rivale en ma place.
Règne ; de crime en crime enfin te voilà roi.
Je t'ai défait d'un père, et d'un frère, et de moi :
Puisse le ciel tous deux vous prendre pour victimes,
Et laisser choir sur vous les peines de mes crimes!
Puissiez-vous ne trouver dedans votre union
Qu'horreur, que jalousie et que confusion!
Et, pour vous souhaiter tous les malheurs ensemble,
Puisse naître de vous un fils qui me ressemble!

ANTIOCHUS. Ah! vivez pour changer cette haine en amour.

CLÉOPATRE. Je maudirais les dieux s'ils me rendaient le jour.
Qu'on m'emporte d'ici ; je me meurs, Laonice,
Si tu veux m'obliger par un dernier service,
Après les vains efforts de mes inimitiés,
Sauve-moi de l'affront de tomber à leurs pieds.
(*Elle s'en va, et Léonice lui aide à marcher.*)

SCÈNE V.

RODOGUNE, ANTIOCHUS, ORONTE, TIMAGÈNE, TROUPE DE PARTHES
ET DE SYRIENS.

ORONTE. Dans les justes rigueurs d'un sort si déplorable,
Seigneur, le juste ciel vous est bien favorable :
Il vous a préservé, sur le point de périr,
Du danger le plus grand que vous pussiez courir,
Et, par un digne effet de ses faveurs puissantes,
La coupable est punie et vos mains innocentes.

ANTIOCHUS. Oronte, je ne sais, dans son funeste sort,
Qui m'afflige le plus, ou sa vie, ou sa mort :
L'une et l'autre a pour moi des malheurs sans exemple;
Plaignez mon infortune. Et vous, allez au temple,
Y changer l'allégresse en un deuil sans pareil,
La pompe nuptiale en funèbre appareil;
Et nous verrons après, par d'autres sacrifices,
Si les dieux voudront être à nos vœux plus propices.

EXAMEN DE RODOGUNE.

Le sujet de cette tragédie est tiré d'Appian Alexandrin, dont voici les paroles, sur la fin du livre qu'il a fait des guerres de Syrie. « Démétrius, surnommé Nicanor, entreprit la guerre contre les Parthes, et vécut quelque temps prisonnier dans la cour de leur roi Phraates, dont il épousa la sœur nommée Rodogune. Cependant Diodotus, domestique des rois précédents, s'empara du trône de Syrie, et y fit asseoir un Alexandre encore enfant, fils d'Alexandre le Bâtard, et d'une fille de Ptolomée. Ayant gouverné quelque temps comme tuteur, sous le nom de ce pupille, il s'en défit, et prit lui-même la couronne sous un nouveau nom de Tryphon qu'il se donna. Antiochus, frère du roi prisonnier, ayant appris sa captivité à Rhodes, et les troubles qui l'avaient suivie, revint dans la Syrie, où, ayant défait Tryphon, il le fit mourir. De là il porta ses armes contre Phraates, et, vaincu dans une bataille, il se tua lui-même. Démétrius, retournant dans son royaume, fut tué par sa femme Cléopâtre, qui lui dressa des embûches sur le chemin, en haine de cette Rodogune qu'il avait épousée, dont elle avait conçu une telle indignation qu'elle avait épousé ce même Antiochus, frère de son mari. Elle avait deux fils de Démétrius, dont elle tua Séleucus, l'aîné, d'un coup de flèche, sitôt qu'il eut pris le diadème après la mort de son père, soit qu'elle craignît qu'il ne la voulût venger sur elle, soit que la même fureur l'emportât à ce nouveau parricide. Antiochus son frère lui succéda, et contraignit cette mère dénaturée de prendre le poison qu'elle lui avait préparé. »

Justin, en ses 36, 38 et 39me livres, raconte cette histoire plus au long, avec quelques autres circonstances. Le premier des Machabées, et Josèphe, au 13me des Antiquités judaïques, en disent aussi quelque chose qui ne s'accorde pas tout à fait avec Appian. C'est à lui que je me suis attaché pour la narration que j'ai mise au premier acte, et pour l'effet du cinquième, que j'ai adouci du côté d'Antiochus. J'en ai dit la raison ailleurs. Le reste sont des épisodes d'invention, qui ne sont pas incompatibles avec l'histoire, puisqu'elle ne dit point ce que devint Rodogune après la mort de Démétrius, qui vraisemblablement l'amenait en Syrie prendre possession de sa couronne.

J'ai fait porter à la pièce le nom de cette princesse, plutôt que celui de Cléopâtre, que je n'ai même osé nommer dans mes vers, de peur qu'on ne confondît cette reine de Syrie avec cette fameuse princesse d'Egypte, qui portait même nom, et que l'idée de celle-ci beaucoup plus connue que l'autre ne semât une dangereuse préoccupation parmi les auditeurs.

On m'a souvent fait une question à la cour, quel était celui de mes poëmes que j'estimais le plus ; et j'ai trouvé tous ceux qui me l'ont faite si prévenus en faveur de Cinna ou du Cid, que je n'ai jamais osé déclarer toute la tendresse que j'ai toujours eue pour celui-ci, à qui j'aurais volontiers donné mon suffrage, si je n'avais craint de manquer en quelque sorte au respect que je devais à ceux que je voyais pencher d'un autre côté. Cette préférence est peut-être en moi un effet de ces inclinations aveugles qu'ont beaucoup de pères pour quelques-uns de leurs enfants, plus que pour les autres : peut-être y entre-t-il un peu d'amour-propre, en ce que cette tragédie me semble être un peu plus à moi que celles qui l'ont précédée, à cause des incidents surprenants qui sont purement de mon invention, et n'avaient jamais été vus au théâtre; et peut-être enfin y a-t-il un peu de vrai mérite qui fait que cette inclination n'est pas tout à fait injuste. Je veux bien laisser chacun en liberté de ses sentiments; mais certainement on peut dire que mes autres pièces ont peu d'avantages qui ne se rencontrent en celle-ci. Elle a tout ensemble la beauté du sujet, la nouveauté des fictions, la force des vers, la facilité de l'expression, la solidité du raisonnement, la chaleur des passions, les tendresses de l'amour et de l'amitié; et cet heureux assemblage est ménagé de sorte qu'elle s'élève d'acte en acte : le second passe le premier, le troisième est au-dessus du second, et le dernier l'emporte sur tous les autres. L'action y est une, grande, complète. Sa durée ne va point, ou fort peu, au delà de celle de la représentation. Le jour en est le plus illustre qu'on puisse imaginer; et l'unité de lieu s'y rencontre en la manière que je l'explique dans le troisième de mes discours, et avec l'indulgence que j'ai demandée pour le théâtre.

Ce n'est pas que je me flatte assez pour présumer qu'elle soit sans taches. On a fait tant d'objections contre la narration de Laonice au premier acte, qu'il est malaisé de ne donner pas les mains à quelques-unes. Je ne la tiens pas toutefois si inutile qu'on l'a dit. Il est hors de doute que Cléopâtre, dans le second, ferait connaître beaucoup de choses par sa confidence avec Laonice, et par le récit qu'elle en fait à ses deux fils, pour leur remettre devant les yeux combien ils lui ont d'obligation; mais ces deux scènes demeureraient assez obscures, si cette narration ne les avait précédées; et du moins les justes défiances de Rodogune, à la fin du premier acte, et la peinture que Cléopâtre fait d'elle-même dans son monologue qui ouvre le second, n'auraient pu se faire entendre sans ce secours.

J'avoue qu'elle est sans artifice, et qu'on la fait de sang-froid à un personnage protatique, qui se pourrait toutefois justifier par les deux exemples de Térence que j'ai cités sur ce sujet au premier discours. Timagène qui l'écoute n'est introduit que pour l'écouter, bien que je l'emploie au cinquième à faire celle de la mort de Séleucus, qui se pouvait faire par un autre. Il l'écoute sans y avoir aucun intérêt notable, et par simple curiosité d'apprendre ce qu'il pouvait avoir su déjà en la cour d'Egypte, où il était en assez bonne posture, étant gouverneur des neveux du roi, pour entendre des nouvelles assurées de tout ce qui se passait dans la Syrie, qui en est voisine. D'ailleurs, ce qui ne peut recevoir d'excuse, c'est que, comme il y avait déjà quelque temps qu'il était de retour avec les princes, il n'y a pas d'apparence qu'il ait attendu ce grand jour de cérémonie pour s'informer de sa sœur comment se sont passés tous ces troubles qu'il dit ne savoir que confusément. Pollux, dans Médée, n'est qu'un personnage protatique qui écoute sans intérêt comme lui ; mais sa surprise de voir Jason à Corinthe où il vient d'arriver, et son séjour en Asie, que la mer en sépare, lui donnent juste sujet d'ignorer ce qu'il en apprend. La narration ne laisse pas de demeurer froide comme celle-ci, parce qu'il ne s'est encore rien passé dans la pièce qui excite la curiosité de l'auditeur, ni qui lui puisse donner quelque émotion en l'écoutant : mais si vous voulez réfléchir sur celle de Curiace, dans Horace, vous trouverez qu'elle fait un tout autre effet. Camille qui l'écoute a intérêt comme lui à savoir comment s'est faite une paix dont dépend leur mariage ; et l'auditeur, que Sabine et elle n'ont entretenu que de leurs malheurs, et des appréhensions d'une bataille qui se va donner entre deux partis où elles voient leurs frères dans l'un et leur amour dans l'autre, n'a pas moins d'avidité qu'elle d'apprendre comment une paix si surprenante s'est pu conclure.

Ces défauts dans cette narration confirment ce que j'ai dit ailleurs, que, lorsque la tragédie a son fondement sur des guerres entre deux États ou sur d'autres affaires publiques, il est très-malaisé d'introduire un acteur qui les ignore et qui puisse recevoir le récit qui en doit instruire les spectateurs en parlant à lui.

J'ai déguisé quelque chose de la vérité historique en celui-ci. Cléopâtre n'épousa Antiochus qu'en haine de ce que son mari avait épousé Rodogune chez les Parthes ; et je fais qu'elle ne l'épouse que par la nécessité de ses affaires, sur un faux bruit de la mort de Démétrius, tant pour ne la faire pas méchante sans nécessité, comme Ménélas dans l'*Oreste* d'Euripide, que pour avoir lieu de feindre que Démétrius n'avait pas encore épousé Rodogune, et venait l'épouser dans son royaume pour la mieux établir en la place de l'autre, par le consentement de ses peuples, et assurer la couronne aux enfants qui naîtraient de ce mariage. Cette fiction m'était absolument nécessaire, afin qu'il fût tué avant que de l'avoir épousée, et que l'amour que ses deux fils ont pour elle ne fît point d'horreur aux spectateurs, qui n'auraient pas manqué d'en prendre une assez forte s'ils les eussent vus amoureux de la veuve de leur père : tant cette affection incestueuse répugne à nos mœurs.

Cléopâtre a lieu d'attendre ce jour-là à faire confidence à Laonice de ses desseins et des véritables raisons de tout ce qu'elle a fait. Elle eût pu trahir son secret aux princes ou à Rodogune, si elle l'eût su plus tôt ; et cette ambitieuse mère ne lui en fait part qu'au moment qu'elle veut bien qu'il éclate par la cruelle proposition qu'elle va faire à ses fils. On a trouvé celle que Rodogune leur fait à son tour indigne d'une personne vertueuse, comme je la peins ; mais on n'a pas considéré qu'elle ne la fait pas, comme Cléopâtre, avec espoir de la voir exécuter par les princes, mais seulement pour s'exempter d'en choisir aucun, et les attacher tous deux à sa protection par une espérance égale. Elle était avertie par Laonice de celle que la reine leur avait faite, et devait prévoir que si elle se fût déclarée pour Antiochus qu'elle aimait, son ennemie, qui avait seule le secret de leur naissance, n'eût pas manqué de nommer Séleucus pour aîné, afin de les commettre l'un contre l'autre, et d'exciter une guerre civile qui eût pu causer sa perte. Ainsi elle devait s'exempter de choisir, pour les contenir tous deux dans l'égalité de prétention; et elle n'en avait point de meilleur moyen, que de rappeler le souvenir de ce qu'elle devait à la mémoire de leur père, qui avait perdu la vie pour elle, et leur faire cette proposition qu'elle savait bien qu'ils n'accepteraient pas. Si le traité de paix l'avait forcée à se départir de ce juste sentiment de reconnaissance, la liberté qu'ils lui rendaient la rejetait dans cette obligation. Il était de son devoir de venger cette mort; mais il était de celui des princes de ne se pas charger de cette vengeance. Elle avoue elle-même à Antiochus qu'elle les haïrait s'ils lui avaient obéi; que, comme elle a fait ce qu'elle a dû par cette demande, ils font ce qu'ils doivent par leur refus; qu'elle aime trop la vertu pour vouloir être le prix d'un crime, et que la justice qu'elle demande de la mort de leur père serait un parricide si elle la recevait de leurs mains.

Je dirai plus. Quand cette proposition serait tout à fait condamnable en sa bouche, elle mériterait quelque grâce, et pour l'éclat que la nouveauté de l'invention a fait au théâtre, et pour l'embarras surprenant où elle jette les princes, et pour l'effet qu'elle produit dans le reste de la pièce, qu'elle conduit à l'action historique. Elle est cause que Séleucus, par dépit, renonce au trône et à la possession de cette princesse; que la reine, le voulant animer contre son frère, n'en peut rien obtenir; et qu'enfin elle se résout par désespoir, de les perdre tous deux plutôt que de se voir sujette de son ennemie.

Elle commence par Séleucus, tant pour suivre l'ordre de l'histoire que parce que, s'il fût demeuré en vie après Antiochus et Rodogune qu'elle voulait empoisonner publiquement, il les aurait pu venger. Elle ne craint pas la même chose d'Antiochus pour son frère, d'autant qu'elle espère que le poison violent qu'elle lui a préparé fera un effet assez prompt pour le faire mourir avant qu'il ait pu rien savoir de cette autre mort, ou du moins avant qu'il l'en puisse convaincre, puisqu'elle a si bien pris son temps pour l'assassiner, que ce parricide n'a point eu de témoins. J'ai parlé ailleurs de l'adoucissement que j'ai apporté, pour empêcher qu'Antiochus n'en commît un en le forçant de prendre le poison qu'elle lui présente, et du peu d'apparence qu'il y avait qu'un moment après qu'elle a expiré presque à sa vue, il parlât d'amour et de mariage à Rodogune. Dans l'état où ils rentrent derrière le théâtre, ils peuvent le résoudre quand ils le jugeront à propos. L'action est complète, puisqu'ils sont hors de péril; et la mort de Séleucus m'a exempté de développer le secret du droit d'aînesse entre les deux frères, qui d'ailleurs n'eût jamais été croyable, ne pouvant être éclairci que par une bouche en qui l'on n'a pas vu assez de sincérité pour prendre aucune assurance sur son témoignage.

HÉRACLIUS,
TRAGÉDIE EN CINQ ACTES.

NOTICE.

La tragédie d'*Héraclius*, empereur d'Orient, fut représentée en 1647 sur le théâtre de l'hôtel de Bourgogne.

Caldéron, dramaturge espagnol, contemporain de Pierre Corneille, traita le même sujet dans une pièce intitulée : *En esta vida, todo es verdad, y todo mentira* (En cette vie tout est vérité, et tout est mensonge). Il est probable qu'il y fut seulement imitateur, car notre auteur, qui ne dissimulait jamais ses emprunts, doit être cru sur parole, quand il déclare qu'*Héraclius* est un heureux original dont il s'est fait de belles copies. Il est en outre constaté que Caldéron vint à Paris à la fin de 1647.

Louis Rouvre a dit dans un *Traité de la poésie dramatique* : « Sujet et incidents d'*Héraclius*, tout est de l'invention du génie fécond de Corneille, qui, pour jeter de grands intérêts, a multiplié des incidents peu vraisemblables. Croira-t-on une mère capable de livrer son propre fils à la mort, pour élever sous ce nom le fils de l'empereur mort? Est-il vraisemblable que deux princes, se croyant toujours tous deux ce qu'ils ne sont pas, parce qu'ils ont été changés en nourrice, s'aiment tendrement, lorsque leur naissance les oblige à se détester, et même à se perdre? Ces choses ne sont pas impossibles; mais on aime mieux le merveilleux qui naît de la simplicité d'une action, que celui que peut produire cet amas confus d'incidents extraordinaires. »

Boileau blâmait la complication d'*Héraclius*; il disait que cette pièce était un véritable logogryphe, et ce fut contre elle qu'il dirigea ces vers de l'*Art poétique* :

> Je me ris d'un auteur qui, lent à s'exprimer,
> De ce qu'il veut d'abord ne sait pas m'informer,
> Et qui, débrouillant mal une pénible intrigue,
> D'un divertissement me fait une fatigue.

Voltaire a critiqué également certains détails d'*Héraclius*; mais il ajoute : « Il faut bien pourtant qu'il y ait de grandes beautés dans cette pièce, puisqu'on la joue toujours avec applaudissements quand il se trouve des acteurs convenables aux rôles. » La Harpe réserve son admiration pour les deux derniers actes en condamnant les premiers. « En général, cette tragédie, pendant les trois premiers actes, n'excite guère que de la curiosité, mais dans les deux derniers la situation de Phocas entre les deux princes, dont aucun ne veut être son fils, est belle et théâtrale. Ce qui n'est pas moins beau, c'est le péril où ils sont ensuite ; c'est le combat de générosité qui s'élève entre eux, à qui portera un nom qui n'est qu'un arrêt de mort ; c'est aussi le moment où Héraclius voit le glaive levé sur le prince son ami, et consent, pour le sauver, à passer pour Martian. »

L'histoire est entrée pour peu de chose dans les combinaisons dramatiques de Corneille ; elle dit seulement qu'en l'an 602, Phocas, simple centurion, fut proclamé empereur d'Orient à Constantinople à la place de Maurice. Le premier soin du soldat parvenu fut de faire égorger la famille entière de son prédécesseur. Il se soutint quelque temps par la terreur ; mais Héraclius, exarque d'Afrique, se mit à la tête des mécontents, le renversa, et lui fit trancher la tête le 8 octobre 610.

ÉMILE DE LA BÉDOLLIÈRE.

PERSONNAGES.

PHOCAS, empereur d'Orient.
HÉRACLIUS, fils de l'empereur Maurice, cru Martian fils de Phocas, amant d'Eudoxe.
MARTIAN, fils de Phocas, cru Léonce fils de Léontine, amant de Pulchérie.
PULCHÉRIE, fille de l'empereur Maurice, maîtresse de Martian.
LÉONTINE, dame de Constantinople, autrefois gouvernante d'Héraclius et de Martian.
EUDOXE, fille de Léontine et maîtresse d'Héraclius.
CRISPE, gendre de Phocas.
EXUPÈRE, patricien de Constantinople.
AMINTAS, ami d'Exupère.
UN PAGE DE LÉONTINE.

La scène est à Constantinople.

HÉRACLIUS.

ACTE PREMIER.

SCÈNE I.
PHOCAS, CRISPE.

PHOCAS. Crispe, il n'est que trop vrai ; la plus belle couronne
N'a que de faux brillants dont l'éclat l'environne ;
Et celui dont le ciel pour un sceptre fait choix,
Jusqu'à ce qu'il le porte, en ignore le poids.
Mille et mille douceurs y semblent attachées,
Qui ne sont qu'un amas d'amertumes cachées :
Qui croit les posséder les sent s'évanouir ;
Et la peur de les perdre empêche d'en jouir.
Surtout qui, comme moi, d'une obscure naissance
Monte par la révolte à la toute-puissance,
Qui de simple soldat à l'empire élevé
Ne l'a que par le crime acquis et conservé,
Autant que sa fureur s'est immolé de têtes,
Autant dessus la sienne il croit voir de tempêtes ;
Et comme il n'a semé qu'épouvante et qu'horreur,
Il n'en recueille enfin que trouble et que terreur.
J'en ai semé beaucoup ; et depuis quatre lustres
Mon trône n'est fondé que sur des morts illustres ;
Et j'ai mis au tombeau, pour régner sans effroi,
Tout ce que j'en ai vu de plus digne que moi.
Mais le sang répandu de l'empereur Maurice,
Ses cinq fils à ses yeux envoyés au supplice,
En vain en ont été les premiers fondements,
Si pour m'ôter ce trône ils servent d'instruments.
On en fait revivre un au bout de vingt années.
Byzance ouvre, dis-tu, l'oreille à ses menées ;
Et le peuple, amoureux de tout ce qui me nuit,
D'une croyance avide embrasse ce faux bruit,
Impatient déjà de se laisser séduire
Au premier imposteur armé pour me détruire,
Qui, s'osant revêtir de ce fantôme aimé,
Voudra servir d'idole à son zèle charmé.
Mais sais-tu sous quel nom ce fâcheux bruit s'excite?
CRISPE. Il nomme Héraclius celui qu'il ressuscite.
PHOCAS. Quiconque en est l'auteur devait mieux l'inventer

Le nom d'Héraclius doit peu m'épouvanter :
Sa mort est trop certaine, et fut trop remarquable,
Pour craindre un grand effet d'une si vaine fable.
 Il n'avait que six mois; et, lui perçant le flanc,
On en fit dégoutter plus de lait que de sang;
Et ce prodige affreux, dont je tremblai dans l'âme,
Fut aussitôt suivi de la mort de ma femme.
Il me souvient encor qu'il fut deux jours caché,
Et que sans Léontine on l'eût longtemps cherché :
Il fut livré par elle, à qui pour récompense
Je donnai de mon fils à gouverner l'enfance,
Du jeune Martian, qui, d'âge presque égal,
Etait resté sans mère en ce moment fatal.
Juge par là combien ce conte est ridicule.

CRISPE. Tout ridicule il plaît; et le peuple est crédule.
Mais avant qu'à ce conte il se laisse emporter,
Il vous est trop aisé de le faire avorter.
 Quand vous fîtes périr Maurice et sa famille,
Il vous en plut, seigneur, réserver une fille,
Et résoudre dès lors qu'elle aurait pour époux
Ce prince destiné pour régner après vous.
Le peuple en sa personne aime encore et révère
Et son père Maurice et son aïeul Tibère,
Et vous verra sans trouble en occuper le rang,
S'il voit tomber leur sceptre au reste de leur sang.
Non, il ne courra plus après l'ombre du frère,
S'il voit monter la sœur dans le trône du père.
Mais pressez cet hymen : le prince aux champs de Mars,
Chaque jour, chaque instant, s'offre à mille hasards;
Et, n'eût été Léonce, en la dernière guerre
Ce dessein avec lui serait tombé par terre,
Puisque sans la valeur de ce jeune guerrier,
Martian demeurait ou mort ou prisonnier.
Avant que d'y périr, s'il faut qu'il y périsse,
Qu'il vous laisse un neveu qui le soit de Maurice,
Et qui, réunissant l'une et l'autre maison,
Tire chez vous l'amour qu'on garde pour son nom.

PHOCAS. Hélas! de quoi me sert ce dessein salutaire,
Si pour en voir l'effet tout me devient contraire?
Pulchérie et mon fils ne se trouvent d'accord
Qu'à fuir cet hyménée à l'égal de la mort;
Et les aversions entre eux deux mutuelles,
Les font d'intelligence à se montrer rebelles.
La princesse surtout frémit à mon aspect;
Et, quoiqu'elle étudie un peu de faux respect,
Le souvenir des siens, l'orgueil de sa naissance,
L'emporte à tous moments à braver ma puissance.
Sa mère, que longtemps je voulus épargner,

	Et qu'en vain par douceur j'espérai de gagner,
	L'a de la sorte instruite; et ce que je vois suivre
	Me punit bien du trop que je la laissai vivre.
CRISPE.	Il faut agir de force avec de tels esprits,
	Seigneur; et qui les flatte endurcit leurs mépris.
	La violence est juste où la douceur est vaine.
PHOCAS.	C'est par là qu'aujourd'hui je veux dompter sa haine.
	Je l'ai mandée exprès, non plus pour la flatter,
	Mais pour prendre mon ordre, et pour l'exécuter.
CRISPE.	Elle entre.

SCÈNE II.
PHOCAS, PULCHÉRIE, CRISPE.

PHOCAS. Enfin, madame, il est temps de vous rendre :
Le besoin de l'Etat défend de plus attendre;
Il lui faut des Césars; et je me suis promis
D'en voir naître bientôt de vous et de mon fils.
Ce n'est pas exiger grande reconnaissance
Des soins que mes bontés ont pris de votre enfance,
De vouloir qu'aujourd'hui, pour prix de mes bienfaits,
Vous daigniez accepter les dons que je vous fais.
Ils ne font point de honte au rang le plus sublime;
Ma couronne et mon fils valent bien quelque estime :
Je vous les offre encore après tant de refus.
Mais apprenez aussi que je n'en souffre plus;
Que de force ou de gré je me veux satisfaire;
Qu'il me faut craindre en maître, ou me chérir en père;
Et que, si votre orgueil s'obstine à me haïr
Qui ne peut être aimé se peut faire obéir.

PULCHÉRIE. J'ai rendu jusqu'ici cette reconnaissance
A ces soins tant vantés d'élever mon enfance,
Que, tant qu'on m'a laissée en quelque liberté,
J'ai voulu me défendre avec civilité;
Mais, puisqu'on use enfin d'un pouvoir tyrannique,
Je vois bien qu'à mon tour il faut que je m'explique,
Que je me montre entière à l'injuste fureur,
Et parle à mon tyran en fille d'empereur.
    Il fallait me cacher avec quelque artifice
Que j'étais Pulchérie, et fille de Maurice,
Si tu faisais dessein de m'éblouir les yeux
Jusqu'à prendre tes dons pour des dons précieux.
Vois quels sont ces présents dont le refus t'étonne :
Tu me donnes, dis-tu, ton fils et ta couronne;
Mais que me donnes-tu, puisque l'une est à moi,
Et l'autre en est indigne étant sorti de toi?
Ta libéralité me fait peine à comprendre :
Tu parles de donner quand tu ne fais que rendre;
Et puisque avecque moi tu veux le couronner,

Tu ne me rends mon bien que pour te le donner.
Tu veux que cet hymen que tu m'oses prescrire
Porte dans ta maison les titres de l'empire,
Et de cruel tyran, d'infâme ravisseur,
Te fasse vrai monarque et juste possesseur.
Ne reproche donc plus à mon âme indignée
Qu'en perdant tous les miens tu m'as seule épargnée :
Cette feinte douceur, cette ombre d'amitié,
Vint de ta politique, et non de ta pitié;
Ton intérêt dès lors fit seul cette réserve :
Tu m'as laissé la vie afin qu'elle te serve;
Et mal sûr dans un trône où tu crains l'avenir,
Tu ne m'y veux placer que pour t'y maintenir;
Tu ne m'y fais monter que de peur d'en descendre.
Mais connais Pulchérie, et cesse de prétendre.
Je sais qu'il m'appartient, ce trône où tu te sieds;
Que c'est à moi d'y voir tout le monde à mes pieds :
Mais comme il est encor teint du sang de mon père,
S'il n'est lavé du tien il ne saurait me plaire;
Et ta mort, que mes vœux s'efforcent de hâter,
Est l'unique degré par où j'y veux monter.
Voilà quelle je suis, et quelle je veux être.
Qu'un autre t'aime en père, ou te redoute en maître :
Le cœur de Pulchérie est trop haut et trop franc
Pour craindre ou pour flatter le bourreau de son sang.

PHOCAS. J'ai forcé ma colère à te prêter silence,
Pour voir à quel excès irait ton insolence :
J'ai vu ce qui t'abuse et me fait mépriser,
Et t'aime encore assez pour te désabuser.
N'estime plus mon sceptre usurpé sur ton père,
Ni que pour l'appuyer ta main soit nécessaire.
Depuis vingt ans je règne, et je règne sans toi;
Et j'en eus tout le droit du choix qu'on fit de moi.
Le trône où je me sieds n'est pas un bien de race :
L'armée a ses raisons pour remplir cette place;
Son choix en est le titre : et tel est notre sort,
Qu'une autre élection nous condamne à la mort.
Celle qu'on fit de moi fut l'arrêt de Maurice;
J'en vis avec regret le triste sacrifice :
Au repos de l'Etat il fallut l'accorder;
Mon cœur, qui résistait, fut contraint de céder.
Mais pour remettre un jour l'empire en sa famille
Je fis ce que je pus, je conservai sa fille;
Et, sans avoir besoin de titres ni d'appui,
Je te fais part d'un bien qui n'était plus à lui.

PULCHÉRIE. Un chétif centenier des troupes de Mysie,
Qu'un gros de mutinés élut par fantaisie,
Oser arrogamment se vanter à mes yeux

D'être juste seigneur du bien de mes aïeux!
Lui qui n'a pour l'empire autre droit que ses crimes,
Lui qui de tous les miens fit autant de victimes,
Croire s'être lavé d'un si noir attentat
En imputant leur perte au repos de l'Etat!
Il fait plus, il me croit digne de cette excuse!
Souffre, souffre à ton tour que je te désabuse :
Apprends que, si jadis quelques séditions
Usurpèrent le droit de ces élections,
L'empire était chez nous un bien héréditaire;
Maurice ne l'obtint qu'en gendre de Tibère;
Et l'on voit depuis lui remonter mon destin
Jusqu'au grand Théodose, et jusqu'à Constantin.
Et je pourrais avoir l'âme assez abattue...

PHOCAS. Hé bien! si tu le veux, je te le restitue,
Cet empire, et consens encor que ta fierté
Impute à mes remords l'effet de ma bonté.
Dis que je te le rends, et te fais des caresses
Pour apaiser des tiens les ombres vengeresses,
Et tout ce qui pourra sous quelque autre couleur
Autoriser ta haine et flatter ta douleur.
Pour un dernier effort je veux souffrir la rage
Qu'allume dans ton cœur cette sanglante image.
Mais que t'a fait mon fils? était-il, au berceau,
Des tiens que je perdis le juge ou le bourreau?
Tant de vertus qu'en lui le monde entier admire
Ne l'ont-elles pas fait trop digne de l'empire?
En ai-je eu quelque espoir qu'il n'ait assez rempli?
Et voit-on sous le ciel prince plus accompli?
Un cœur comme le tien, si grand, si magnanime...

PULCHÉRIE. Va, je ne confonds point ses vertus et ton crime;
Comme ma haine est juste, et ne m'aveugle pas,
J'en vois assez en lui pour les plus grands Etats :
J'admire chaque jour les preuves qu'il en donne :
J'honore sa valeur, j'estime sa personne,
Et penche d'autant plus à lui vouloir du bien,
Que s'en voyant indigne il ne demande rien,
Que ses longues froideurs témoignent qu'il s'irrite
De ce qu'on veut de moi par delà son mérite,
Et que de tes projets son cœur triste et confus
Pour m'en faire justice approuve mes refus.
Ce fils si vertueux d'un père si coupable,
S'il ne devait régner me pourrait être aimable;
Et cette grandeur même où tu le veux porter
Est l'unique motif qui m'y fait résister.
Après l'assassinat de ma famille entière,
Quand tu ne m'as laissé père, mère, ni frère,
Que j'en fasse ton fils légitime héritier!

Que j'assure par là leur trône au meurtrier !
Non, non; si tu me crois le cœur si magnanime
Qu'il ose séparer ses vertus de ton crime,
Sépare tes présents, et ne m'offre aujourd'hui
Que ton fils sans le sceptre, ou le sceptre sans lui.
Avise; et si tu crains qu'il te fût trop infâme
De remettre l'empire en la main d'une femme,
Tu peux dès aujourd'hui le voir mieux occupé :
Le ciel me rend un frère à ta rage échappé;
On dit qu'Héraclius est tout près de paraître,
Tyran, descends du trône, et fais place à ton maître.

PHOCAS. A ce compte, arrogante, un fantôme nouveau,
Qu'un murmure confus fait sortir du tombeau,
Te donne cette audace et cette confiance !
Ce bruit s'est fait déjà digne de ta croyance;
Mais...

PULCHÉRIE. Je sais qu'il est faux; pour t'assurer ce rang
Ta rage eut trop de soin de verser tout mon sang :
Mais la soif de ta perte en cette conjoncture
Me fait aimer l'auteur d'une belle imposture.
Au seul nom de Maurice il te fera trembler :
Puisqu'il se dit son fils, il veut lui ressembler;
Et cette ressemblance où son courage aspire
Mérite mieux que toi de gouverner l'empire.
J'irai par mon suffrage affermir cette erreur,
L'avouer pour mon frère et pour mon empereur,
Et dedans son parti jeter tout l'avantage
Du peuple convaincu par mon premier hommage.
Toi, si quelque remords te donne un juste effroi,
Sors du trône, et te laisse abuser comme moi :
Prends cette occasion de te faire justice.

PHOCAS. Oui, je me la ferai bientôt par ton supplice;
Ma bonté ne peut plus arrêter mon devoir,
Ma patience a fait par delà son pouvoir :
Qui se laisse outrager mérite qu'on l'outrage;
Et l'audace impunie enfle trop un courage.
Tonne, menace, brave, espère en de faux bruits;
Fortifie, affermis ceux qu'ils auront séduits;
Dans ton âme à ton gré change ma destinée :
Mais choisis pour demain la mort ou l'hyménée.

PULCHÉRIE. Il n'est pas pour ce choix besoin d'un grand effort
A qui hait l'hyménée et ne craint point la mort.

PHOCAS. Dis, si tu veux encor, que ton cœur la souhaite.

(*Dans les deux scènes suivantes Héraclius passe pour Martian, et Martian pour Léonce. Héraclius se connaît, mais Martian ne se connaît pas.*)

SCÈNE III.
PHOCAS, PULCHÉRIE, HÉRACLIUS, CRISPE.

PHOCAS *à Héraclius.* Approche, Martian, que je te le répète.
Cette ingrate furie, après tant de mépris,
Conspire encor la perte et du père et du fils.
Elle-même a semé cette erreur populaire
D'un faux Héraclius qu'elle accepte pour frère;
Mais, quoi qu'à ces mutins elle puisse imposer,
Demain ils la verront mourir, ou t'épouser.
HÉRACLIUS. Seigneur...
PHOCAS. Garde sur toi d'attirer ma colère.
HÉRACLIUS. Dussé-je mal user de cet amour de père,
Etant ce que je suis, je me dois quelque effort
Pour vous dire, seigneur, que c'est vous faire tort,
Et que c'est trop montrer d'injuste défiance
De ne pouvoir régner que par son alliance :
Sans prendre un nouveau droit du nom de son époux,
Ma naissance suffit pour régner après vous.
J'ai du cœur, et tiendrais l'empire même infâme
S'il fallait le tenir de la main d'une femme.
PHOCAS. Hé bien! elle mourra : tu n'en as pas besoin.
HÉRACLIUS. De vous-même, seigneur, daignez mieux prendre soin.
Le peuple aime Maurice; en perdre ce qui reste
Nous rendrait ce tumulte au dernier point funeste.
Au nom d'Héraclius à demi soulevé,
Vous verriez par sa mort le désordre achevé.
Il vaut mieux la priver du rang qu'elle rejette,
Faire régner une autre, et la laisser sujette;
Et d'un parti plus bas punissant son orgueil...
PHOCAS. Quand Maurice peut tout du creux de son cercueil,
A ce fils supposé dont il me faut défendre
Tu parles d'ajouter un véritable gendre!
HÉRACLIUS. Seigneur, j'ai des amis chez qui cette moitié...
PHOCAS. A l'épreuve d'un sceptre il n'est point d'amitié,
Point qui ne s'éblouisse à l'éclat de sa pompe,
Point qu'après son hymen sa haine ne corrompe.
Elle mourra, te dis-je.
PULCHÉRIE. Ah! ne m'empêchez pas
De rejoindre les miens par un heureux trépas.
La vapeur de mon sang ira grossir le foudre
Que Dieu tient déjà prêt à le réduire en poudre;
Et ma mort en servant de comble à tant d'horreurs...
PHOCAS. Par ses remercîments juge de ses fureurs.
J'ai prononcé l'arrêt, il faut que l'effet suive.
Résous-la de t'aimer, si tu veux qu'elle vive;
Sinon, j'en jure encore, et ne t'écoute plus,
Son trépas dès demain punira ses refus.

SCÈNE IV.

PULCHÉRIE, HÉRACLIUS, MARTIAN.

HÉRACLIUS. En vain il se promet que sous cette menace
J'espère en votre cœur surprendre quelque place;
Votre refus est juste, et j'en sais les raisons.
Ce n'est pas à nous deux d'unir les deux maisons;
D'autres destins, madame, attendent l'un et l'autre :
Ma foi m'engage ailleurs aussi bien que la vôtre;
Vous aurez en Léonce un digne possesseur,
Je serai trop heureux d'en posséder la sœur.
Ce guerrier vous adore, et vous l'aimez de même;
Je suis aimé d'Eudoxe autant comme je l'aime :
Léontine leur mère est propice à nos vœux;
Et quelque effort qu'on fasse à rompre ces beaux nœuds,
D'un amour si parfait les chaînes sont si belles,
Que nos captivités doivent être éternelles.

PULCHÉRIE. Seigneur, vous connaissez ce cœur infortuné :
Léonce y peut beaucoup; vous me l'avez donné,
Et votre main illustre augmente le mérite
Des vertus dont l'éclat pour lui me sollicite.
Mais à d'autres pensers il me faut recourir :
Il n'est plus temps d'aimer alors qu'il faut mourir;
Et quand à ce départ une âme se prépare...

HÉRACLIUS. Redoutez un peu moins les rigueurs d'un barbare.
Pardonnez-moi ce mot; pour vous servir d'appui,
J'ai peine à reconnaître encore un père en lui.
Résolu de périr pour vous sauver la vie,
Je sens tous mes respects céder à cette envie;
Je ne suis plus son fils, s'il en veut à vos jours,
Et mon cœur tout entier vole à votre secours.

PULCHÉRIE. C'est donc avec raison que je commence à craindre,
Non la mort, non l'hymen où l'on me veut contraindre,
Mais ce péril extrême où, pour me secourir,
Je vois votre grand cœur aveuglément courir.

MARTIAN. Ah! mon prince, ah! madame, il vaut mieux vous résoudre
Par un heureux hymen à dissiper ce foudre.
Au nom de votre amour et de votre amitié
Prenez de votre sort tous deux quelque pitié.
Que la vertu du fils, si pleine et si sincère,
Vainque la juste horreur que vous avez du père;
Et pour mon intérêt n'exposez pas tous deux...

HÉRACLIUS. Que me dis-tu, Léonce? et qu'est-ce que tu veux?
Tu m'as sauvé la vie; et pour reconnaissance
Je voudrais à tes feux ôter leur récompense;
Et, ministre insolent d'un prince furieux,
Couvrir de cette honte un nom si glorieux;

Ingrat à mon ami, perfide à ce que j'aime,
Cruel à la princesse, odieux à moi-même!
Je te connais, Léonce, et mieux que tu ne crois;
Je sais ce que tu vaux, et ce que je te dois.
　　Son bonheur est le mien, madame; et je vous donne
Léonce et Martian en la même personne;
C'est Martian en lui que vous favorisez.
Opposons la constance aux périls opposés.
Je vais près de Phocas essayer la prière;
Et si je n'en obtiens la grâce tout entière,
Malgré le nom de père et le titre de fils,
Je deviens le plus grand de tous ses ennemis.
Oui, si sa cruauté s'obstine à votre perte,
J'irai pour l'empêcher jusqu'à la force ouverte;
Et puisse, si le ciel m'y voit rien épargner,
Un faux Héraclius en ma place régner!
Adieu, madame.

SCÈNE V.

PULCHÉRIE, MARTIAN.

PULCHÉRIE.　　　　　Adieu, prince trop magnanime,
Prince digne en effet d'un trône acquis sans crime,
Digne d'un autre père. Ah! Phocas! ah! tyran!
Se peut-il que ton sang ait formé Martian?
　　Mais allons, cher Léonce, admirant son courage,
Tâcher de notre part à repousser l'orage.
Tu t'es fait des amis, je sais des mécontents;
Le peuple est ébranlé, ne perdons point de temps:
L'honneur te le commande et l'amour t'y convie.
MARTIAN. Pour otage en ses mains ce tigre a votre vie;
Et je n'oserai rien qu'avec un juste effroi
Qu'il ne venge sur vous ce qu'il craindra de moi.
PULCHÉRIE. N'importe; à tout oser le péril doit contraindre:
Il ne faut craindre rien quand on a tout à craindre.
Allons examiner pour ce coup généreux
Les moyens les plus prompts et les moins dangereux.

ACTE DEUXIÈME.

SCÈNE I.

LÉONTINE, EUDOXE.

LÉONTINE. Voilà ce que j'ai craint de son âme enflammée.
EUDOXE. S'il m'eût caché son sort, il m'aurait mal aimée.
LÉONTINE. Avec trop d'imprudence il vous l'a révélé;

Vous êtes fille, Eudoxe, et vous avez parlé.
Vous n'avez pu savoir cette grande nouvelle
Sans la dire à l'oreille à quelque âme infidèle,
A quelque esprit léger, ou de votre heur jaloux,
A qui ce grand secret a pesé comme à vous.
C'est par là qu'il est su, c'est par là qu'on publie
Ce prodige étonnant d'Héraclius en vie;
C'est par là qu'un tyran plus instruit que troublé
De l'ennemi secret qui l'aurait accablé,
Ajoutera bientôt sa mort à tant de crimes,
Et se sacrifiera pour nouvelles victimes
Ce prince dans son sein pour son fils élevé,
Vous qu'adore son âme, et moi qui l'ai sauvé.
Voyez combien de maux pour n'avoir su vous taire.

EUDOXE. Madame, mon respect souffre tout d'une mère,
Qui, pour peu qu'elle veuille écouter la raison,
Ne m'accusera plus de cette trahison :
Car c'en est une enfin bien digne de supplice,
Qu'avoir d'un tel secret donné le moindre indice.

LÉONTINE. Et qui donc aujourd'hui le fait connaître à tous?
Est-ce le prince, ou moi?

EUDOXE. Ni le prince ni vous.
De grâce, examinez ce bruit qui vous alarme.
On dit qu'il est en vie, et son nom seul les charme :
On ne dit point comment vous trompâtes Phocas,
Livrant un de vos fils pour ce prince au trépas,
Ni comme après, du sien étant la gouvernante,
Par une tromperie encor plus importante,
Vous en fîtes l'échange, et, prenant Martian,
Vous laissâtes pour fils ce prince à son tyran :
En sorte que le sien passe ici pour mon frère,
Cependant que de l'autre il croit être le père,
Et voit en Martian Léonce qui n'est plus,
Tandis que sous ce nom il aime Héraclius.
On dirait tout cela si, par quelque imprudence,
Il m'était échappé d'en faire confidence :
Mais pour toute nouvelle on dit qu'il est vivant;
Aucun n'ose pousser l'histoire plus avant.
Comme ce sont pour tous des routes inconnues,
Il semble à quelques-uns qu'il doit tomber des nues;
Et j'en sais tel qui croit, dans sa simplicité,
Que pour punir Phocas Dieu l'a ressuscité.
Mais le voici.

SCÈNE II.

HÉRACLIUS, LÉONTINE, EUDOXE.

HÉRACLIUS. Madame, il n'est plus temps de taire

D'un si profond secret le dangereux mystère;
Le tyran, alarmé du bruit qui le surprend,
Rend ma crainte trop juste et le péril trop grand :
Non que de ma naissance il fasse conjecture;
Au contraire, il prend tout pour grossière imposture,
Et me connaît si peu que pour la renverser
A l'hymen qu'il souhaite il prétend me forcer.
Il m'oppose à mon nom qui le vient de surprendre :
Je suis fils de Maurice, il m'en veut faire gendre,
Et s'acquérir les droits d'un prince si chéri
En me donnant moi-même à ma sœur pour mari.
En vain nous résistons à son impatience,
Elle par haine aveugle, et moi par connaissance;
Lui, qui ne conçoit rien de l'obstacle éternel
Qu'oppose la nature à ce nœud criminel,
Menace Pulchérie au refus obstinée,
Lui propose à demain la mort ou l'hyménée.
J'ai fait pour le fléchir un inutile effort :
Pour éviter l'inceste elle n'a que la mort.
Jugez s'il n'est pas temps de montrer qui nous sommes,
De cesser d'être fils du plus méchant des hommes,
D'immoler mon tyran aux périls de ma sœur,
Et de rendre à mon père un juste successeur.

LÉONTINE. Puisque vous ne craignez que sa mort ou l'inceste,
Je rends grâces, seigneur, à la bonté céleste
De ce qu'en ce grand bruit le sort nous est si doux
Que nous n'avons encor rien à craindre pour vous.
Votre courage seul nous donne lieu de craindre :
Modérez-en l'ardeur, daignez vous y contraindre;
Et puisqu'aucun soupçon ne dit rien à Phocas,
Soyez encor son fils, et ne vous montrez pas.
De quoi que ce tyran menace Pulchérie,
J'aurai trop de moyens d'arrêter sa furie,
De rompre cet hymen ou de le retarder,
Pourvu que vous vouliez ne vous point hasarder.
Répondez-moi de vous, et je vous réponds d'elle.

HÉRACLIUS. Jamais l'occasion ne s'offrira si belle.
Vous voyez un grand peuple à demi révolté,
Sans qu'on sache l'auteur de cette nouveauté.
Il semble que de Dieu la main appesantie,
Se faisant du tyran l'effroyable partie,
Veuille avancer par là son juste châtiment;
Que, par un si grand bruit semé confusément,
Il dispose les cœurs à prendre un nouveau maître,
Et presse Héraclius de se faire connaître.
C'est à nous de répondre à ce qu'il en prétend :
Montrons Héraclius au peuple qui l'attend;
Evitons le hasard qu'un imposteur l'abuse,

Et qu'après s'être armé d'un nom que je refuse,
De mon trône à Phocas sous ce titre arraché
Il puisse me punir de m'être trop caché.
Il ne sera pas temps, madame, de lui dire
Qu'il me rende mon nom, ma naissance et l'empire,
Quand il se prévaudra de ce nom déjà pris
Pour me joindre au tyran dont je passe pour fils.

LÉONTINE. Sans vous donner pour chef à cette populace,
Je romprai bien encor ce coup, s'il vous menace.
Mais gardons jusqu'au bout ce secret important;
Fiez-vous plus à moi qu'à ce peuple inconstant.
Ce que j'ai fait pour vous depuis votre naissance
Semble digne, seigneur, de cette confiance :
Je ne laisserai point mon ouvrage imparfait :
Et bientôt mes desseins auront un plein effet :
Je punirai Phocas, je vengerai Maurice :
Mais aucun n'aura part à ce grand sacrifice;
J'en veux toute la gloire, et vous me la devez :
Vous régnerez par moi, si par moi vous vivez.
Laissez entre mes mains mûrir vos destinées,
Et ne hasardez point le fruit de vingt années.

EUDOXE. Seigneur, si votre amour peut écouter mes pleurs,
Ne vous exposez point au dernier des malheurs.
La mort de ce tyran, quoique trop légitime,
Aura dedans vos mains l'image d'un grand crime :
Le peuple pour miracle osera maintenir
Que le ciel par son fils l'aura voulu punir;
Et sa haine obstinée après cette chimère
Vous croira parricide en vengeant votre père;
La vérité n'aura ni le nom ni l'effet
Que d'un adroit mensonge à couvrir ce forfait;
Et d'une telle erreur l'ombre sera trop noire
Pour ne pas obscurcir l'éclat de votre gloire.
Je sais bien que l'ardeur de venger vos parents..

HÉRACLIUS. Vous en êtes aussi, madame, et je me rends;
Je n'examine rien, et n'ai pas la puissance
De combattre l'amour et la reconnaissance.
Le secret est à vous, et je serais ingrat
Si, sans votre congé, j'osais en faire éclat,
Puisque, sans votre aveu, toute mon aventure
Passerait pour un songe ou pour une imposture.
Je dirai plus; l'empire est plus à vous qu'à moi,
Puisqu'à Léonce mort tout entier je le doi :
C'est le prix de son sang, c'est pour y satisfaire
Que je rends à la sœur ce que je tiens du frère.
Non que pour m'acquitter par cette élection
Mon devoir ait forcé mon inclination :
Il présenta mon cœur aux yeux qui le charmèrent,

ACTE II.

Il prépara mon âme au feu qu'ils allumèrent;
Et ces yeux tout divins, par un soudain pouvoir,
Achevèrent sur moi l'effet de ce devoir.
Oui, mon cœur, cher Eudoxe, à ce trône n'aspire
Que pour vous voir bientôt maîtresse de l'empire.
Je ne me suis voulu jeter dans le hasard
Que par la seule soif de vous en faire part;
C'était là tout mon but. Pour éviter l'inceste
Je n'ai qu'à m'éloigner de ce climat funeste;
Mais si je me dérobe au rang qui vous est dû,
Ce sera par moi seul que vous l'aurez perdu;
Seul je vous ôterai ce que je vous dois rendre :
Disposez des moyens et du temps de le prendre;
Quand vous voudrez régner, faites-m'en possesseur.
Mais comme enfin j'ai lieu de craindre pour ma sœur,
Tirez-la dans ce jour de ce péril extrême,
Ou demain je ne prends conseil que de moi-même.

LÉONTINE. Reposez-vous sur moi, seigneur, de tout son sort,
Et n'en appréhendez ni l'hymen ni la mort.

SCÈNE III.
LÉONTINE, EUDOXE.

LÉONTINE. Ce n'est plus avec vous qu'il faut que je déguise;
A ne vous rien cacher son amour m'autorise :
Vous saurez les desseins de tout ce que j'ai fait,
Et pourrez me servir à presser leur effet.
   Notre vrai Martian adore la princesse :
Animons toutes deux l'amant pour la maîtresse :
Faisons que son amour nous venge de Phocas,
Et de son propre fils arme pour nous le bras.
Si j'ai pris soin de lui, si je l'ai laissé vivre,
Si je perdis Léonce et ne le fis pas suivre,
Ce fut sur l'espoir seul qu'un jour pour s'agrandir
A ma pleine vengeance il pourrait s'enhardir.
Je ne l'ai conservé que pour ce parricide.

EUDOXE. Ah! madame!

LÉONTINE.   Ce mot déjà vous intimide!
C'est à de telles mains qu'il nous faut recourir;
C'est par là qu'un tyran est digne de périr;
Et le courroux du ciel, pour en purger la terre,
Nous doit un parricide au refus du tonnerre.
C'est à nous qu'il remet de l'y précipiter;
Phocas le commettra, s'il le peut éviter :
Et nous immolerons au sang de votre frère
Le père par le fils ou le fils par le père.
L'ordre est digne de nous, le crime est digne d'eux ;
Sauvons Héraclius au péril de tous deux.

EUDOXE. Je sais qu'un parricide est digne d'un tel père :
　　　　Mais faut-il qu'un tel fils soit en péril d'en faire?
　　　　Et, sachant sa vertu, pouvez-vous justement
　　　　Abuser jusque-là de son aveuglement?
LÉONTINE. Dans le fils d'un tyran l'odieuse naissance
　　　　Mérite que l'erreur arrache l'innocence,
　　　　Et que, de quelque éclat qu'il se soit revêtu,
　　　　Un crime qu'il ignore en souille la vertu.

SCÈNE IV.

LÉONTINE, EUDOXE, UN PAGE.

LE PAGE. Exupère, madame, est là, qui vous demande.
LÉONTINE. Exupère! A ce nom que ma surprise est grande!
　　　　Qu'il entre. A quel dessein vient-il parler à moi,
　　　　Lui que je ne vois point, qu'à peine je connoi?
　　　　Dans l'âme il hait Phocas, qui s'immola son père;
　　　　Et sa venue ici cache quelque mystère.
　　　　Je vous l'ai déjà dit, votre langue nous perd.

SCÈNE V.

EXUPÈRE, LÉONTINE, EUDOXE.

EXUPÈRE. Madame, Héraclius vient d'être découvert.
LÉONTINE *à Eudoxe*. Hé bien!
EUDOXE. 　　　　　　Si... 　　　　(*A Exupère.*)
LÉONTINE *à Eudoxe*. 　　Taisez-vous... Depuis quand?
EXUPÈRE. 　　　　　　　　　　　　　Tout à l'heure.
LÉONTINE. Et déjà l'empereur a commandé qu'il meure?
EXUPÈRE. Le tyran est bien loin de s'en voir éclairci.
LÉONTINE. Comment?
EXUPÈRE. 　　　　Ne craignez rien, madame, le voici.
LÉONTINE. Je ne vois que Léonce.
EXUPÈRE. 　　　　　　　　Ah! quittez l'artifice.

SCÈNE VI.

MARTIAN, LÉONTINE, EXUPÈRE, EUDOXE.

MARTIAN. Madame, dois-je croire un billet de Maurice?
　　　　Voyez si c'est sa main, ou s'il est contrefait;
　　　　Dites s'il me détrompe ou m'abuse en effet,
　　　　Si je suis votre fils ou s'il était mon père :
　　　　Vous en devez connaître encor le caractère.
LÉONTINE *lit le billet.* « Léontine a trompé Phocas,
　» Et, livrant pour mon fils un des siens au trépas,
　» Dérobe à sa fureur l'héritier de l'empire.
　» O vous, qui me restez de fidèles sujets,
　» Honorez son grand zèle, appuyez ses projets.

ACTE II.

» Sous le nom de Léonce Héraclius respire.   MAURICE. »
   (*Elle rend le billet à Exupère.*)
Seigneur, il vous dit vrai; vous étiez en mes mains
Quand on ouvrit Byzance au pire des humains.
Maurice m'honora de cette confiance;
Mon zèle y répondit par delà sa croyance.
Le voyant prisonnier et ses quatre autres fils,
Je cachai quelques jours ce qu'il m'avait commis;
Mais, enfin, toute prête à me voir découverte,
Ce zèle sur mon sang détourna votre perte.
J'allai pour vous sauver vous offrir à Phocas;
Mais j'offris votre nom, et ne vous donnai pas.
La généreuse ardeur de sujette fidèle
Me rendit pour mon prince à moi-même cruelle;
Mon fils fut pour mourir le fils de l'empereur;
J'éblouis le tyran, je trompai sa fureur;
Léonce au lieu de vous lui servit de victime.
   (*Elle fait un soupir.*)
Ah! pardonnez, de grâce! il m'échappe sans crime.
J'ai pris pour vous sa vie, et lui rends un soupir;
Ce n'est pas trop, seigneur, pour un tel souvenir :
A cet illustre effort par mon devoir réduite,
J'ai dompté la nature et ne l'ai pas détruite.
Phocas, ravi de joie à cette illusion
Me combla de faveurs avec profusion,
Et nous fit de sa main cette haute fortune
Dont il n'est pas besoin que je vous importune.
   Voilà ce que mes soins vous laissaient ignorer;
Et j'attendais, seigneur, à vous le déclarer,
Que par vos grands exploits votre rare vaillance
Pût faire à l'univers croire votre naissance,
Et qu'une occasion pareille à ce grand bruit
Nous pût de son aveu promettre quelque fruit.
Car, comme j'ignorais que notre grand monarque
En eût pu rien savoir ou laisser quelque marque,
Je doutais qu'un secret n'étant su que de moi
Sous un tyran si craint pût trouver quelque foi.

EXUPÈRE. Comme sa cruauté, pour mieux gêner Maurice,
Le forçait de ses fils à voir le sacrifice,
Ce prince vit l'échange et l'allait empêcher,
Mais l'acier des bourreaux fut plus prompt à trancher :
La mort de votre fils arrêta cette envie,
Et prévint d'un moment le refus de sa vie.
Maurice, à quelque espoir se laissant lors flatter,
S'en ouvrit à Félix, qui vint le visiter,
Et trouva les moyens de lui donner ce gage
Qui vous en pût un jour rendre un plein témoignage.
Félix est mort, madame, et naguère en mourant

Il remit ce dépôt à son plus cher parent;
Et m'ayant tout conté : « Tiens, dit-il, Exupère,
» Sers ton prince, et venge ton père. »
Armé d'un tel secret, seigneur, j'ai voulu voir
Combien parmi le peuple il aurait de pouvoir :
J'ai fait semer ce bruit sans vous faire connaître;
Et, voyant tous les cœurs vous souhaiter pour maître,
J'ai ligué du tyran les secrets ennemis,
Mais sans leur découvrir plus qu'il ne m'est permis.
Ils aiment votre nom, sans savoir davantage,
Et cette seule joie anime leur courage,
Sans qu'autres que les deux qui vous parlaient là-bas
De tout ce qu'elle a fait sachent plus que Phocas.
Vous venez de savoir ce que vous vouliez d'elle;
C'est à vous de répondre à son généreux zèle.
Le peuple est mutiné, nos amis assemblés,
Le tyran effrayé, ses confidents troublés :
Donnez l'aveu du prince à sa mort qu'on apprête,
Et ne dédaignez pas d'ordonner de sa tête.

MARTIAN. Surpris des nouveautés d'un tel événement,
Je demeure à vos yeux muet d'étonnement.
Je sais ce que je dois, madame, au grand service
Dont vous avez sauvé l'héritier de Maurice.
Je croyais comme fils devoir tout à vos soins,
Et je vous dois bien plus lorsque je vous suis moins :
Mais pour vous expliquer toute ma gratitude,
Mon âme a trop de trouble et trop d'inquiétude.
J'aimais, vous le savez, et mon cœur enflammé
Trouve enfin une sœur dedans l'objet aimé.
Je perds une maîtresse en gagnant un empire;
Mon amour en murmure et mon cœur en soupire;
Et de mille pensers mon esprit agité
Paraît enseveli dans la stupidité.
Il est temps d'en sortir, l'honneur nous le commande.
Il faut donner un chef à votre illustre bande :
Allez, brave Exupère, allez, je vous rejoins;
Souffrez que je lui parle un moment sans témoins.
Disposez cependant vos amis à bien faire :
Surtout sauvons le fils en immolant le père;
Il n'eut rien du tyran qu'un peu de mauvais sang,
Dont la dernière guerre a trop purgé son flanc.

EXUPÈRE. Nous vous rendrons, seigneur, entière obéissance,
Et vous allons attendre avec impatience.

SCÈNE VII.
MARTIAN, LÉONTINE, EUDOXE.

MARTIAN. Madame, pour laisser toute sa dignité

A ce dernier effort de générosité,
Je crois que les raisons que vous m'avez données
M'en ont seules caché le secret tant d'années.
D'autres soupçonneraient qu'un peu d'ambition,
Du prince Martian voyant la passion,
Pour lui voir sur le trône élever votre fille,
Aurait voulu laisser l'empire en sa famille,
Et me faire trouver un tel destin bien doux
Dans l'éternelle erreur d'être sorti de vous;
Mais je tiendrais à crime une telle pensée.
Je me plains seulement d'une ardeur insensée,
D'un détestable amour que pour ma propre sœur
Vous-même vous avez allumé dans mon cœur.
Quel dessein faisiez-vous sur cet aveugle inceste?

LÉONTINE. Je vous aurais tout dit avant ce nœud funeste;
Et je le craignais peu, trop sûre que Phocas
Ayant d'autres desseins ne le souffrirait pas.
Je voulais donc, seigneur, qu'une flamme si belle
Portât votre courage aux vertus dignes d'elle,
Et que, votre valeur l'ayant su mériter,
Le refus du tyran vous pût mieux irriter.
Vous n'avez pas rendu mon espérance vaine :
J'ai vu dans votre amour une source de haine;
Et j'ose dire encor qu'un bras si renommé
Peut-être aurait moins fait si le cœur n'eût aimé.
Achevez donc, seigneur; et puisque Pulchérie
Doit craindre l'attentat d'une aveugle furie...

MARTIAN. Peut-être il vaudrait mieux moi-même la porter
A ce que le tyran témoigne en souhaiter.
Son amour qui pour moi résiste à sa colère,
N'y résistera plus quand je serai son frère.
Pourrais-je lui trouver un plus illustre époux?

LÉONTINE. Seigneur, qu'allez-vous faire? et que me dites-vous?

MARTIAN. Que peut-être pour rompre un si digne hyménée
J'expose à tort sa tête avec ma destinée,
Et fais d'Héraclius un chef de conjurés
Dont je vois les complots encor mal assurés.
Aucun d'eux du tyran n'approche la personne;
Et quand même l'issue en pourrait être bonne
Peut-être il m'est honteux de reprendre l'Etat
Par l'infâme succès d'un lâche assassinat.
Peut-être il vaudrait mieux en tête d'une armée
Faire parler pour moi toute ma renommée,
Et trouver à l'empire un chemin glorieux
Pour venger mes parents d'un bras victorieux.
C'est dont je vais résoudre avec cette princesse,
Pour qui non plus l'amour mais le sang m'intéresse.
Vous, avec votre Eudoxe...

LÉONTINE. Ah! seigneur, écoutez.
MARTIAN. J'ai besoin de conseils dans ces difficultés :
Mais, à parler sans fard, pour écouter les vôtres,
Outre mes intérêts vous en avez trop d'autres.
Je ne soupçonne point vos vœux ni votre foi;
Mais je ne veux d'avis que d'un cœur tout à moi.
Adieu.

SCÈNE VIII.

LÉONTINE, EUDOXE.

LÉONTINE. Tout me confond, tout me devient contraire.
Je ne fais rien du tout quand je pense tout faire;
Et, lorsque le hasard me flatte avec excès,
Tout mon dessein avorte au milieu du succès :
Il semble qu'un démon funeste à sa conduite
Des beaux commencements empoisonne la suite.
Ce billet dont je vois Martian abusé
Fait plus en ma faveur que je n'aurais osé;
Il arme puissamment le fils contre le père :
Mais comme il a levé le bras en qui j'espère,
Sur le point de frapper je vois avec regret
Que la nature y forme un obstacle secret.
La vérité le trompe, et ne peut le séduire;
Il sauve en reculant ce qu'il croit mieux détruire :
Il doute; et du côté que je le vois pencher,
Il va presser l'inceste au lieu de l'empêcher.
EUDOXE. Madame, pour le moins vous avez connaissance
De l'auteur de ce bruit, et de mon innocence;
Mais je m'étonne fort de voir à l'abandon
Du prince Héraclius les droits avec le nom.
Ce billet, confirmé par votre témoignage,
Pour monter dans le trône est un grand avantage.
Si Martian le peut sous ce titre occuper,
Pensez-vous qu'il se laisse aisément détromper,
Et qu'au premier moment qu'il vous verra dédire
Aux mains de son vrai maître il remette l'empire?
LÉONTINE. Vous êtes curieuse, et voulez trop savoir.
N'ai-je pas déjà dit que j'y saurai pourvoir?
Tâchons sans plus tarder à revoir Exupère,
Pour prendre en ce désordre un conseil salutaire.

ACTE TROISIÈME.

SCÈNE I.

MARTIAN, PULCHÉRIE.

MARTIAN. Je veux bien l'avouer, madame, car mon cœur
A de la peine encore à vous nommer ma sœur,
Quand, malgré ma fortune à vos pieds abaissée,
J'osai jusques à vous élever ma pensée;
Plus plein d'étonnement que de timidité,
J'interrogeais ce cœur sur sa témérité;
Et dans ses mouvements pour secrète réponse
Je sentais quelque chose au-dessus de Léonce,
Dont, malgré ma raison l'impérieux effort
Emportait mes désirs au delà de mon sort.
PULCHÉRIE. Moi-même assez souvent j'ai senti dans mon âme
Ma naissance en secret me reprocher ma flamme.
Mais quoi! l'impératrice, à qui je dois le jour,
Avait innocemment fait naître cet amour
J'approchais de quinze ans, alors qu'empoisonnée
Pour avoir contredit mon indigne hyménée
Elle mêla ces mots à ses derniers soupirs :
« Le tyran veut surprendre ou forcer vos désirs,
» Ma fille; et sa fureur à son fils vous destine :
» Mais prenez un époux des mains de Léontine;
» Elle garde un trésor qui vous sera bien cher. »
Cet ordre en sa faveur me sut si bien toucher,
Qu'au lieu de la haïr d'avoir livré mon frère
J'en tins le bruit pour faux, elle me devint chère;
Et, confondant ces mots de trésor et d'époux,
Je crus les bien entendre, expliquant tout de vous :
J'opposais de la sorte à ma fière naissance
Les favorables lois de mon obéissance;
Et je m'imputais même à trop de vanité
De trouver entre nous quelque inégalité.
La race de Léonce étant patricienne,
L'éclat de vos vertus l'égalait à la mienne;
Et je me laissais dire, en mes douces erreurs:
« C'est de pareils héros qu'on fait les empereurs;
» Tu peux bien sans rougir aimer un grand courage
» A qui le monde entier peut rendre un juste hommage. »
J'écoutais sans dédain ce qui m'autorisait;
L'amour pensait le dire, et le sang le disait;
Et de ma passion la flatteuse imposture
S'emparait dans mon cœur des droits de la nature.
MARTIAN. Ah! ma sœur, puisqu'enfin mon destin éclairci

Veut que je m'accoutume à vous nommer ainsi,
Qu'aisément l'amitié jusqu'à l'amour nous mène!
C'est un penchant si doux, qu'on y tombe sans peine :
Mais quand il faut changer l'amour en amitié,
Que l'âme qui s'y force est digne de pitié!
Et qu'on doit plaindre un cœur qui, n'osant s'en défendre,
Se laisse déchirer avant que de se rendre!
Ainsi donc la nature à l'espoir le plus doux
Fait succéder l'horreur, et l'horreur d'être à vous!
Ce que je suis m'arrache à ce que j'aimais d'être!
Ah! s'il m'était permis de ne me pas connaître,
Qu'un si charmant abus serait à préférer
A l'âpre vérité qui vient de m'éclairer!

PULCHÉRIE. J'eus pour vous trop d'amour pour ignorer ses forces.
Je sais quelle amertume aigrit de tels divorces;
Et la haine à mon gré les fait plus doucement
Que quand il faut aimer, mais aimer autrement.
J'ai senti comme vous une douleur bien vive
En brisant les beaux fers qui me tenaient captive:
Mais j'en condamnerais le plus doux souvenir
S'il avait à mon cœur coûté plus d'un soupir.
Ce grand coup m'a surprise, et ne m'a point troublée;
Mon âme l'a reçu sans en être accablée;
Et comme tous mes feux n'avaient rien que de saint,
L'honneur les alluma, le devoir les éteint.
Je ne vois plus d'amant où je rencontre un frère;
L'un ne me peut toucher, ni l'autre me déplaire;
Et je tiendrai toujours mon bonheur infini,
Si les miens sont vengés, et le tyran puni.
Vous, que va sur le trône élever la naissance,
Régnez sur votre cœur avant que sur Byzance;
Et, domptant comme moi ce dangereux mutin,
Commencez à répondre à ce noble destin.

MARTIAN. Ah! vous fûtes toujours l'illustre Pulchérie,
En fille d'empereur dès le berceau nourrie;
Et ce grand nom sans peine a pu vous enseigner
Comment dessus vous-même il vous fallait régner :
Mais pour moi, qui, caché sous une autre aventure,
D'une âme plus commune ai pris quelque teinture,
Il n'est pas merveilleux si ce que je me crus
Mêle un peu de Léonce au cœur d'Héraclius.
A mes confus regrets soyez donc moins sévère;
C'est Léonce qui parle, et non pas votre frère :
Mais si l'un parle mal, l'autre va bien agir,
Et l'un ni l'autre enfin ne vous fera rougir.
Je vais des conjurés embrasser l'entreprise,
Puisqu'une âme si haute à frapper m'autorise,
Et tient que pour répandre un si coupable sang

L'assassinat est noble et digne de mon rang.
Pourrai-je cependant vous faire une prière?
PULCHÉRIE. Prenez sur Pulchérie une puissance entière.
MARTIAN. Puisqu'un amant si cher ne peut plus être à vous,
Ni vous, mettre l'empire en la main d'un époux,
Epousez Martian comme un autre moi-même;
Ne pouvant être à moi, soyez à ce que j'aime.
PULCHÉRIE. Ne pouvant être à vous, je pourrais justement
Vouloir n'être à personne, et fuir tout autre amant;
Mais on pourrait nommer cette fermeté d'âme
Un reste mal éteint d'incestueuse flamme.
Afin donc qu'à ce choix j'ose tout accorder
Soyez mon empereur pour me le commander.
Martian vaut beaucoup, sa personne m'est chère;
Mais purgez sa vertu des crimes de son père,
Et donnez à mes feux pour légitime objet
Dans le fils du tyran votre premier sujet.
MARTIAN. Vous le voyez, j'y cours : mais enfin s'il arrive
Que l'issue en devienne ou funeste ou tardive,
Votre perte est jurée; et d'ailleurs nos amis
Au tyran immolé voudront joindre ce fils.
Sauvez d'un tel péril et sa vie et la vôtre;
Par cet heureux hymen, conservez l'un et l'autre;
Garantissez ma sœur des fureurs de Phocas,
Et mon ami de suivre un tel père au trépas.
Faites qu'en ce grand jour la troupe d'Exupère
Dans un sang odieux respecte mon beau-frère;
Et donnez au tyran, qui n'en pourra jouir,
Quelques moments de joie afin de l'éblouir.
PULCHÉRIE. Mais durant ces moments, unie à sa famille,
Il deviendra mon père, et je serai sa fille;
Je lui devrai respect, amour, fidélité;
Ma haine n'aura plus d'impétuosité;
Et tous mes vœux pour vous seront mous et timides,
Quand mes vœux contre lui seront des parricides.
Outre que le succès est encore à douter,
Que l'on peut vous trahir, qu'il peut vous résister;
Si vous y succombez, pourrai-je me dédire
D'avoir porté chez lui les titres de l'empire?
Ah! combien ces moments de quoi vous me flattez
Alors pour mon supplice auraient d'éternités!
Votre haine voit peu l'erreur de sa tendresse;
Comme elle vient de naître, elle n'est que faiblesse:
La mienne a plus de force, et les yeux mieux ouverts;
Et, se dût avec moi perdre tout l'univers,
Jamais un seul moment, quoi que l'on puisse faire,
Le tyran n'aura droit de me traiter en père.
Je ne refuse au fils ni mon cœur ni ma foi:

Vous l'aimez, je l'estime, il est digne de moi;
Tout son crime est un père à qui le sang l'attache;
Quand il n'en aura plus, il n'aura plus de tache;
Et cette mort, propice à former ces beaux nœuds,
Purifiant l'objet, justifiera mes feux.
　　Allez donc préparer cette heureuse journée;
Et du sang du tyran signez cet hyménée.
Mais quel mauvais démon devers nous le conduit?

MARTIAN. Je suis trahi, madame, Exupère le suit.

SCÈNE II.

PHOCAS, EXUPÈRE, AMINTAS, MARTIAN, PULCHÉRIE, CRISPE.

PHOCAS. Quel est votre entretien avec cette princesse?
Des noces que je veux?

MARTIAN. 　　　　　　C'est de quoi je la presse.

PHOCAS. Et vous l'avez gagnée en faveur de mon fils?

MARTIAN. Il sera son époux, elle me l'a promis.

PHOCAS. C'est beaucoup obtenu d'une âme si rebelle.
Mais quand?

MARTIAN. 　　　C'est un secret que je n'ai pas su d'elle.

PHOCAS. Vous pouvez m'en dire un dont je suis plus jaloux.
On dit qu'Héraclius est fort connu de vous:
Si vous aimez mon fils, faites-le-moi connaître.

MARTIAN. Vous le connaissez trop, puisque je vois ce traître.

EXUPÈRE. Je sers mon empereur, et je sais mon devoir.

MARTIAN. Chacun te l'avouera; tu le fais assez voir.

PHOCAS. De grâce, éclaircissez ce que je vous propose:
Ce billet à demi m'en dit bien quelque chose;
Mais, Léonce, c'est peu si vous ne l'achevez.

MARTIAN. Nommez-moi par mon nom, puisque vous le savez;
Dites Héraclius, il n'est plus de Léonce;
Et j'entends mon arrêt sans qu'on me le prononce.

PHOCAS. Tu peux bien t'y résoudre après ton vain effort
Pour m'arracher le sceptre et conspirer ma mort.

MARTIAN. J'ai fait ce que j'ai dû. Vivre sous ta puissance
C'eût été démentir mon nom et ma naissance,
Et ne point écouter le sang de mes parents,
Qui ne crie en mon cœur que la mort des tyrans.
Quiconque pour l'empire eut la gloire de naître
Renonce à cet honneur s'il peut souffrir un maître:
Hors le trône, ou la mort, il doit tout dédaigner;
C'est un lâche s'il n'ose ou se perdre ou régner.
J'entends donc mon arrêt sans qu'on me le prononce.
Héraclius mourra comme a vécu Léonce,
Bon sujet, meilleur prince; et ma vie et ma mort
Rempliront dignement et l'un et l'autre sort.
La mort n'a rien d'affreux pour une âme bien née:

A mes côtés pour toi je l'ai cent fois traînée;
Et mon dernier exploit contre tes ennemis
Fut d'arrêter son bras qui tombait sur ton fils.

PHOCAS. Tu prends pour me toucher un mauvais artifice.
Héraclius n'eut point de part à ce service;
J'en ai payé Léonce, à qui seul était dû
L'inestimable honneur de me l'avoir rendu.
Mais, sous des noms divers à soi-même contraire,
Qui conserva le fils attente sur le père;
Et, se désavouant d'un aveugle secours,
Sitôt qu'il se connaît il en veut à mes jours.
Je te devais sa vie, et je me dois justice.
Léonce est effacé par le fils de Maurice.
Contre un tel attentat rien n'est à balancer;
Et je saurai punir comme récompenser.

MARTIAN. Je sais trop qu'un tyran est sans reconnaissance,
Pour en avoir conçu la honteuse espérance;
Et suis trop au-dessus de cette indignité
Pour te vouloir piquer de générosité.
Que ferais-tu pour moi de me laisser la vie,
Si pour moi sans le trône elle n'est qu'infamie?
Héraclius vivrait pour te faire la cour!
Rends-lui, rends-lui son sceptre, ou prive-le du jour.
Pour ton propre intérêt, sois juge incorruptible:
Ta vie avec la sienne est trop incompatible;
Un si grand ennemi ne peut être gagné,
Et je te punirais de m'avoir épargné.
Si de ton fils sauvé j'ai rappelé l'image,
J'ai voulu de Léonce étaler le courage,
Afin qu'en le voyant tu ne doutasses plus
Jusques où doit aller celui d'Héraclius.
Je me tiens plus heureux de périr en monarque
Que de vivre en éclat sans en porter la marque,
Et puisque pour jouir d'un si glorieux sort
Je n'ai que ce moment qu'on destine à ma mort
Je la rendrai si belle, et si digne d'envie,
Que ce moment vaudra la plus illustre vie.
M'y faisant donc conduire, assure ton pouvoir,
Et délivre mes yeux de l'horreur de te voir.

PHOCAS. Nous verrons la vertu de cette âme hautaine.
Faites-le retirer en la chambre prochaine,
Crispe; et qu'on me l'y garde, attendant que mon choix
Pour punir son forfait vous donne d'autres lois.

MARTIAN *à Pulchérie.* Adieu, madame, adieu. Je n'ai pu davantage.
Ma mort vous va laisser encor dans l'esclavage:
Le ciel par d'autres mains vous en daigne affranchir!

SCÈNE III.

PHOCAS, PULCHÉRIE, EXUPÈRE, AMINTAS.

PHOCAS. Et toi, n'espère pas désormais me fléchir.
Je tiens Héraclius, et n'ai plus rien à craindre,
Plus lieu de te flatter, plus lieu de me contraindre.
Ce frère et ton espoir vont entrer au cercueil,
Et j'abattrai d'un coup sa tête et ton orgueil.
Mais ne te contrains point dans ces rudes alarmes;
Laisse aller tes soupirs, laisse couler tes larmes.

PULCHÉRIE. Moi pleurer! moi gémir, tyran! J'aurais pleuré
Si quelques lâchetés l'avaient déshonoré,
S'il n'eût pas emporté sa gloire tout entière,
S'il m'avait fait rougir par la moindre prière,
Si quelque infâme espoir qu'on lui dût pardonner
Eût mérité la mort que tu lui vas donner.
Sa vertu jusqu'au bout ne s'est point démentie;
Il n'a point pris le ciel ni le sort à partie,
Point querellé le bras qui fait ces lâches coups,
Point daigné contre lui perdre un juste courroux.
Sans te nommer ingrat, sans trop le nommer traître,
De tous deux, de soi-même, il s'est montré le maître;
Et dans cette surprise il a bien su courir
A la nécessité qu'il voyait de mourir.
Je goûtais cette joie en un sort si contraire.
Je l'aimai comme amant, je l'aime comme frère;
Et dans ce grand revers je l'ai vu hautement
Digne d'être mon frère, et d'être mon amant.

PHOCAS. Explique, explique mieux le fond de ta pensée;
Et, sans plus te parer d'une vertu forcée,
Pour apaiser le père, offre le cœur au fils,
Et tâche à racheter ce cher frère à ce prix.

PULCHÉRIE. Crois-tu que sur la foi de tes fausses promesses
Mon âme ose descendre à de telles bassesses?
Prends mon sang pour le sien; mais, s'il y faut mon cœur,
Périsse Héraclius avec sa triste sœur!

PHOCAS. Hé bien! il va périr; ta haine en est complice.

PULCHÉRIE. Et je verrai du ciel bientôt choir ton supplice.
Dieu, pour le réserver à ses puissantes mains,
Fait avorter exprès tous les moyens humains;
Il veut frapper le coup sans notre ministère.
Si l'on t'a bien donné Léonce pour mon frère,
Les quatre autres peut-être, à tes yeux abusés,
Ont été comme lui des Césars supposés.
L'Etat, qui dans leur mort voyait trop sa ruine,
Avait des généreux autres que Léontine;
Ils trompaient d'un barbare aisément la fureur,
Qui n'avait jamais vu la cour ni l'empereur.

Crains, tyran, crains encor : tous les quatre peut-être
L'un après l'autre enfin se vont faire paraître ;
Et, malgré tous tes soins, malgré tout ton effort,
Tu ne les connaîtras qu'en recevant la mort.
Moi-même à leur défaut je serai la conquête
De quiconque à mes pieds apportera ta tête ;
L'esclave le plus vil qu'on puisse imaginer
Sera digne de moi s'il peut t'assassiner.
Va perdre Héraclius, et quitte la pensée
Que je me pare ici d'une vertu forcée ;
Et, sans m'importuner de répondre à tes vœux,
Si tu prétends régner, défais-toi de tous deux.

SCÈNE IV.
PHOCAS, EXUPÈRE, AMINTAS.

PHOCAS. J'écoute avec plaisir ces menaces frivoles ;
Je ris d'un désespoir qui n'a que des paroles ;
Et, de quelque façon qu'elle m'ose outrager,
Le sang d'Héraclius m'en doit assez venger.
Vous donc, mes vrais amis, qui me tirez de peine,
Vous dont je vois l'amour quand j'en craignais la haine,
Vous qui m'avez livré mon secret ennemi,
Ne soyez point vers moi fidèles à demi ;
Résolvez avec moi des moyens de sa perte :
La ferons-nous secrète, ou bien à force ouverte?
Prendrons-nous le plus sûr, ou le plus glorieux?

EXUPÈRE. Seigneur, n'en doutez point, le plus sûr vaut le mieux ;
Mais le plus sûr pour vous est que sa mort éclate,
De peur qu'en l'ignorant le peuple ne se flatte,
N'attende encor ce prince, et n'ait quelque raison
De courir en aveugle à qui prendra son nom.

PHOCAS. Donc, pour ôter tout doute à cette populace,
Nous enverrons sa tête au milieu de la place.

EXUPÈRE. Mais si vous la coupez dedans votre palais,
Ces obstinés mutins ne le croiront jamais ;
Et, sans que pas un d'eux à son erreur renonce,
Ils diront qu'on impute un faux nom à Léonce,
Qu'on en fait un fantôme afin de les tromper,
Prêts à suivre toujours qui voudra l'usurper.

PHOCAS. Lors nous leur ferons voir ce billet de Maurice.

EXUPÈRE. Ils le tiendront pour faux et pour un artifice :
Seigneur, après vingt ans vous espérez en vain
Que ce peuple ait des yeux pour connaître sa main.
Si vous voulez calmer toute cette tempête,
Il faut en pleine place abattre cette tête,
Et qu'il dise, en mourant, à ce peuple confus :
« Peuple, n'en doute point, je suis Héraclius. »

PHOCAS. Il le faut, je l'avoue; et déjà je destine
À ce même échafaud l'infâme Léontine.
Mais si ces insolents l'arrachent de nos mains?
EXUPÈRE. Qui l'osera, seigneur?
PHOCAS. Ce peuple que tu crains.
EXUPÈRE. Ah! souvenez-vous mieux des désordres qu'enfante
Dans un peuple sans chef la première épouvante.
Le seul bruit de ce prince au palais arrêté
Dispersera soudain chacun de son côté;
Les plus audacieux craindront votre justice,
Et le reste en tremblant ira voir son supplice.
Mais ne leur donnez pas, tardant trop à punir,
Le temps de se remettre et de se réunir :
Envoyez des soldats à chaque coin des rues;
Saisissez l'Hippodrome avec ses avenues;
Dans tous les lieux publics rendez-vous le plus fort.
Pour nous, qu'un tel indice intéresse à sa mort,
De peur que d'autres mains ne se laissent séduire,
Jusques à l'échafaud laissez-nous le conduire :
Nous aurons trop d'amis pour en venir à bout;
J'en réponds sur ma tête, et j'aurai l'œil à tout.
PHOCAS. C'en est trop, Exupère : allez, je m'abandonne
Aux fidèles conseils que votre ardeur me donne.
C'est l'unique moyen de dompter nos mutins,
Et d'éteindre à jamais ces troubles intestins.
Je vais, sans différer, pour cette grande affaire
Donner à tous mes chefs un ordre nécessaire.
Vous, pour répondre aux soins que vous m'avez promis,
Allez de votre part assembler vos amis;
Et croyez qu'après moi, jusqu'à ce que j'expire,
Ils seront, eux et vous, les maîtres de l'empire.

SCÈNE V.

EXUPÈRE, AMINTAS.

EXUPÈRE. Nous sommes en faveur, ami; tout est à nous :
L'heur de notre destin va faire des jaloux.
AMINTAS. Quelque allégresse ici que vous fassiez paraître,
Trouvez-vous doux les noms de perfide et de traître?
EXUPÈRE. Je sais qu'aux généreux ils doivent faire horreur;
Ils m'ont frappé l'oreille, ils m'ont blessé le cœur;
Mais bientôt, par l'effet que nous devons attendre,
Nous serons en état de ne les plus entendre.
Allons; pour un moment qu'il faut les endurer,
Ne fuyons pas les biens qu'ils nous font espérer.

ACTE QUATRIÈME.

SCÈNE I.

HÉRACLIUS, EUDOXE.

HÉRACLIUS. Vous avez grand sujet d'appréhender pour elle :
Phocas au dernier point la tiendra criminelle;
Et je le connais mal, ou, s'il la peut trouver,
Il n'est moyen humain qui puisse la sauver.
Je vous plains, chère Eudoxe, et non pas votre mère,
Elle a bien mérité ce qu'a fait Exupère;
Il trahit justement qui voulait me trahir.
EUDOXE. Vous croyez qu'à ce point elle ait pu vous haïr,
Vous pour qui son amour a forcé la nature?
HÉRACLIUS. Comment voulez-vous donc nommer son imposture?
M'empêcher d'entreprendre, et, par un faux rapport,
Confondre en Martian et mon nom et mon sort;
Abuser d'un billet que le hasard lui donne;
Attacher de sa main mes droits à sa personne,
Et le mettre en état, dessous sa bonne foi,
De régner en ma place, ou de périr pour moi?
Madame, est-ce en effet me rendre un grand service?
EUDOXE. Eût-elle démenti ce billet de Maurice?
Et l'eût-elle pu faire, à moins que révéler
Ce que surtout alors il lui fallait celer?
Quand Martian par là n'eût pas connu son père,
C'était vous hasarder sur la foi d'Exupère :
Elle en doutait, seigneur; et, par l'événement,
Vous voyez que son zèle en doutait justement.
Sûre en soi des moyens de vous rendre l'empire,
Qu'à vous-même jamais elle n'a voulu dire,
Elle a sur Martian tourné le coup fatal
De l'épreuve d'un cœur qu'elle connaissait mal.
Seigneur, où seriez-vous sans ce nouveau service?
HÉRACLIUS. Qu'importe qui des deux on destine au supplice?
Qu'importe, Martian, vu ce que je te doi,
Qui trahisse mon sort, d'Exupère, ou de moi?
Si l'on ne me découvre, il faut que je m'expose;
Et l'un et l'autre enfin ne sont que même chose,
Sinon qu'étant trahi je mourrais malheureux,
Et que, m'offrant pour toi, je mourrai généreux.
EUDOXE. Quoi! pour désabuser une aveugle furie,
Rompre votre destin, et donner votre vie!
HÉRACLIUS. Vous êtes plus aveugle encore en votre amour.
Périra-t-il pour moi quand je lui dois le jour?
Et lorsque sous mon nom il se livre à sa perte,

Tiendrai-je sous le sien ma fortune couverte?
S'il s'agissait ici de le faire empereur,
Je pourrais lui laisser mon nom et son erreur :
Mais conniver en lâche à ce nom qu'on me vole,
Quand son père à mes yeux au lieu de moi l'immole!
Souffrir qu'il se trahisse aux rigueurs de mon sort!
Vivre par son supplice, et régner par sa mort!

EUDOXE. Ah! ce n'est pas, seigneur, ce que je vous demande;
De cette lâcheté l'infamie est trop grande.
Montrez-vous pour sauver ce héros du trépas;
Mais montrez-vous en maître, et ne vous perdez pas :
Rallumez cette ardeur où s'opposait ma mère;
Garantissez le fils par la perte du père;
Et, prenant à l'empire un chemin éclatant,
Montrez Héraclius au peuple qui l'attend.

HÉRACLIUS. Il n'est plus temps, madame; un autre a pris ma place.
Sa prison a rendu le peuple tout de glace.
Déjà préoccupé d'un autre Héraclius,
Dans l'effroi qui le trouble il ne me croira plus;
Et, ne me regardant que comme un fils perfide,
Il aura de l'horreur de suivre un parricide.
Mais quand même il voudrait seconder mes desseins,
Le tyran tient déjà Martian en ses mains.
S'il voit qu'en sa faveur je marche à force ouverte,
Piqué de ma révolte, il hâtera sa perte,
Et croira qu'en m'ôtant l'espoir de le sauver
Il m'ôtera l'ardeur qui me fait soulever.
N'en parlons plus : en vain votre amour me retarde,
Le sort d'Héraclius tout entier me regarde;
Soit qu'il faille régner, soit qu'il faille périr,
Au tombeau, comme au trône, on me verra courir.
Mais voici le tyran, et son traître Exupère.

SCÈNE II.
PHOCAS, HÉRACLIUS, EXUPÈRE, EUDOXE, TROUPE DE GARDES.

PHOCAS *montrant Eudoxe à ses gardes.*
 Qu'on la tienne en lieu sûr en attendant sa mère.
HÉRACLIUS. A-t-elle quelque part....
PHOCAS.   Nous verrons à loisir :
Il est bon cependant de la faire saisir.
EUDOXE *s'en allant.* Seigneur, ne croyez rien de ce qu'il vous va dire.
PHOCAS *à Eudoxe.* Je croirai ce qu'il faut pour le bien de l'empire.

SCÈNE III.
PHOCAS, HÉRACLIUS, EXUPÈRE, GARDES.

PHOCAS *à Héraclius.* Ses pleurs pour ce coupable imploraient ta pitié?
HÉRACLIUS. Seigneur...

ACTE IV.

PHOCAS.   Je sais pour lui quelle est ton amitié;
Mais je veux que toi-même, ayant bien vu son crime,
Tiennes ton zèle injuste, et sa mort légitime.
Qu'on le fasse venir. Pour en tirer l'aveu
Il ne sera besoin ni du fer ni du feu :
Loin de s'en repentir l'orgueilleux en fait gloire.
　　Mais que me diras-tu qu'il ne me faut pas croire?
Eudoxe m'en conjure; et l'avis me surprend.
Aurais-tu découvert quelque crime plus grand?
HÉRACLIUS. Oui, sa mère a plus fait contre votre service
Que ne sait Exupère, et que n'a vu Maurice.
PHOCAS. La perfide! Ce jour lui sera le dernier.
Parle.
HÉRACLIUS.　　J'achèverai devant le prisonnier :
Trouvez bon qu'un secret d'une telle importance,
Puisque vous le mandez, s'explique en sa présence.
PHOCAS. Le voici. Mais surtout ne me dis rien pour lui.

SCÈNE IV.

PHOCAS, HÉRACLIUS, MARTIAN, EXUPÈRE, TROUPE DE GARDES.

HÉRACLIUS. Je sais qu'en ma prière il aurait peu d'appui;
Et, loin de me donner une inutile peine,
Tout ce que je demande à votre juste haine,
C'est que de tels forfaits ne soient pas impunis.
Perdez Héraclius et sauvez votre fils :
Voilà tout mon souhait et toute ma prière.
M'en refuserez-vous?
PHOCAS.　　　　　　Tu l'obtiendras entière :
Ton salut en effet est douteux sans sa mort.
MARTIAN. Ah! prince, j'y courais sans me plaindre du sort;
Son indigne rigueur n'est pas ce qui me touche :
Mais en ouïr l'arrêt sortir de votre bouche!
Je vous ai mal connu jusques à mon trépas.
HÉRACLIUS. Et même en ce moment tu ne me connais pas.
　　Ecoute, père aveugle, et toi, prince crédule,
Ce que l'honneur défend que plus je dissimule.
　　Phocas, connais ton sang, et tes vrais ennemis;
Je suis Héraclius, et Léonce est ton fils.
MARTIAN. Seigneur, que dites-vous?
HÉRACLIUS.　　　　　　Que je ne puis plus taire
Que deux fois Léontine osa tromper ton père,
Et, semant de nos noms un insensible abus,
Fit un faux Martian du jeune Héraclius.
PHOCAS. Maurice te dément, lâche! tu n'as qu'à lire :
« Sous le nom de Léonce Héraclius respire. »
Tu fais après cela des contes superflus.
HÉRACLIUS. Si ce billet fut vrai, seigneur, il ne l'est plus.
J'étais Léonce alors, et j'ai cessé de l'être

Quand Maurice immolé n'en a pu rien connaître.
S'il laissa par écrit ce qu'il avait pu voir,
Ce qui suivit sa mort fut hors de son pouvoir.
Vous portâtes soudain la guerre dans la Perse.
Où vous eûtes, trois ans, la fortune diverse,
Cependant Léontine, étant dans le château
Reine de nos destins et de notre berceau,
Pour me rendre le rang qu'occupait votre race,
Prit Martian pour elle, et me mit en sa place.
Ce zèle en ma faveur lui succéda si bien,
Que vous-même au retour vous n'en connûtes rien;
Et ces informes traits qu'à six mois a l'enfance
Ayant mis entre nous fort peu de différence,
Le faible souvenir en trois ans s'en perdit;
Vous prîtes aisément ce qu'elle vous rendit.
Nous vécûmes tous deux sous le nom l'un de l'autre;
Il passa pour son fils, je passai pour le vôtre,
Et je ne jugeais pas ce chemin criminel
Pour remonter sans meurtre au trône paternel.
Mais voyant cette erreur fatale à cette vie
Sans qui déjà la mienne aurait été ravie,
Je me croirais, seigneur, coupable infiniment,
Si je souffrais encore un tel aveuglement.
Je viens reprendre un nom qui seul a fait son crime;
Conservez votre haine, et changez de victime :
Je ne demande rien que ce qui m'est promis;
Perdez Héraclius, et sauvez votre fils.

MARTIAN *à Phocas.* Admire de quel fils le ciel t'a fait le père,
Admire quel effort sa vertu vient de faire,
Tyran, et ne prends pas pour une vérité
Ce qu'invente pour moi sa générosité.
(A Héraclius.)
C'est trop, prince, c'est trop pour ce petit service
Dont honora mon bras ma fortune propice :
Je vous sauvai la vie, et ne la perdis pas;
Et pour moi vous cherchez un assuré trépas!
Ah! si vous m'en devez quelque reconnaissance,
Prince, ne m'ôtez pas l'honneur de ma naissance.
Avoir tant de pitié d'un sort si glorieux,
De crainte d'être ingrat, c'est m'être injurieux.

PHOCAS. En quel trouble me jette une telle dispute!
A quels nouveaux malheurs m'expose-t-elle en butte!
Lequel croire, Exupère? et lequel démentir?
Tombé-je dans l'erreur, ou si j'en vais sortir?
Si ce billet est vrai, le reste est vraisemblable.

EXUPÈRE. Mais qui sait si ce reste est faux ou véritable?

PHOCAS. Léontine deux fois a pu tromper Phocas.

EXUPÈRE. Elle a pu les changer, et ne les changer pas;

ACTE IV.

Et plus que vous, seigneur, dedans l'inquiétude,
Je ne vois que du trouble et de l'incertitude.

HÉRACLIUS. Ce n'est pas d'aujourd'hui que je sais qui je suis ;
Vous voyez quels effets en ont été produits :
Depuis plus de quatre ans vous voyez quelle adresse
J'apporte à rejeter l'hymen de la princesse,
Où sans doute aisément mon cœur eût consenti,
Si Léontine alors ne m'en eût averti.

MARTIAN. Léontine?

HÉRACLIUS. Elle-même.

MARTIAN. Ah! ciel! quelle est sa ruse!
Martian aime Eudoxe, et sa mère l'abuse.
Par l'horreur d'un hymen qu'il croit incestueux,
De ce prince à sa fille elle assure les vœux ;
Et son ambition, adroite à le séduire,
Le plonge en une erreur dont elle attend l'empire.
Ce n'est que d'aujourd'hui que je sais qui je suis ;
Mais de mon ignorance elle espérait ces fruits,
Et me tiendrait encor la vérité cachée,
Si tantôt ce billet ne l'en eût arrachée.

PHOCAS *à Exupère.* La méchante l'abuse aussi bien que Phocas.

EXUPÈRE. Elle a pu l'abuser, ou ne l'abuser pas.

PHOCAS. Tu vois comme la fille a part au stratagème.

EXUPÈRE. Et que la mère a pu l'abuser elle-même.

PHOCAS. Que de pensers divers! que de soucis flottants!

EXUPÈRE. Je vous en tirerai, seigneur, dans peu de temps.

PHOCAS. Dis-moi, tout est-il prêt pour ce juste supplice?

EXUPÈRE. Oui, si nous connaissions le vrai fils de Maurice.

HÉRACLIUS. Pouvez-vous en douter après ce que j'ai dit?

MARTIAN. Donnez-vous à l'erreur encor quelque crédit?

HÉRACLIUS. Ami, rends-moi mon nom ; la faveur n'est pas grande ;
Ce n'est que pour mourir que je te le demande.
Reprends ce triste jour que tu m'as racheté,
Ou rends-moi cet honneur que tu m'as presque ôté.

MARTIAN. Pourquoi, de mon tyran volontaire victime,
Précipiter vos jours pour me noircir d'un crime?
Prince, qui que je sois, j'ai conspiré sa mort,
Et nos noms au dessein donnent un divers sort :
Dedans Héraclius il a gloire solide,
Et dedans Martian il devient parricide.
Puisqu'il faut que je meure illustre ou criminel,
Couvert ou de louange ou d'opprobre éternel,
Ne souillez point ma mort, et ne veuillez pas faire
Du vengeur de l'empire un assassin d'un père.

HÉRACLIUS. Mon nom seul est coupable ; et, sans plus disputer,
Pour te faire innocent tu n'as qu'à le quitter ;
Il conspira lui seul, tu n'en es point complice.
Ce n'est qu'Héraclius qu'on envoie au supplice.
Sois son fils, tu vivras.

MARTIAN. Si je l'avais été,
Seigneur, ce traître en vain m'aurait sollicité:
Et, lorsque contre vous il m'a fait entreprendre,
La nature en secret aurait su m'en défendre.
HÉRACLIUS. Apprends donc qu'en secret mon cœur t'a prévenu.
J'ai voulu conspirer, mais on m'a retenu;
Et dedans mon péril Léontine timide...
MARTIAN. N'a pu voir Martian commettre un parricide.
HÉRACLIUS. Toi, que de Pulchérie elle a fait amoureux,
Juge sous les deux noms ton dessein et tes feux.
Elle a rendu pour toi l'un et l'autre funeste,
Martian parricide, Héraclius inceste,
Et n'eût pas eu pour moi d'horreur d'un grand forfait,
Puisque dans ta personne elle en pressait l'effet.
Mais elle m'empêchait de hasarder ma tête,
Espérant par ton bras me livrer ma conquête.
Ce favorable aveu dont elle t'a séduit
T'exposait aux périls pour m'en donner le fruit;
Et c'était ton succès qu'attendait sa prudence
Pour découvrir au peuple ou cacher ma naissance.
PHOCAS. Hélas! je ne puis voir qui des deux est mon fils;
Et je vois que tous deux ils sont mes ennemis.
En ce piteux état quel conseil dois-je suivre?
J'ai craint un ennemi, mon bonheur me le livre;
Je sais que de mes mains il ne se peut sauver,
Je sais que je le vois, et ne puis le trouver.
La nature tremblante, incertaine, étonnée,
D'un nuage confus couvre sa destinée :
L'assassin sous cette ombre échappe à ma rigueur,
Et, présent à mes yeux, il se cache en mon cœur.
Martian! A ce nom aucun ne veut répondre,
Et l'amour paternel ne sert qu'à me confondre.
Trop d'un Héraclius en mes mains est remis;
Je tiens mon ennemi, mais je n'ai plus de fils.
Que veux-tu donc, nature? et que prétends-tu faire?
Si je n'ai plus de fils, puis-je encore être père?
De quoi parle à mon cœur ton murmure imparfait?
Ne me dis rien du tout, ou parle tout à fait.
Qui que ce soit des deux que mon sang ait fait naître,
Ou laisse-moi le perdre, ou fais-le-moi connaître.
 O toi, qui que tu sois, enfant dénaturé,
Et trop digne du sort que tu t'es procuré,
Mon trône est-il pour toi plus honteux qu'un supplice?
O malheureux Phocas! ô trop heureux Maurice!
Tu recouvres deux fils pour mourir après toi;
Et je n'en puis trouver pour régner après moi!
Qu'aux honneurs de ta mort je dois porter envie,
Puisque mon propre fils les préfère à sa vie!

SCÈNE V.

PHOCAS, HÉRACLIUS, MARTIAN, CRISPE, EXUPÈRE, LÉONTINE, GARDES.

CRISPE *à Phocas.* Seigneur, ma diligence enfin a réussi ;
J'ai trouvé Léontine, et je l'amène ici.
PHOCAS *à Léontine.* Approche, malheureuse !
HÉRACLIUS *à Léontine.* Avouez tout, madame.
J'ai tout dit.
LÉONTINE *à Héraclius.* Quoi, seigneur !
PHOCAS. Tu l'ignores, infâme !
Qui des deux est mon fils ?
LÉONTINE. Qui vous en fait douter ?
HÉRACLIUS *à Léontine.* Le nom d'Héraclius que son fils veut porter.
Il en croit ce billet et votre témoignage :
Mais ne le laissez pas dans l'erreur davantage.
PHOCAS. N'attends pas les tourments, ne me déguise rien.
M'as-tu livré ton fils ? as-tu changé le mien ?
LÉONTINE. Je t'ai livré mon fils, et j'en aime la gloire.
Si je parle du reste, oseras-tu m'en croire ?
Et qui t'assurera que pour Héraclius,
Moi qui t'ai tant trompé, je ne te trompe plus ?
PHOCAS. N'importe, fais-nous voir quelle haute prudence
En des temps si divers leur en fait confidence,
A l'un depuis quatre ans ; à l'autre d'aujourd'hui.
LÉONTINE *en montrant les deux princes.*
Le secret n'en est su ni de lui, ni de lui ;
Tu n'en sauras non plus les véritables causes :
Devine si tu peux, et choisis si tu l'oses.
L'un des deux est ton fils ; l'autre, ton empereur.
Tremble dans ton amour, tremble dans ta fureur.
Je te veux toujours voir, quoi que ta rage fasse
Craindre ton ennemi dedans ta propre race,
Toujours aimer ton fils dedans ton ennemi,
Sans être ni tyran ni père qu'à demi.
Tandis qu'autour des deux tu perdras ton étude
Mon âme jouira de ton inquiétude,
Je rirai de ta peine, ou, si tu m'en punis,
Tu perdras avec moi le secret de ton fils.
PHOCAS. Et si je les punis tous deux sans les connaître,
L'un comme Héraclius, l'autre pour vouloir l'être ?
LÉONTINE. Je m'en consolerai quand je verrai Phocas
Croire affermir son sceptre en se coupant le bras,
Et de la même main son ordre tyrannique
Venger Héraclius dessus son fils unique.
PHOCAS. Quelle reconnaissance, ingrate ! tu me rends

>   Des bienfaits répandus sur toi, sur tes parents,
>   De t'avoir confié ce fils que tu me caches,
>   D'avoir mis en tes mains ce cœur que tu m'arraches,
>   D'avoir mis à tes pieds ma cour qui t'adorait!
>   Rends-moi mon fils, ingrate.

LÉONTINE. Il m'en désavouerait;
>   Et ce fils, quel qu'il soit, que tu ne peux connaître
>   A le cœur assez bon pour ne vouloir pas l'être.
>   Admire sa vertu qui trouble ton repos.
>   C'est du fils d'un tyran que j'ai fait ce héros;
>   Tant qu'il a reçu d'heureuse nourriture
>   Dompte ce mauvais sang qu'il eut de la nature!
>   C'est assez dignement répondre à tes bienfaits
>   Que d'avoir dégagé ton fils de tes forfaits.
>   Séduit par ton exemple et par sa complaisance,
>   Il t'aurait ressemblé s'il eût su sa naissance,
>   Il serait lâche, impie, inhumain comme toi!
>   Et tu me dois ainsi plus que je ne te doi.

EXUPÈRE. L'impudence et l'orgueil suivent les impostures.
>   Ne vous exposez plus à ce torrent d'injures,
>   Qui, ne faisant qu'aigrir votre ressentiment,
>   Vous donne peu de jour pour ce discernement.
>   Laissez-la-moi, seigneur, quelques moments en garde :
>   Puisque j'ai commencé, le reste me regarde :
>   Malgré l'obscurité de son illusion,
>   J'espère démêler cette confusion.
>   Vous savez à quel point l'affaire m'intéresse.

PHOCAS. Achève, si tu peux, par force ou par adresse,
>   Exupère; et sois sûr que je te devrai tout,
>   Si l'ardeur de ton zèle en peut venir à bout!
>   Je saurai cependant prendre à part l'un et l'autre;
>   Et peut-être qu'enfin nous trouverons le nôtre.
>   Agis de ton côté; je la laisse avec toi :
>   Gêne, flatte, surprends. Vous autres, suivez-moi.

SCÈNE VI.

EXUPÈRE, LÉONTINE.

EXUPÈRE. On ne peut nous entendre. Il est juste, madame,
>   Que je vous ouvre enfin jusqu'au fond de mon âme :
>   C'est passer trop longtemps pour traître auprès de vous,
>   Vous haïssez Phocas, nous le haïssons tous...

LÉONTINE. Oui, c'est bien lui montrer ta haine et ta colère,
>   Que lui vendre ton prince et le sang de ton père!

EXUPÈRE. L'apparence vous trompe; et je suis en effet...

LÉONTINE. L'homme le plus méchant que la nature ait fait.

EXUPÈRE. Ce qui passe à vos yeux pour une perfidie...

LÉONTINE. Cache une intention fort noble et fort hardie!

ACTE IV.

EXUPÈRE. Pouvez-vous en juger, puisque vous l'ignorez?
Considérez l'état de tous nos conjurés :
Il n'est aucun de nous à qui sa violence
N'ait donné trop de lieu d'une juste vengeance;
Et nous en croyant tous dans notre âme indignés,
Le tyran du palais nous a tous éloignés.
Il y fallait rentrer par quelque grand service.
LÉONTINE. Et tu crois m'éblouir avec cet artifice?
EXUPÈRE. Madame, apprenez tout. Je n'ai rien hasardé.
Vous savez de quel nombre il est toujours gardé;
Pouvions-nous le surprendre, ou forcer les cohortes
Qui de jour et de nuit tiennent toutes ses portes?
Pouvions-nous mieux sans bruit nous approcher de lui?
Vous voyez la posture où j'y suis aujourd'hui :
Il me parle, il m'écoute, il me croit; et lui-même
Se livre entre mes mains, aide à mon stratagème.
C'est par mes seuls conseils qu'il veut publiquement
Du prince Héraclius faire le châtiment,
Que sa milice éparse à chaque coin des rues
A laissé du palais les portes presque nues :
Je puis en un moment m'y rendre le plus fort;
Mes amis sont tous prêts : c'en est fait, il est mort;
Et j'userai si bien de l'accès qu'il me donne,
Qu'aux pieds d'Héraclius je mettrai sa couronne.
Mais, après mes desseins pleinement découverts,
De grâce, faites-moi connaître qui je sers;
Et ne le cachez plus à ce cœur qui n'aspire
Qu'à le rendre aujourd'hui maître de tout l'empire.
LÉONTINE. Esprit lâche et grossier, quelle brutalité
Te fait juger en moi tant de crédulité?
Va, d'un piége si lourd l'appât est inutile,
Traître, et si tu n'as pas de ruse plus subtile...
EXUPÈRE. Je vous dis vrai, madame; et vous dirai de plus...
LÉONTINE. Ne me fais point ici de contes superflus :
L'effet à tes discours ôte toute croyance.
EXUPÈRE. Hé bien! demeurez donc dans votre défiance.
Je ne demande plus et ne vous dis plus rien;
Gardez votre secret, je garderai le mien.
Puisque je passe encor pour homme à vous séduire,
Venez dans la prison où je vais vous conduire;
Si vous ne me croyez, craignez ce que je puis.
Avant la fin du jour vous saurez qui je suis.

ACTE CINQUIÈME.

SCÈNE I.

HÉRACLIUS.

Quelle confusion étrange
De deux princes fait un mélange
Qui met en discord deux amis !
Un père ne sait où se prendre ;
Et plus tous deux s'osent défendre
Du titre infâme de son fils,
Plus eux-mêmes cessent d'entendre
Les secrets qu'on leur a commis.

Léontine avec tant de ruse
Ou me favorise ou m'abuse,
Qu'elle brouille tout notre sort ;
Ce que j'en eus de connaissance
Brave une orgueilleuse puissance
Qui n'en croit pas mon vain effort ;
Et je doute de ma naissance
Quand on me refuse la mort.

Ce fier tyran qui me caresse
Montre pour moi tant de tendresse,
Que mon cœur s'en laisse alarmer :
Lorsqu'il me prie et me conjure,
Son amitié paraît si pure,
Que je ne saurais présumer
Si c'est par instinct de nature,
Ou par coutume de m'aimer.

Dans cette croyance incertaine,
J'ai pour lui des transports de haine
Que je ne conserve pas bien.
Cette grâce qu'il veut me faire
Etonne et trouble ma colère ;
Et je n'ose résoudre rien
Quand je trouve un amour de père
En celui qui m'ôta le mien.

Retiens, grande ombre de Maurice,
Mon âme au bord du précipice
Que cette obscurité lui fait ;
Et m'aide à faire mieux connaître
Qu'en ton fils Dieu n'a pas fait naître
Un prince à ce point imparfait,

ACTE V.

Ou que je méritais de l'être
Si je ne le suis en effet.

Soutiens ma haine qui chancelle;
Et redoublant pour ta querelle
Cette noble ardeur de mourir,
Fais voir... Mais il m'exauce, on vient me secourir.

SCÈNE II.

HÉRACLIUS, PULCHÉRIE.

HÉRACLIUS. O ciel! quel bon démon devers moi vous envoie,
Madame?
PULCHÉRIE.   Le tyran, qui veut que je vous voie,
Et met tout en usage afin de s'éclaircir.
HÉRACLIUS. Par vous-même en ce trouble il pense réussir!
PULCHÉRIE. Il le pense, seigneur; et ce brutal espère
Mieux qu'il ne trouve un fils que je découvre un frère:
Comme si j'étais fille à ne lui rien celer
De tout ce que le sang pourrait me révéler.
HÉRACLIUS. Puisse-t-il par un trait de lumière fidèle
Vous le mieux révéler qu'il ne me le révèle!
Aidez-moi cependant, madame, à repousser
Les indignes frayeurs dont je me sens presser...
PULCHÉRIE. Ah! prince, il ne faut point d'assurance plus claire;
Si vous craignez la mort, vous n'êtes point mon frère:
Ces indignes frayeurs vous ont trop découvert.
HÉRACLIUS. Moi, la craindre, madame! Ah! je m'y suis offert.
Qu'il me traite en tyran, qu'il m'envoie au supplice,
Je suis Héraclius, je suis fils de Maurice:
Sous ces noms précieux je cours m'ensevelir,
Et m'étonne si peu que je l'en fais pâlir.
Mais il me traite en père, il me flatte, il m'embrasse;
Je n'en puis arracher une seule menace:
J'ai beau faire et beau dire afin de l'irriter,
Il m'écoute si peu qu'il me force à douter.
Malgré moi, comme fils toujours il me regarde;
Au lieu d'être en prison, je n'ai pas même un garde.
Je ne sais qui je suis, et crains de le savoir;
Je veux ce que je dois, et cherche mon devoir:
Je crains de le haïr si j'en tiens la naissance;
Je le plains de m'aimer si je m'en dois vengeance;
Et mon cœur, indigné d'une telle amitié,
En frémit de colère et tremble de pitié :
De tous ses mouvements mon esprit se défie;
Il condamne aussitôt tout ce qu'il justifie.
La colère, l'amour, la haine et le respect,
Ne me présentent rien qui ne me soit suspect:
Je crains tout, je fuis tout; et, dans cette aventure,

Des deux côtés en vain j'écoute la nature.
Secourez donc un frère en ces perplexités.
PULCHÉRIE. Ah! vous ne l'êtes point, puisque vous en doutez.
Celui qui, comme vous, prétend à cette gloire,
D'un courage plus ferme en croit ce qu'il doit croire;
Comme vous on le flatte, il y sait résister;
Rien ne le touche assez pour le faire douter :
Et le sang, par un double et secret artifice,
Parle en vous pour Phocas, comme en lui pour Maurice.
HÉRACLIUS. A ces marques en lui connaissez Martian;
Il a le cœur plus dur étant fils d'un tyran.
La générosité suit la belle naissance;
La pitié l'accompagne et la reconnaissance.
Dans cette grandeur d'âme un vrai prince affermi
Est sensible aux malheurs même d'un ennemi;
La haine qu'il lui doit ne saurait le défendre,
Quand il s'en voit aimé, de s'en laisser surprendre,
Et trouve assez souvent son devoir arrêté
Par l'effort naturel de sa propre bonté.
Cette digne vertu de l'âme la mieux née,
Madame, ne doit pas souiller ma destinée.
Je doute; et si ce doute a quelque crime en soi,
C'est assez m'en punir que douter comme moi;
Et mon cœur, qui sans cesse en sa faveur se flatte,
Cherche qui le soutienne, et non pas qui l'abatte :
Il demande secours pour mes sens étonnés,
Et non le coup mortel dont vous m'assassinez.
PULCHÉRIE. L'œil le plus éclairé sur de telles matières
Peut prendre de faux jours pour de vives lumières;
Et comme notre sexe ose assez promptement
Suivre l'impression d'un premier mouvement,
Peut-être qu'en faveur de ma première idée
Ma haine pour Phocas m'a trop persuadée.
Son amour est pour vous un poison dangereux;
Et quoique la pitié montre un cœur généreux,
Celle qu'on a pour lui de ce rang dégénère.
Vous le devez haïr, et fût-il votre père :
Si ce titre est douteux, son crime ne l'est pas.
Qu'il vous offre sa grâce, ou vous livre au trépas,
Il n'est pas moins tyran quand il vous favorise,
Puisque c'est ce cœur même alors qu'il tyrannise,
Et que votre devoir, par là mieux combattu,
Prince, met en péril jusqu'à votre vertu.
Doutez, mais haïssez; et, quoi qu'il exécute,
Je douterai d'un nom qu'un autre vous dispute.
En douter lorsqu'en moi vous cherchez quelque appui,
Si c'est trop peu pour vous, c'est assez contre lui.
L'un de vous est mon frère, et l'autre y peut prétendre.

Entre tant de vertus mon choix se peut méprendre;
Mais je ne puis faillir, dans votre sort douteux,
A chérir l'un et l'autre, et vous plaindre tous deux.
J'espère encor pourtant : on murmure, on menace;
Un tumulte, dit-on, s'élève dans la place;
Exupère est allé fondre sur ces mutins;
Et peut-être de là dépendent nos destins.
Mais Phocas entre.

SCÈNE III.

PHOCAS, HÉRACLIUS, MARTIAN, PULCHÉRIE, GARDES.

PHOCAS. Hé bien ! se rendra-t-il, madame?
PULCHÉRIE. Quelque effort que je fasse à lire dans son âme,
Je n'en vois que l'effet que je m'étais promis :
Je trouve trop d'un frère, et vous trop peu d'un fils.
PHOCAS. Ainsi le ciel vous veut enrichir de ma perte.
PULCHÉRIE. Il tient en ma faveur leur naissance couverte :
Ce frère qu'il me rend serait déjà perdu,
Si dedans votre sang il ne l'eût confondu.
PHOCAS *à Pulchérie.* Cette confusion peut perdre l'un et l'autre.
En faveur de mon sang, je ferai grâce au vôtre :
Mais je veux le connaître; et ce n'est qu'à ce prix
Qu'en lui donnant la vie il me rendra mon fils.
   (*A Héraclius.*)
Pour la dernière fois, ingrat, je t'en conjure,
Car enfin c'est vers toi que penche la nature;
Et je n'ai point pour lui ces doux empressements
Qui d'un cœur paternel font les vrais mouvements.
Ce cœur s'attache à toi par d'invincibles charmes.
En crois-tu mes soupirs? en croiras-tu mes larmes?
Songe avec quel amour mes soins t'ont élevé,
Avec quelle valeur son bras t'a conservé;
Tu nous dois à tous deux.
HÉRACLIUS. Et, pour reconnaissance,
Je vous rends votre fils, je lui rends sa naissance.
PHOCAS. Tu me l'ôtes, cruel, et le laisses mourir.
HÉRACLIUS. Je meurs pour vous le rendre et pour le secourir.
PHOCAS. C'est me l'ôter assez que ne vouloir plus l'être.
HÉRACLIUS. C'est vous le rendre assez que le faire connaître.
PHOCAS. C'est me l'ôter assez que me le supposer.
HÉRACLIUS. C'est vous le rendre assez que vous désabuser.
PHOCAS. Laisse-moi mon erreur, puisqu'elle m'est si chère.
Je t'adopte pour fils, accepte-moi pour père :
Fais vivre Héraclius sous l'un ou l'autre sort;
Pour moi, pour toi, pour lui, fais-toi ce peu d'effort.
HÉRACLIUS. Ah! c'en est trop enfin, et ma gloire blessée
Dépouille un vieux respect où je l'avais forcée.

De quelle ignominie osez-vous me flatter?
Toutes les fois, tyran, qu'on se laisse adopter
On veut une maison illustre autant qu'amie;
On cherche de la gloire et non de l'infamie;
Et ce serait un monstre horrible à vos Etats
Que le fils de Maurice adopté par Phocas.

PHOCAS. Va, cesse d'espérer la mort que tu mérites;
Ce n'est que contre lui, lâche, que tu m'irrites :
Tu te veux rendre en vain indigne de ce rang;
Je m'en prends à la cause, et j'épargne mon sang.
Puisque ton amitié de ma foi se défie
Jusqu'à prendre son nom pour lui sauver la vie,
Soldats, sans plus tarder, qu'on l'immole à ses yeux;
Et sois, après sa mort, mon fils si tu le veux.

HÉRACLIUS. Perfides, arrêtez.
MARTIAN. Ah! que voulez-vous faire,
Prince?
HÉRACLIUS. Sauver le fils de la fureur du père.
MARTIAN. Conservez-lui ce fils qu'il ne cherche qu'en vous;
Ne troublez point un sort qui lui semble si doux.
C'est avec assez d'heur qu'Héraclius expire,
Puisque c'est en vos mains que tombe son empire.
Le ciel daigne bénir votre sceptre et vos jours!

PHOCAS. C'est trop perdre de temps à souffrir ces discours.
Dépêche, Octavian.
HÉRACLIUS *à Octavian.* N'attente rien, barbare.
Je suis...
PHOCAS. Avoue enfin.
HÉRACLIUS. Je tremble, je m'égare;
Et mon cœur...
PHOCAS *à Héraclius.* Tu pourras à loisir y penser.
(A Octavian.)
Frappe.
HÉRACLIUS. Arrête, je suis... Puis-je le prononcer!
PHOCAS. Achève, ou...
HÉRACLIUS. Je suis donc, s'il faut que je le die,
Ce qu'il faut que je sois pour lui sauver la vie.
Oui, je lui dois assez, seigneur, quoi qu'il en soit,
Pour vous payer pour lui de l'amour qu'il vous doit;
Et je vous le promets entier, ferme, sincère,
Et tel qu'Héraclius l'aurait pour son vrai père :
J'accepte en sa faveur ses parents pour les miens.
Mais sachez que vos jours me répondront des siens :
Vous me serez garant des hasards de la guerre,
Des ennemis secrets, de l'éclat du tonnerre;
Et, de quelque façon que le courroux des cieux
Me prive d'un ami qui m'est si précieux,
Je vengerai sur vous, et fussiez-vous mon père,

ACTE V.

Ce qu'aura fait sur lui leur injuste colère.
PHOCAS. Ne crains rien : de tous deux je ferai mon appui ;
L'amour qu'il a pour toi m'assure trop de lui :
Mon cœur pâme de joie, et mon âme n'aspire
Qu'à vous associer l'un et l'autre à l'empire.
J'ai retrouvé mon fils ; mais sois-le tout à fait,
Et donne-m'en pour marque un véritable effet ;
Ne laisse plus de place à la supercherie ;
Pour achever ma joie, épouse Pulchérie.
HÉRACLIUS. Seigneur, elle est ma sœur.
PHOCAS.   Tu n'es donc point mon fils,
Puisque si lâchement déjà tu t'en dédis.
PULCHÉRIE. Qui te donne, tyran, une attente si vaine?
Quoi! son consentement étoufferait ma haine!
Pour l'avoir étonné tu m'aurais fait changer!
J'aurais pour cette honte un cœur assez léger!
Je pourrais épouser ou ton fils ou mon frère!

SCÈNE IV.
PHOCAS, HÉRACLIUS, PULCHÉRIE, MARTIAN, CRISPE, GARDES.

CRISPE. Seigneur, vous devez tout au grand cœur d'Exupère ;
Il est l'unique auteur de nos meilleurs destins :
Lui seul et ses amis ont dompté vos mutins ;
Il a fait prisonniers leurs chefs, qu'il vous amène.
PHOCAS. Dis-lui qu'il me les garde en la salle prochaine :
Je vais de leurs complots m'éclaircir avec eux.

SCÈNE V.
PHOCAS, HÉRACLIUS, PULCHÉRIE, MARTIAN, GARDES.

PHOCAS *à Héraclius.* Toi cependant, ingrat, sois mon fils si tu veux :
En l'état où je suis je n'ai plus lieu de feindre ;
Les mutins sont domptés, et je cesse de craindre.
Je vous laisse tous trois. (*A Pulchérie.*) Use bien du moment
Que je prends pour en faire un juste châtiment ;
Et si tu n'aimes mieux que l'un et l'autre meure,
Trouve ou choisis mon fils, et l'épouse sur l'heure :
Autrement, si leur sort demeure encor douteux,
Je jure à mon retour qu'ils périront tous deux.
Je ne veux point d'un fils dont l'implacable haine
Prend ce nom pour affront, et mon amour pour gêne.
Toi...
PULCHÉRIE. Ne menace point, je suis prête à mourir.
PHOCAS. A mourir! Jusque-là je pourrais te chérir!
N'espère pas de moi cette faveur suprême ;
Et pense...
PULCHÉRIE.   A quoi, tyran?
PHOCAS.   A m'épouser moi-même,

Au milieu de leur sang à tes pieds répandu.
PULCHÉRIE. Quel supplice!
PHOCAS. Il est grand pour toi, mais il t'est dû ;
Tes mépris de la mort bravaient trop ma colère.
Il est en toi de perdre ou de sauver ton frère ;
Et du moins, quelque erreur qui puisse me troubler,
J'ai trouvé les moyens de te faire trembler.

SCÈNE VI.
HÉRACLIUS, MARTIAN, PULCHÉRIE.

PULCHÉRIE. Le lâche! il vous flattait lorsqu'il tremblait dans l'âme.
Mais tel est d'un tyran le naturel infâme :
Sa douceur n'a jamais qu'un mouvement contraint :
S'il ne craint, il opprime ; et, s'il n'opprime, il craint :
L'une et l'autre fortune en montre la faiblesse.
L'une n'est qu'insolence, et l'autre que bassesse :
A peine est-il sorti de ses lâches terreurs,
Qu'il a trouvé pour moi le comble des horreurs.
Mes frères, puisqu'enfin vous voulez tous deux l'être,
Si vous m'aimez en sœur, faites-le-moi paraître.
HÉRACLIUS. Que pouvons-nous tous deux lorsqu'on tranche nos jours?
PULCHÉRIE. Un généreux conseil est un puissant secours.
MARTIAN. Il n'est point de conseil qui vous soit salutaire
Que d'épouser le fils pour éviter le père.
L'horreur d'un mal plus grand vous y doit disposer.
PULCHÉRIE. Qui me le montrera, si je veux l'épouser?
Et dans cet hyménée à ma gloire funeste,
Qui me garantira des périls de l'inceste?
MARTIAN. Je le vois trop à craindre et pour vous et pour nous.
Mais, madame, on peut prendre un vain titre d'époux,
Abuser du tyran la rage forcenée,
Et vivre en frère et sœur sous un feint hyménée.
PULCHÉRIE. Feindre, et nous abaisser à cette lâcheté!
HÉRACLIUS. Pour tromper un tyran, c'est générosité ;
Et c'est mettre, en faveur d'un frère qu'il vous donne,
Deux ennemis secrets auprès de sa personne,
Qui, dans leur juste haine animés et constants,
Sur l'ennemi commun sauront prendre leur temps,
Et terminer bientôt la feinte avec sa vie.
PULCHÉRIE. Pour conserver vos jours et fuir mon infamie,
Feignons; vous le voulez, et j'y résiste en vain.
Sus donc, qui de vous deux me prêtera la main?
Qui veut feindre avec moi? qui sera mon complice?
HÉRACLIUS. Vous, prince, à qui le ciel inspire l'artifice.
MARTIAN. Vous, que veut le tyran pour fils obstinément.
HÉRACLIUS. Vous, qui depuis quatre ans la servez en amant.
MARTIAN. Vous saurez mieux que moi surprendre sa tendresse.

HÉRACLIUS. Vous saurez mieux que moi la traiter de maîtresse.
MARTIAN. Vous aviez commencé tantôt d'y consentir.
PULCHÉRIE. Ah! princes, votre cœur ne peut se démentir;
Et vous l'avez tous deux trop grand, trop magnanime,
Pour souffrir sans horreur l'ombre même d'un crime.
Je vous connaissais trop pour juger autrement
Et de votre conseil et de l'événement;
Et je n'y déférais que pour vous voir dédire :
Toute fourbe est honteuse aux cœurs nés pour l'empire.
Princes, attendons tout sans consentir à rien.
HÉRACLIUS. Admirez cependant quel malheur est le mien :
L'obscure vérité, que de mon sang je signe,
Du grand nom qui me perd ne me peut rendre digne;
On n'en croit pas ma mort; et je perds mon trépas,
Puisque mourant pour lui je ne le sauve pas.
MARTIAN. Voyez, d'autre côté, quelle est ma destinée,
Madame : dans le cours d'une seule journée,
Je suis Héraclius, Léonce, et Martian;
Je sors d'un empereur, d'un tribun, d'un tyran.
De tous trois ce désordre en un jour me fait naître,
Pour me faire mourir enfin sans me connaître.
PULCHÉRIE. Cédez, cédez tous deux aux rigueurs de mon sort.
Il a fait contre vous un violent effort :
Votre malheur est grand; mais, quoi qu'il en succède,
La mort qu'on me refuse en sera le remède :
Et moi... Mais, que nous veut ce perfide?

SCÈNE VII.

HÉRACLIUS, MARTIAN, PULCHÉRIE, AMINTAS.

AMINTAS. Mon bras
Vient de laver ce nom dans le sang de Phocas.
HÉRACLIUS. Que nous dis-tu?
AMINTAS. Qu'à tort vous nous prenez pour traîtres;
Qu'il n'est plus de tyran; que vous êtes les maîtres.
HÉRACLIUS. De quoi?
AMINTAS. De tout l'empire.
MARTIAN. Et par toi?
AMINTAS. Non, seigneur;
Un autre en a la gloire, et j'ai part à l'honneur.
HÉRACLIUS. Et quelle heureuse main finit notre misère?
AMINTAS. Princes, l'auriez-vous cru? c'est la main d'Exupère.
MARTIAN. Lui qui me trahissait?
AMINTAS. C'est de quoi s'étonner :
Il ne vous trahissait que pour vous couronner.
HÉRACLIUS. N'a-t-il pas des mutins dissipé la furie?
AMINTAS. Son ordre excitait seul cette mutinerie.
MARTIAN. Il en a pris les chefs toutefois.
AMINTAS. Admirez

Que ces prisonniers même avec lui conjurés
Sous cette illusion couraient à leur vengeance.
Tous contre ce barbare étant d'intelligence,
Suivis d'un gros d'amis nous passons librement,
Au travers du palais, à son appartement.
La garde y restait faible et sans aucun ombrage :
Crispe même à Phocas porte notre message.
Il vient : à ses genoux on met les prisonniers,
Qui tirent pour signal leurs poignards les premiers.
Le reste, impatient dans sa noble colère,
Enferme sa victime, et soudain Exupère :
« Qu'on arrête, dit-il; le premier coup m'est dû :
» C'est lui qui me rendra l'honneur presque perdu. »
Il frappe, et le tyran tombe aussitôt sans vie;
Tant de nos mains la sienne est promptement suivie.
Il s'élève un grand bruit, et mille cris confus
Ne laissent discerner que *Vive Héraclius!*
Nous saisissons la porte, et les gardes se rendent.
Mêmes cris aussitôt de tous côtés s'entendent;
Et de tant de soldats qui lui servaient d'appui,
Phocas après sa mort n'en a pas un pour lui.
PULCHÉRIE. Quel chemin Exupère a pris pour sa ruine!
AMINTAS. Le voici qui s'avance avecque Léontine.

SCÈNE VIII.

HÉRACLIUS, MARTIAN, PULCHÉRIE, LÉONTINE, EUDOXE, EXUPÈRE,
AMINTAS, GARDES.

HÉRACLIUS *à Léontine.* Est-il donc vrai, madame? et changeons-nous de
Amintas nous fait-il un fidèle rapport ?   [sort?
LÉONTINE. Seigneur, un tel succès à peine est concevable;
Et d'un si grand dessein la conduite admirable...
HÉRACLIUS *à Exupère.* Perfide généreux, hâte-toi d'embrasser
Deux princes impuissants à te récompenser.
EXUPÈRE *à Héraclius.* Seigneur, il me faut grâce ou de l'un ou de l'autr
J'ai répandu son sang, si j'ai vengé le vôtre.
MARTIAN. Qui que ce soit des deux, il doit se consoler
De la mort d'un tyran qui voulait l'immoler;
Je ne sais quoi pourtant dans mon cœur en murmure.
HÉRACLIUS. Peut-être en vous par là s'explique la nature :
Mais, prince, votre sort n'en sera pas moins doux;
Si l'empire est à moi, Pulchérie est à vous:
Puisque le père est mort, le fils est digne d'elle.
(*A Léontine.*)
Terminez donc, madame, enfin notre querelle.
LÉONTINE. Mon témoignage seul peut-il en décider?
MARTIAN. Quelle autre sûreté pourrions-nous demander?
LÉONTINE. Je vous puis être encor suspecte d'artifice.

ACTE V.

Non, ne m'en croyez pas, croyez l'impératrice.
　　(*A Pulchérie lui donnant un billet.*)
Vous connaissez sa main, madame ; et c'est à vous
Que je remets le sort d'un frère et d'un époux.
Voyez ce qu'en mourant me laissa votre mère.

PULCHÉRIE. J'en baise en soupirant le sacré caractère.
LÉONTINE. Apprenez d'elle enfin quel sang vous a produits,
　Princes.
HÉRACLIUS *à Eudoxe.* Qui que je sois, c'est à vous que je suis.
PULCHÉRIE *lit le billet.*

　« Parmi tant de malheurs, mon bonheur est étrange :
　» Après avoir donné son fils au lieu du mien,
　» Léontine à mes yeux, par un second échange,
　» Donne encore à Phocas mon fils au lieu du sien.
　　» Vous qui pourrez douter d'un si rare service,
　» Sachez qu'elle a deux fois trompé notre tyran :
　» Celui qu'on croit Léonce est le vrai Martian,
　» Et le faux Martian est vrai fils de Maurice.
　　　　　　　　　　　　» CONSTANTINE. »

PULCHÉRIE *à Héraclius.* Ah ! vous êtes mon frère.
HÉRACLIUS *à Pulchérie.*　　　　　　　Et c'est heureusement
Que le trouble éclairci vous rend à votre amant.
LÉONTINE *à Héraclius.* Vous en saviez assez pour éviter l'inceste,
Et non pas pour vous rendre un tel secret funeste.
　(*A Martian.*)
Mais, pardonnez, seigneur, à mon zèle parfait
Ce que j'ai voulu faire, et ce qu'un autre a fait.
MARTIAN. Je ne m'oppose point à la commune joie :
Mais souffrez des soupirs que la nature envoie.
Quoique jamais Phocas n'ait mérité d'amour,
Un fils ne peut moins rendre à qui l'a mis au jour :
Ce n'est pas tout d'un coup qu'à ce titre on renonce.
HÉRACLIUS. Donc pour mieux l'oublier, soyez encor Léonce ;
Sous ce nom glorieux aimez ses ennemis,
Et meure du tyran jusqu'au nom de son fils.
　(*A Eudoxe.*)
Vous, madame, acceptez et ma main et l'empire
En échange d'un cœur pour qui le mien soupire.
EUDOXE *à Héraclius.* Seigneur, vous agissez en prince généreux.
HÉRACLIUS *à Exupère et à Amintas.*
Et vous, dont la vertu me rend ce trouble heureux,
Attendant les effets de ma reconnaissance,
Reconnaissons, amis, la céleste puissance :
Allons lui rendre hommage, et, d'un esprit content,
Montrer Héraclius au peuple qui l'attend.

EXAMEN D'HÉRACLIUS.

Cette tragédie a encore plus d'effort d'invention que celle de Rodogune, et je puis dire que c'est un heureux original dont il s'est fait beaucoup de belles copies sitôt qu'il a paru. Sa conduite diffère de celle-là, en ce que les narrations qui lui donnent jour sont pratiquées par occasion en divers lieux avec adresse, et toujours dites et écoutées avec intérêt, sans qu'il y en ait pas une de sang-froid, comme celle de Laonice. Elles sont éparses ici dans tout le poëme, et ne font connaître à la fois que ce qu'il est besoin qu'on sache pour l'intelligence de la scène qui suit. Ainsi, dès la première, Phocas, alarmé du bruit qui court qu'Héraclius est vivant, récite les particularités de sa mort, pour montrer la fausseté de ce bruit ; et Crispe, son gendre, en lui proposant un remède aux troubles qu'il appréhende, fait connaître comme, en perdant toute la famille de Maurice, il a réservé Pulchérie pour la faire épouser à son fils Martian, et le pousse d'autant plus à presser ce mariage, que ce prince court chaque jour de grands périls à la guerre, et que, sans Léonce, il fût demeuré sans vie au dernier combat. C'est par là qu'il instruit les auditeurs de l'obligation qu'a le vrai Héraclius, qui passe pour Martian, au vrai Martian qui passe pour Léonce ; et cela sert de fondement à l'offre volontaire qu'il fait de sa vie, au quatrième acte, pour le sauver du péril où l'expose cette erreur des noms. Sur cette proposition, Phocas, se plaignant de l'aversion que les deux parties témoignent à ce mariage, impute celle de Pulchérie à l'instruction qu'elle a reçue de sa mère, et apprend ainsi aux spectateurs, comme en passant, qu'il l'a laissée trop vivre après la mort de l'empereur Maurice son mari. Il fallait tout cela pour faire entendre la scène qui suit entre Pulchérie et lui, mais je n'ai pu avoir assez d'adresse pour faire entendre les équivoques ingénieuses dont est rempli tout ce que dit Héraclius à la fin de ce premier acte ; et on ne les peut comprendre que par une réflexion après que la pièce est finie et qu'il est entièrement reconnu, ou dans une seconde représentation.

Surtout la manière dont Eudoxe fait connaître au second acte le double échange que sa mère a fait des deux princes est une des choses les plus spirituelles qui soient sorties de ma plume. Léontine l'accuse d'avoir révélé le secret d'Héraclius, et d'être cause du bruit qui court, qui le met en péril de sa vie : pour s'en justifier, elle explique tout ce qu'elle en sait, et conclut que, puisqu'on n'en publie pas tant, il faut que ce bruit ait pour auteur quelqu'un qui n'en sache pas tant qu'elle. Il est vrai que cette narration est si courte, qu'elle laisserait beaucoup d'obscurité si Héraclius ne l'expliquait plus au long au quatrième acte, quand il est besoin que cette vérité fasse son plein effet : mais elle n'en pouvait pas dire davantage à une personne qui savait cette histoire mieux qu'elle; et ce peu qu'elle en dit suffit à jeter une lumière imparfaite de ces échanges, qu'il n'est pas besoin alors d'éclaircir plus entièrement.

L'artifice de la dernière scène de ce quatrième acte passe encore celui-ci. Exupère y fait connaître tout son dessein à Léontine, mais d'une façon qui n'empêche point cette femme avisée de le soupçonner de fourberie, et de n'avoir autre dessein que de tirer d'elle le secret d'Héraclius pour le perdre. L'auditeur lui-même en demeure dans la défiance, et ne sait qu'en juger. Mais, après que la conspiration a eu son effet par la mort de Phocas, cette confidence anticipée exempte Exupère de se purger de tous les justes soupçons qu'on avait eus de lui, et délivre l'auditeur d'un récit qui lui aurait été fort ennuyeux après le dénoûment de la pièce, où toute la patience que peut avoir sa curiosité se borne à savoir qui est le vrai Héraclius des deux qui prétendent l'être.

Le stratagème d'Exupère avec toute son industrie à quelque chose d'un peu délicat, et d'une nature à ne se faire qu'au théâtre, où l'auteur est maître des événements qu'il tient dans sa main, et non pas dans la vie civile, où les hommes en disposent selon leurs intérêts et leur pouvoir. Quand il découvre Héraclius à Phocas, et le fait arrêter prisonnier, son intention est fort bonne, et lui réussit; mais il n'y avait que moi qui lui pusse répondre du succès. Il acquiert la confiance du tyran par là, et se fait remettre entre les mains la garde d'Héraclius, et sa conduite au supplice : mais le contraire pouvait arriver; et Phocas, au lieu de déférer à ses avis qui le résolvent à faire couper la tête à ce prince en place publique, pouvait s'en défaire sur l'heure, et se défier de lui et de ses amis, comme de gens qu'il avait offensés, et dont il ne devait jamais espérer un zèle bien sincère à le servir. La mutinerie qu'il excite, dont il lui amène les chefs comme prisonniers pour le poignarder, est imaginée avec justesse; mais jusque-là toute sa conduite est de ces choses qu'il faut souffrir au théâtre, parce qu'elles ont un éclat dont la surprise éblouit, et qu'il ne ferait pas bon tirer en exemple pour conduire une action véritable sur leur plan.

Je ne sais si on voudra me pardonner d'avoir fait une pièce d'invention sous des noms véritables; mais je ne crois pas qu'Aristote le défende, et j'en trouve assez d'exemples chez les anciens. Les deux Electre de Sophocle et d'Euripide aboutissent à la même action par des moyens si divers, qu'il faut de nécessité que l'une des deux soit entièrement inventée. L'Iphigénie *in Tauris* a la mine d'être de même nature; et l'Hélène, où Euripide suppose qu'elle n'a jamais été à Troie, et que Pâris n'y a enlevé qu'un fantôme qui lui ressemblait, ne peut avoir aucune action épisodique ni principale qui ne parte de la seule imagination de son auteur.

Je n'ai conservé ici pour toute vérité historique que l'ordre de la succession des empereurs Tibère, Maurice, Phocas et Héraclius. J'ai falsifié la naissance de ce dernier, pour lui en donner une plus illustre, en le faisant fils de Maurice, bien qu'il ne le fût que d'un préteur d'Afrique, qui portait même nom que lui. J'ai prolongé de douze ans la durée de l'empire de Phocas, et lui ai donné Martian pour fils, quoique l'histoire ne parle que d'une fille nommée Domitia, qu'il maria à Crispe, dont je fais un de mes personnages. Ce fils et Héraclius, qui sont confondus l'un avec l'autre par les échanges de Léontine, n'auraient pas été en état d'agir si je ne l'eusse fait régner que les huit ans qu'il régna, puisque, pour faire ces échanges, il fallait qu'ils fussent tous deux au berceau quand il commença de régner. C'est par cette même raison que j'ai prolongé la vie de l'impératrice Constantine, que je n'ai fait mourir qu'en la quinzième année de sa tyrannie, bien qu'il l'eût immolée à sa sûreté dès la cinquième; et je l'ai fait afin qu'elle pût avoir une fille capable de recevoir ses instructions en mourant, et d'un âge proportionné à celui du prince qu'on lui voulait faire épouser.

La supposition que fait Léontine d'un de ses fils pour mourir au lieu d'Héraclius n'est point vraisemblable, mais elle est historique, et n'a point besoin de vraisemblance, puisqu'elle a l'appui de la vérité qui la rend croyable, quelque répugnance qu'y veuillent apporter les difficiles. Baronius attribue cette action à une nourrice; et je l'ai trouvée assez généreuse pour la faire produire à une personne plus illustre, et qui soutînt mieux la dignité du théâtre. L'empereur Maurice reconnut cette supposition et l'empêcha d'avoir son effet, pour ne s'opposer pas au juste jugement de Dieu qui voulait exterminer toute sa famille: mais quant à ce qui est de la mère, elle avait surmonté l'affection maternelle en faveur de son prince; et, comme on pouvait dire que son fils était mort pour son regard, je me suis cru assez autorisé, par ce qu'elle avait voulu faire, à rendre cet échange effectif, et à le faire servir de fondement aux nouveautés surprenantes de ce sujet.

Il lui faut la même indulgence pour l'unité de lieu qu'à Rodogune. La plupart des poëmes qui suivent en ont besoin, et je me dispenserai de le répéter en les examinant. L'unité de jour n'a rien de violenté, et l'action se pourrait passer en cinq ou six heures: mais le poëme est si embarrassé, qu'il demande une merveilleuse attention. J'ai vu de fort bons esprits, et des personnes des plus qualifiées de la cour, se plaindre de ce que sa représentation fatiguait autant l'esprit qu'une étude sérieuse. Elle n'a pas laissé de plaire; mais je crois qu'il l'a fallu voir plus d'une fois pour en remporter une entière intelligence.

DON SANCHE D'ARAGON,

COMÉDIE HÉROIQUE EN CINQ ACTES.

NOTICE.

Le roman espagnol de *Pélage* et une pièce de Lope de Vega, *el Palacio confuso*, ont fourni quelques situations au *Don Sanche* de Corneille; mais ce qui lui appartient dans cette comédie tragique, c'est la grandeur des idées, la noblesse des sentiments, le beau développement des caractères. Elle fut jouée au commencement de 1651, sur le théâtre de l'hôtel de Bourgogne.

Voltaire, partisan fanatique de la division des genres, blâme *Don Sanche* comme purement romanesque; cependant il ne peut s'empêcher de rendre justice à la beauté des détails. Il passe sous silence ce magnifique mouvement de la reine : *Eh bien! seyez-vous donc* (acte I, scène III); mais il dit de ces mots de la scène IV : *A mon vainqueur* : « Cela est digne de la tragédie la plus sublime. »

Petitot raconte une anecdote à propos de ces vers de l'acte II, scène I : *Lorsque le déshonneur*, etc. « Des vers tels que ceux-ci méritaient bien d'être remarqués. A une représentation de la pièce, dont nous fûmes témoin, et qui eut lieu à l'époque où les parlements refusaient d'enregistrer quelques édits de Louis XV, ils furent applaudis de manière à donner de l'inquiétude au gouvernement, qui les fit supprimer à la représentation suivante. »

Pierre Corneille, en faisant imprimer *Don Sanche*, le dédia à M. de Zuylichem, conseiller et secrétaire d'Etat de monseigneur le prince d'Orange. Dans cette sorte d'avant-propos, il explique pourquoi il a jugé à propos de ne pas mettre son œuvre au rang des tragédies. « *Don Sanche*, dit-il, est une véritable comédie, quoique tous les acteurs y soient ou rois ou grands d'Espagne, puisqu'on n'y voit naître aucun péril par qui nous puissions être portés à la pitié ou à la crainte. Notre aventurier Carlos n'y court aucun risque. Deux de ses rivaux sont trop jaloux de leur rang pour se commettre avec lui, et trop généreux pour lui dresser quelque supercherie. Le mépris qu'ils en font sur l'incertitude de son origine ne détruit point en eux l'estime de sa valeur, et se change en respect sitôt qu'ils le peuvent soupçonner d'être ce qu'il est véritablement, quoiqu'il ne le sache pas. Le troisième lie la partie avec lui, mais elle est incontinent rompue par la reine ; et quand même elle s'achèverait par la perte de sa vie, la mort d'un ennemi par un ennemi n'a rien de pitoyable ni de terrible, et par conséquent rien de tragique. Il a de grands déplaisirs et qui semblent vouloir quelque pitié de nous, mais nous ne voyons autre chose dans les comédies que des amants qui vont mourir s'ils ne possèdent ce qu'ils aiment ; et de semblables douleurs ne préparant aucun effet tragique, on ne peut dire qu'elles aillent au-dessus de la comédie. Il tombe dans l'unique malheur qu'il appréhende : il est découvert pour fils d'un pêcheur ; mais, en cet état même, il n'a garde de nous demander notre pitié, puisqu'il s'offense de celle de ses rivaux. Ce n'est point un héros à la mode d'Euripide, qui les habillait de lambeaux pour mendier les larmes des spectateurs ; celui-ci soutient sa disgrâce avec tant de fermeté, qu'il nous imprime plus d'admiration de son grand courage que de compassion de son infortune. Nous la craignons pour lui avant qu'elle arrive ; mais cette crainte n'a sa source que dans l'intérêt que nous prenons d'ordinaire à ce qui touche le premier acteur, et se peut ranger *inter communia utriusque dramatis*, aussi bien que la reconnaissance qui fait le dénoûment de cette pièce. La crainte tragique ne devance pas le malheur du héros, elle le suit ; elle n'est pas pour lui, elle est pour nous ; et, se produisant par une prompte application que la vue de ses malheurs nous fait faire sur nous-mêmes, elle purge en nous les passions que nous en voyons être la cause. Enfin je ne vois rien en ce poëme qui puisse mériter le nom de tragédie. »

Tragédie ou non, *Don Sanche* est resté au théâtre ; il y a reparu de nos jours avec un nouvel éclat, depuis que des novateurs hardis ont débarrassé l'art dramatique des règles surannées d'Aristote.

ÉMILE DE LA BÉDOLLIÈRE.

PERSONNAGES.

Doña ISABELLE, reine de Castille.
Doña LÉONOR, reine d'Aragon.
Doña ELVIRE, princesse d'Aragon.
BLANCHE, dame d'honneur de la reine de Castille.
CARLOS, cavalier inconnu, qui se trouve être don Sanche, roi d'Aragon.
Don RAYMOND DE MONCADE, favori du défunt roi d'Aragon.
Don LOPE DE GUSMAN, \
Don MANRIQUE DE LARE, } Grands de Castille.
Don ALVAR DE LUNE, /

La scène est à Valladolid.

DON SANCHE D'ARAGON.

ACTE PREMIER.

SCÈNE I.

DONA LÉONOR, DONA ELVIRE.

DONA LÉONOR. Après tant de malheurs, enfin le ciel propice
S'est résolu, ma fille, à nous faire justice!
Notre Aragon, pour nous presque tout révolté,
Enlève à nos tyrans ce qu'ils nous ont ôté,
Brise les fers honteux de leurs injustes chaînes,
Se remet sous nos lois, et reconnaît ses reines;
Et par ses députés, qu'aujourd'hui l'on attend,
Rend d'un si long exil le retour éclatant.
Comme nous, la Castille attend cette journée
Qui lui doit de sa reine assurer l'hyménée;
Nous l'allons voir ici faire choix d'un époux.
Que ne puis-je, ma fille, en dire autant de vous!
Nous allons en des lieux sur qui vingt ans d'absence
Nous laissent une faible et douteuse puissance :
Le trouble règne encore où vous devez régner;
Le peuple vous rappelle et peut vous dédaigner,
Si vous ne lui portez, au retour de Castille,
Que l'avis d'une mère et le nom d'une fille.
D'un mari valeureux les ordres et le bras
Sauraient bien mieux que nous assurer vos Etats,
Et par des actions nobles, grandes et belles,
Dissiper les mutins et dompter les rebelles.
Vous ne pouvez manquer d'amants dignes de vous :
On aime votre sceptre, on vous aime; et, sur tous,
Du comte don Alvar la vertu non commune
Vous aima dans l'exil et durant l'infortune.
Qui vous aima sans sceptre, et se fit votre appui,
Quand vous le recouvrez est bien digne de lui.
DON. ELVIRE. Ce comte est généreux et me l'a fait paraître;
Aussi le ciel pour moi l'a voulu reconnaître,
Puisque les Castillans l'ont mis entre les trois
Dont à leur grande reine ils demandent le choix;
Et comme ses rivaux lui cèdent en mérite,

Un espoir à présent plus doux le sollicite :
Il régnera sans nous. Mais, madame, après tout,
Savez-vous à quel choix l'Aragon se résout,
Et quels troubles nouveaux j'y puis faire renaître,
S'il voit que je lui mène un étranger pour maître?
Montons, de grâce, au trône; et de là beaucoup mieux
Sur le choix d'un époux nous baisserons les yeux.

DONA LÉONOR. Vous les abaissez trop ; une secrète flamme
A déjà malgré moi fait ce choix dans votre âme.
De l'inconnu Carlos l'éclatante valeur
Aux mérites du comte a fermé votre cœur.
Tout est illustre en lui, moi-même je l'avoue,
Mais son sang, que le ciel n'a formé que de boue,
Et dont il cache exprès la source obstinément...

DONA ELVIRE. Vous pourriez en juger plus favorablement :
Sa naissance inconnue est peut-être sans tache.
Vous la présumez basse à cause qu'il la cache :
Mais combien a-t-on vu de princes déguisés
Signaler leur vertu sous des noms supposés
Dompter des nations, gagner des diadèmes,
Sans qu'aucun les connût, sans se connaître eux-mêmes!

DONA LÉONOR. Quoi! voilà donc enfin de quoi vous vous flattez!

DONA ELVIRE. J'aime et prise en Carlos ses rares qualités.
Il n'est point d'âme noble à qui tant de vaillance
N'arrache cette estime et cette bienveillance ;
Et l'innocent tribut de ces affections,
Que doit toute la terre aux belles actions,
N'a rien qui déshonore une jeune princesse.
En cette qualité, je l'aime et le caresse ;
En cette qualité, ses devoirs assidus
Me rendent les respects à ma naissance dus.
Il fait sa cour chez moi, comme un autre peut faire :
Il a trop de vertu pour être téméraire ;
Et si jamais ses vœux s'échappaient jusqu'à moi,
Je sais ce que je suis et ce que je me dois.

DONA LÉONOR. Daigne le juste ciel vous donner le courage
De vous en souvenir et le mettre en usage!

DONA ELVIRE. Vos ordres sur mon cœur sauront toujours régner.

DONA LÉONOR. Cependant ce Carlos vous doit accompagner,
Doit venir jusqu'au lieu de votre obéissance
Vous rendre ces respects dus à votre naissance,
Vous faire, comme ici, sa cour tout simplement.

DONA ELVIRE. De ses pareils la guerre est l'unique élément :
Accoutumés d'aller de victoire en victoire,
Ils cherchent en tous lieux les dangers et la gloire.
La prise de Séville et les Maures défaits,
Laissent à la Castille une profonde paix :
S'y voyant sans emploi, sa grande âme inquiète

ACTE I.

Veut bien de don Garcie achever la défaite,
Et contre les efforts d'un reste de mutins
De toute sa valeur hâter nos bons destins.
DONA LEONOR. Mais quand il vous aura dans le trône affermie,
Et jeté sous vos pieds la puissance ennemie,
S'en ira-t-il soudain aux climats étrangers
Chercher tout de nouveau la gloire et les dangers?
DONA ELVIRE. Madame, la reine entre.

SCÈNE II.

DONA ISABELLE, DONA LÉONOR, DONA ELVIRE, BLANCHE.

DONA LÉONOR.   Aujourd'hui donc, madame,
Vous allez d'un héros rendre heureuse la flamme,
Et, d'un mot, satisfaire aux plus ardents souhaits
Que poussent vers le ciel vos fidèles sujets?
DONA ISABELLE. Dites, dites plutôt qu'aujourd'hui, grandes reines,
Je m'impose à vos yeux la plus dure des gênes,
Et fais dessus moi-même un illustre attentat
Pour me sacrifier au repos de l'Etat :
Que c'est un sort fâcheux et triste que le nôtre
De ne pouvoir régner que sous les lois d'un autre;
Et qu'un sceptre soit cru d'un si grand poids pour nous,
Que pour le soutenir il nous faille un époux!
  A peine ai-je deux mois porté le diadème,
Que de tous les côtés j'entends dire qu'on m'aime;
Si toutefois, sans crime et sans m'en indigner,
Je puis nommer amour une ardeur de régner.
L'ambition des grands, à cet espoir ouverte,
Semble pour m'acquérir s'apprêter à ma perte;
Et, pour trancher le cours de leurs dissensions,
Il faut fermer la porte à leurs prétentions;
Il m'en faut choisir un; eux-mêmes m'en conviennent,
Mon peuple m'en conjure et mes Etats m'en prient;
Et même par mon ordre ils m'en proposent trois,
Dont mon cœur à leur gré peut faire un digne choix.
Don Lope de Gusman, don Manrique de Lare
Et don Alvar de Lune ont un mérite rare :
Mais que me sert ce choix qu'on fait en leur faveur,
Si pas un d'eux enfin n'a celui de mon cœur?
DONA LÉONOR. On vous les a nommés, mais sans vous les prescrire :
On vous obéira quoi qu'il vous plaise élire :
Si le cœur a choisi, vous pouvez faire un roi.
DONA ISABELLE. Madame, je suis reine et dois régner sur moi.
Le rang que nous tenons, jaloux de notre gloire,
Souvent dans un tel choix nous défend de nous croire,
Jette sur nos désirs un joug impérieux,

Et dédaigne l'avis et du cœur et des yeux.
Qu'on ouvre. Juste ciel! vois ma peine, et m'inspire
Et ce que je dois faire et ce que je dois dire.

SCÈNE III.

DONA ISABELLE, DONA LÉONOR, DONA ELVIRE, BLANCHE,
DON LOPE, DON MANRIQUE, DON ALVAR, CARLOS.

DONA ISABELLE. Avant que de choisir, je demande un serment,
Comtes, qu'on agréera mon choix aveuglément;
Que les deux méprisés, et tous les trois peut-être,
De ma main, quel qu'il soit, accepteront un maître :
Car enfin je suis libre à disposer de moi :
Le choix de mes Etats ne m'est point une loi ;
D'une troupe importune il m'a débarrassée,
Et d'eux tous sur vous trois détourné ma pensée,
Mais sans nécessité de l'arrêter sur vous.
J'aime à savoir par là qu'on vous préfère à tous;
Vous m'en êtes plus chers et plus considérables;
J'y vois de vos vertus les preuves honorables;
J'y vois la haute estime où sont vos grands exploits.
Mais, quoique mon dessein soit d'y borner mon choix,
Le ciel en un moment quelquefois nous éclaire.
Je veux, en le faisant, pouvoir ne le pas faire,
Et que vous avouiez que, pour devenir roi,
Quiconque me plaira n'a besoin que de moi.
DON LOPE. C'est une autorité qui vous demeure entière;
Votre Etat avec vous n'agit que par prière,
Et ne vous a pour nous fait voir ses sentiments
Que par obéissance à vos commandements.
Ce n'est point ni son choix ni l'éclat de ma race
Qui me font, grande reine, espérer cette grâce :
Je l'attends de vous seule et de votre bonté,
Comme on attend un bien qu'on n'a pas mérité,
Et dont, sans regarder service ni famille,
Vous pouvez faire part au moindre de Castille.
C'est à nous d'obéir et non d'en murmurer :
Mais vous nous permettrez toutefois d'espérer
Que vous ne ferez choir cette faveur insigne,
Ce bonheur d'être à vous, que sur le moins indigne;
Et que votre vertu vous fera trop savoir
Qu'il n'est pas bon d'user de tout votre pouvoir.
Voilà mon sentiment.
DONA ISABELLE.   Parlez, vous, don Manrique.
DON MANRIQUE. Madame, puisqu'il faut qu'à vos yeux je m'explique,
Quoique votre discours nous ait fait des leçons

ACTE I.

Capables d'ouvrir l'âme à de justes soupçons,
Je vous dirai pourtant, comme à ma souveraine,
Que pour faire un vrai roi vous le fassiez en reine;
Que vous laisser borner, c'est vous-même affaiblir
La dignité du rang qui le doit ennoblir;
Et qu'à prendre pour loi le choix qu'on vous propose,
Le roi que vous feriez vous devrait peu de chose,
Puisqu'il tiendrait les noms de monarque et d'époux
Du choix de vos Etats aussi bien que de vous.
  Pour moi, qui vous aimai sans sceptre et sans couronne,
Qui n'ai jamais eu d'yeux que pour votre personne,
Que même le feu roi daigna considérer
Jusqu'à souffrir ma flamme et me faire espérer,
J'oserai me promettre un sort assez propice
De cet aveu d'un frère et quatre ans de service;
Et, sur ce doux espoir dussé-je me trahir,
Puisque vous le voulez, je jure d'obéir.

DONA ISABELLE. C'est comme il faut m'aimer. Et don Alvar de Lune?
DON ALVAR. Je ne vous ferai point de harangue importune,
Choisissez hors des trois, tranchez absolument;
Je jure d'obéir, madame, aveuglément.
DONA ISABELLE. Sous les profonds respects de cette déférence
Vous nous cachez peut-être un peu d'indifférence,
Et, comme votre cœur n'est pas sans autre amour,
Vous savez des deux parts faire bien votre cour.
DON ALVAR. Madame...
DONA ISABELLE.   C'est assez. Que chacun prenne place.

(*Ici les trois reines prennent chacune un fauteuil; et après que les trois comtes et le reste des grands qui sont présents se sont assis sur des bancs préparés exprès, Carlos y voyant une place vide s'y veut seoir, et don Manrique l'en empêche.*)

DON MANRIQUE. Tout beau, tout beau, Carlos! d'où vous vient cette au-
Et quel titre en ce rang a pu vous établir? [dace,
CARLOS. J'ai vu la place vide et cru la bien remplir.
DON MANRIQUE. Un soldat bien remplir une place de comte!
CARLOS. Seigneur, ce que je suis ne me fait point de honte.
Depuis plus de six ans il ne s'est fait combat
Qui ne m'ait bien acquis ce grand nom de soldat.
J'en avais pour témoin le feu roi votre frère,
Madame; et par trois fois...
DON MANRIQUE.   Nous vous avons vu faire,
Et savons mieux que vous ce que peut votre bras.
DONA ISABELLE. Vous en êtes instruits et je ne le suis pas;
Laissez-le me l'apprendre. Il importe aux monarques
Qui veulent aux vertus rendre de dignes marques,
De les savoir connaître, et ne pas ignorer
Ceux d'entre leurs sujets qu'ils doivent honorer.
DON MANRIQUE. Je ne me croyais pas être ici pour l'entendre.

DOÑA ISABELLE. Comte, encore une fois, laissez-le me l'apprendre.
Nous aurons temps pour tout. Et vous, parlez, Carlos.
CARLOS. Je dirai qui je suis, madame, en peu de mots.
On m'appelle soldat : je fais gloire de l'être ;
Au feu roi par trois fois je le fis bien paraître.
L'étendard de Castille, à ses yeux enlevé,
Des mains des ennemis par moi seul fut sauvé :
Cette seule action rétablit la bataille,
Fit rechasser le Maure au pied de sa muraille,
Et rendant le courage aux plus timides cœurs,
Rappela les vaincus et défit les vainqueurs.
Ce même roi me vit dedans l'Andalousie
Dégager sa personne en prodiguant ma vie,
Quand, tout percé de coups, sur un monceau de morts
Je lui fis si longtemps bouclier de mon corps,
Qu'enfin autour de lui ses troupes ralliées
Celles qui l'enfermaient furent sacrifiées ;
Et le même escadron qui vint le secourir
Le ramena vainqueur et moi prêt à mourir.
Je montai le premier sur les murs de Séville,
Et tins la brèche ouverte aux troupes de Castille.
Je ne vous parle point d'assez d'autres exploits
Qui n'ont pas pour témoins eu les yeux de mes rois.
Tel me voit et m'entend, et me méprise encore,
Qui gémirait sans moi dans les prisons du Maure.
DON MANRIQUE. Nous parlez-vous, Carlos, pour don Lope et pour moi ?
CARLOS. Je parle seulement de ce qu'a vu le roi,
Seigneur ; et qui voudra parle à sa conscience.
Voilà dont le feu roi me promit récompense,
Mais la mort le surprit comme il la résolvait.
DOÑA ISABELLE. Il se fût acquitté de ce qu'il vous devait ;
Et moi, comme héritant son sceptre et sa couronne,
Je prends sur moi sa dette et je vous la fais bonne.
Seyez-vous, et quittons ces petits différends.
DON LOPE. Souffrez qu'auparavant il nomme ses parents.
Nous ne contestons point l'honneur de sa vaillance,
Madame ; et, s'il en faut notre reconnaissance,
Nous avouerons tous deux qu'en ces combats derniers
L'un et l'autre, sans lui, nous étions prisonniers :
Mais enfin la valeur, sans l'éclat de la race,
N'eut jamais aucun droit d'occuper cette place.
CARLOS. Se pare qui voudra du nom de ses aïeux ;
Moi je ne veux porter que moi-même en tous lieux ;
Je ne veux rien devoir à ceux qui m'ont fait naître,
Et suis assez connu, sans les faire connaître.
Mais pour en quelque sorte obéir à vos lois,
Seigneur, pour mes parents je nomme mes exploits ;
Ma valeur est ma race, et mon bras est mon père.

DON LOPE. Vous le voyez, madame, et la preuve en est claire,
Sans doute il n'est pas noble.
DONA ISABELLE. Hé bien! je l'anoblis,
Quelle que soit sa race et de qui qu'il soit fils.
Qu'on ne conteste plus.
DON MANRIQUE. Encore un mot, de grâce.
DONA ISABELLE. Don Manrique, à la fin c'est prendre trop d'audace.
Ne puis-je l'anoblir si vous n'y consentez?
DON MANRIQUE. Oui, mais ce rang n'est dû qu'aux hautes dignités :
Tout autre qu'un marquis ou comte, le profane.
DONA ISABELLE *à Carlos.*
Hé bien! seyez-vous donc, marquis de Santillane.
Comte de Peñafiel, gouverneur de Burgos.
Don Manrique, est-ce assez pour faire seoir Carlos?
Vous reste-t-il encor quelque scrupule en l'âme?
(*Don Manrique et don Lope se lèvent et Carlos se sied.*)
DON MANRIQUE. Achevez, achevez, faites-le roi, madame :
Par ces marques d'honneur l'élever jusqu'à nous,
C'est moins nous l'égaler que l'approcher de vous.
Ce préambule adroit n'était pas sans mystère;
Et ces nouveaux serments qu'il nous a fallu faire
Montraient bien dans votre âme un tel choix préparé :
Enfin vous le pouvez, et nous l'avons juré.
Je suis prêt d'obéir; et, loin d'y contredire,
Je laisse entre ses mains et vous et votre empire.
Je sors avant ce choix, non que j'en sois jaloux,
Mais de peur que mon front n'en rougisse pour vous.
DONA ISABELLE. Arrêtez, insolent : votre reine pardonne
Ce qu'une indigne crainte imprudemment soupçonne,
Et, pour la démentir, veut bien vous assurer
Qu'au choix de ses Etats elle veut demeurer;
Que vous tenez encor même rang dans son âme;
Qu'elle prend vos transports pour un excès de flamme;
Et qu'au lieu d'en punir le zèle injurieux,
Sur un crime d'amour elle ferme les yeux.
DON MANRIQUE. Madame, excusez donc si quelque antipathie...
DONA ISABELLE. Ne faites point ici de fausse modestie :
J'ai trop vu votre orgueil pour le justifier,
Et sais bien les moyens de vous humilier.
Soit que j'aime Carlos, soit que par simple estime
Je rende à ses vertus un honneur légitime,
Vous devez respecter, quels que soient mes desseins,
Ou le choix de mon cœur, ou l'œuvre de mes mains.
Je l'ai fait votre égal; et, quoiqu'on s'en mutine,
Sachez qu'à plus encor ma faveur le destine.
Je veux qu'aujourd'hui même il puisse plus que moi :
J'en ai fait un marquis; je veux qu'il fasse un roi.
S'il a tant de valeur que vous-mêmes le dites,

Il sait quelle est la vôtre, et connaît vos mérites;
Il jugera de vous avec plus de raison
Que moi, qui n'en connais que la race et le nom.
Marquis, prenez ma bague, et la donnez pour marque
Au plus digne des trois que j'en fasse un monarque.
Je vous laisse y penser tout ce reste du jour.
Rivaux ambitieux, faites-lui votre cour :
Qui me rapportera l'anneau que je lui donne
Recevra sur-le-champ ma main et ma couronne.
 Allons, reines, allons; et laissons-les juger
De quel côté l'amour avait su m'engager.

SCÈNE IV.

DON MANRIQUE, DON LOPE, DON ALVAR, CARLOS.

DON LOPE. Hé bien! seigneur marquis, nous direz-vous, de grâce,
Ce que pour vous gagner il est besoin qu'on fasse?
Vous êtes notre juge, il faut vous adoucir.
CARLOS. Vous y pourriez peut-être assez mal réussir :
Quittez ces contre-temps de froide raillerie.
DON MANRIQUE. Il n'en est pas saison quand il faut qu'on vous prie.
CARLOS. Ne raillons ni prions, et demeurons amis.
Je sais ce que la reine en mes mains a remis;
J'en userai fort bien : vous n'avez rien à craindre;
Et pas un de vous trois n'aura lieu de se plaindre.
Je n'entreprendrai point de juger entre vous
Qui merite le mieux le nom de son époux;
Je serais téméraire, et m'en sens incapable;
Et peut-être quelqu'un m'en tiendrait récusable.
Je m'en récuse donc, afin de vous donner
Un juge que sans honte on ne peut soupçonner :
Ce sera votre épée, et votre bras lui-même.
Comtes, de cet anneau dépend le diadème;
Il vaut bien un combat; vous avez tous du cœur :
Et je le garde...
DON LOPE.   A qui, Carlos?
CARLOS.   A mon vainqueur.
Qui pourra me l'ôter l'ira rendre à la reine;
Ce sera du plus digne une preuve certaine.
Prenez entre vous l'ordre et du temps et du lieu;
Je m'y rendrai sur l'heure, et vais l'attendre. Adieu.

SCÈNE V.

DON MANRIQUE, DON LOPE, DON ALVAR.

DON LOPE. Vous voyez l'arrogance !
DON ALVAR.   Ainsi les grands courages
 Savent en généreux repousser les outrages.
DON MANRIQUE. Il se méprend pourtant s'il pense qu'aujourd'hui
 Nous daignions mesurer notre épée avec lui.
DON ALVAR. Refuser un combat !
DON LOPE.   Des généraux d'armée,
 Jaloux de leur honneur et de leur renommée,
 Ne se commettent point contre un aventurier.
DON ALVAR. Ne mettez point si bas un si vaillant guerrier.
 Qu'il soit ce qu'en voudra présumer votre haine,
 Il doit être pour nous ce qu'a voulu la reine.
DON LOPE. La reine qui nous brave, et, sans égard au sang,
 Ose souiller ainsi l'éclat de notre rang !
DON ALVAR. Les rois de leurs faveurs ne sont jamais comptables ;
 Ils font, comme il leur plaît, et défont nos semblables.
DON MANRIQUE. Envers les majestés vous êtes bien discret.
 Voyez-vous cependant qu'elle l'aime en secret?
DON ALVAR. Dites, si vous voulez, qu'ils sont d'intelligence ;
 Qu'elle a de sa valeur si haute confiance
 Qu'elle espère par là faire approuver son choix,
 Et se rendre avec gloire au vainqueur de tous trois ;
 Qu'elle nous hait dans l'âme autant qu'elle l'adore :
 C'est à nous d'honorer ce que la reine honore.
DON MANRIQUE. Vous la respectez fort. Mais y prétendez-vous?
 On dit que l'Aragon a des charmes si doux...
DON ALVAR. Qu'ils me soient doux ou non, je ne crois pas sans crime
 Pouvoir de mon pays désavouer l'estime ;
 Et, puisqu'il m'a jugé digne d'être son roi,
 Je soutiendrai partout l'état qu'il fait de moi.
 Je vais donc disputer, sans que rien me retarde,
 Au marquis don Carlos cet anneau qu'il nous garde ;
 Et, si sur sa valeur je le puis emporter,
 J'attendrai de vous deux qui voudra me l'ôter :
 Le champ vous sera libre.
DON LOPE.   A la bonne heure, comte,
 Nous vous irons alors le disputer sans honte :
 Nous ne dédaignons point un si digne rival :
 Mais pour votre marquis, qu'il cherche son égal.

ACTE DEUXIÈME.

SCÈNE I.

DONA ISABELLE, BLANCHE.

DONA ISABELLE. Blanche, as-tu rien connu d'égal à ma misère ?
Tu vois tous mes désirs condamnés à se taire,
Mon cœur faire un beau choix, sans l'oser accepter,
Et nourrir un beau feu, sans l'oser écouter.
Vois par là ce que c'est, Blanche, que d'être reine.
Comptable de moi-même au nom de souveraine,
Et sujette à jamais du trône où je me voi,
Je puis tout pour tout autre, et ne puis rien pour moi.
 Ô sceptres ! s'il est vrai que tout vous soit possible ?
Pourquoi ne pouvez-vous rendre un cœur insensible ?
Pourquoi permettez-vous qu'il soit d'autres appas,
Ou que l'on ait des yeux pour ne les croire pas ?
BLANCHE. Je présumais tantôt que vous les alliez croire ;
J'en ai plus d'une fois tremblé pour votre gloire :
Ce qu'à vos trois amants vous avez fait jurer
Au choix de don Carlos semblait tout préparer ;
Je le nommais pour vous. Mais enfin, par l'issue,
Ma crainte s'est trouvée heureusement déçue ;
L'effort de votre amour a su se modérer ;
Vous l'avez honoré sans vous déshonorer,
Et satisfait ensemble, en trompant mon attente,
La grandeur d'une reine et l'ardeur d'une amante.
DONA ISABELLE. Dis que, pour honorer sa générosité,
Mon amour s'est joué de mon autorité,
Et qu'il a fait servir, en trompant ton attente,
Le pouvoir de la reine au courroux de l'amante.
 D'abord, par ce discours qui t'a semblé suspect,
Je voulais seulement essayer leur respect,
Soutenir jusqu'au bout la dignité de reine ;
Et, comme enfin ce choix me donnait de la peine,
Perdre quelques moments, choisir un peu plus tard.
J'allais nommer pourtant, et nommer au hasard :
Mais tu sais quel orgueil ont lors montré les comtes,
Combien d'affronts pour lui, combien pour moi de hontes.
Certes, il est bien dur à qui se voit régner
De montrer quelque estime et la voir dédaigner,
Sous ombre de venger sa grandeur méprisée,
L'amour à la faveur trouve une pente aisée :

A l'intérêt du sceptre aussitôt attaché,
Il agit d'autant plus qu'il se croit bien caché,
Et s'ose imaginer qu'il ne fait rien paraître
Que ce change de nom ne fasse méconnaître.
J'ai fait Carlos marquis, et comte, et gouverneur;
Il doit à ses jaloux tous ces titres d'honneur :
M'en voulant faire avare, ils m'en faisaient prodigue;
Ce torrent grossissait, rencontrant cette digue;
C'était plus les punir, que le favoriser.
L'amour me parlait trop, j'ai voulu l'amuser;
Par ces profusions j'ai cru le satisfaire,
Et, l'ayant satisfait, l'obliger à se taire.
Mais, hélas! en mon cœur il avait tant d'appui,
Que je n'ai pu jamais prononcer contre lui,
Et n'ai mis en ses mains ce don du diadème
Qu'afin de l'obliger à s'exclure lui-même.
Ainsi, pour apaiser les murmures du cœur,
Mon refus a porté les marques de faveur;
Et, revêtant de gloire un invisible outrage,
De peur d'en faire un roi je l'ai fait davantage :
Outre qu'indifférente aux vœux de tous les trois,
J'espérais que l'amour pourrait suivre son choix,
Et que le moindre d'eux, de soi-même estimable,
Recevrait de sa main la qualité d'aimable.
    Voilà, Blanche, où j'en suis; voilà ce que j'ai fait;
Voilà les vrais motifs dont tu voyais l'effet :
Car mon âme, pour lui quoiqu'ardemment pressée,
Ne saurait se permettre une indigne pensée;
Et je mourrais encore avant que m'accorder
Ce qu'en secret mon cœur ose me demander.
Mais enfin je vois bien que je me suis trompée
De m'en être remise à qui porte une épée,
Et trouve occasion, dessous cette couleur,
De venger le mépris qu'on fait de sa valeur.
Je devais par mon choix étouffer cent querelles,
Et l'ordre que j'y tiens en forme de nouvelles,
Et jette entre les grands, amoureux de mon rang,
Une nécessité de répandre du sang.
Mais j'y saurai pourvoir.

BLANCHE.   C'est un pénible ouvrage
D'arrêter un combat qu'autorise l'usage,
Que les lois ont réglé, que les rois aïeux
Daignaient assez souvent honorer de leurs yeux.
On ne s'en dédit point sans quelque ignominie,
Et l'honneur aux grands cœurs est plus cher que la vie.

DONA ISABELLE. Je sais ce que tu dis, et n'irai pas de front
    Faire un commandement qu'ils prendraient pour affront.
    Lorsque le déshonneur souille l'obéissance,

Les rois peuvent douter de leur toute-puissance :
Qui la hasarde alors n'en sait pas bien user ;
Et qui veut pouvoir tout ne doit pas tout oser.
Je romprai ce combat feignant de le permettre ;
Et je le tiens rompu si je puis le remettre.
Les reines d'Aragon pourront même m'aider.
Voici déjà Carlos que je viens de mander.
Demeure ; et tu verras avec combien d'adresse
Ma gloire de mon âme est toujours la maîtresse.

SCÈNE II.

DONA ISABELLE, CARLOS, BLANCHE.

DONA ISABELLE. Vous avez bien servi, marquis, et jusqu'ici
Vos armes ont pour nous dignement réussi :
Je pense avoir aussi bien payé vos services.
Malgré vos envieux et leurs mauvais offices,
J'ai fait beaucoup pour vous ; et tout ce que j'ai fait
Ne vous a pas coûté seulement un souhait.
Si cette récompense est pourtant si petite
Qu'elle ne puisse aller jusqu'à votre mérite,
S'il vous en reste encor quelque autre à souhaiter,
Parlez, et donnez-moi moyen de m'acquitter.
CARLOS. Après tant de faveurs à pleines mains versées,
Dont mon cœur n'eût osé concevoir les pensées,
Surpris, troublé, confus, accablé de bienfaits,
Que j'osasse former encor quelques souhaits !
DONA ISABELLE. Vous êtes donc content ; et j'ai lieu de me plaindre.
CARLOS. De moi ?
DONA ISABELLE. De vous, marquis. Je vous parle sans feindre ;
Écoutez. Votre bras a bien servi l'Etat
Tant que vous n'avez eu que le nom de soldat :
Dès que je vous fais grand, sitôt que je vous donne
Le droit de disposer de ma propre personne,
Ce même bras s'apprête à troubler son repos,
Comme si le marquis cessait d'être Carlos,
Ou que cette grandeur ne fût qu'un avantage
Qui dût à sa ruine armer votre courage.
Les trois comtes en sont les plus fermes soutiens ;
Vous attaquez en eux ses appuis et les miens ;
C'est son sang le plus pur que vous voulez répandre,
Et vous pouvez juger l'honneur qu'on leur doit rendre,
Puisque ce même Etat, me demandant un roi,
Les a jugés eux trois les plus dignes de moi.
Peut-être un peu d'orgueil vous a mis dans la tête
Qu'à venger leur mépris ce prétexte est honnête ;

Vous en avez suivi la première chaleur :
Mais leur mépris va-t-il jusqu'à votre valeur?
N'en ont-ils pas rendu témoignage à ma vue?
Ils ont fait peu d'état d'une race inconnue,
Ils ont douté d'un sort que vous voulez cacher :
Quand un doute si juste aurait dû vous toucher,
J'avais pris quelque soin de vous venger moi-même.
Remettre entre vos mains le don du diadème,
Ce n'était pas, marquis, vous venger à demi.
Je vous ai fait leur juge, et non leur ennemi;
Et si sous votre choix j'ai voulu les réduire,
C'est pour vous faire honneur, et non pour les détruire :
C'est votre seul avis, non leur sang, que je veux;
Et c'est m'entendre mal que vous armer contre eux.
    N'auriez-vous point pensé que, si ce grand courage
Vous pouvait sur tous trois donner quelque avantage,
On dirait que l'Etat, me cherchant un époux,
N'en aurait pu trouver de comparable à vous?
Ah! si je vous croyais si vain, si téméraire...

CARLOS. Madame, arrêtez là votre juste colère :
Je suis assez coupable, et n'ai que trop osé,
Sans choisir pour me perdre un crime supposé.
    Je ne me défends point des sentiments d'estime
Que vos moindres sujets auraient pour vous sans crime.
Lorsque je vois en vous les célestes accords
Des grâces de l'esprit et des beautés du corps,
Je puis, de tant d'attraits l'âme toute ravie,
Sur l'heur de votre époux jeter un œil d'envie;
Je puis contre le ciel en secret murmurer
De n'être pas né roi pour pouvoir espérer;
Et, les yeux éblouis de cet éclat suprême,
Baisser soudain la vue et rentrer en moi-même.
Mais que je laisse aller d'ambitieux soupirs,
Un ridicule espoir, de criminels désirs!...
Je vous aime, madame, et vous estime en reine;
Et quand j'aurais des feux dignes de votre haine,
Si votre âme, sensible à ces indignes feux,
Se pouvait oublier jusqu'à souffrir mes vœux;
Si, par quelque malheur que je ne puis comprendre,
Du trône jusqu'à moi je la voyais descendre;
Commençant aussitôt à vous moins estimer,
Je cesserais sans doute aussi de vous aimer.
    L'amour que j'ai pour vous est tout à votre gloire :
Je ne vous prétends point pour fruit de ma victoire;
Je combats vos amants, sans dessein d'acquérir
Que l'heur d'en faire voir le plus digne et mourir;
Et tiendrais mon destin assez digne d'envie,
S'il le faisait connaître aux dépens de ma vie.

Serait-ce à vos faveurs répondre pleinement
Que hasarder ce choix à mon seul jugement!
Il vous doit un époux, à la Castille un maître;
Je puis en mal juger, je puis les mal connaître.
Je sais qu'ainsi que moi le démon des combats
Peut donner au moins digne et vous et vos Etats;
Mais du moins, si le sort des armes journalières
En laisse par ma mort de mauvaises lumières,
Elle m'en ôtera la honte et le regret;
Et même si votre âme en aime un en secret,
Et que ce triste choix rencontre mal le vôtre,
Je ne vous verrai point, entre les bras d'un autre,
Reprocher à Carlos, par de muets soupirs,
Qu'il est l'unique auteur de tous vos déplaisirs.

DONA ISABELLE. Ne cherchez point d'excuse à douter de ma flamme,
Marquis; je puis aimer, puisqu'enfin je suis femme:
Mais, si j'aime, c'est mal me faire votre cour
Qu'exposer au trépas l'objet de mon amour;
Et toute votre ardeur se serait modérée
A m'avoir dans ce doute assez considérée.
Je le veux éclaircir, et vous mieux éclairer,
Afin de vous apprendre à me considérer.
Je ne le cèle point, j'aime, Carlos, oui, j'aime:
Mais l'amour de l'Etat, plus fort que de moi-même,
Cherche, au lieu de l'objet le plus doux à mes yeux,
Le plus digne héros de régner en ces lieux;
Et, craignant que mes feux osassent me séduire,
J'ai voulu m'en remettre à vous pour m'en instruire.
Mais je crois qu'il suffit que cet objet d'amour
Perde le trône et moi sans perdre encor le jour;
Et mon cœur qu'on lui vole en souffre assez d'alarmes,
Sans que sa mort pour moi me demande des larmes.

CARLOS. Ah! si le ciel tantôt me daignait inspirer
En quel heureux amant je vous dois révérer,
Que par une facile et soudaine victoire...

DONA ISABELLE. Ne pensez qu'à défendre et vous et votre gloire.
Quel qu'il soit, les respects qui l'auraient épargné
Lui donneraient un prix qu'il aurait mal gagné;
Et céder à mes feux plutôt qu'à son mérite
Ne serait que me rendre au juge que j'évite.
Je n'abuserai point du pouvoir absolu
Pour défendre un combat entre vous résolu:
Je blesserais par là l'honneur de tous les quatre.
Les lois vous l'ont permis, je vous verrai combattre:
C'est à moi, comme reine, à nommer le vainqueur.
Dites-moi cependant qui montre plus de cœur?
Qui des trois le premier éprouve la fortune?

CARLOS. Don Alvar.

DONA ISABELLE.   Don Alvar!
CARLOS.   Oui, don Alvar de Lune.
DONA ISABELLE. On dit qu'il aime ailleurs.
CARLOS.   On le dit; mais enfin
Lui seul jusqu'ici tente un si noble destin.
DONA ISABELLE. Je devine à peu près quel intérêt l'engage;
Et nous verrons demain quel sera son courage.
CARLOS. Vous ne m'avez donné que ce jour pour ce choix.
DONA ISABELLE. J'aime mieux au lieu d'un vous en accorder trois.
CARLOS. Madame, son cartel marque cette journée.
DONA ISABELLE. C'est peu que son cartel, si je ne l'ai donnée:
Qu'on le fasse venir pour la voir différer.
Je vais pour vos combats faire tout préparer:
Adieu. Souvenez-vous surtout de ma défense;
Et vous aurez demain l'honneur de ma présence.

SCÈNE III.

CARLOS.

Consens-tu qu'on diffère, honneur? le consens-tu?
Cet ordre n'a-t-il rien qui souille ma vertu?
N'ai-je point à rougir de cette déférence
Que d'un combat illustre achète la licence?
Tu murmures, ce semble? Achève; explique-toi.
La reine a-t-elle droit de te faire la loi?
Tu n'es point son sujet, l'Aragon m'a vu naître.
O ciel! je m'en souviens, et j'ose encor paraître;
Et je puis, sous les noms de comte et de marquis,
D'un malheureux pêcheur reconnaître le fils!
  Honteuse obscurité, qui seule me fais craindre!
Injurieux destin, qui seul me rends à plaindre!
Plus on m'en fait sortir, plus je crains d'y rentrer:
Et crois ne t'avoir fui que pour te rencontrer.
Ton cruel souvenir sans fin me persécute;
Du rang où l'on m'élève il me montre la chute.
Lasse-toi désormais de me faire trembler;
Je parle à mon honneur, ne viens point le troubler.
Laisse-le sans remords m'approcher des couronnes,
Et ne viens point m'ôter plus que tu ne me donnes.
Je n'ai plus rien à toi: la guerre a consumé
Tout cet indigne sang dont tu m'avais formé;
J'ai quitté jusqu'au nom que je tiens de ta haine,
Et ne puis... Mais voici ma véritable reine.

SCENE IV.

DONA ELVIRE, CARLOS.

DONA ELVIRE. Ah! Carlos! car j'ai peine à vous nommer marquis,
Non qu'un titre si beau ne vous soit bien acquis,
Non qu'avecque justice il ne vous appartienne,
Mais parce qu'il vous vient d'autre main que la mienne,
Et que je présumais n'appartenir qu'à moi
D'élever votre gloire au rang où je la voi,
Je me consolerais toutefois avec joie
Des faveurs que sans moi le ciel sur vous déploie,
Et verrais sans envie agrandir un héros
Si le marquis tenait ce qu'a promis Carlos,
S'il avait comme lui son bras à mon service.
Je venais à la reine en demander justice;
Mais, puisque je vous vois, vous m'en ferez raison.
Je vous accuse donc, non pas de trahison,
Pour un cœur généreux cette tache est trop noire,
Mais d'un peu seulement de manque de mémoire.
CARLOS. Moi, madame?
DONA ELVIRE.   Ecoutez mes plaintes en repos.
Je me plains du marquis, et non pas de Carlos.
Carlos de tout son cœur me tiendrait sa parole;
Mais ce qu'il m'a donné, le marquis me le vole;
C'est lui seul qui dispose ainsi du bien d'autrui,
Et prodigue son bras quand il n'est plus à lui.
Carlos se souviendrait que sa haute vaillance
Doit ranger don Garcie à mon obéissance;
Qu'elle doit affermir mon sceptre dans ma main;
Qu'il doit m'accompagner peut-être dès demain :
Mais ce Carlos n'est plus, le marquis lui succède,
Qu'une autre soif de gloire, un autre objet possède,
Et qui, du même bras qui m'engageait sa foi,
Entreprend trois combats pour une autre que moi.
Hélas! si ces honneurs dont vous comble la reine
Réduisent mon espoir en une attente vaine;
Si les nouveaux desseins que vous en concevez
Vous ont fait oublier ce que vous me devez,
Rendez-lui ces honneurs qu'un tel oubli profane;
Rendez-lui Peñafiel, Burgos, et Santillane;
L'Aragon a de quoi vous payer ces refus,
Et vous donner encor quelque chose de plus.
CARLOS. Et Carlos, et marquis, je suis à vous, madame;
Le changement de rang ne change point mon âme:
Mais vous trouverez bon que, par ces trois défis,
Carlos tâche à payer ce que doit le marquis:

Vous réserver mon bras noirci d'une infamie
Attirerait sur vous la fortune ennemie,
Et vous hasarderait, par cette lâcheté,
Au juste châtiment qu'il aurait mérité.
Quand deux occasions pressent un grand courage,
L'honneur à la plus proche avidement l'engage,
Et lui fait préférer, sans le rendre inconstant,
Celle qui se présente, à celle qui l'attend.
Ce n'est pas toutefois, madame, qu'il l'oublie :
Mais bien que je vous doive immoler don Garcie,
J'ai vu que vers la reine on perdait le respect,
Que d'un indigne amour son cœur était suspect ;
Pour m'avoir honoré je l'ai vue outragée,
Et ne puis m'acquitter qu'après l'avoir vengée.

DONA ELVIRE. C'est me faire une excuse où je ne comprends rien,
Sinon que son service est préférable au mien,
Qu'avant que de me suivre on doit mourir pour elle,
Et qu'étant son sujet il faut m'être infidèle.

CARLOS. Ce n'est point en sujet que je cours au combat ;
Peut-être suis-je né dedans quelque autre État :
Mais, par un zèle entier et pour l'une et pour l'autre,
J'embrasse également son service et le vôtre ;
Et les plus grands périls n'ont rien de hasardeux
Que j'ose refuser pour aucune des deux.
Quoiqu'engagé demain à combattre pour elle,
S'il fallait aujourd'hui venger votre querelle,
Tout ce que je lui dois ne m'empêcherait pas
De m'exposer pour vous à plus de trois combats.
Je voudrais toutes deux pouvoir vous satisfaire,
Vous, sans manquer vers elle ; elle, sans vous déplaire :
Cependant je ne puis servir elle ni vous
Sans de l'une ou de l'autre allumer le courroux.
Je plaindrais un amant qui souffrirait mes peines,
Et, tel pour deux beautés que je suis pour deux reines,
Se verrait déchiré par un égal amour,
Tel que sont mes respects dans l'une et l'autre cour :
L'âme d'un tel amant, tristement balancée,
Sur d'éternels soucis voit flotter sa pensée ;
Et, ne pouvant résoudre à quels vœux se borner,
N'ose rien acquérir, ni rien abandonner :
Il n'aime qu'avec trouble ; il ne voit qu'avec crainte :
Tout ce qu'il entreprend donne sujet de plainte ;
Ses hommages partout ont de fausses couleurs,
Et son plus grand service est un grand crime ailleurs.

DONA ELVIRE. Aussi sont-ce d'amour les premières maximes,
Que partager son âme est le plus grand des crimes.
Un cœur n'est à personne, alors qu'il est à deux ;
Aussitôt qu'il les offre il dérobe ses vœux ;

	Ce qu'il a de constance, à choisir trop timide,
	Le rend vers l'une ou l'autre incessamment perfide ;
	Et comme il n'est enfin ni rigueur ni mépris
	Qui d'un pareil amour ne soient un digne prix,
	Il ne peut mériter d'aucun œil qui le charme,
	En servant, un regard; en mourant, une larme.

CARLOS. Vous seriez bien sévère envers un tel amant.
DONA ELVIRE. Allons,voir si la reine agirait autrement,
　　　　S'il en devrait attendre un plus léger supplice.
　　　　　Cependant don Alvar le premier entre en lice;
　　　　Et vous savez l'amour qu'il m'a toujours fait voir.
CARLOS. Je sais combien sur lui vous avez de pouvoir.
DONA ELVIRE. Quand vous le combattrez, pensez à ce que j'aime,
　　　　Et ménagez son sang comme le vôtre même.
CARLOS. Quoi! m'ordonneriez-vous qu'ici j'en fisse un roi?
DONA ELVIRE. Je vous dis seulement que vous pensiez à moi.

ACTE TROISIEME.

SCÈNE I.

DONA ELVIRE, DON ALVAR.

DONA ELVIRE. Vous pouvez donc m'aimer, et, d'une âme bien saine,
　　　　Entreprendre un combat pour acquérir la reine!
　　　　Quel astre agit sur vous avec tant de rigueur,
　　　　Qu'il force votre bras à trahir votre cœur?
　　　　L'honneur, me dites-vous, vers l'amour vous excuse :
　　　　Ou cet honneur se trompe, ou cet amour s'abuse;
　　　　Et je ne comprends point, dans un si mauvais tour,
　　　　Ni quel est cet honneur, ni quel est cet amour.
　　　　Tout l'honneur d'un amant, c'est d'être amant fidèle.
　　　　Si vous m'aimez encor, que prétendez-vous d'elle?
　　　　Et, si vous l'acquérez, que voulez-vous de moi?
　　　　Aurez-vous droit alors de lui manquer de foi?
　　　　La mépriserez-vous, quand vous l'aurez acquise?
DON ALVAR. Qu'étant né son sujet jamais je la méprise!
DONA ELVIRE. Que me voulez donc? Vaincu par don Carlos,
　　　　Aurez-vous quelque grâce à troubler mon repos?
　　　　En serez-vous plus digne? et, par cette victoire,
　　　　Répandra-t-il sur vous un rayon de sa gloire?
DON ALVAR. Que j'ose présenter ma défaite à vos yeux!
DONA ELVIRE. Que me veut donc enfin ce cœur ambitieux?
DON ALVAR. Que vous preniez pitié de l'état déplorable

Où votre long refus réduit un misérable.
  Mes vœux mieux écoutés par un heureux effet
M'auraient su garantir de l'honneur qu'on m'a fait;
Et l'Etat par son choix ne m'eût pas mis en peine
De manquer à ma gloire, ou d'acquérir ma reine.
  Votre refus m'expose à cette dure loi
D'entreprendre un combat qui n'est que contre moi :
J'en crains également l'une et l'autre fortune.
Et le moyen aussi que j'en souhaite aucune?
Ni vaincu, ni vainqueur, je ne puis être à vous:
Vaincu, j'en suis indigne; et vainqueur, son époux:
Et le destin m'y traite avec tant d'injustice,
Que son plus beau succès me tient lieu de supplice.
Aussi, quand mon devoir ose la disputer,
Je ne veux l'acquérir que pour vous mériter,
Que pour montrer qu'en vous j'adorais la personne,
Et me pouvais ailleurs promettre une couronne.
Fasse le juste ciel que j'y puisse, ou mourir,
Ou ne la mériter que pour vous acquérir!
DONA ELVIRE. Ce sont vœux superflus de vouloir un miracle
Où votre gloire oppose un invincible obstacle ;
Et la reine pour moi vous saura bien payer
Du temps qu'un peu d'amour vous fit mal employer.
Ma couronne est douteuse, et la sienne affermie;
L'avantage du change en ôte l'infamie :
Allez, n'en perdez pas la digne occasion ;
Poursuivez-la sans honte et sans confusion.
La légèreté même où tant d'honneur engage
Est moins légèreté que grandeur de courage.
Mais gardez que Carlos ne me venge de vous.
DON ALVAR. Ah! laissez-moi, madame, adorer ce courroux.
J'avais cru jusqu'ici mon combat magnanime,
Mais je suis trop heureux s'il passe pour un crime,
Et si, quand de vos lois l'honneur me fait sortir,
Vous m'estimez assez pour vous en ressentir.
De ce crime vers vous quels que soient les supplices,
Du moins il m'a valu plus que tous mes services,
Puisqu'il me fait connaître, alors qu'il vous déplaît,
Que vous daignez en moi prendre quelque intérêt.
DONA ELVIRE. Le crime, don Alvar, dont je semble irritée,
C'est qu'on me persécute après m'avoir quittée;
Et, pour vous dire encor quelque chose de plus,
Je me fâche d'entendre accuser mes refus.
Je suis reine sans sceptre, et n'en ai que le titre;
Le pouvoir m'en est dû, le temps en est l'arbitre.
Si vous m'avez servie en généreux amant

Quand j'ai reçu du ciel le plus dur traitement,
J'ai tâché d'y répondre avec toute l'estime
Que pouvait en attendre un cœur si magnanime.
Pouvais-je en cet exil davantage sur moi?
Je ne veux point d'époux que je n'en fasse un roi;
Et je n'ai pas une âme assez basse et commune,
Pour en faire un appui de ma triste fortune.
C'est chez moi, don Alvar, dans la pompe et l'éclat,
Que me le doit choisir le bien de mon Etat.
Il fallait arracher mon sceptre à mon rebelle,
Le remettre en ma main pour le recevoir d'elle;
Je vous aurais peut-être alors considéré
Plus que ne m'a permis un sort si déploré.
Mais une occasion plus prompte et plus brillante
A surpris cependant votre amour chancelante;
Et, soit que votre cœur s'y trouvât disposé,
Soit qu'un si long refus l'y laissât exposé,
Je ne vous blâme point de l'avoir acceptée:
De plus constants que vous l'auraient bien écoutée.
Quelle qu'en soit pourtant la cause ou la couleur,
Vous pouviez l'embrasser avec moins de chaleur,
Combattre le dernier, et, par quelque apparence,
Témoigner que l'honneur vous faisait violence;
De cette illusion l'artifice secret
M'eût forcée à vous plaindre, et vous perdre à regret.
Mais courir au-devant, et vouloir bien qu'on voie
Que vos vœux mal reçus m'échappent avec joie...

DON ALVAR. Vous auriez donc voulu que l'honneur d'un tel choix
Eût montré votre amant le plus lâche des trois?
Que pour lui cette gloire eût eu trop peu d'amorces,
Jusqu'à ce qu'un rival eût épuisé ses forces?
Que...

DONA ELVIRE. Vous achèverez au sortir du combat,
Si toutefois Carlos vous en laisse en état.
Voilà vos deux rivaux avec qui je vous laisse;
Et vous dirai demain pour qui je m'intéresse.

DON ALVAR. Hélas! pour le bien voir je n'ai que trop de jour.

SCÈNE II.

DON MANRIQUE, DON LOPE, DON ALVAR.

DON MANRIQUE. Qui vous traite le mieux, la fortune, ou l'amour?
La reine charme-t-elle auprès de doña Elvire?
DON ALVAR. Si j'emporte la bague, il faudra vous le dire.
DON LOPE. Carlos vous nuit partout, du moins à ce qu'on croit.
DON ALVAR. Il fait plus d'un jaloux, du moins à ce qu'on voit.

DON LOPE. Il devrait par pitié vous céder l'une ou l'autre.
DON ALVAR. Plaignant mon intérêt, n'oubliez pas le vôtre.
DON MANRIQUE. De vrai, la presse est grande à qui le fera roi.
DON ALVAR. Je vous plains fort tous deux s'il vient à bout de moi.
DON MANRIQUE. Mais si vous le vainquez, serons-nous fort à plaindre?
DON ALVAR. Quand je l'aurai vaincu, vous aurez fort à craindre.
DON LOPE. Oui, de vous voir longtemps hors de combat pour nous.
DON ALVAR. Nous aurons essuyé les plus dangereux coups.
DON MANRIQUE. L'heure nous tardera d'en voir l'expérience.
DON ALVAR. On pourra vous guérir de cette impatience.
DON LOPE. De grâce, faites donc que ce soit promptement.

SCÈNE III.

DONA ISABELLE, DON MANRIQUE, DON ALVAR, DON LOPE.

DONA ISABELLE. Laissez-moi, don Alvar, leur parler un moment :
Je n'entreprendrai rien à votre préjudice,
Et mon dessein ne va qu'à vous faire justice,
Qu'à vous favoriser plus que vous ne voulez.
DON ALVAR. Je ne sais qu'obéir alors que vous parlez.

SCÈNE IV.

DONA ISABELLE, DON MANRIQUE, DON LOPE.

DONA ISABELLE. Comtes, je ne veux plus donner lieu qu'on murmure
Que, choisir par autrui, c'est me faire une injure;
Et, puisque de ma main le choix sera plus beau
Je veux choisir moi-même, et reprendre l'anneau.
Je ferai plus pour vous : des trois qu'on me propose,
J'en exclus don Alvar; vous en savez la cause :
Je ne veux point gêner un cœur plein d'autres feux,
Et vous ôte un rival pour le rendre à ses vœux.
Qui n'aime que par force aime qu'on le néglige;
Et mon refus du moins autant que vous l'oblige,
Vous êtes donc les seuls que je veux regarder :
Mais avant qu'à choisir j'ose me hasarder,
Je voudrais voir en vous quelque preuve certaine
Qu'en moi c'est moi qu'on aime et non l'éclat de reine.
L'amour n'est, ce dit-on, qu'une union d'esprits;
Et je tiendrais des deux celui-là mieux épris
Qui favoriserait ce que je favorise,
Et ne mépriserait que ce que je méprise,
Qui prendrait en m'aimant même cœur, mêmes yeux :
Si vous ne m'entendez, je vais m'expliquer mieux.

Aux vertus de Carlos j'ai paru libérale.
Je voudrais en tous deux voir une estime égale ;
Qu'il trouvât même honneur, même justice en vous.
Car ne présumez pas que je prenne un époux
Pour m'exposer moi-même à ce honteux outrage
Qu'un roi fait de ma main détruise mon ouvrage.
N'y pensez l'un ni l'autre, à moins qu'un digne effet
Suive de votre part ce que pour lui j'ai fait ;
Et que, par cet aveu, je demeure assurée
Que tout ce qui m'a plu doit être de durée.

DON MANRIQUE. Toujours Carlos, madame! et toujours son bonheur
Fait dépendre de lui le nôtre et votre cœur !
Mais, puisque c'est par là qu'il faut enfin vous plaire,
Vous-même apprenez-nous ce que nous pouvons faire.
Nous l'estimons tous deux un des braves guerriers
A qui jamais la guerre ait donné des lauriers :
Notre liberté même est due à sa vaillance ;
Et, quoiqu'il ait tantôt montré quelque insolence
Dont nous a dû piquer l'honneur de notre rang,
Vous avez suppléé l'obscurité du sang.
Ce qu'il vous plaît qu'il soit, il est digne de l'être.
Nous lui devons beaucoup, et l'allions reconnaître,
L'honorer en soldat, et lui faire du bien ;
Mais après vos faveurs nous ne pouvons plus rien.
Qui pouvait pour Carlos ne peut rien pour un comte ;
Il n'est rien en nos mains qu'il ne reçût sans honte ;
Et vous avez pris soin de le payer pour nous.

DONA ISABELLE. Il est entre vos mains des présents assez doux
Qui purgeraient vos noms de toute ingratitude,
Et mon âme pour lui de toute inquiétude ;
Il en est dont sans honte il serait possesseur :
En un mot, vous avez l'un et l'autre une sœur ;
Et je veux que le roi qu'il me plaira de faire,
En recevant ma main, le fasse son beau-frère ;
Et que par cet hymen son destin affermi
Ne puisse en mon époux trouver son ennemi.
Ce n'est pas, après tout, que j'en craigne la haine ;
Je sais qu'en cet Etat je serai toujours reine,
Et qu'un tel roi jamais, quel que soit son projet,
Ne sera, sous ce nom, que mon premier sujet ;
Mais je ne me plais pas à contraindre personne,
Et moins que tous un cœur à qui le mien se donne.
Répondez donc tous deux : n'y consentez-vous pas?

DON MANRIQUE. Oui, madame, aux plus longs et plus cruels trépas,
Plutôt qu'à voir jamais de pareils hyménées
Ternir en un moment l'éclat de mille années.
Ne cherchez point par là cette union d'esprits :
Votre sceptre, madame, est trop cher à ce prix ;

ACTE III.

    Et jamais...
DONA ISABELLE.   Ainsi donc vous me faites connaître
    Que ce que je l'ai fait il est digne de l'être,
    Que je puis suppléer l'obscurité du sang?
DON MANRIQUE. Oui bien pour l'élever jusques à notre rang.
    Jamais un souverain ne doit compte à personne
    Des dignités qu'il fait, et des grandeurs qu'il donne;
    S'il est d'un sort indigne ou l'auteur ou l'appui,
    Comme il le fait lui seul, la honte est toute à lui.
    Mais disposer d'un sang que j'ai reçu sans tache!
    Avant que le souiller il faut qu'on me l'arrache;
    J'en dois compte aux aïeux dont il est hérité,
    A toute leur famille, à la postérité.
DONA ISABELLE. Et moi, Manrique, et moi, qui n'en dois aucun compte,
    J'en disposerai seule, et j'en aurai la honte.
    Mais quelle extravagance a pu vous figurer
    Que je me donne à vous pour vous déshonorer,
    Que mon sceptre en vos mains porte quelque infamie?
    Si je suis jusque-là de moi-même ennemie,
    En quelle qualité, de sujet ou d'amant,
    M'osez-vous expliquer ce noble sentiment?
    Ah! si vous n'apprenez à parler d'autre sorte...
DON LOPE. Madame, pardonnez à l'ardeur qui l'emporte;
    Il devait s'excuser avec plus de douceur.
    Nous avons en effet l'un et l'autre une sœur;
    Mais, si j'ose en parler avec quelque franchise,
    A d'autres qu'au marquis l'une et l'autre est promise.
DONA ISABELLE. A qui, don Lope?
DON MANRIQUE.   A moi, madame.
DONA ISABELLE.   Et l'autre?
DON LOPE.   A moi.
DONA ISABELLE. J'ai donc tort parmi vous de vouloir faire un roi.
    Allez, heureux amants, allez voir vos maîtresses;
    Et, parmi les douceurs de vos dignes caresses,
    N'oubliez pas de dire à ces jeunes esprits
    Que vous faites du trône un généreux mépris.
    Je vous l'ai déjà dit, je ne force personne,
    Et rends grâce à l'Etat des amants qu'il me donne.
DON LOPE. Ecoutez-nous, de grâce.
DONA ISABELLE.   Et que me direz-vous?
    Que la constance est belle au jugement de tous?
    Qu'il n'est point de grandeurs qui la doivent séduire?
    Quelques autres que vous m'en sauront mieux instruire;
    Et si cette vertu ne se doit point forcer,
    Peut-être qu'à mon tour je saurai l'exercer.
DON LOPE. Exercez-la, madame, et souffrez qu'on s'explique.
    Vous connaîtrez du moins don Lope et don Manrique,

Qu'un vertueux amour qu'ils ont tous deux pour vous,
Ne pouvant rendre heureux sans en faire un jaloux,
Porte à tarir ainsi la source des querelles
Qu'entre les grands rivaux on voit si naturelles.
Ils se sont l'un à l'autre attachés par ces nœuds
Qui n'auront leur effet que pour le malheureux :
Il me devra sa sœur, s'il faut qu'il vous obtienne ;
Et si je suis à vous, je lui devrai la mienne.
Celui qui doit vous perdre ainsi malgré son sort
A s'approcher de vous fait encor son effort.
Ainsi, pour consoler l'une ou l'autre infortune,
L'une et l'autre est promise, et nous n'en devons qu'une :
Nous ignorons laquelle ; et vous la choisirez,
Puisqu'enfin c'est la sœur du roi que vous ferez.
Jugez donc si Carlos en peut être beau-frère,
Et si vous devez rompre un nœud si salutaire,
Hasarder un repos à votre Etat si doux,
Qu'affermit sous vos lois la concorde entre nous.

DONA ISABELLE. Et ne savez-vous point qu'étant ce que vous êtes,
Vos sœurs par conséquent mes premières sujettes,
Les donner sans mon ordre, et même malgré moi,
C'est dans mon propre Etat m'oser faire la loi ?

DON MANRIQUE. Agissez donc enfin, madame, en souveraine,
Et souffrez qu'on s'excuse, ou commandez en reine ;
Nous vous obéirons, mais sans y consentir :
Et, pour vous dire tout avant que de sortir,
Carlos est généreux, il connaît sa naissance ;
Qu'il se juge en secret sur cette connaissance ;
Et, s'il trouve son sang digne d'un tel honneur,
Qu'il vienne, nous tiendrons l'alliance à bonheur ;
Qu'il choisisse des deux, et l'épouse, s'il l'ose.
Nous n'avons plus, madame, à vous dire autre chose :
Mettre en un tel hasard le choix de leur époux,
C'est jusqu'où nous pouvons nous abaisser pour vous.
Mais, encore une fois, que Carlos y regarde,
Et pense à quels périls cet hymen le hasarde.

DONA ISABELLE. Vous-même, gardez bien, pour le trop dédaigner,
Que je ne montre enfin comme je sais régner.

SCÈNE V.

DONA ISABELLE.

Quel est ce mouvement qui tous deux les mutine,
Lorsque l'obéissance au trône les destine ?
Est-ce orgueil ? est-ce envie ? est-ce animosité,
Défiance, mépris, ou générosité ?

N'est-ce point que le ciel ne consent qu'avec peine
Cette triste union d'un sujet à sa reine;
Et jette un prompt obstacle aux plus aisés desseins
Qui laissent choir mon sceptre en leurs indignes mains?
Mes yeux n'ont-ils horreur d'une telle bassesse,
Que pour s'abaisser trop lorsque je les abaisse?
Quel destin à ma gloire oppose mon ardeur?
Quel destin à ma flamme oppose ma grandeur?
Si ce n'est que par là que je m'en puis défendre,
Ciel, laisse-moi donner ce que je n'ose prendre;
Et, puisqu'enfin pour moi tu n'as point fait de rois,
Souffre de mes sujets le moins indigne choix.

SCÈNE VI.

DONA ISABELLE, BLANCHE.

DONA ISABELLE. Blanche, j'ai perdu temps.
BLANCHE. Je l'ai perdu de même.
DONA ISABELLE. Les comtes à ce prix fuyent le diadème.
BLANCHE. Et Carlos ne veut point de fortune à ce prix.
DONA ISABELLE. Rend-il haine pour haine, et mépris pour mépris?
BLANCHE. Non, madame; au contraire, il estime ces dames
Dignes des plus grands cœurs et des plus belles flammes.
DONA ISABELLE. Et qui l'empêche donc d'aimer, et de choisir?
BLANCHE. Quelque secret obstacle arrête son désir.
Tout le bien qu'il en dit ne passe point l'estime :
Charmantes qu'elles sont, les aimer c'est un crime.
Il ne s'excuse point sur l'inégalité,
Il semble plutôt craindre une infidélité;
Et ses discours obscurs, sous un confus mélange,
M'ont fait voir malgré lui comme une horreur du change,
Comme une aversion, qui n'a pour fondement
Que les secrets liens d'un autre attachement.
DONA ISABELLE. Il aimerait ailleurs!
BLANCHE. Oui, si je ne m'abuse,
Il aime en lieu plus haut que n'est ce qu'il refuse;
Et, si je ne craignais votre juste courroux,
J'oserais deviner, madame, que c'est vous.
DONA ISABELLE. Ah! ce n'est pas pour moi qu'il est si téméraire;
Tantôt dans ses respects j'ai trop vu le contraire.
Si l'éclat de mon sceptre avait pu le charmer,
Il ne m'aurait jamais défendu de l'aimer.
S'il aime en lieu si haut, il aime donc Elvire;
Il doit l'accompagner jusque dans son empire,
Et fait à mes amants ces défis généreux,
Non pas pour m'acquérir, mais pour se venger d'eux.

Je l'ai donc agrandi pour le voir disparaître,
Et qu'une reine, ingrate à l'égal de ce traître,
M'enlève, après vingt ans de refuge en ces lieux,
Ce qu'avait mon État de plus doux à mes yeux!
Non, j'ai pris trop de soin de conserver sa vie.
Qu'il combatte, qu'il meure; et j'en serai ravie.
Je saurai par sa mort à quels vœux m'engager,
Et j'aimerai des trois qui m'en saura venger.

BLANCHE. Que vous peut offenser sa flamme, ou sa retraite,
Puisque vous n'aspirez qu'à vous en voir défaite?
Je ne sais pas s'il aime ou done Elvire ou vous,
Mais je ne comprends point ce mouvement jaloux.

DONE ISABELLE. Tu ne le comprends point! et c'est ce qui m'étonne;
Je veux donner son cœur, non que son cœur le donne.
Je veux que son respect l'empêche de m'aimer,
Non des flammes qu'une autre a su mieux allumer.
Je veux bien plus, qu'il m'aime, et qu'un juste silence
Fasse à des feux pareils pareille violence;
Que l'inégalité lui donne même ennui;
Qu'il souffre autant pour moi que je souffre pour lui;
Que par le seul dessein d'affermir sa fortune,
Et non point par amour, il se donne à quelqu'une;
Que par mon ordre seul il s'y laisse obliger;
Que ce soit m'obéir et non me négliger;
Et que, voyant ma flamme à l'honorer trop prompte
Il m'ôte de péril, sans me faire de honte.
Car enfin il l'a vue, et la connaît trop bien:
Mais il aspire au trône, et ce n'est pas au mien;
Il me préfère une autre, et cette préférence
Forme de son respect la trompeuse apparence:
Faux respect qui me brave, et veut régner sans moi.

BLANCHE. Pour aimer donc Elvire, il n'est pas encor roi.

DONA ISABELLE. Elle est reine, et peut tout sur l'esprit de sa mère.

BLANCHE. Si ce n'est un faux bruit, le ciel lui rend un frère.
Don Sanche n'est point mort, et vient ici, dit-on,
Avec les députés qu'on attend d'Aragon.
C'est ce qu'en arrivant leurs gens ont fait entendre.

DONA ISABELLE. Blanche, s'il est ainsi, que d'heur j'en dois attendre!
L'injustice du ciel, faute d'autres objets,
Me forçait d'abaisser mes yeux sur mes sujets,
Ne voyant point de prince égal à ma naissance
Qui ne fût sous l'hymen, ou Maure, ou dans l'enfance:
Mais, s'il lui rend un frère, il m'envoie un époux.
Comtes, je n'ai plus d'yeux pour Carlos ni pour vous;
Et, devenant par là reine de ma rivale,
J'aurai droit d'empêcher qu'elle ne se ravale;
Et ne souffrirai pas qu'elle ait plus de bonheur
Que ne m'en ont permis ces tristes lois d'honneur.

BLANCHE. La belle occasion que votre jalousie,
Douteuse encor qu'elle est, a promptement saisie!
DONA ISABELLE. Allons l'examiner, Blanche; et tâchons de voir
Quelle juste espérance on en peut concevoir.

ACTE QUATRIEME.

SCÈNE I.

DONA LÉONOR, DON MANRIQUE, DON LOPE.

DON MANRIQUE. Quoique l'espoir d'un trône et l'amour d'une reine
Soient des biens que jamais on ne céda sans peine;
Quoique à l'un de nous deux elle ait promis sa foi,
Nous cessons de prétendre où nous voyons un roi.
Dans notre ambition nous savons nous connaître;
Et, bénissant le ciel qui nous donne un tel maître,
Ce prince qu'il vous rend après tant de travaux
Trouve en nous des sujets, et non pas des rivaux :
Heureux si l'Aragon joint avec la Castille,
Du sang de deux grands rois ne fait qu'une famille!
Nous vous en conjurons, loin d'en être jaloux,
Comme étant l'un et l'autre à l'Etat plus qu'à nous;
Et, tous impatients d'en voir la force unie
Des Maures nos voisins dompter la tyrannie,
Nous renonçons sans honte à ce choix glorieux,
Qui d'une grande reine abaissait trop les yeux.
DONA LÉONOR. La générosité de votre déférence,
Comtes, flatte trop tôt ma nouvelle espérance :
D'un avis si douteux j'attends fort peu de fruit;
Et ce grand bruit enfin peut-être n'est qu'un bruit.
Mais jugez-en tous deux, et me daignez apprendre
Ce qu'avecque raison mon cœur en doit attendre.
    Les troubles d'Aragon vous sont assez connus;
Je vous en ai souvent tous deux entretenus,
Et ne vous redis point quelles longues misères
Chassèrent don Fernand du trône de ses pères.
Il y voyait déjà monter ses ennemis,
Ce prince malheureux, quand j'accouchai d'un fils :
On le nomma don Sanche; et, pour cacher sa vie
Aux barbares fureurs du traître don Garcie,
A peine eus-je loisir de lui dire un adieu,
Qu'il le fit enlever sans me dire en quel lieu;
Et je n'en pus jamais savoir que quelques marques

Pour reconnaître un jour le sang de nos monarques.
Trop inutiles soins contre un si mauvais sort!
Lui-même au bout d'un an m'apprit qu'il était mort.
Quatre ans après il meurt, et me laisse une fille
Dont je vins, par son ordre, accoucher en Castille.
Il me souvient toujours de ses derniers propos;
Il mourut en mes bras avec ces tristes mots :
« Je meurs, et je vous laisse en un sort déplorable;
» Le ciel vous puisse un jour être plus favorable!
» Don Raymond a pour vous des secrets importants,
» Et vous les apprendra quand il en sera temps.
» Fuyez dans la Castille. » A ces mots il expire :
Et jamais don Raymond ne me voulut rien dire.
Je partis sans lumière en ces obscurités :
Mais le voyant venir avec ces députés,
Et que c'est par leurs gens que ce grand bruit éclate,
(Voyez qu'en sa faveur aisément on se flatte!)
J'ai cru que du secret le temps était venu,
Et que don Sanche était ce mystère inconnu;
Qu'il l'amenait ici reconnaître sa mère.
Hélas! que c'est en vain que mon amour l'espère!
A ma confusion ce bruit s'est éclairci :
Bien loin de l'amener, ils le cherchent ici.
Voyez quelle apparence, et si cette province
A jamais su le nom de ce malheureux prince.

DON LOPE. Si vous croyez au nom, vous croirez son trépas,
Et qu'on cherche don Sanche où don Sanche n'est pas;
Mais, si vous en voulez croire la voix publique,
Et que notre pensée avec elle s'explique,
Ou le ciel pour jamais a repris ce héros,
Ou cet illustre prince est le vaillant Carlos.
Nous le dirons tous deux, quoique suspects d'envie
C'est un miracle pur que le cours de sa vie.
Cette haute vertu qui charme tant d'esprits,
Cette fière valeur qui brave nos mépris,
Ce port majestueux qui, tout inconnu même,
A plus d'accès que nous auprès du diadème;
Deux reines qu'à l'envi nous voyons l'estimer,
Et qui peut-être ont peine à ne le pas aimer;
Ce prompt consentement d'un peuple qui l'adore :
Madame, après cela j'ose le dire encore,
Ou le ciel pour jamais a repris ce héros,
Ou cet illustre prince est le vaillant Carlos.
Nous avons méprisé sa naissance inconnue;
Mais à ce peu de jour nous recouvrons la vue,
Et verrions à regret qu'il fallût aujourd'hui
Céder notre espérance à tout autre qu'à lui.

DONA LÉONOR. Il en a le mérite, et non pas la naissance;

Et lui-même il en donne assez de connaissance,
Abandonnant la reine à choisir parmi vous
Un roi pour la Castille, et pour elle un époux.
DON MANRIQUE. Et ne voyez-vous pas que sa valeur s'apprête
A faire sur tous trois cette illustre conquête?
Oubliez-vous déjà qu'il a dit, à vos yeux,
Qu'il ne veut rien devoir au nom de ses aïeux?
Son grand cœur se dérobe à ce haut avantage,
Pour devoir sa grandeur entière à son courage;
Dans une cour si belle et si pleine d'appas,
Avez-vous remarqué qu'il aime en lieu plus bas?
DONA LÉONOR. Le voici, nous saurons ce que lui-même en pense.

SCÈNE II.

DONA LÉONOR, CARLOS, DON MANRIQUE, DON LOPE.

CARLOS. Madame, sauvez-moi d'un honneur qui m'offense :
Un peuple, opiniâtre à m'arracher mon nom,
Veut que je sois don Sanche et prince d'Aragon.
Puisque par sa présence il faut que ce bruit meure,
Dois-je être en l'attendant le fantôme d'une heure?
Ou si c'est une erreur qui lui promet ce roi,
Souffrez-vous qu'elle abuse et de vous et de moi?
DONA LÉONOR. Quoi que vous présumiez de la voix populaire,
Par de secrets rayons le ciel souvent l'éclaire :
Vous apprendrez par là du moins les vœux de tous,
Et quelle opinion les peuples ont de vous.
DON LOPE. Prince, ne cachez plus ce que le ciel découvre;
Ne fermez pas nos yeux quand sa main nous les ouvre :
Vous devez être las de nous faire faillir.
Nous ignorons quel fruit vous en vouliez cueillir;
Mais nous avions pour vous une estime assez haute
Pour n'être pas forcés à commettre une faute;
Et notre honneur, au vôtre en aveugle opposé,
Méritait par pitié d'être désabusé.
Notre orgueil n'est pas tel qu'il s'attache aux personnes,
Ou qu'il ose oublier ce qu'il doit aux couronnes;
Et s'il n'a pas eu d'yeux pour un roi déguisé,
Si l'inconnu Carlos s'en est vu méprisé,
Nous respectons don Sanche, et l'acceptons pour maître,
Sitôt qu'à notre reine il se fera connaître;
Et sans doute son cœur nous en avouera bien.
Hâtez cette union de votre sceptre au sien,
Seigneur; et, d'un soldat quittant la fausse image,
Recevez, comme roi, notre premier hommage.
CARLOS. Comtes, ces faux respects, dont je me vois surpris,

Sont plus injurieux encor que vos mépris.
Je pense avoir rendu mon nom assez illustre
Pour n'avoir pas besoin qu'on lui donne un faux lustre :
Reprenez vos honneurs où je n'ai point de part.
J'imputais ce faux bruit aux fureurs du hasard,
Et doutais qu'il pût être une âme assez hardie
Pour ériger Carlos en roi de comédie :
Mais puisque c'est un jeu de votre belle humeur,
Sachez que les vaillants honorent la valeur ;
Et que tous vos pareils auraient quelque scrupule
A faire de la mienne un éclat ridicule.
Si c'est votre dessein d'en réjouir ces lieux,
Quand vous m'aurez vaincu vous me raillerez mieux :
La raillerie est belle après une victoire ;
On la fait avec grâce aussi bien qu'avec gloire.
Mais vous précipitez un peu trop ce dessein :
La bague de la reine est encore en ma main ;
Et l'inconnu Carlos, sans nommer sa famille,
Vous sert encor d'obstacle au trône de Castille ;
Ce bras, qui vous sauva de la captivité,
Peut s'opposer encore à votre avidité.

DON MANRIQUE. Pour n'être que Carlos, vous parlez bien en maître ;
Et tranchez bien du prince, en déniant de l'être.
Si nous avons tantôt jusqu'au bout défendu
L'honneur qu'à notre rang nous voyions être dû,
Nous saurons bien encor jusqu'au bout le défendre :
Mais ce que nous devons, nous aimons à le rendre.
Que vous soyez don Sanche ou qu'un autre le soit,
L'un et l'autre de nous lui rendra ce qu'il doit.
Pour le nouveau marquis, quoique l'honneur l'irrite,
Qu'il sache qu'on l'honore autant qu'il le mérite ;
Mais que, pour nous combattre, il faut que le bon sang
Aide un peu sa valeur à soutenir ce rang.
Qu'il n'y prétende point à moins qu'il se déclare :
Non que nous demandions qu'il soit Gusman ou Lare ;
Qu'il soit noble, il suffit pour nous traiter d'égal ;
Nous le verrons tous deux comme un digne rival :
Et si don Sanche enfin n'est qu'une attente vaine,
Nous lui disputerons cet anneau de la reine.
Qu'il souffre cependant, quoique brave guerrier,
Que notre bras dédaigne un simple aventurier.

Nous vous laissons, madame, éclaircir ce mystère ;
Le sang a des secrets qu'entend mieux une mère :
Et dans les différends qu'avec lui nous avons,
Nous craignons d'oublier ce que nous vous devons.

ACTE IV.

SCÈNE III.

DONA LÉONOR, CARLOS.

CARLOS. Madame, vous voyez comme l'orgueil me traite ;
Pour me faire un honneur on veut que je l'achète :
Mais s'il faut qu'il m'en coûte un secret de vingt ans,
Cet anneau dans mes mains pourra briller longtemps.
DONA LÉONOR. Laissons là ce combat, et parlons de don Sanche.
Ce bruit est grand pour vous, toute la cour y penche.
De grâce, dites-moi, vous connaissez-vous bien?
CARLOS. Plût à Dieu qu'en mon sort je ne connusse rien!
Si j'étais quelque enfant épargné des tempêtes,
Livré dans un désert à la merci des bêtes,
Exposé par la crainte ou par l'inimitié,
Rencontré par hasard et nourri par pitié;
Mon orgueil à ce bruit prendrait quelque espérance
Sur votre incertitude et sur mon ignorance;
Je me figurerais ces destins merveilleux,
Qui tiraient du néant les héros fabuleux;
Et me revêtirais des brillantes chimères
Qu'osa former pour eux le loisir de nos pères :
Car enfin je suis vain, et mon ambition
Ne peut s'examiner sans indignation;
Je ne puis regarder sceptre ni diadème,
Qu'ils n'emportent mon âme au delà d'elle-même.
Inutiles élans d'un vol impétueux.
Que pousse vers le ciel un cœur présomptueux,
Que soutiennent en l'air quelques exploits de guerre,
Et qu'un coup d'œil sur moi rabat soudain à terre!
Je ne suis point don Sanche, et connais mes parents
Ce bruit me donne en vain un nom que je vous rends.
Gardez-le pour ce prince : une heure ou deux, peut-être,
Avec vos députés vous le feront connaître.
Laissez-moi cependant à cette obscurité,
Qui ne fait que justice à ma témérité.
DONA LÉONOR. En vain donc je me flatte, et ce que j'aime à croire
N'est qu'une illusion que me fait votre gloire?
Mon cœur vous en dédit; un secret mouvement,
Qui le penche vers vous, malgré moi vous dément :
Mais je ne puis juger quelle source l'anime,
Si c'est l'ardeur du sang, ou l'effort de l'estime;
Si la nature agit, ou si c'est le désir;
Si c'est vous reconnaître, ou si c'est vous choisir.
Je veux bien toutefois étouffer ce murmure
Comme de vos vertus une aimable imposture,
Condamner pour vous plaire un bruit qui m'est si doux;

Mais où sera mon fils s'il ne vit point en vous?
On veut qu'il soit ici ; je n'en vois aucun signe :
On connaît, hormis vous, quiconque en serait digne;
Et le vrai sang des rois, sous le sort abattu,
Peut cacher sa naissance, et non pas sa vertu :
Il porte sur le front un luisant caractère
Qui parle malgré lui de tout ce qu'il veut taire ;
Et celui que le ciel sur le vôtre avait mis
Pouvait seul m'éblouir, si vous l'eussiez permis.
　　Vous ne l'êtes donc point, puisque vous me le dites ;
Mais vous êtes à craindre avec tant de mérites.
Souffrez que j'en demeure à cette obscurité.
Je ne condamne point votre témérité :
Mon estime au contraire est pour vous si puissante,
Qu'il ne tiendra qu'à vous que mon cœur y consente :
Votre sang avec moi n'a qu'à se déclarer,
Et je vous donne après liberté d'espérer.
Que si même à ce prix vous cachez votre race,
Ne me refusez point du moins une autre grâce :
Ne vous préparez plus à nous accompagner;
Nous n'avons plus besoin de secours pour régner;
La mort de don Garcie a puni tous ses crimes,
Et rendu l'Aragon à ses rois légitimes.
N'en cherchez plus la gloire; et, quels que soient vos vœux
Ne me contraignez point à plus que je ne veux.
Le prix de la valeur doit avoir ses limites ;
Et je vous crains enfin avec tant de mérites.
C'est assez vous en dire. Adieu : pensez-y bien;
Et faites-vous connaître, ou n'aspirez à rien.

SCÈNE IV.

CARLOS, BLANCHE.

BLANCHE. Qui ne vous craindra point, si les reines vous craignent?
CARLOS. Elles se font raison lorsqu'elles me dédaignent.
BLANCHE. Dédaigner un héros qu'on reconnaît pour roi !
CARLOS. N'aide point à l'envie à se jouer de moi,
Blanche; et, si tu te plais à seconder sa haine,
Du moins respecte en moi l'ouvrage de ta reine.
BLANCHE. La reine même en vous ne voit plus aujourd'hui
Qu'un prince que le ciel nous montre malgré lui.
Mais c'est trop la tenir dedans l'incertitude;
Ce silence vers elle est une ingratitude :
Ce qu'a fait pour Carlos sa générosité
Méritait de don Sanche une civilité.
CARLOS. Ah! nom fatal pour moi, que tu me persécutes,
Et prépares mon âme à d'effroyables chutes!

SCÈNE V.

DONA ISABELLE, CARLOS, BLANCHE.

CARLOS. Madame, commandez qu'on me laisse en repos,
Qu'on ne confonde plus don Sanche avec Carlos :
C'est faire au nom d'un prince une trop longue injure;
Je ne veux que celui de votre créature;
Et si le sort jaloux, qui semble me flatter,
Veut m'élever plus haut pour m'en précipiter,
Souffrez qu'en m'éloignant je dérobe ma tête
A l'indigne revers que sa fureur m'apprête.
Je le vois de trop loin pour l'attendre en ce lieu :
Souffrez que je l'évite en vous disant adieu;
Souffrez...

DONA ISABELLE. Quoi! ce grand cœur redoute une couronne!
Quand on le croit monarque, il frémit, il s'étonne!
Il veut fuir cette gloire, et se laisse alarmer
De ce que sa vertu force d'en présumer!

CARLOS. Ah! vous ne voyez pas que cette erreur commune
N'est qu'une trahison de ma bonne fortune;
Que déjà mes secrets sont à demi trahis.
Je lui cachais en vain ma race et mon pays;
En vain sous un faux nom je me faisais connaître,
Pour lui faire oublier ce qu'elle m'a fait naître;
Elle a déjà trouvé mon pays et mon nom.
Je suis Sanche, madame, et né dans l'Aragon;
Et je crois déjà voir sa malice funeste
Détruire votre ouvrage en découvrant le reste,
Et faire voir ici, par un honteux effet,
Quel comte et quel marquis votre faveur a fait.

DONA ISABELLE. Pourrais-je alors manquer de force et de courage
Pour empêcher le sort d'abattre mon ouvrage?
Ne me dérobez point ce qu'il ne peut ternir,
Et la main qui l'a fait saura le soutenir.
Mais vous vous en formez une vaine menace
Pour faire un beau prétexte à l'amour qui vous chasse.
Je ne demande plus d'où partait ce dédain,
Quand j'ai voulu vous faire un hymen de ma main.
Allez dans l'Aragon suivre votre princesse,
Mais allez-y du moins sans feindre une faiblesse;
Et puisque ce grand cœur s'attache à ses appas,
Montrez en la suivant que vous ne fuyez pas.

CARLOS. Ah! madame, plutôt apprenez tous mes crimes :
Ma tête est à vos pieds, s'il vous faut des victimes.
Tout chétif que je suis, je dois vous avouer
Qu'en me plaignant du sort j'ai de quoi m'en louer.

S'il m'a fait en naissant quelque désavantage,
Il m'a donné d'un roi le nom et le courage;
Et depuis que mon cœur est capable d'aimer,
A moins que d'une reine il n'a pu s'enflammer;
Voilà mon premier crime : et je ne puis vous dire
Qui m'a fait infidèle, ou vous, ou done Elvire;
Mais je sais que ce cœur, des deux parts engagé,
Se donnant à vous deux, ne s'est point partagé,
Toujours prêt d'embrasser son service et le vôtre
Toujours prêt à mourir et pour l'une et pour l'autre.
Pour n'en adorer qu'une, il eût fallu choisir;
Et ce choix eût été du moins quelque désir,
Quelque espoir outrageux d'être mieux reçu d'elle;
Et j'ai cru moins de crime à paraître infidèle.
Qui n'a rien à prétendre en peut bien aimer deux,
Et perdre en plus d'un lieu des soupirs et des vœux;
Voilà mon second crime; et, quoique ma souffrance
Jamais à ce beau feu n'ait permis d'espérance,
Je ne puis, sans mourir d'un désespoir jaloux,
Voir dans les bras d'un autre ou done Elvire ou vous.
Voyant que votre choix m'apprêtait ce martyre,
Je voulais m'y soustraire en suivant done Elvire,
Et languir auprès d'elle, attendant que le sort,
Par un semblable hymen m'eût envoyé la mort.
Depuis, l'occasion que vous-même avez faite
M'a fait quitter le soin d'une telle retraite.
Ce trouble a quelque temps amusé ma douleur;
J'ai cru par ces combats reculer mon malheur.
Le coup de votre perte est devenu moins rude,
Lorsque j'en ai vu l'heure en quelque incertitude
Et que j'ai pu me faire une si douce loi,
Que ma mort vous donnât un plus vaillant que moi.
Mais je n'ai plus, madame, aucun combat à faire,
Je vois pour vous don Sanche un époux nécessaire.
Car ce n'est point l'amour qui fait l'hymen des rois;
Les raisons de l'Etat règlent toujours leur choix :
Leur sévère grandeur jamais ne se ravale,
Ayant devant les yeux un prince qui l'égale;
Et puisque le saint nœud qui le fait votre époux
Arrête comme sœur done Elvire avec vous,
Que je ne puis la voir sans voir ce qui me tue,
Permettez que j'évite une fatale vue,
Et que je porte ailleurs les criminels soupirs
D'un reste malheureux de tant de déplaisirs.

DONA ISABELLE. Vous m'en dites assez pour mériter ma haine,
Si je laissais agir les sentiments de reine;
Par un trouble secret je les sens confondus :
Partez, je le consens, et ne les troublez plus.

ACTE V.

Mais non : pour fuir don Sanche attendez qu'on le voie.
Ce bruit peut être faux et me rendre ma joie.
Que dis-je? Allez, marquis; j'y consens de nouveau :
Mais avant que partir donnez-lui mon anneau;
Si ce n'est toutefois une faveur trop grande
Que pour tant de faveurs une reine demande.

CARLOS. Vous voulez que je meure; et je dois obéir,
Dût cette obéissance à mon sort me trahir :
Je recevrai pour grâce un si juste supplice,
S'il en rompt la menace et prévient la malice,
Et souffre que Carlos, en donnant cet anneau,
Emporte ce faux nom et sa gloire au tombeau.
C'est l'unique bonheur où ce coupable aspire.

DONA ISABELLE. Que n'êtes-vous don Sanche! Ah! ciel! qu'osé-je dire?
Adieu : ne croyez pas ce soupir indiscret.

CARLOS. Il m'en a dit assez pour mourir sans regret.

ACTE CINQUIÈME.

SCÈNE I.

DON ALVAR, DONA ELVIRE.

DON ALVAR. Enfin, après un sort à mes vœux si contraire,
Je dois bénir le ciel qui vous renvoie un frère;
Puisque de notre reine il doit être l'époux,
Cette heureuse union me laisse tout à vous.
Je me vois affranchi d'un honneur tyrannique,
D'un joug que m'imposait cette faveur publique,
D'un choix qui me forçait à vouloir être roi;
Je n'ai plus de combat à faire contre moi,
Plus à craindre le prix d'une triste victoire;
Et l'infidélité que vous faisait ma gloire
Consent que mon amour, de ses lois dégagé,
Vous rende un inconstant qui n'a jamais changé.

DONA ELVIRE. Vous êtes généreux; mais votre impatience
Sur un bruit incertain prend trop de confiance;
Et cette prompte ardeur de rentrer dans mes fers
Me console trop tôt d'un trône que je perds.
Ma perte n'est encor qu'une rumeur confuse
Qui du nom de Carlos, malgré Carlos, abuse;
Et vous ne savez pas, à vous en bien parler,
Par quelle offre et quels vœux on m'en peut consoler.
Plus que vous ne pensez la couronne m'est chère :

Je perds plus qu'on ne croit, si Carlos est mon frère :
Attendez les effets que produiront ces bruits;
Attendez que je sache au vrai ce que je suis,
Si le ciel m'ôte ou laisse enfin le diadème,
S'il vous faut m'obtenir d'un frère ou de moi-même,
Si, par l'ordre d'autrui, je vous dois écouter,
Ou si j'ai seulement mon cœur à consulter.

DON ALVAR. Ah! ce n'est qu'à ce cœur que le mien vous demande,
Madame; c'est lui seul que je veux qui m'entende;
Et mon propre bonheur m'accablerait d'ennui
Si je n'étais à vous que par l'ordre d'autrui.
Pourrais-je de ce frère implorer la puissance
Pour ne vous obtenir que par obéissance,
Et, par un lâche abus de son autorité,
M'élever en tyran sur votre volonté?

DONA ELVIRE. Avec peu de raison vous craignez qu'il arrive
Qu'il ait des sentiments que mon âme ne suive :
Le digne sang des rois n'a point d'yeux que leurs yeux,
Et leurs premiers sujets obéissent le mieux.
Mais vous êtes étrange avec vos déférences
Dont les soumissions cherchent des assurances.
Vous ne craignez d'agir contre ce que je veux,
Que pour tirer de moi que j'accepte vos vœux,
Et vous obstineriez dans ce respect extrême
Jusques à me forcer à dire : Je vous aime.
Ce mot est un peu rude à prononcer pour nous;
Souffrez qu'à m'expliquer j'en trouve de plus doux.
Je vous dirai beaucoup, sans pourtant vous rien dire.
Je sais depuis quel temps vous aimez dona Elvire,
Je sais ce que je dois, je sais ce que je puis :
Mais, encore une fois, sachons ce que je suis;
Et, si vous n'aspirez qu'au bonheur de me plaire,
Tâchez d'approfondir ce dangereux mystère.
Carlos a tant de lieu de vous considérer,
Que, s'il devient mon roi, vous devez espérer.

DON ALVAR. Madame...
DONA ELVIRE. En ma faveur donnez-vous cette peine,
Et me laissez, de grâce, entretenir la reine.
DON ALVAR. J'obéis avec joie, et ferai mon pouvoir
A vous dire bientôt ce qui s'en peut savoir.

SCÈNE II.

DONA LÉONOR, DONA ELVIRE.

DONA LÉONOR. Don Alvar me fuit-il?
DONA ELVIRE. Madame, à ma prière,

ACTE V.

Il va dans tous ces bruits chercher quelque lumière,
J'ai craint en vous voyant un secours pour ses feux,
Et de défendre mal mon cœur contre vous deux.
DONA LÉONOR. Ne pourra-t-il jamais gagner votre courage?
DONA ELVIRE. Il peut tout obtenir, ayant votre suffrage.
DONA LÉONOR. Je lui puis donc enfin promettre votre foi?
DONA ELVIRE. Oui, si vous lui gagnez celui du nouveau roi.
DONA LÉONOR. Et si ce bruit est faux? si vous demeurez reine?
DONA ELVIRE. Que vous puis-je répondre, en étant incertaine?
DONA LÉONOR. En cette incertitude on peut faire espérer.
DONA ELVIRE. On peut attendre aussi pour en délibérer :
On agit autrement quand le pouvoir suprême..?

SCÈNE III.

DONA ISABELLE, DONA LÉONOR, DONA ELVIRE.

DONA ISABELLE. J'interromps vos secrets, mais j'y prends part moi-même;
Et j'ai tant d'intérêt de connaître ce fils,
Que j'ose demander ce qui s'en est appris.
DONA LÉONOR. Vous ne m'en voyez point davantage éclaircie.
DONA ISABELLE. Mais de qui tenez-vous la mort de don Garcie,
Vu que, depuis un mois qu'il vient des députés,
On parlait seulement de peuples révoltés?
DONA LÉONOR. Je vous puis sur ce point aisément satisfaire;
Leurs gens m'en ont donné la raison assez claire.
On assiégeait encore, alors qu'ils sont partis,
Dedans leur dernier fort don Garcie et son fils.
On l'a pris tôt après, et soudain par sa prise
Don Raymond prisonnier, recouvrant sa franchise,
Les voyant tous deux morts, publie à haute voix
Que nous avions un roi du vrai sang de nos rois,
Que don Sanche vivait, et part en diligence
Pour rendre à l'Aragon le bien de sa présence.
Il joint nos députés hier sur la fin du jour,
Et leur dit que ce prince était en votre cour.
C'est tout ce que j'ai pu tirer d'un domestique :
Outre qu'avec ces gens rarement on s'explique,
Comme ils entendent mal, leur rapport est confus.
Mais bientôt don Raymond vous dira le surplus.
Que nous veut cependant Blanche tout étonnée?

SCÈNE IV.

DONA ISABELLE, DONA LÉONOR, DONA ELVIRE, BLANCHE.

BLANCHE. Ah! madame!
DONA ISABELLE. Qu'as-tu?
BLANCHE. La funeste journée!
Votre Carlos...
DONA ISABELLE. Hé bien?
BLANCHE. Son père est en ces lieux,
Et n'est...
DONA ISABELLE. Quoi?
BLANCHE. Qu'un pêcheur.
DONA ISABELLE. Qui te l'a dit?
BLANCHE. Mes yeux.
DONA ISABELLE. Tes yeux?
BLANCHE. Mes propres yeux.
DONA ISABELLE. Que j'ai peine à les croire!
DONA LÉONOR. Voudriez-vous, madame, en apprendre l'histoire?
DONA ELVIRE. Que le ciel est injuste!
DONA ISABELLE. Il l'est, et nous fait voir
Par cet injuste effet son absolu pouvoir,
Qui du sang le plus vil tire une âme si belle,
Et forme une vertu qui n'a lustre que d'elle.
Parle, Blanche, et dis-nous comme il voit ce malheur.
BLANCHE. Avec beaucoup de honte, et plus encor de cœur.
Du haut de l'escalier je le voyais descendre;
En vain de ce faux bruit il se voulait défendre;
Votre cour, obstinée à lui changer de nom,
Murmurait tout autour : Don Sanche d'Aragon,
Quand un chétif vieillard le saisit et l'embrasse.
Lui, qui le reconnaît, frémit de sa disgrâce;
Puis, laissant la nature à ses pleins mouvements,
Répond avec tendresse à ses embrassements.
Ses pleurs mêlent aux siens une fierté sincère;
On n'entend que soupirs :—Ah! mon fils!—Ah! mon père!
— O jour trois fois heureux! moment trop attendu!
Tu m'as rendu la vie! et — Vous m'avez perdu!
Chose étrange! à ces cris de douleur et de joie
Un grand peuple accouru ne veut pas qu'on les croie ;
Il s'aveugle soi-même : et ce pauvre pêcheur,
En dépit de Carlos, passe pour imposteur.
Dans les bras de ce fils on lui fait mille hontes :
C'est un fourbe, un méchant suborné par les comtes
Eux-mêmes (admirez leur générosité)
S'efforcent d'affermir cette incrédulité :
Non qu'ils prennent sur eux de si lâches pratiques;

Mais ils en font auteur un de leurs domestiques,
Qui, pensant bien leur plaire, a si mal à propos
Instruit ce malheureux pour affronter Carlos.
Avec avidité cette histoire est reçue;
Chacun la tient trop vraie aussitôt qu'elle est sue :
Et pour plus de croyance à cette trahison,
Les comtes font traîner ce bonhomme en prison.
Carlos rend témoignage en vain contre soi-même;
Les vérités qu'il dit cèdent au stratagème :
Et dans le déshonneur qui l'accable aujourd'hui,
Ses plus grands envieux l'en sauvent malgré lui.
Il tempête, il menace, et, bouillant de colère,
Il crie à pleine voix qu'on lui rende son père :
On tremble devant lui, sans croire son courroux;
Et rien... Mais le voici qui vient s'en plaindre à vous

SCÈNE V.

DONA ISABELLE, DONA LÉONOR, DONA ELVIRE, BLANCHE, CARLOS,
DON MANRIQUE, DON LOPE.

CARLOS. Hé bien, madame, enfin on connaît ma naissance :
Voilà le digne fruit de mon obéissance.
J'ai prévu ce malheur, et l'aurais évité
Si vos commandements ne m'eussent arrêté.
Ils m'ont livré, madame, à ce moment funeste;
Et l'on m'arrache encor le seul bien qui me reste!
On me vole mon père, on le fait criminel!
On attache à son nom un opprobre éternel!
    Je suis fils d'un pêcheur, mais non pas d'un infâme;
La bassesse du sang ne va point jusqu'à l'âme :
Et je renonce aux noms de comte et de marquis
Avec bien plus d'honneur qu'aux sentiments de fils;
Rien n'en peut effacer le sacré caractère.
De grâce, commandez qu'on me rende mon père :
Ce doit leur être assez de savoir qui je suis,
Sans m'accabler encor par de nouveaux ennuis.
DON MANRIQUE. Forcez ce grand courage à conserver sa gloire,
Madame, et l'empêchez lui-même de se croire.
Nous n'avons pu souffrir qu'un bras qui tant de fois
A fait trembler le Maure et triompher nos rois
Reçût de sa naissance une tache éternelle;
Tant de valeur mérite une source plus belle.
Aidez, ainsi que nous, ce peuple à s'abuser;
Il aime son erreur, daignez l'autoriser;
A tant de beaux exploits rendez cette justice,
Et de notre pitié soutenez l'artifice.

CARLOS. Je suis bien malheureux, si je vous fais pitié!
Reprenez votre orgueil et votre inimitié.
Après que ma fortune a soûlé votre envie,
Vous plaignez aisément mon entrée à la vie,
Et, me croyant par elle à jamais abattu,
Vous exercez sans peine une haute vertu.
Peut-être elle ne fait qu'une embûche à la mienne :
La gloire de mon nom vaut bien qu'on la retienne ;
Mais son plus bel éclat serait trop acheté,
Si je le retenais par une lâcheté.
Si ma naissance est basse, elle est du moins sans tache ;
Puisque vous la savez, je veux bien qu'on la sache.
 Sanche, fils d'un pêcheur et non d'un imposteur,
De deux comtes jadis fut le libérateur :
Sanche, fils d'un pêcheur, mettait naguère en peine
Deux illustres rivaux sur le choix de leur reine :
Sanche, fils d'un pêcheur, tient encore en sa main
De quoi faire bientôt tout l'heur d'un souverain :
Sanche enfin, malgré lui, dedans cette province,
Quoique fils d'un pêcheur, a passé pour un prince
 Voilà ce qu'a pu faire et qu'a fait à vos yeux
Un cœur que ravalait le nom de ses aïeux.
La gloire qui m'en reste après cette disgrâce
Eclate encore assez pour honorer ma race,
Et paraîtra plus grande à qui comprendra bien
Qu'à l'exemple du ciel j'ai fait beaucoup de rien.

DON LOPE. Cette noble fierté désavoue un tel père,
Et, par un témoignage à soi-même contraire,
Obscurcit de nouveau ce qu'on voit éclairci.
Non, le fils d'un pêcheur ne parle point ainsi ;
Et son âme paraît si dignement formée,
Que j'en crois plus que lui l'erreur que j'ai semée.
Je le soutiens, Carlos, vous n'êtes point son fils,
La justice du ciel ne peut l'avoir permis ;
Les tendresses du sang vous font une imposture,
Et je démens pour vous la voix de la nature.
 Ne vous repentez point de tant de dignités
Dont il vous plut orner ses rares qualités ;
Jamais plus digne main ne fit plus digne ouvrage,
Madame ; il les relève avec ce grand courage ;
Et vous ne leur pouviez trouver plus haut appui,
Puisque même le sort est au-dessous de lui.

DONA ISABELLE. La générosité qu'en tous les trois j'admire
Me met dans un état de n'avoir que leur dire,
Et, dans la nouveauté de ces événements,
Par un illustre effort prévient mes sentiments.
Ils paraîtront en vain, comtes, s'ils vous excitent
A lui rendre l'honneur que ses hauts faits méritent,

ACTE V.

Et ne dédaigner pas l'illustre et rare objet
D'une haute valeur qui part d'un sang abject.
Vous courez au-devant avec tant de franchise
Qu'autant que du pêcheur je m'en trouve surprise.
    Et vous, que par mon ordre ici j'ai retenu
Sanche, puisqu'à ce nom vous êtes reconnu,
Miraculeux héros dont la gloire refuse
L'avantageuse erreur d'un peuple qui s'abuse,
Parmi les déplaisirs que vous en recevez
Puis-je vous consoler d'un sort que vous bravez?
Puis-je vous demander ce que je vous vois faire?
Je vous tiens malheureux d'être né d'un tel père,
Mais je vous tiens ensemble heureux au dernier point
D'être né d'un tel père et de n'en rougir point;
Et de ce qu'un grand cœur mis dans l'autre balance,
Emporte encor si haut une telle naissance.

SCÈNE VI.

DONA ISABELLE, DONA LÉONOR, DONA ELVIRE, CARLOS,
DON MANRIQUE, DON LOPE, DON ALVAR, BLANCHE.

DON ALVAR. Princesses, admirez l'orgueil d'un prisonnier
Qu'en faveur de son fils on veut calomnier.
    Ce malheureux pêcheur, par promesse ni crainte,
Ne saurait se résoudre à souffrir une feinte.
J'ai voulu lui parler et n'en fais que sortir;
J'ai tâché, mais en vain, de lui faire sentir
Combien mal à propos sa présence importune
D'un fils si généreux renverse la fortune,
Et qu'il le perd d'honneur à moins que d'avouer
Que c'est un lâche tour qu'on le force à jouer;
J'ai même à ces raisons ajouté la menace :
Rien ne peut l'ébranler, Sanche est toujours sa race;
Et quant à ce qu'il perd de fortune et d'honneur,
Il dit qu'il a de quoi le faire grand seigneur,
Et que plus de cent fois il a su de sa femme
(Voyez qu'il est crédule et simple au fond de l'âme!)
Que, voyant ce présent qu'en mes mains il a mis,
La reine d'Aragon agrandirait son fils.
    (A dona Léonor.)
Si vous le recevez avec autant de joie,
Madame, que par moi ce vieillard vous l'envoie,
Vous donnerez sans doute à cet illustre fils
Un rang encor plus haut que celui de marquis :
Ce bon homme en paraît l'âme toute comblée.
(Don Alvar présente à dona Léonor un petit écrin qui s'ouvre sans clef au moyen d'un ressort secret.)

DONA ISABELLE. Madame, à cet aspect vous paraissez troublée!
DONA LÉONOR. J'ai bien sujet de l'être en recevant ce don,
Madame, j'en saurai si mon fils vit, ou non;
Et c'est où le feu roi, déguisant sa naissance,
D'un sort si précieux mit la reconnaissance.
Disons ce qu'il enferme avant que de l'ouvrir.
Ah! Sanche, si par là je puis le découvrir,
Vous pouvez être sûr d'un entier avantage
Dans les lieux dont le ciel a fait notre partage,
Et qu'après ce trésor que vous m'aurez rendu
Vous recevrez le prix qui vous en sera dû.
Mais à ce doux transport c'est déjà trop permettre;
Trouvons notre bonheur avant que d'en promettre.
  Ce présent donc enferme un tissu de cheveux
Que reçut don Fernand pour arrhes de mes vœux,
Son portrait et le mien, deux pierres les plus rares
Que forme le soleil sous les climats barbares,
Et, pour un témoignage encore plus certain,
Un billet que lui-même écrivit de sa main.

SCÈNE VII.

DONA ISABELLE, DONA LÉONOR, DONA ELVIRE, CARLOS, DON MANRIQUE, DON LOPE, DON ALVAR, BLANCHE, UN GARDE.

LE GARDE. Madame, don Raymond vous demande audience.
DONA LÉONOR. Qu'il entre. Pardonnez à mon impatience,
Si l'ardeur de le voir et de l'entretenir,
Avant votre congé, l'ose faire venir.
DONA ISABELLE. Vous pouvez commander dans toute la Castille,
Et je ne vous vois plus qu'avec des yeux de fille.

SCÈNE VIII.

DONA ISABELLE, DONA LÉONOR, DONA ELVIRE, CARLOS, DON MANRIQUE, DON LOPE, DON ALVAR, BLANCHE, DON RAYMOND.

DONA LÉONOR. Laissez là, don Raymond, la mort de nos tyrans,
Et rendez seulement don Sanche à ses parents.
Vit-il? peut-il braver nos fières destinées?
DON RAYMOND. Sortant d'une prison de plus de six années,
Je l'ai cherché, madame, où, pour les mieux braver,
Par l'ordre du feu roi je le fis élever
Avec tant de secret, que même un second père
Qui l'estime son fils ignore ce mystère.
Ainsi qu'en votre cour Sanche y fut son vrai nom;

ACTE V.

Et l'on n'en retrancha que cet illustre Don.
Là, j'ai su qu'à seize ans son généreux courage
S'indigna des emplois de ce faux parentage;
Qu'impatient déjà d'être si mal tombé
A sa fausse bassesse il s'était dérobé;
Que déguisant son nom, et cachant sa famille,
Il avait fait merveille aux guerres de Castille,
D'où quelque sien voisin, depuis peu de retour,
L'avait vu plein de gloire, et fort bien à la cour;
Que du bruit de son nom elle était toute pleine;
Qu'il était connu même et chéri de la reine;
Si bien que ce pêcheur, d'aise tout transporté,
Avait couru chercher ce fils si fort vanté.

DONA LÉONOR. Don Raymond, si vos yeux pouvaient le reconnaître...
DON RAYMOND. Oui, je le vois, madame. Ah! seigneur! ah! mon maître!
DON LOPE. Nous l'avions bien jugé. Grand prince, rendez-vous;
La vérité paraît, cédez aux vœux de tous.
DONA LÉONOR. Don Sanche, voulez-vous être seul incrédule?
CARLOS. Je crains encor du sort un revers ridicule.
Mais, madame, voyez si le billet du roi
Accorde à don Raymond ce qu'il vous dit de moi.

DONA LÉONOR *ouvre l'écrin et en tire un billet, qu'elle lit:*

« Pour tromper un tyran je vous trompe vous-même:
» Vous reverrez ce fils que je vous fais pleurer.
» Cette erreur lui peut rendre un jour le diadème,
» Et je vous l'ai caché pour le mieux assurer.
» Si ma feinte vers vous passe pour criminelle,
» Pardonnez-moi les maux qu'elle vous fait souffrir
» De crainte que les soins de l'amour maternelle
» Par leurs empressements le fissent découvrir.
» Nugne, un pauvre pêcheur, s'en croit être le père;
» Sa femme, en son absence, accouchant d'un fils mort,
» Elle reçut le vôtre, et sut si bien se taire,
» Que le père et le fils en ignorent le sort.
» Elle-même l'ignore, et, d'un si grand échange,
» Elle sait seulement qu'il n'est pas de son sang;
» Et croit que ce présent, par un miracle étrange,
» Doit un jour par vos mains lui rendre son vrai rang.
» A ces marques un jour daignez le reconnaître;
» Et puisse l'Aragon, retournant sous vos lois,
» Apprendre, ainsi que vous, de moi qui l'ai vu naître,
» Que Sanche, fils de Nugne, est le sang de ses rois!

» DON FERNAND D'ARAGON. »

Ah! mon fils, s'il en faut encore davantage,
Croyez-en vos vertus et votre grand courage.
CARLOS *à dona Léonor.* Ce serait mal répondre à ce rare bonheur,
Que vouloir me défendre encor d'un tel honneur.

(*A dona Isabelle.*)
Je reprends toutefois Nugne pour mon vrai père,
Si vous ne m'ordonnez, madame, que j'espère.

DONA ISABELLE. C'est trop peu d'espérer, quand tout vous est acquis :
Je vous avais fait tort en vous faisant marquis;
Et vous n'aurez pas lieu désormais de vous plaindre
De ce retardement où j'ai su vous contraindre.
Et pour moi, que le ciel destinait pour un roi
Digne de la Castille, et digne encor de moi,
J'avais mis cette bague en des mains assez bonnes
Pour la rendre à don Sanche et joindre nos couronnes.

CARLOS. Je ne m'étonne plus de l'orgueil de mes vœux,
Qui sans le partager donnait mon cœur à deux :
Dans les obscurités d'une telle aventure,
L'amour se confondait avecque la nature.

DONA ELVIRE. Le nôtre y répondait sans faire honte au rang;
Et le mien vous payait ce que devait le sang.

CARLOS *à dona Elvire.* Si vous m'aimez encore et m'honorez en frère,
Un époux de ma main pourrait-il vous déplaire?

DONA ELVIRE. Si don Alvar de Lune est cet illustre époux,
Il vaut bien à mes yeux tout ce qui n'est point vous.

CARLOS *à dona Elvire.* Il honorait en moi la vertu toute nue.
(*A don Manrique et don Lope.*)
Et vous qui dédaigniez ma naissance inconnue,
Comtes, et les premiers en cet événement
Jugiez en ma faveur si véritablement,
Votre dédain fut juste autant que son estime :
C'est la même vertu sous une autre maxime.

DON RAYMOND *à dona Isabelle.*
Souffrez qu'à l'Aragon il daigne se montrer :
Nos députés, madame, impatients d'entrer...

DONA ISABELLE. Il vaut mieux leur donner audience publique,
Afin qu'aux yeux de tous ce miracle s'explique.
Allons; et cependant qu'on mette en liberté
Celui par qui tant d'heur nous vient d'être apporté;
Et qu'on l'amène ici, plus heureux qu'il ne pense,
Recevoir de ses soins la digne récompense.

EXAMEN DE DON SANCHE D'ARAGON.

Cette pièce est toute d'invention, mais elle n'est pas toute de la mienne. Ce qu'a de fastueux le premier acte est tiré d'une comédie espagnole, intitulée *el Palacio confuso;* et la double reconnaissance qui finit le cinquième est prise du roman de *don Pélage*. Elle eut d'abord grand éclat sur le théâtre; mais une disgrâce particulière fit avorter toute sa bonne fortune. Le refus d'un illustre suffrage dissipa les applaudissements que le public lui avait donnés trop libéralement, et anéantit si bien tous les arrêts que Paris et le reste de la cour avaient prononcés en sa faveur, qu'au bout de quelque temps elle se trouva reléguée dans les provinces, où elle conserve encore son premier lustre.

Le sujet n'a pas grand artifice. C'est un inconnu assez honnête homme pour se faire aimer de deux reines. L'inégalité des conditions met un obstacle au bien qu'elles lui veulent durant quatre actes et demi; et, quand il faut de nécessité finir la pièce, un bonhomme semble tomber des nues pour faire développer le secret de sa naissance, qui le rend mari de l'une en le faisant reconnaître pour frère de l'autre :

Hæc eadem à summo expectes minimoque poeta.

Don Raymond et ce pêcheur ne suivent point la règle que j'ai voulu établir, de n'introduire aucun acteur qui ne fût insinué dès le premier acte, ou appelé par quelqu'un de ceux qu'on y a connus. Il m'était aisé d'y faire dire à la reine dona Léonor ce qu'elle dit à l'entrée du quatrième; mais si elle eût fait savoir qu'elle eût eu un fils, et que le roi son mari lui eût appris en mourant que don Raymond avait un secret à lui révéler, on eût trop tôt deviné que Carlos était ce prince.

On peut dire de don Raymond qu'il vient avec les députés d'Aragon dont il est parlé au premier acte, et qu'ainsi il satisfait aucunement à cette règle; mais ce n'est que par hasard qu'il vient avec eux. C'était le pêcheur qu'il était allé chercher, et non pas eux; et il ne les joint sur le chemin qu'à cause de ce qu'il a appris chez ce pêcheur, qui de son côté vient en Castille de son seul mouvement, sans y être amené par aucun incident dont on ait parlé dans la protase; et il n'a point de raison d'arriver ce jour-là plutôt qu'un autre, sinon que la pièce n'aurait pu finir s'il ne fût arrivé.

L'unité de jour y est si peu violentée, qu'on peut soutenir que l'action ne demande pour sa durée que le temps de sa représentation.

Pour celle de lieu, j'ai déjà dit que je n'en parlerais plus sur les pièces qui restaient à examiner. Les sentiments du second acte ont autant ou plus de délicatesse qu'aucuns que j'aie mis sur le théâtre. L'amour des deux reines pour Carlos y paraît très-visible, malgré le soin et l'adresse que toutes les deux apportent à le cacher dans leurs différents caractères, dont l'un marque plus d'orgueil, et l'autre plus de tendresse. La confidence qu'y fait celle de Castille avec Blanche est assez ingénieuse; et, par une réflexion sur ce qui s'est passé au premier acte, elle prend occasion de faire savoir aux spectateurs sa passion pour ce brave inconnu, qu'elle a si bien vengé du mépris qu'en ont fait les comtes. Ainsi on ne peut dire qu'elle choisisse sans raison ce jour-là plutôt qu'un autre pour lui en confier le secret, puisqu'il paraît qu'elle le sait déjà, et qu'elles ne font que raisonner ensemble sur ce qu'on vient de voir.

FIN DE DON SANCHE D'ARAGON.

NICOMÈDE,

TRAGÉDIE EN CINQ ACTES.

NOTICE.

Nicomède, représenté à la fin de 1651 sur le théâtre de l'hôtel de Bourgogne, dut une partie de son succès à des circonstances politiques. Le prince de Condé, le prince de Conti et le duc de Longueville avaient été arrêtés en 1650 par les ordres du cardinal Mazarin; ils furent mis en liberté le 11 février 1651 ; on crut voir dans quelques passages de la tragédie de Corneille des allusions à leur conduite et aux sentiments qu'ils avaient exprimés.

Voltaire, dans ses *Observations*, a vivement attaqué l'intrigue et le style de *Nicomède*. Un autre commentateur, Petitot, l'a réfuté en ces termes : « Il faut avouer que trop de familiarités et de négligences dans le style de *Nicomède* ne permettent pas de mettre cette pièce au rang des chefs-d'œuvre de Corneille; mais nous ne la regardons pas moins comme une de ses plus étonnantes productions. On a dit de la *Bérénice* de Racine, que c'était une de ses plus faibles tragédies, ou même que ce n'était point une tragédie ; mais que Racine pourtant était seul capable de faire un si bel ouvrage. Nous croyons qu'à beaucoup d'égards on en pourrait dire autant de *Nicomède*. Quel autre, en effet, que Corneille eût osé concevoir le projet d'une tragédie qui ne serait soutenue par aucune de ces passions sans lesquelles on aurait cru que la tragédie ne pouvait exister? Lui-même reconnaît qu'elles n'ont aucune part dans cette pièce ; et véritablement il l'a fondée tout entière sur le sentiment d'admiration que doit inspirer un grand homme qui n'oppose à tous les malheurs dont il est menacé qu'un courage inébranlable, et une fierté qui ne se dément jamais. Tel est, en effet, d'un bout à l'autre de la pièce, le caractère de Nicomède. Dédaignant de se plaindre et ne pouvant s'abaisser un moment à la dissimulation, il ne sait combattre ses persécuteurs que par l'excès de son mépris. C'est en s'armant contre eux de l'ironie la plus accablante qu'il parvient souvent à les déconcerter, sans épargner même la faiblesse de son propre père. Ce qu'on n'a point encore osé tenter en comédie, le caractère du railleur, Corneille a su le rendre héroïque dans la tragédie. Nous le répétons, cette prodigieuse difficulté ne pouvait être vaincue que par son génie ; et Voltaire, en disant que cette pièce est dans le goût de *Don Sanche d'Aragon*, quelque éloge qu'il en fasse ensuite, semble n'avoir senti que faiblement ce qu'elle a de vraiment admirable. Elle se soutiendra avec éclat au théâtre, tant qu'il restera des acteurs qui réuniront, comme le célèbre Le Kain, à une grande supériorité d'intelligence et de talent assez de noblesse pour rendre dans toute sa dignité le beau personnage de Nicomède. »

Lorsque le célèbre acteur Baron reparut sur la scène, après une longue absence, au mois d'avril 1720, il remplit le rôle de Nicomède, et tenta de substituer des expressions de son cru à quelques mots surannés, épars dans le texte de cette tragédie; mais le public, familiarisé avec la véritable version, protesta si énergiquement que l'acteur fut obligé de le rétablir.

ÉMILE DE LA BÉDOLLIÈRE.

PERSONNAGES.

PRUSIAS, roi de Bithynie.
FLAMINIUS, ambassadeur de Rome.
ARSINOÉ, seconde femme de Prusias.
LAODICE, reine d'Arménie.
NICOMÈDE, fils aîné de Prusias, sorti du premier lit.
ATTALE, fils de Prusias et d'Arsinoé.
ARASPE, capitaine des gardes de Prusias.
CLÉONE, confidente d'Arsinoé.

La scène est à Nicomédie.

NICOMÈDE.

ACTE PREMIER.

SCÈNE I.

NICOMÈDE, LAODICE.

LAODICE. Après tant de hauts faits, il m'est bien doux, seigneur,
De voir encor mes yeux régner sur votre cœur;
De voir, sous les lauriers qui vous couvrent la tête,
Un si grand conquérant être encor ma conquête,
Et de toute la gloire acquise à ses travaux
Faire un illustre hommage à ce peu que je vaux.
Quelques biens toutefois que le ciel me renvoie,
Mon cœur épouvanté se refuse à la joie :
Je vous vois à regret, tant mon cœur amoureux
Trouve la cour pour vous un séjour dangereux.
Votre marâtre y règne; et le roi votre père
Ne voit que par ses yeux, seule la considère,
Pour souveraine loi n'a que sa volonté :
Jugez après cela de votre sûreté.
La haine que pour vous elle a si naturelle
A mon occasion encor se renouvelle :
Votre frère son fils depuis peu de retour...
NICOMÈDE. Je le sais, ma princesse, et qu'il vous fait la cour.
Je sais que les Romains, qui l'avaient en otage,
L'ont enfin renvoyé pour un plus digne ouvrage,
Que ce don à sa mère était le prix fatal
Dont leur Flaminius marchandait Annibal;
Que le roi par son ordre eût livré ce grand homme,
S'il n'eût par le poison lui-même évité Rome,
Et rompu par sa mort les spectacles pompeux
Où l'effroi de son nom le destinait chez eux.
Par mon dernier combat je voyais réunie
La Cappadoce entière avec la Bithynie,
Lorsqu'à cette nouvelle, enflammé de courroux
D'avoir perdu mon maître et de craindre pour vous,
J'ai laissé mon armée aux mains de Théagène,
Pour voler en ces lieux au secours de ma reine.
Vous en aviez besoin, madame, et je le voi,
Puisque Flaminius obsède encor le roi.

Si de son arrivée Annibal fut la cause,
Lui mort, ce long séjour prétend quelque autre chose;
Et je ne vois que vous qui le puisse arrêter,
Pour aider à mon frère à vous persécuter.
LAODICE. Je ne veux point douter que sa vertu romaine
N'embrasse avec chaleur l'intérêt de la reine :
Annibal, qu'elle vient de lui sacrifier,
L'engage en sa querelle, et m'en fait défier.
Mais, seigneur, jusqu'ici j'aurais tort de m'en plaindre;
Et, quoi qu'il entreprenne, avez-vous lieu de craindre?
Ma gloire et mon amour peuvent bien peu sur moi,
S'il faut votre présence à soutenir ma foi,
Et si je puis tomber en cette frénésie
De préférer Attale au vainqueur de l'Asie;
Attale, qu'en otage ont nourri les Romains,
Ou plutôt qu'en esclave ont façonné leurs mains,
Sans lui rien mettre au cœur qu'une crainte servile
Qui tremble à voir une aigle et respecte un édile!
NICOMÈDE. Plutôt, plutôt la mort, que mon esprit jaloux
Forme des sentiments si peu dignes de vous.
Je crains la violence, et non votre faiblesse;
Et si Rome une fois contre nous s'intéresse...
LAODICE. Je suis reine, seigneur; et Rome a beau tonner,
Elle ni votre roi n'ont rien à m'ordonner :
Si de mes jeunes ans il est dépositaire,
C'est pour exécuter les ordres de mon père :
Il m'a donnée à vous, et nul autre que moi
N'a droit de l'en dédire, et me choisir un roi.
Par son ordre et le mien, la reine d'Arménie
Est due à l'héritier du roi de Bithynie,
Et ne prendra jamais un cœur assez abject
Pour se laisser réduire à l'hymen d'un sujet.
Mettez-vous en repos.
NICOMÈDE.   Et le puis-je, madame,
Vous voyant exposée aux fureurs d'une femme
Qui, pouvant tout ici, se croira tout permis
Pour se mettre en état de voir régner son fils?
Il n'est rien de si saint qu'elle ne fasse enfreindre :
Qui livrait Annibal pourra bien vous contraindre,
Et saura vous garder même fidélité
Qu'elle a gardée aux droits de l'hospitalité.
LAODICE. Mais ceux de la nature ont-ils un privilége
Qui vous assure d'elle après ce sacrilége?
Seigneur, votre retour, loin de rompre ses coups,
Vous expose vous-même, et m'expose après vous.
Comme il est fait sans ordre, il passera pour crime;
Et vous serez bientôt la première victime
Que la mère et le fils, ne pouvant m'ébranler,

Pour m'ôter mon appui se voudront immoler.
Si j'ai besoin de vous de peur qu'on me contraigne,
J'ai besoin que le roi, qu'elle-même vous craigne.
Retournez à l'armée, et, pour me protéger,
Montrez cent mille bras tout prêts à me venger.
Parlez la force en main, et hors de leur atteinte :
S'ils vous tiennent ici, tout est pour eux sans crainte ;
Et ne vous flattez point, ni sur votre grand cœur,
Ni sur l'éclat d'un nom cent et cent fois vainqueur :
Quelque haute valeur que puisse être la vôtre,
Vous n'avez en ces lieux que deux bras comme un autre ;
Et fussiez-vous du monde et l'amour et l'effroi,
Quiconque entre au palais porte sa tête au roi.
Je vous le dis encor, retournez à l'armée,
Ne montrez à la cour que votre renommée ;
Assurez votre sort pour assurer le mien ;
Faites que l'on vous craigne, et je ne craindrai rien.

NICOMÈDE. Retourner à l'armée ! ah ! sachez que la reine
La sème d'assassins achetés par sa haine ;
Deux s'y sont découverts, que j'amène avec moi
Afin de la convaincre et détromper le roi.
Quoiqu'il soit son époux, il est encor mon père ;
Et quand il forcera la nature à se taire,
Trois sceptres à son trône attachés par mon bras
Parleront au lieu d'elle, et ne se tairont pas.
Que si notre fortune à ma perte animée
La prépare à la cour aussi bien qu'à l'armée,
Dans ce péril égal qui me suit en tous lieux,
M'envierez-vous l'honneur de mourir à vos yeux ?

LAODICE. Non ; je ne vous dis plus désormais que je tremble,
Mais que, s'il faut périr, nous périrons ensemble.
Armons-nous de courage, et nous ferons trembler
Ceux dont les lâchetés pensent nous accabler.
Le peuple ici vous aime et hait ces cœurs infâmes ;
Et c'est être bien fort que régner sur tant d'âmes.
Mais votre frère Attale adresse ici ses pas.

NICOMÈDE. Il ne m'a jamais vu ; ne me découvrez pas.

SCÈNE II.

LAODICE, NICOMÈDE, ATTALE.

ATTALE. Quoi ! madame, toujours un front inexorable !
Ne pourrai-je surprendre un regard favorable,
Un regard désarmé de toutes ces rigueurs,
Et tel qu'il est enfin quand il gagne les cœurs ?

LAODICE. Si ce front est malpropre à m'acquérir le vôtre

Quand j'en aurai dessein j'en saurai prendre un autre.
ATTALE. Vous ne l'acquerrez point, puisqu'il est tout à vous.
LAODICE. Je n'ai donc pas besoin d'un visage plus doux
ATTALE. Conservez-le, de grâce, après l'avoir su prendre.
LAODICE. C'est un bien mal acquis que j'aime mieux vous rendre.
ATTALE. Vous l'estimez trop peu pour le vouloir garder.
LAODICE. Je vous estime trop pour vouloir rien farder :
Votre rang et le mien ne sauraient le permettre.
Pour garder votre cœur je n'ai pas où le mettre;
La place est occupée : et je vous l'ai tant dit,
Prince, que ce discours vous dût être interdit.
On le souffre d'abord, mais la suite importune.
ATTALE. Que celui qui l'occupe a de bonne fortune!
Et que serait heureux qui pourrait aujourd'hui
Disputer cette place, et l'emporter sur lui!
NICOMÈDE. La place à l'emporter coûterait bien des têtes,
Seigneur : ce conquérant garde bien ses conquêtes;
Et l'on ignore encor parmi ses ennemis
L'art de reprendre un fort qu'une fois il a pris.
ATTALE. Celui-ci toutefois peut s'attaquer de sorte
Que, tout vaillant qu'il est, il faudra qu'il en sorte.
LAODICE. Vous pourriez vous méprendre.
ATTALE. Et si le roi le veut?
LAODICE. Le roi, juste et prudent, ne veut que ce qu'il peut.
ATTALE. Et que ne peut ici la grandeur souveraine?
LAODICE. Ne parlez pas si haut : s'il est roi, je suis reine;
Et vers moi tout l'effort de son autorité
N'agit que par prière et par civilité.
ATTALE. Non; mais agir ainsi, souvent c'est beaucoup dire
Aux reines comme vous qu'on voit dans son empire.
Et si ce n'est assez des prières d'un roi,
Rome, qui m'a nourri, vous parlera pour moi.
NICOMÈDE. Rome, seigneur!
ATTALE. Oui, Rome. En êtes-vous en doute?
NICOMÈDE. Seigneur, je crains pour vous qu'un Romain vous écoute;
Et si Rome savait de quels feux vous brûlez,
Bien loin de vous prêter l'appui dont vous parlez,
Elle s'indignerait de voir sa créature
A l'éclat de son nom faire une telle injure;
Et vous dégraderait peut-être dès demain
Du titre glorieux de citoyen romain.
Vous l'a-t-elle donné pour mériter sa haine
En le déshonorant par l'amour d'une reine?
Et ne savez-vous plus qu'il n'est princes ni rois
Qu'elle daigne égaler à ses moindres bourgeois?
Pour avoir tant vécu chez ces cœurs magnanimes,
Vous en avez bientôt oublié les maximes.
Reprenez un orgueil digne d'elle et de vous;

Remplissez mieux un nom sous qui nous tremblons tous ;
Et, sans plus l'abaisser à cette ignominie
D'idolâtrer en vain la reine d'Arménie,
Songez qu'il faut du moins, pour toucher votre cœur,
La fille d'un tribun, ou celle d'un préteur ;
Que Rome vous permet cette haute alliance,
Dont vous aurait exclu le défaut de naissance,
Si l'honneur souverain de son adoption
Ne vous autorisait à tant d'ambition.
Forcez, rompez, brisez de si honteuses chaînes ;
Aux rois qu'elle méprise abandonnez les reines,
Et concevez enfin des vœux plus élevés,
Pour mériter les biens qui vous sont réservés.

ATTALE. Si cet homme est à vous, imposez-lui silence,
Madame, et retenez une telle insolence.
Pour voir jusqu'à quel point elle pourrait aller,
J'ai forcé ma colère à le laisser parler ;
Mais je crains qu'elle échappe, et que, s'il continue,
Je ne m'obstine plus à tant de retenue.

NICOMÈDE. Seigneur, si j'ai raison, qu'importe à qui je sois ?
Perd-elle de son prix pour emprunter ma voix ?
Vous-même, amour à part, je vous en fais arbitre.
Ce grand nom de Romain est un précieux titre :
Et la reine et le roi l'ont assez acheté
Pour ne se plaire pas à le voir rejeté,
Puisqu'ils se sont privés, pour ce nom d'importance,
Des charmantes douceurs d'élever votre enfance.
Dès l'âge de quatre ans ils vous ont éloigné ;
Jugez si c'est pour voir ce titre dédaigné,
Pour vous voir renoncer, par l'hymen d'une reine,
A la part qu'ils avaient à la grandeur romaine.
D'un si rare trésor l'un et l'autre jaloux....

ATTALE. Madame, encore un coup, cet homme est-il à vous ?
Et pour vous divertir est-il si nécessaire,
Que vous ne lui puissiez ordonner de se taire ?

LAODICE. Puisqu'il vous a déplu vous traitant de Romain,
Je veux bien vous traiter de fils de souverain.
En cette qualité vous devez reconnaître
Qu'un prince votre aîné doit être votre maître,
Craindre de lui déplaire, et savoir que le sang
Ne vous empêche pas de différer de rang,
Lui garder le respect qu'exige sa naissance,
Et loin de lui voler son bien en son absence...

ATTALE. Si l'honneur d'être à vous est maintenant son bien,
Dites un mot, madame, et ce sera le mien ;
Et si l'âge à mon rang fait quelque préjudice,
Vous en corrigerez la fatale injustice :
Mais si je lui dois tant en fils de souverain,

Permettez qu'une fois je vous parle en Romain.
Sachez qu'il n'en est point que le ciel n'ait fait naître
Pour commander aux rois et pour vivre sans maître :
Sachez que mon amour est un noble projet
Pour éviter l'affront de me voir son sujet ;
Sachez...

LAODICE. Je m'en doutais, seigneur, que ma couronne
Vous charmait bien du moins autant que ma personne ;
Mais, telle que je suis, et ma couronne et moi,
Tout est à cet aîné qui sera votre roi :
Et s'il était ici, peut-être en sa présence
Vous penseriez deux fois à lui faire une offense.

ATTALE. Que ne puis-je l'y voir ! Mon courage amoureux...

NICOMÈDE. Faites quelques souhaits qui soient moins dangereux,
Seigneur ; s'il les savait, il pourrait bien lui-même
Venir d'un tel amour venger l'objet qu'il aime.

ATTALE. Insolent ! est-ce enfin le respect qui m'est dû ?

NICOMÈDE. Je ne sais de nous deux, seigneur, qui l'a perdu.

ATTALE. Peux-tu bien me connaître et tenir ce langage ?

NICOMÈDE. Je sais à qui je parle, et c'est mon avantage,
Que, n'étant point connu, prince, vous ne savez
Si je vous dois respect ou si vous m'en devez

ATTALE. Ah ! madame, souffrez que ma juste colère...

LAODICE. Consultez-en, seigneur, la reine votre mère ;
Elle entre.

SCÈNE III.

NICOMÈDE, ARSINOÉ, LAODICE, ATTALE, CLÉONE.

NICOMÈDE. Instruisez mieux le prince votre fils,
Madame, et dites-lui, de grâce, qui je suis.
Faute de me connaître, il s'emporte, il s'égare ;
Et ce désordre est mal dans une âme si rare :
J'en ai pitié.

ARSINOÉ. Seigneur, vous êtes donc ici ?

NICOMÈDE. Oui, madame, j'y suis, et Métrobate aussi.

ARSINOÉ. Métrobate ! ah ! le traître !

NICOMÈDE. Il n'a rien dit, madame,
Qui vous doive jeter aucun trouble dans l'âme.

ARSINOÉ. Mais qui cause, seigneur, ce retour surprenant ?
Et votre armée ?

NICOMÈDE. Elle est sous un bon lieutenant :
Et quant à mon retour, peu de chose le presse.
J'avais ici laissé mon maître et ma maîtresse :
Vous m'avez ôté l'un, vous, dis-je, ou les Romains ;
Et je viens sauver l'autre, et d'eux, et de vos mains.

ARSINOÉ. C'est ce qui vous amène ?

NICOMÈDE. Oui, madame; et j'espère
Que vous m'y servirez auprès du roi mon père.
ARSINOÉ. Je vous y servirai comme vous l'espérez.
NICOMÈDE. De votre bon vouloir nous sommes assurés.
ARSINOÉ. Il ne tiendra qu'au roi qu'aux effets je ne passe.
NICOMÈDE. Vous voulez à tous deux nous faire cette grâce?
ARSINOÉ. Tenez-vous assuré que je n'oublierai rien.
NICOMÈDE. Je connais votre cœur, ne doutez pas du mien.
ATTALE. Madame, c'est donc là le prince Nicomède?
NICOMÈDE. Oui, c'est moi qui viens voir s'il faut que je vous cède.
ATTALE. Ah! seigneur, excusez si vous connaissant mal...
NICOMÈDE. Prince, faites-moi voir un plus digne rival.
Si vous aviez dessein d'attaquer cette place,
Ne vous départez point d'une si noble audace;
Mais comme à son secours je n'amène que moi,
Ne la menacez plus de Rome ni du roi.
Je la défendrai seul; attaquez-la de même,
Avec tous les respects qu'on doit au diadème.
Je veux bien mettre à part avec le nom d'aîné
Le rang de votre maître où je suis destiné;
Et nous verrons ainsi qui fait mieux un brave homme,
Des leçons d'Annibal ou de celles de Rome.
Adieu, pensez-y bien, je vous laisse y rêver.

SCÈNE IV.

ARSINOÉ, ATTALE, CLÉONE.

ARSINOÉ. Quoi! tu faisais excuse à qui m'osait braver!
ATTALE. Que ne peut point, madame, une telle surprise?
Ce prompt retour me perd et rompt votre entreprise.
ARSINOÉ. Tu l'entends mal, Attale; il la met dans ma main.
Va trouver de ma part l'ambassadeur romain;
Dedans mon cabinet amène-le sans suite,
Et de ton heureux sort laisse-moi la conduite.
ATTALE. Mais, madame, s'il faut...
ARSINOÉ. Va, n'appréhende rien;
Et, pour avancer tout, hâte cet entretien.

SCÈNE V.

ARSINOÉ, CLÉONE.

CLÉONE. Vous lui cachez, madame, un dessein qui le touche!
ARSINOÉ. Je crains qu'en l'apprenant son cœur ne s'effarouche :
Je crains qu'à la vertu par les Romains instruit
De ce que je prépare il ne m'ôte le fruit,

Et ne conçoive mal qu'il n'est fourbe ni crime
Qu'un trône acquis par là ne rende légitime.
CLÉONE. J'aurais cru les Romains un peu moins scrupuleux,
Et la mort d'Annibal m'eût fait mal juger d'eux.
ARSINOÉ. Ne leur impute pas une telle injustice;
Un Romain seul l'a faite et par mon artifice.
Rome l'eût laissé vivre, et sa légalité
N'eût point forcé les lois de l'hospitalité :
Savante à ses dépens de ce qu'il savait faire,
Elle le souffrait mal auprès d'un adversaire;
Mais, quoique par ce triste et prudent souvenir
De chez Antiochus elle l'ait fait bannir,
Elle aurait vu couler sans crainte et sans envie
Chez un prince allié les restes de sa vie.
Le seul Flaminius, trop piqué de l'affront
Que son père défait lui laisse sur le front
(Car je crois que tu sais que, quand l'aigle romaine
Vit choir ses légions aux bords de Trasimène,
Flaminius son père en était général,
Et qu'il y tomba mort de la main d'Annibal);
Ce fils donc qu'a pressé la soif de sa vengeance
S'est aisément rendu de mon intelligence.
L'espoir d'en voir l'objet entre ses mains remis
A pratiqué par lui le retour de mon fils;
Par lui j'ai jeté Rome en haute jalousie
De ce que Nicomède a conquis dans l'Asie,
Et de voir Laonice unir tous ses Etats,
Par l'hymen de ce prince à ceux de Prusias;
Si bien que le sénat prenant un juste ombrage
D'un empire si grand sous un si grand courage,
Il s'en est fait nommer lui-même ambassadeur
Pour rompre cet hymen et borner sa grandeur;
Et voilà le seul point où Rome s'intéresse.
CLÉONE. Attale à ce dessein entreprend sa maîtresse!
Mais que n'agissait Rome avant que le retour
De cet amant si cher affermît son amour?
ARSINOÉ. Irriter un vainqueur en tête d'une armée
Prête à suivre en tous lieux sa colère allumée,
C'était trop hasarder ; et j'ai cru pour le mieux
Qu'il fallait de son fort l'attirer en ces lieux.
Métrobate l'a fait par des terreurs paniques,
Feignant de lui trahir mes ordres tyranniques;
Et, pour l'assassiner se disant suborné,
Il l'a, grâces aux dieux, doucement amené.
Il vient s'en plaindre au roi, lui demander justice;
Et sa plainte le jette au bord du précipice.
Sans prendre aucun souci de m'en justifier,
Je saurai m'en servir à me fortifier.

Tantôt en le voyant j'ai fait de l'effrayée,
J'ai changé de couleur, je me suis écriée;
Il a cru me surprendre et l'a cru bien en vain,
Puisque son retour même est l'œuvre de ma main.
CLÉONE. Mais, quoi que Rome fasse et qu'Attale prétende,
Le moyen qu'à ses yeux Laodice se rende?
ARSINOÉ. Et je n'engage aussi mon fils en cet amour
Qu'à dessein d'éblouir le roi, Rome et la cour.
Je n'en veux pas, Cléone, au sceptre d'Arménie;
Je cherche à m'assurer celui de Bithynie;
Et si ce diadème une fois est à nous,
Que cette reine après se choisisse un époux.
Je ne la vais presser que pour la voir rebelle,
Que pour aigrir les cœurs de son amant et d'elle.
Le roi, que le Romain poussera vivement,
De peur d'offenser Rome agira chaudement;
Et ce prince, piqué d'une juste colère,
S'emportera sans doute et bravera son père.
S'il est prompt et bouillant, le roi ne l'est pas moins;
Et comme à l'échauffer j'appliquerai mes soins,
Pour peu qu'à de tels coups cet amant soit sensible,
Mon entreprise est sûre et sa perte infaillible.
Voilà mon cœur ouvert et tout ce qu'il prétend.
Mais dans mon cabinet Flaminius m'attend;
Allons, et garde bien le secret de ta reine.
CLÉONE. Vous me connaissez trop pour vous en mettre en peine.

ACTE DEUXIÈME.

SCÈNE I.

PRUSIAS, ARASPE.

PRUSIAS. Revenir sans mon ordre et se montrer ici!
ARASPE. Sire, vous auriez tort d'en prendre aucun souci;
Et la haute vertu du prince Nicomède
Pour ce qu'on peut en craindre est un puissant remède.
Mais tout autre que lui devrait être suspect;
Un retour si soudain manque un peu de respect,
Et donne lieu d'entrer en quelque défiance
Des secrètes raisons de tant d'impatience.
PRUSIAS. Je ne les vois que trop, et sa témérité
N'est qu'un pur attentat sur mon autorité;
Il n'en veut plus dépendre, et croit que ses conquêtes
Au-dessus de son bras ne laissent point de têtes;

    Qu'il est lui seul sa règle, et que, sans se trahir,
    Des héros tels que lui ne sauraient obéir.

ARASPE. C'est d'ordinaire ainsi que ses pareils agissent.
    A suivre leur devoir leurs hauts faits se ternissent;
    Et ces grands cœurs, enflés du bruit de leurs combats,
    Souverains dans l'armée et parmi leurs soldats,
    Font du commandement une douce habitude
    Pour qui l'obéissance est un métier bien rude.

PRUSIAS. Dis tout, Araspe, dis que le nom de sujet
    Réduit toute leur gloire en un rang trop abject;
    Que, bien que leur naissance au trône les destine,
    Si son ordre est trop lent, leur grand cœur s'en mutine
    Qu'un père garde trop un bien qui leur est dû,
    Et qui perd de son prix étant trop attendu;
    Qu'on voit naître de là mille sourdes pratiques
    Dans le gros de son peuple et dans ses domestiques;
    Et que, si l'on ne va jusqu'à trancher le cours
    De son règne ennuyeux et de ses tristes jours,
    Du moins une insolente et fausse obéissance,
    Lui laissant un vain titre, usurpe sa puissance.

ARASPE. C'est ce que de tout autre il faudrait redouter,
    Seigneur, et qu'en tout autre il faudrait arrêter.
    Mais ce n'est pas pour vous un avis nécessaire;
    Le prince est vertueux, et vous êtes bon père.

PRUSIAS. Si je n'étais bon père, il serait criminel :
    Il doit son innocence à l'amour paternel;
    C'est lui seul qui l'excuse et qui le justifie,
    Ou lui seul qui me trompe et qui me sacrifie.
    Car je dois craindre enfin que sa haute vertu
    Contre l'ambition n'ait en vain combattu;
    Qu'il ne force en son cœur la nature à se taire.
    Qui se lasse d'un roi peut se lasser d'un père;
    Mille exemples sanglants nous peuvent l'enseigner
    Il n'est rien qui ne cède à l'ardeur de régner;
    Et depuis qu'une fois elle nous inquiète,
    La nature est aveugle et la vertu muette.
    Te le dirai-je, Araspe? il m'a trop bien servi;
    Augmentant mon pouvoir il me l'a tout ravi :
    Il n'est plus mon sujet qu'autant qu'il le veut être;
    Et qui me fait régner en effet est mon maître.
    Pour paraître à mes yeux son mérite est trop grand :
    On n'aime point à voir ceux à qui l'on doit tant.
    Tout ce qu'il a fait parle au moment qu'il m'approche,
    Et sa seule présence est un secret reproche :
    Elle me dit toujours qu'il m'a fait trois fois roi;
    Que je tiens plus de lui qu'il ne tiendra de moi;
    Et que, si je lui laisse un jour une couronne,
    Ma tête en porte trois que sa valeur me donne.

ACTE II.

J'en rougis dans mon âme : et ma confusion,
Qui renouvelle et croît à chaque occasion,
Sans cesse offre à mes yeux cette vue importune,
Que qui m'en donne trois peut bien m'en ôter une;
Qu'il n'a qu'à l'entreprendre, et peut tout ce qu'il veut.
Juge, Araspe, où j'en suis, s'il veut tout ce qu'il peut.

ARASPE. Pour tout autre que lui je sais comme s'explique
La règle de la vraie et saine politique.
Aussitôt qu'un sujet s'est rendu trop puissant,
Encor qu'il soit sans crime, il n'est pas innocent :
On n'attend point alors qu'il s'ose tout permettre;
C'est un crime d'Etat que d'en pouvoir commettre;
Et qui sait bien régner l'empêche prudemment
De mériter un juste et plus grand châtiment,
Et prévient, par un ordre à tous deux salutaire,
Ou les maux qu'il prépare ou ceux qu'il pourrait faire.
Mais, seigneur, pour le prince, il a trop de vertu;
Je vous l'ai déjà dit.

PRUSIAS. Et m'en répondras-tu?
Me seras-tu garant de ce qu'il pourra faire
Pour venger Annibal ou pour perdre son frère?
Et le prends-tu pour homme à voir d'un œil égal
Et l'amour de son frère et la mort d'Annibal?
Non, ne nous flattons point : il court à sa vengeance :
Il en a le prétexte, il en a la puissance;
Il est l'astre naissant qu'adorent mes Etats;
Il est le dieu du peuple et celui des soldats;
Sûr de ceux-ci, sans doute il vient soulever l'autre,
Fondre avec son pouvoir sur le reste du nôtre :
Mais ce peu qui m'en reste, encor que languissant,
N'est pas peut-être encor tout à fait impuissant.
Je veux bien toutefois agir avec adresse,
Joindre beaucoup d'honneur à bien peu de rudesse,
Le chasser avec gloire, et mêler doucement
Le prix de son mérite à mon ressentiment.
Mais s'il ne m'obéit ou s'il ose s'en plaindre,
Quoi qu'il ait fait pour moi, quoi que j'en voie à craindre,
Dussé-je voir par là tout l'Etat hasardé...

ARASPE. Il vient.

SCÈNE II.

PRUSIAS, NICOMÈDE, ARASPE.

PRUSIAS. Vous voilà, prince! Et qui vous a mandé?
NICOMÈDE. La seule ambition de pouvoir en personne
Mettre à vos pieds, seigneur, encore une couronne,

De jouir de l'honneur de vos embrassements,
Et d'être le témoin de vos contentements.
Après la Cappadoce heureusement unie
Aux royaumes du Pont et de la Bithynie,
Je viens remercier et mon père et mon roi
D'avoir eu la bonté de s'y servir de moi,
D'avoir choisi mon bras pour une telle gloire,
Et fait tomber sur moi l'honneur de sa victoire.

PRUSIAS. Vous pouviez vous passer de mes embrassements,
Me faire par écrit de tels remercîments;
Et vous ne deviez pas envelopper d'un crime
Ce que votre victoire ajoute à votre estime.
Abandonner mon camp en est un capital,
Inexcusable en tous et plus au général;
Et tout autre que vous, malgré cette conquête,
Revenant sans mon ordre eût payé de sa tête.

NICOMÈDE. J'ai failli, je l'avoue; et mon cœur imprudent
A trop cru les transports d'un désir trop ardent :
L'amour que j'ai pour vous a commis cette offense,
Lui seul à mon devoir fait cette violence.
Si le bien de vous voir m'était moins précieux,
Je serais innocent, mais si loin de vos yeux,
Que j'aime mieux, seigneur, en perdre un peu d'estime,
Et qu'un bonheur si grand me coûte un petit crime,
Qui ne craindra jamais la plus sévère loi,
Si l'amour juge en vous ce qu'il a fait en moi.

PRUSIAS. La plus mauvaise excuse est assez pour un père,
Et sous le nom d'un fils toute faute est légère :
Je ne veux voir en vous que mon unique appui.
Recevez tout l'honneur qu'on vous doit aujourd'hui
L'ambassadeur romain me demande audience :
Il verra ce qu'en vous je prends de confiance;
Vous l'écouterez, prince, et répondrez pour moi.
Vous êtes aussi bien le véritable roi,
Je n'en suis plus que l'ombre, et l'âge ne m'en laisse
Qu'un vain titre d'honneur qu'on rend à ma vieillesse;
Je n'ai plus que deux jours peut-être à le garder.
L'intérêt de l'Etat vous doit seul regarder;
Prenez-en aujourd'hui la marque la plus haute :
Mais gardez-vous aussi d'oublier votre faute;
Et comme elle fait brèche au pouvoir souverain,
Pour la bien réparer retournez dès demain.
Remettez en éclat la puissance absolue;
Attendez-la de moi comme je l'ai reçue,
Inviolable, entière; et n'autorisez pas
De plus méchants que vous à la mettre plus bas.
Le peuple qui vous voit, la cour qui vous contemple,
Vous désobéiraient sur votre propre exemple.

ACTE II.

Donnez-leur-en un autre, et montrez à leurs yeux
Que nos premiers sujets obéissent le mieux.

NICOMÈDE. J'obéirai, seigneur, et plus tôt qu'on ne pense;
Mais je demande un prix de mon obéissance.
La reine d'Arménie est due à ses Etats,
Et j'en vois les chemins ouverts par nos combats.
Il est temps qu'en son ciel cet astre aille reluire;
De grâce, accordez-moi l'honneur de l'y conduire.

PRUSIAS. Il n'appartient qu'à vous; et cet illustre emploi
Demande un roi lui-même ou l'héritier d'un roi.
Mais pour la renvoyer jusqu'en son Arménie
Vous savez qu'il y faut quelque cérémonie;
Tandis que je ferai préparer son départ,
Vous irez dans mon camp l'attendre de ma part.

NICOMÈDE. Elle est prête à partir sans plus grand équipage.

PRUSIAS. Je n'ai garde à son rang de faire un tel outrage.
Mais l'ambassadeur entre, il le faut écouter;
Puis nous verrons quel ordre on y doit apporter.

SCÈNE III.

PRUSIAS, NICOMÈDE, FLAMINIUS, ARASPE.

FLAMINIUS. Sur le point de partir, Rome, seigneur, me mande
Que je vous fasse encor pour elle une demande.
Elle a nourri vingt ans un prince votre fils;
Et vous pouvez juger les soins qu'elle en a pris
Par les hautes vertus et les illustres marques
Qui font briller en lui le sang de vos monarques.
Surtout il est instruit en l'art de bien régner :
C'est à vous de le croire et de le témoigner.
Si vous faites état de cette nourriture,
Donnez ordre qu'il règne, elle vous en conjure;
Et vous offenseriez l'estime qu'elle en fait
Si vous le laissiez vivre et mourir en sujet.
Faites donc aujourd'hui que je lui puisse dire
Où vous lui destinez un souverain empire.

PRUSIAS. Les soins qu'ont pris de lui le peuple et le sénat
Ne trouveront en moi jamais un père ingrat;
Je crois que pour régner il en a les mérites,
Et n'en veux point douter après ce que vous dites.
Mais vous voyez, seigneur, le prince son aîné
Dont le bras généreux trois fois m'a couronné;
Il ne fait que sortir encor d'une victoire,
Et pour tant de hauts faits je lui dois quelque gloire.
Souffrez qu'il ait l'honneur de répondre pour moi.

NICOMÈDE. Seigneur, c'est à vous seul de faire Attale roi;

PRUSIAS. C'est votre intérêt seul que sa demande touche.
NICOMÈDE. Le vôtre toutefois m'ouvrira seul la bouche.
De quoi se mêle Rome? et d'où prend le sénat,
Vous vivant, vous régnant, ce droit sur votre État?
Vivez, régnez, seigneur, jusqu'à la sépulture;
Et laissez faire après ou Rome ou la nature.
PRUSIAS. Pour de pareils amis il faut se faire effort.
NICOMÈDE. Qui partage vos biens aspire à votre mort,
Et de pareils amis, en bonne politique...
PRUSIAS. Ah! ne me brouillez point avec la république;
Portez plus de respect à de tels alliés.
NICOMÈDE. Je ne puis voir sous eux les rois humiliés;
Et, quel que soit ce fils que Rome vous renvoie,
Seigneur, je lui rendrais son présent avec joie.
S'il est si bien instruit en l'art de commander,
C'est un rare trésor qu'elle devrait garder,
Et conserver chez soi sa chère nourriture,
Ou pour le consulat ou pour la dictature.
FLAMINIUS *à Prusias*. Seigneur, dans ce discours qui nous traite si mal
Vous voyez un effet des leçons d'Annibal :
Ce perfide ennemi de la grandeur romaine
N'en a mis en son cœur que mépris et que haine.
NICOMÈDE. Non; mais il m'a surtout laissé ferme en ce point.
D'estimer beaucoup Rome, et ne la craindre point,
On me croit son disciple, et je le tiens à gloire;
Et quand Flaminius attaque sa mémoire,
Il doit savoir qu'un jour il me fera raison
D'avoir réduit mon maître au secours du poison,
Et n'oublier jamais qu'autrefois ce grand homme
Commença par son père à triompher de Rome.
FLAMINIUS. Ah! c'est trop m'outrager.
NICOMÈDE. N'outragez plus les morts.
PRUSIAS. Et vous, ne cherchez point à former de discords.
Parlez, et nettement, sur ce qu'il me propose.
NICOMÈDE. Hé bien! s'il est besoin de répondre autre chose,
Attale doit régner, Rome l'a résolu :
Et puisqu'elle a partout un pouvoir absolu,
C'est aux rois d'obéir alors qu'elle commande.
Attale a le cœur grand, l'esprit grand, l'âme grande,
Et toutes les grandeurs dont se fait un grand roi.
Mais c'est trop que d'en croire un Romain sur sa foi.
Par quelque grand effet voyons s'il en est digne :
S'il a cette vertu, cette valeur insigne,
Donnez-lui votre armée, et voyons ces grands coups;
Qu'il en fasse pour lui ce que j'ai fait pour vous;
Qu'il règne avec éclat sur sa propre conquête,
Et que de sa victoire il couronne sa tête.
Je lui prête mon bras, et veux dès maintenant,

ACTE II.

S'il daigne s'en servir, être son lieutenant.
L'exemple des Romains m'autorise à le faire :
Le fameux Scipion le fut bien de son frère ;
Et, lorsque Antiochus fut par eux détrôné,
Sous les lois du plus jeune on vit marcher l'aîné.
Les bords de l'Hellespont, ceux de la mer Egée,
Le reste de l'Asie à nos côtés rangée,
Offrent une matière à son ambition...

FLAMINIUS. Rome prend tout ce reste en sa protection ;
Et vous n'y pouvez plus étendre vos conquêtes
Sans attirer sur vous d'effroyables tempêtes.

NICOMÈDE. J'ignore sur ce point les volontés du roi :
Mais peut-être qu'un jour je dépendrai de moi ;
Et nous verrons alors l'effet de ces menaces.
Vous pouvez cependant faire munir ces places,
Préparer un obstacle à mes nouveaux desseins,
Disposer de bonne heure un secours de Romains ;
Et si Flaminius en est le capitaine,
Nous pourrons lui trouver un lac de Trasimène.

PRUSIAS. Prince, vous abusez trop tôt de ma bonté.
Le rang d'ambassadeur doit être respecté ;
Et l'honneur souverain qu'ici je vous défère...

NICOMÈDE. Ou laissez-moi parler, sire, ou faites-moi taire ;
Je ne sais point répondre autrement pour un roi
A qui dessus son trône on veut faire la loi.

PRUSIAS. Vous m'offensez moi-même en parlant de la sorte ;
Et vous devez dompter l'ardeur qui vous emporte.

NICOMÈDE. Quoi ! je verrai, seigneur, qu'on borne vos Etats,
Qu'au milieu de ma course on m'arrête le bras,
Que de vous menacer on ait même l'audace,
Et je ne rendrai point menace pour menace !
Et je remercierai qui me dit hautement
Qu'il ne m'est plus permis de vaincre impunément !

PRUSIAS *à Flaminius*. Seigneur, vous pardonnez aux chaleurs de son âge ;
Le temps et la raison pourront le rendre sage.

NICOMÈDE. La raison et le temps m'ouvrent assez les yeux,
Et l'âge ne fera que me les ouvrir mieux.
Si j'avais jusqu'ici vécu comme ce frère
Avec une vertu qui fût imaginaire
(Car je l'appelle ainsi quand elle est sans effets ;
Et l'admiration de tant d'hommes parfaits
Dont il a vu dans Rome éclater le mérite
N'est pas grande vertu si l'on ne les imite) :
Si j'avais donc vécu dans ce même repos
Qu'il a vécu dans Rome auprès de ses héros,
Elle me laisserait la Bithynie entière
Telle que de tout temps l'aîné la tient d'un père,
Et s'empresserait moins à le faire régner,

Si vos armes sous moi n'avaient su rien gagner :
Mais parce qu'elle voit avec la Bithynie
Par trois sceptres conquis trop de puissance unie,
Il faut la diviser ; et, dans ce beau projet,
Ce prince est trop bien né pour vivre mon sujet!
Puisqu'il peut la servir à me faire descendre,
Il a plus de vertu que n'en eut Alexandre ;
Et je lui dois quitter, pour le mettre en mon rang,
Le bien de mes aïeux ou le prix de mon sang.
Grâces aux immortels, l'effort de mon courage
Et ma grandeur future ont mis Rome en ombrage :
Vous pouvez l'en guérir, seigneur, et promptement ;
Mais n'exigez d'un fils aucun consentement :
Le maître qui prit soin d'instruire ma jeunesse
Ne m'a jamais appris à faire une bassesse.

FLAMINIUS. A ce que je puis voir, vous avez combattu,
Prince, par intérêt plutôt que par vertu.
Les plus rares exploits que vous ayez pu faire
N'ont jeté qu'un dépôt sur la tête d'un père ;
Il n'est que gardien de leur illustre prix ;
Et ce n'est que pour vous que vous avez conquis,
Puisque cette grandeur à son trône attachée
Sur nul autre que vous ne peut être épanchée.
Certes, je vous croyais un peu plus généreux.
Quand les Romains le sont, ils ne font rien pour eux.
Scipion, dont tantôt vous vantiez le courage,
Ne voulait point régner sur les murs de Carthage ;
Et de tout ce qu'il fit pour l'empire romain
Il n'en eut que la gloire et le nom d'Africain.
Mais on ne voit qu'à Rome une vertu si pure ;
Le reste de la terre est d'une autre nature.
   Quant aux raisons d'Etat qui vous font concevoir
Que nous craignions en vous l'union du pouvoir ;
Si vous en consultiez des têtes bien sensées,
Elles vous déferaient de ces belles pensées.
Par respect pour le roi je ne dis rien de plus.
Prenez quelque loisir de rêver là-dessus.
Laissez moins de fumée à vos feux militaires,
Et vous pourrez avoir des visions plus claires.

NICOMÈDE. Le temps pourra donner quelque décision
Si la pensée est belle, ou si c'est vision.
Cependant...

FLAMINIUS.   Cependant si vous trouvez des charmes
A pousser plus avant la gloire de vos armes,
Nous ne la bornons point ; mais comme il est permis,
Contre qui que ce soit, de servir ses amis,
Si vous ne le savez, je veux bien vous l'apprendre,
Et vous en donne avis pour ne vous pas surprendre.

Au reste, soyez sûr que vous posséderez
Tout ce qu'en votre cœur déjà vous dévorez :
Le Pont sera pour vous, avec la Galatie,
Avec la Cappadoce, avec la Bithynie.
Ce bien de vos aïeux, ces prix de votre sang,
Ne mettront point Attale en votre illustre rang;
Et, puisque leur partage est pour vous un supplice,
Rome n'a pas dessein de vous faire injustice.
Ce prince régnera sans rien prendre sur vous.
   (*A Prusias.*)
La reine d'Arménie a besoin d'un époux,
Seigneur, l'occasion ne peut être plus belle;
Elle vit sous vos lois, et vous disposez d'elle.

NICOMÈDE. Voilà le vrai secret de faire Attale roi,
Comme vous l'avez dit, sans rien prendre sur moi.
La pièce est délicate, et ceux qui l'ont tissue
A de si longs détours font une digne issue.
Je n'y réponds qu'un mot, étant sans intérêt.
   Traitez cette princesse en reine comme elle est;
Ne touchez point en elle aux droits du diadème :
Ou pour les maintenir je périrai moi-même.
Je vous en donne avis, et que jamais les rois
Pour vivre en nos Etats, ne vivent sous nos lois;
Qu'elle seule en ces lieux d'elle-même dispose.

PRUSIAS. N'avez-vous, Nicomède, à lui dire autre chose?
NICOMÈDE. Non, seigneur, si ce n'est que la reine, après tout,
Sachant ce que je puis, me pousse trop à bout.
PRUSIAS. Contre elle dans ma cour que peut votre insolence?
NICOMÈDE. Rien du tout, que garder ou rompre le silence.
Une seconde fois avisez, s'il vous plaît,
A traiter Laodice en reine comme elle est :
C'est moi qui vous en prie.

SCÈNE IV.

PRUSIAS, FLAMINIUS, ARASPE.

FLAMINIUS.   Hé quoi! toujours obstacle!
PRUSIAS. De la part d'un amant ce n'est pas grand miracle.
Cet orgueilleux esprit, enflé de ses succès,
Pense bien de son cœur nous empêcher l'accès;
Mais il faut que chacun suive sa destinée.
L'amour entre les rois ne fait pas l'hyménée;
Et les raisons d'Etat, plus fortes que ses nœuds,
Trouvent bien les moyens d'en éteindre les feux.
FLAMINIUS. Comme elle a de l'amour, elle aura du caprice.
PRUSIAS. Non, non; je vous réponds, seigneur, de Laodice.
Mais enfin elle est reine; et cette qualité

Semble exiger de nous quelque civilité.
J'ai sur elle, après tout, une puissance entière,
Mais j'aime à la cacher sous le nom de prière.
Rendons-lui donc visite; et, comme ambassadeur,
Proposez cet hymen vous-même à sa grandeur.
Je seconderai Rome, et veux vous introduire.
Puisqu'elle est en nos mains, l'amour ne nous peut nuire.
Allons de sa réponse à votre compliment
Prendre l'occasion de parler hautement.

ACTE TROISIÈME.

SCÈNE I.

PRUSIAS, FLAMINIUS, LAODICE.

PRUSIAS. Reine, puisque ce titre a pour vous tant de charmes,
Sa perte vous devrait donner quelques alarmes :
Qui tranche trop du roi ne règne pas longtemps.
LAODICE. J'observerai, seigneur, ces avis importants;
Et, si jamais je règne, on verra la pratique
D'une si salutaire et noble politique.
PRUSIAS. Vous vous mettez fort mal au chemin de régner.
LAODICE. Seigneur, si je m'égare, on peut me l'enseigner.
PRUSIAS. Vous méprisez trop Rome, et vous devriez faire
Plus d'estime d'un roi qui vous tient lieu de père.
LAODICE. Vous verriez qu'à tous deux je rends ce que je doi,
Si vous vouliez mieux voir ce que c'est qu'être roi.
Recevoir ambassade en qualité de reine,
Ce serait à vos yeux faire la souveraine,
Entreprendre sur vous et dedans votre État
Sur votre autorité commettre un attentat.
Je la refuse donc, seigneur, et me dénie
L'honneur qui ne m'est dû que dans mon Arménie.
C'est là que sur mon trône avec plus de splendeur
Je puis honorer Rome en son ambassadeur,
Faire réponse en reine, et comme le mérite,
Et de qui l'on me parle, et qui m'en sollicite.
Ici c'est un métier que je n'entends pas bien,
Car hors de l'Arménie enfin je ne suis rien :
Et ce grand nom de reine ailleurs ne m'autorise
Qu'à n'y voir point de trône à qui je sois soumise,
A vivre indépendante, et n'avoir en tous lieux
Pour souverains que moi, la raison et les dieux.
PRUSIAS. Ces dieux vos souverains, et le roi votre père,

ACTE III.

De leur pouvoir sur vous m'ont fait dépositaire ;
Et vous pourrez peut-être apprendre une autre fois
Ce que c'est en tous lieux que la raison des rois.
Pour en faire l'épreuve allons en Arménie :
Je vais vous y remettre en bonne compagnie.
Partons, et dès demain, puisque vous le voulez :
Préparez-vous à voir vos pays désolés ;
Préparez-vous à voir par toute votre terre
Ce qu'ont de plus affreux les fureurs de la guerre,
Des montagnes de morts, des rivières de sang.

LAODICE. Je perdrai mes Etats et garderai mon rang ;
Et ces vastes malheurs où mon orgueil me jette
Me feront votre esclave, et non votre sujette :
Ma vie est en vos mains, mais non ma dignité.

PRUSIAS. Nous ferons bien changer ce courage indompté ;
Et quand vos yeux frappés de toutes ces misères
Verront Attale assis au trône de vos pères,
Alors peut-être, alors vous le prierez en vain
Que pour y remonter il vous donne la main.

LAODICE. Si jamais jusque-là votre guerre m'engage,
Je serai bien changée et d'âme et de courage.
Mais peut-être, seigneur, vous n'irez pas si loin :
Les dieux de ma fortune auront un peu de soin ;
Ils vous inspireront, ou trouveront un homme
Contre tant de héros que vous prêtera Rome.

PRUSIAS. Sur un présomptueux vous fondez votre appui ;
Mais il court à sa perte et vous traîne avec lui.
Pensez-y bien, madame, et faites-vous justice ;
Choisissez d'être reine ou d'être Laodice ;
Et, pour dernier avis que vous aurez de moi,
Si vous voulez régner, faites Attale roi.
Adieu.

SCÈNE II.

FLAMINIUS, LAODICE.

FLAMINIUS. Madame, enfin une vertu parfaite...
LAODICE. Suivez le roi, seigneur, votre ambassade est faite ;
Et je vous dis encor, pour ne vous point flatter,
Qu'ici je ne la dois ni la veux écouter.
FLAMINIUS. Et je vous parle aussi, dans ce péril extrême,
Moins en ambassadeur qu'en homme qui vous aime,
Et qui, touché du sort que vous vous préparez,
Tâche à rompre le cours des maux où vous courez.
J'ose donc, comme ami, vous dire en confidence
Qu'une vertu parfaite a besoin de prudence,
Et doit considérer, pour son propre intérêt,

Et les temps où l'on vit, et les lieux où l'on est :
La grandeur de courage en une âme royale
N'est sans cette vertu qu'une vertu brutale,
Que son mérite aveugle et qu'un faux jour d'honneur
Jette en un tel divorce avec le vrai bonheur,
Qu'elle-même se livre à ce qu'elle doit craindre,
Ne se fait admirer que pour se faire plaindre,
Que pour nous pouvoir dire, après un grand soupir,
« J'avais droit de régner et n'ai su m'en servir. »
Vous irritez un roi dont vous voyez l'armée
Nombreuse, obéissante, à vaincre accoutumée.
Vous êtes en ses mains, vous vivez dans sa cour.

LAODICE. Je ne sais si l'honneur eut jamais un faux jour,
Seigneur; mais je veux bien vous répondre en amie.
Ma prudence n'est pas tout à fait endormie;
Et, sans examiner par quel destin jaloux
La grandeur de courage est si mal avec vous,
Je veux vous faire voir que celle que j'étale
N'est pas tant qu'il vous semble une vertu brutale;
Que si j'ai droit au trône elle s'en veut servir,
Et sait bien repousser qui me le veut ravir.
Je vois sur la frontière une puissante armée,
Comme vous l'avez dit, à vaincre accoutumée;
Mais par quelle conduite et sous quel général?
Le roi, s'il s'en fait fort, pourrait s'en trouver mal;
Et s'il voulait passer de son pays au nôtre,
Je lui conseillerais de s'assurer d'un autre.
Mais je vis dans sa cour, je suis dans ses Etats,
Et j'ai peu de raison de ne le craindre pas?
Seigneur, dans sa cour même et hors de l'Arménie,
La vertu trouve appui contre la tyrannie :
Tout son peuple a des yeux pour voir quel attentat
Font sur le bien public les maximes d'Etat :
Il connaît Nicomède, il connaît sa marâtre :
Il en sait, il en voit la haine opiniâtre;
Il voit la servitude où le roi s'est soumis,
Et connaît d'autant mieux les dangereux amis.
Pour moi, que vous croyez au bord du précipice,
Bien loin de mépriser Attale par caprice,
J'évite les mépris qu'il recevrait de moi
S'il tenait de ma main la qualité de roi :
Je le regarderais comme une âme commune,
Comme un homme mieux né pour une autre fortune,
Plus mon sujet qu'époux; et le nœud conjugal
Ne le tirerait pas de ce rang inégal.
Mon peuple à mon exemple en ferait peu d'estime.
Ce serait trop, seigneur, pour un cœur magnanime :
Mon refus lui fait grâce; et, malgré ses désirs,

J'épargne à sa vertu d'éternels déplaisirs.
FLAMINIUS. Si vous me dites vrai, vous êtes ici reine :
Sur l'armée et la cour je vous vois souveraine;
Le roi n'est qu'une idée, et n'a de son pouvoir
Que ce que par pitié vous lui laissez avoir.
Quoi! même vous allez jusques à faire grâce !
Après cela, madame, excusez mon audace;
Souffrez que Rome enfin vous parle par ma voix :
Recevoir ambassade est encor de vos droits;
Ou si ce nom vous choque ailleurs qu'en Arménie,
Comme simple Romain souffrez que je vous die
Qu'être allié de Rome et s'en faire un appui,
C'est l'unique moyen de régner aujourd'hui;
Que c'est par là qu'on tient ses voisins en contrainte,
Ses peuples en repos, ses ennemis en crainte;
Qu'un prince est dans son trône à jamais affermi,
Quand il est honoré du nom de son ami;
Qu'Attale avec ce titre est plus roi, plus monarque,
Que tous ceux dont le front ose en porter la marque :
Et qu'enfin...
LAODICE. Il suffit, je vois bien ce que c'est :
Tous les rois ne sont rois qu'autant comme il vous plaît;
Mais si de leurs Etats Rome à son gré dispose,
Certes, pour son Attale elle fait peu de chose;
Et qui tient en sa main tant de quoi lui donner
A mendier pour lui devrait moins s'obstiner.
Pour un prince si cher sa réserve m'étonne :
Que ne me l'offre-t-elle avec une couronne?
C'est trop m'importuner en faveur d'un sujet,
Moi qui tiendrais un roi pour un indigne objet,
S'il venait par votre ordre, et si votre alliance
Souillait entre ses mains la suprême puissance.
Ce sont des sentiments que je ne puis trahir :
Je ne veux point de rois qui sachent obéir;
Et, puisque vous voyez mon âme tout entière,
Seigneur, ne perdez plus menace ni prière.
FLAMINIUS. Puis-je ne pas vous plaindre en cet aveuglement?
Madame, encore un coup, pensez-y mûrement :
Songez mieux ce qu'est Rome, et ce qu'elle peut faire;
Et, si vous vous aimez, craignez de lui déplaire.
Carthage étant détruite, Antiochus défait,
Rien de nos volontés ne peut troubler l'effet :
Tout fléchit sur la terre, et tout tremble sur l'onde;
Et Rome est aujourd'hui la maîtresse du monde.
LAODICE. La maîtresse du monde! Ah! vous me feriez peur
S'il ne s'en fallait pas l'Arménie et mon cœur,
Si le grand Annibal n'avait qui lui succède,
S'il ne revivait pas au prince Nicomède,

Et s'il n'avait laissé dans de si dignes mains
L'infaillible secret de vaincre les Romains.
Un si vaillant disciple aura bien le courage
D'en mettre jusqu'au bout les leçons en usage :
L'Asie en fait l'épreuve, où trois sceptres conquis
Font voir en quelle école il en a tant appris.
Ce sont des coups d'essai, mais si grands que peut-être
Le Capitole a lieu d'en craindre un coup de maître,
Et qu'il ne puisse un jour...

FLAMINIUS. Ce jour est encor loin,
Madame ; et quelques-uns vous diront au besoin
Quels dieux du haut en bas renversent les profanes,
Et que, même au sortir de Trébie et de Cannes,
Son ombre épouvanta votre grand Annibal.
Mais le voici ce bras à Rome si fatal.

SCÈNE III.

NICOMÈDE, LAODICE, FLAMINIUS.

NICOMÈDE. Ou Rome à ses agents donne un pouvoir bien large,
Ou vous êtes bien long à faire votre charge.
FLAMINIUS. Je sais quel est mon ordre ; et, si j'en sors, ou non,
C'est à d'autres qu'à vous que j'en rendrai raison.
NICOMÈDE. Allez-y donc, de grâce, et laissez à ma flamme
Le bonheur à son tour d'entretenir madame :
Vous avez dans son cœur fait de si grands progrès,
Et vos discours pour elle ont de si grands attraits,
Que, sans de grands efforts, je n'y pourrai détruire
Ce que votre harangue y voulait introduire.
FLAMINIUS. Les malheurs où la plonge une indigne amitié
Me faisaient lui donner un conseil par pitié.
NICOMÈDE. Lui donner de la sorte un conseil charitable,
C'est être ambassadeur et tendre et pitoyable.
Vous a-t-il conseillé beaucoup de lâchetés,
Madame ?
FLAMINIUS. Ah ! c'en est trop, et vous vous emportez.
NICOMÈDE. Je m'emporte ?
FLAMINIUS. Sachez qu'il n'est point de contrée
Où d'un ambassadeur la dignité sacrée...
NICOMÈDE. Ne nous vantez plus tant son rang et sa splendeur.
Qui fait le conseiller n'est plus ambassadeur ;
Il excède sa charge, et lui-même y renonce.
Mais, dites-moi, madame, a-t-il eu sa réponse ?
LAODICE. Oui, seigneur.
NICOMÈDE. Sachez donc que je ne vous prends plus
Que pour l'agent d'Attale, et pour Flaminius ;
Et, si vous me fâchiez, j'ajouterais peut-être

Que pour l'empoisonneur d'Annibal, de mon maître.
Voilà tous les honneurs que vous aurez de moi;
S'ils ne vous satisfont, allez vous plaindre au roi.
FLAMINIUS. Il me fera justice encor qu'il soit bon père;
Ou Rome à son refus se la saura bien faire.
NICOMÈDE. Allez de l'un et l'autre embrasser les genoux.
FLAMINIUS. Les effets répondront. Prince, pensez à vous.
NICOMÈDE. Cet avis est plus propre à donner à la reine.

SCÈNE IV.

NICOMÈDE, LAODICE.

NICOMÈDE. Ma générosité cède enfin à sa haine :
Je l'épargnais assez pour ne découvrir pas
Les infâmes projets de ses assassinats;
Mais enfin on m'y force, et tout son crime éclate.
J'ai fait entendre au roi Zénon et Métrobate,
Et, comme leur rapport a de quoi l'étonner,
Lui-même il prend le soin de les examiner.
LAODICE. Je ne sais pas, seigneur, quelle en sera la suite;
Mais je ne comprends point toute cette conduite,
Ni comme à cet éclat la reine vous contraint.
Plus elle vous doit craindre, et moins elle vous craint;
Et plus vous la pouvez accabler d'infamie,
Plus elle vous attaque en mortelle ennemie.
NICOMÈDE. Elle prévient ma plainte, et cherche adroitement
A la faire passer pour un ressentiment;
Et ce masque trompeur de fausse hardiesse
Nous déguise sa crainte et couvre sa faiblesse.
LAODICE. Les mystères de cour souvent sont si cachés,
Que les plus clairvoyants y sont bien empêchés.
Lorsque vous n'étiez point ici pour me défendre,
Je n'avais contre Attale aucun combat à rendre;
Rome ne songeait point à troubler notre amour.
Bien plus, on ne vous souffre ici que ce seul jour;
Et dans ce même jour, Rome, en votre présence,
Avec chaleur pour lui presse mon alliance.
Pour moi, je ne vois goutte en ce raisonnement,
Qui n'attend point le temps de votre éloignement,
Et j'ai devant les yeux toujours quelque nuage
Qui m'offusque la vue et m'y jette un ombrage.
Le roi chérit sa femme, il craint Rome; et pour vous,
S'il ne voit vos hauts faits d'un œil un peu jaloux,
Du moins, à dire tout, je ne saurais vous taire
Qu'il est trop bon mari pour être assez bon père.
Voyez quel contre-temps Attale prend ici!
Qui l'appelle avec nous? quel projet? quel souci?

Je conçois mal, seigneur, ce qu'il faut que j'en pense;
Mais j'en romprai le coup, s'il y faut ma présence.
Je vous quitte.

SCÈNE V.

NICOMÈDE, ATTALE, LAODICE.

ATTALE.   Madame, un si doux entretien
N'est plus charmant pour vous quand j'y mêle le mien.
LAODICE. Votre importunité, que j'ose dire extrême,
Me peut entretenir en un autre moi-même :
Il connaît tout mon cœur, et répondra pour moi
Comme à Flaminius il a fait pour le roi.

SCÈNE VI.

NICOMÈDE, ATTALE.

ATTALE. Puisque c'est la chasser, seigneur, je me retire.
NICOMÈDE. Non, non; j'ai quelque chose aussi bien à vous dire,
Prince. J'avais mis bas, avec le nom d'aîné,
L'avantage du trône où je suis destiné;
Et voulant seul ici défendre ce que j'aime,
Je vous avais prié de l'attaquer de même,
Et de ne mêler point surtout dans vos desseins
Ni le secours du roi ni celui des Romains :
Mais, ou vous n'avez pas la mémoire fort bonne,
Ou vous n'y mettez rien de ce qu'on vous ordonne.
ATTALE. Seigneur, vous me forcez à m'en souvenir mal,
Quand vous n'achevez pas de rendre tout égal.
Vous vous défaites bien de quelques droits d'aînesse;
Mais vous défaites-vous du cœur de la princesse,
De toutes les vertus qui vous en font aimer,
Des hautes qualités qui savent tout charmer,
De trois sceptres conquis, du gain de six batailles,
Des glorieux assauts de plus de cent murailles?
Avec de tels seconds rien n'est pour vous douteux.
Rendez donc la princesse égale entre nous deux :
Ne lui laissez plus voir ce long amas de gloire
Qu'à pleines mains sur vous a versé la victoire;
Et faites qu'elle puisse oublier une fois
Et vos rares vertus et vos fameux exploits;
Ou contre son amour, contre votre vaillance,
Souffrez Rome et le roi dedans l'autre balance :
Le peu qu'ils ont gagné vous fait assez juger
Qu'ils n'y mettront jamais qu'un contre-poids léger.
NICOMÈDE. C'est n'avoir pas perdu tout votre temps à Rome,

Que vous savoir ainsi défendre en galant homme.
Vous avez de l'esprit, si vous n'avez du cœur.

SCÈNE VII.

ARSINOÉ, NICOMÈDE, ATTALE, ARASPE.

ARASPE. Seigneur, le roi vous mande.
NICOMÈDE.   Il me mande?
ARASPE.   Oui, seigneur.
ARSINOÉ. Prince, la calomnie est aisée à détruire.
NICOMÈDE. J'ignore à quel sujet vous m'en venez instruire,
Moi qui ne doute point de cette vérité,
Madame.
ARSINOÉ.   Si jamais vous n'en aviez douté,
Prince, vous n'auriez pas, sous l'espoir qui vous flatte,
Amené de si loin Zénon et Métrobate.
NICOMÈDE. Je m'obstinais, madame, à tout dissimuler;
Mais vous m'avez forcé de les faire parler.
ARSINOÉ. La vérité les force, et mieux que vos largesses.
Ces hommes du commun tiennent mal leurs promesses;
Tous deux en ont plus dit qu'ils n'avaient résolu.
NICOMÈDE. J'en suis fâché pour vous; mais vous l'avez voulu.
ARSINOÉ. Je le veux bien encore, et je n'en suis fâchée
Que d'avoir vu par là votre vertu tachée,
Et qu'il faille ajouter à vos titres d'honneur
La noble qualité de mauvais suborneur.
NICOMÈDE. Je les ai subornés contre vous à ce compte?
ARSINOÉ. J'en ai le déplaisir, vous en aurez la honte.
NICOMÈDE. Et vous pensez par là leur ôter tout crédit?
ARSINOÉ. Non, seigneur; je me tiens à ce qu'ils en ont dit.
NICOMÈDE. Qu'ont-ils dit qui vous plaise, et que vous vouliez croire?
ARSINOÉ. Deux mots de vérité qui vous comblent de gloire.
NICOMÈDE. Peut-on savoir de vous ces deux mots importants?
ARASPE. Seigneur, le roi s'ennuie, et vous tardez longtemps.
ARSINOÉ. Vous les saurez de lui; c'est trop le faire attendre.
NICOMÈDE. Je commence, madame, enfin à vous entendre :
Son amour conjugal, chassant le paternel,
Vous fera l'innocente, et moi le criminel.
Mais...
ARSINOÉ.   Achevez, seigneur; ce mais, que veut-il dire?
NICOMÈDE. Deux mots de vérité qui font que je respire.
ARSINOÉ. Peut-on savoir de vous ces deux mots importants?
NICOMÈDE. Vous les saurez du roi, je tarde trop longtemps.

SCÈNE VIII.

ARSINOÉ, ATTALE.

ARSINOÉ. Nous triomphons, Attale; et ce grand Nicomède
Voit quelle digne issue à ses fourbes succède.
Les deux accusateurs que lui-même a produits,
Que pour l'assassiner je dois avoir séduits,
Pour me calomnier subornés par lui-même,
N'ont su bien soutenir un si noir stratagème :
Tous deux m'ont accusée, et tous deux avoué
L'infâme et lâche tour qu'un prince m'a joué.
Qu'en présence des rois les vérités sont fortes !
Que pour sortir d'un cœur elles trouvent de portes !
Qu'on en voit le mensonge aisément confondu !
Tous deux voulaient me perdre, et tous deux l'ont perdu.

ATTALE. Je suis ravi de voir qu'une telle imposture
Ait laissé votre gloire et plus grande et plus pure;
Mais pour l'examiner, et bien voir ce que c'est,
Si vous pouviez vous mettre un peu hors d'intérêt,
Vous ne pourriez jamais, sans un peu de scrupule,
Avoir pour deux méchants une âme si crédule.
Ces perfides tous deux se sont dits aujourd'hui,
Et subornés par vous, et subornés par lui.
Contre tant de vertus, contre tant de victoires,
Doit-on quelque croyance à des âmes si noires?
Qui se confesse traître est indigne de foi.

ARSINOÉ. Vous êtes généreux, Attale, et je le voi;
Même de vos rivaux la gloire vous est chère.

ATTALE. Si je suis son rival, je suis aussi son frère :
Nous ne sommes qu'un sang; et ce sang, dans mon cœur,
A peine à le passer pour calomniateur.

ARSINOÉ. Et vous en avez moins à me croire assassine,
Moi, dont la perte est sûre à moins que sa ruine?

ATTALE. Si contre lui j'ai peine à croire ces témoins,
Quand ils vous accusaient je les croyais bien moins.
Votre vertu, madame, est au-dessus du crime :
Souffrez donc que pour lui je garde un peu d'estime.
La sienne dans la cour lui fait mille jaloux,
Dont quelqu'un a voulu le perdre auprès de vous;
Et ce lâche attentat n'est qu'un trait de l'envie
Qui s'efforce à noircir une si belle vie.
Pour moi, si par soi-même on peut juger d'autrui,
Ce que je sens en moi, je le présume en lui.
Contre un si grand rival j'agis à force ouverte,
Sans blesser son honneur, sans pratiquer sa perte;
J'emprunte du secours, et le fais hautement :
Je crois qu'il n'agit pas moins généreusement,

	Qu'il n'a que les desseins où sa gloire l'invite,
	Et n'oppose à mes vœux que son propre mérite.
ARSINOÉ.	Vous êtes peu du monde, et savez mal la cour.
ATTALE.	Est-ce autrement qu'en prince on doit traiter l'amour?
ARSINOÉ.	Vous le traitez, mon fils, et parlez en jeune homme.
ATTALE.	Madame, je n'ai vu que des vertus à Rome.
ARSINOÉ.	Le temps vous apprendra, par de nouveaux emplois,
	Quelles vertus il faut à la suite des rois.
	Cependant, si le prince est encor votre frère,
	Souvenez-vous aussi que je suis votre mère;
	Et, malgré les soupçons que vous avez conçus,
	Venez savoir du roi ce qu'il croit là-dessus.

ACTE QUATRIÈME.

SCÈNE I.

PRUSIAS, ARSINOÉ, ARASPE.

PRUSIAS. Faites venir le prince, Araspe. (*Araspe rentre.*)
          Et vous, madame,
Retenez des soupirs dont vous me percez l'âme.
Quel besoin d'accabler mon cœur de vos douleurs,
Quand vous y pouvez tout sans le secours des pleurs?
Quel besoin que ces pleurs prennent votre défense?
Douté-je de son crime, ou de votre innocence?
Et reconnaissez-vous que tout ce qu'il m'a dit
Par quelque impression ébranle mon esprit?

ARSINOÉ. Ah! seigneur, est-il rien qui répare l'injure
Que fait à l'innocence un moment d'imposture?
Et peut-on voir mensonge assez tôt avorté,
Pour rendre à la vertu toute sa pureté?
Il en reste toujours quelque indigne mémoire
Qui porte une souillure à la plus haute gloire.
Combien en votre cour est-il de médisants!
Combien le prince a-t-il d'aveugles partisans,
Qui, sachant une fois qu'on m'a calomniée,
Croiront que votre amour m'a seul justifiée!
Et, si la moindre tache en demeure à mon nom,
Si le moindre du peuple en conserve un soupçon,
Suis-je digne de vous? et de telles alarmes
Touchent-elles trop peu pour mériter mes larmes?

PRUSIAS. Ah! c'est trop de scrupule, et trop mal présumer
D'un mari qui vous aime, et qui vous doit aimer.

La gloire est plus solide après la calomnie,
Et brille d'autant mieux qu'elle s'en vit ternie.
Mais voici Nicomède, et je veux qu'aujourd'hui...

SCÈNE II.

PRUSIAS, ARSINOÉ, NICOMÈDE, ARASPE, GARDES.

ARSINOÉ. Grâce, grâce, seigneur, à notre unique appui !
Grâce à tant de lauriers en sa main si fertiles !
Grâce à ce conquérant, à ce preneur de villes !
Grâce...
NICOMÈDE. De quoi, madame ? est-ce d'avoir conquis
Trois sceptres que ma perte expose à votre fils ;
D'avoir porté si loin vos armes dans l'Asie,
Que même votre Rome en a pris jalousie ;
D'avoir trop soutenu la majesté des rois,
Trop rempli votre cour du bruit de mes exploits,
Trop du grand Annibal pratiqué les maximes ?
S'il faut grâce pour moi, choisissez de mes crimes ;
Les voilà tous, madame ; et si vous y joignez
D'avoir cru des méchants par quelque autre gagnés,
D'avoir une âme ouverte, une franchise entière,
Qui dans leur artifice a manqué de lumière,
C'est gloire et non pas crime à qui ne voit le jour
Qu'au milieu d'une armée et loin de votre cour,
Qui n'a que la vertu de son intelligence,
Et, vivant sans remords, marche sans défiance.
ARSINOÉ. Je m'en dédis, seigneur ; il n'est point criminel.
S'il m'a voulu noircir d'un opprobre éternel,
Il n'a fait qu'obéir à la haine ordinaire
Qu'imprime à ses pareils le nom de belle-mère.
De cette aversion son cœur préoccupé
M'impute tous les traits dont il se sent frappé.
Que son maître Annibal, malgré la foi publique
S'abandonne aux fureurs d'une terreur panique ;
Que ce vieillard confie et gloire et liberté
Plutôt au désespoir qu'à l'hospitalité ;
Ces terreurs, ces fureurs sont de mon artifice.
Quelque appât que lui-même il trouve en Laodice,
C'est moi qui fais qu'Attale a des yeux comme lui ;
C'est moi qui force Rome à lui servir d'appui ;
De cette seule main part tout ce qui le blesse :
Et, pour venger ce maître et sauver sa maîtresse,
S'il a tâché, seigneur, de m'éloigner de vous,
Tout est trop excusable en un amant jaloux.
Ce faible et vain effort ne touche point mon âme.
Je sais que tout mon crime est d'être votre femme :

Que ce nom seul l'oblige à me persécuter :
Car enfin hors de là que peut-il m'imputer?
Ma voix, depuis dix ans qu'il commande une armée,
A-t-elle refusé d'enfler sa renommée?
Et, lorsqu'il l'a fallu puissamment secourir,
Que la moindre longueur l'aurait laissé périr,
Quel autre a mieux pressé les secours nécessaires?
Qui l'a mieux dégagé de ses destins contraires?
A-t-il eu près de vous un plus soigneux agent
Pour hâter les renforts et d'hommes et d'argent?
Vous le savez, seigneur; et pour reconnaissance,
Après l'avoir servi de toute ma puissance,
Je vois qu'il a voulu me perdre auprès de vous.
Mais tout est excusable en un amant jaloux,
Je vous l'ai déjà dit.

PRUSIAS. Ingrat! que peux-tu dire?
NICOMÈDE. Que la reine a pour moi des bontés que j'admire.
Je ne vous dirai point que ces puissants secours
Dont elle a conservé mon honneur et mes jours,
Et qu'avec tant de pompe à vos yeux elle étale,
Travaillaient par ma main à la grandeur d'Attale;
Que par mon propre bras elle amassait pour lui,
Et préparait dès lors ce qu'on voit aujourd'hui.
Par quelques sentiments qu'elle ait été poussée,
J'en laisse le ciel juge; il connaît sa pensée;
Il sait pour mon salut comme elle a fait des vœux;
Il lui rendra justice, et peut-être à tous deux.
Cependant, puisqu'enfin l'apparence est si belle,
Elle a parlé pour moi, je dois parler pour elle,
Et, pour son intérêt, vous faire souvenir
Que vous laissez longtemps deux méchants à punir.
Envoyez Métrobate et Zénon au supplice.
Sa gloire attend de vous ce digne sacrifice :
Tous deux l'ont accusée; et, s'ils s'en sont dédits
Pour la faire innocente et charger votre fils,
Ils n'ont rien fait pour eux, et leur mort est trop juste
Après s'être joués d'une personne auguste.
L'offense une fois faite à ceux de notre rang
Ne se répare point que par des flots de sang :
On n'en fut jamais quitte ainsi pour s'en dédire.
Il faut sous les tourments que l'imposture expire;
Ou vous exposeriez tout votre sang royal
A la légèreté d'un esprit déloyal.
L'exemple est dangereux, et hasarde nos vies
S'il met en sûreté de telles calomnies.

ARSINOÉ. Quoi! seigneur, les punir de la sincérité
Qui soudain dans leur bouche a mis la vérité,
Qui vous a contre moi sa fourbe découverte,

Qui vous rend votre femme et m'arrache à ma perte,
Qui vous a retenu d'en prononcer l'arrêt;
Et couvrir tout cela de mon seul intérêt!
C'est être trop adroit, prince, et trop bien l'entendre.
PRUSIAS. Laisse là Métrobate, et songe à te défendre.
Purge-toi d'un forfait si honteux et si bas.
NICOMÈDE. M'en purger! moi, seigneur! vous ne le croyez pas:
Vous ne savez que trop qu'un homme de ma sorte,
Quand il se rend coupable, un peu plus haut se porte;
Qu'il lui faut un grand crime à tenter son devoir,
Où sa gloire se sauve à l'ombre du pouvoir.
Soulever votre peuple, et jeter votre armée
Dedans les intérêts d'une reine opprimée;
Venir, le bras levé, la tirer de vos mains
Malgré l'amour d'Attale et l'effort des Romains,
Et fondre en vos pays contre leur tyrannie
Avec tous vos soldats et toute l'Arménie;
C'est ce que pourrait faire un homme tel que moi
S'il pouvait se résoudre à vous manquer de foi.
La fourbe n'est le jeu que des petites âmes,
Et c'est là proprement le partage des femmes.
Punissez donc, seigneur, Métrobate et Zénon;
Pour la reine ou pour moi, faites-vous-en raison.
A ce dernier moment la conscience presse;
Pour rendre compte aux dieux tout respect humain cesse;
Et ces esprits légers, approchant des abois,
Pourraient bien se dédire une seconde fois.
ARSINOÉ. Seigneur...
NICOMÈDE. Parlez, madame, et dites quelle cause
A leur juste supplice obstinément s'oppose;
Ou laissez-nous penser qu'aux portes du trépas
Ils auraient des remords qui ne vous plairaient pas.
ARSINOÉ. Vous voyez à quel point sa haine m'est cruelle;
Quand je le justifie, il me fait criminelle.
Mais sans doute, seigneur, ma présence l'aigrit,
Et mon éloignement remettra son esprit;
Il rendra quelque calme à son cœur magnanime,
Et lui pourra sans doute épargner plus d'un crime.
Je ne demande point que par compassion
Vous assuriez un sceptre à ma protection,
Ni que pour garantir la personne d'Attale
Vous partagiez entre eux la puissance royale:
Si vos amis de Rome en ont pris quelque soin,
C'était sans mon aveu, je n'en ai pas besoin.
Je n'aime point si mal que de ne vous pas suivre,
Sitôt qu'entre mes bras vous cesserez de vivre;
Et sur votre tombeau mes premières douleurs
Verseront tout ensemble et mon sang et mes pleurs.

ACTE IV.

PRUSIAS. Ah! madame!
ARSINOÉ.   Oui, seigneur, cette heure infortunée
Par vos derniers soupirs clora ma destinée;
Et puisqu'ainsi jamais il ne sera mon roi,
Qu'ai-je à craindre de lui? que peut-il contre moi?
Tout ce que je demande en faveur de ce gage,
De ce fils qui déjà lui donne tant d'ombrage,
C'est que chez les Romains il retourne achever
Des jours que dans leur sein vous fîtes élever;
Qu'il retourne y traîner, sans péril et sans gloire,
De votre amour pour moi l'impuissante mémoire.
Ce grand prince vous sert, et vous servira mieux,
Quand il n'aura plus rien qui lui blesse les yeux.
Et n'appréhendez point Rome, ni sa vengeance;
Contre tout son pouvoir il a trop de vaillance:
Il sait tous les secrets du fameux Annibal,
De ce héros à Rome en tous lieux si fatal,
Que l'Asie et l'Afrique admirent l'avantage
Qu'en tire Antiochus et qu'en reçut Carthage.
 Je me retire donc, afin qu'en liberté
Les tendresses du sang pressent votre bonté;
Et je ne veux plus voir, ni qu'en votre présence
Un prince que j'estime indignement m'offense,
Ni que je sois forcée à vous mettre en courroux
Contre un fils si vaillant et si digne de vous.

SCÈNE III.

PRUSIAS, NICOMÈDE, ARASPE.

PRUSIAS. Nicomède, en deux mots, ce désordre me fâche.
Quoi qu'on t'ose imputer, je ne te crois point lâche:
Mais donnons quelque chose à Rome, qui se plaint,
Et tâchons d'assurer la reine, qui te craint.
J'ai tendresse pour toi, j'ai passion pour elle;
Et je ne veux pas voir cette haine éternelle,
Ni que des sentiments que j'aime à voir durer
Ne règnent dans mon cœur que pour le déchirer.
J'y veux mettre d'accord l'amour et la nature,
Etre père et mari dans cette conjoncture...
NICOMÈDE. Seigneur, voulez-vous bien vous en fier à moi?
Ne soyez l'un ni l'autre.
PRUSIAS.   Et que dois-je être?
NICOMÈDE.   Roi.
Reprenez hautement ce noble caractère.
Un véritable roi n'est ni mari ni père;
Il regarde son trône, et rien de plus. Régnez,
Rome vous craindra plus que vous ne la craignez.

Malgré cette puissance et si vaste et si grande,
Vous pouvez déjà voir comme elle m'appréhende,
Combien en me perdant elle espère gagner,
Parce qu'elle prévoit que je saurai régner.

PRUSIAS. Je règne donc, ingrat ! puisque tu me l'ordonnes.
Choisis, ou Laodice, ou mes quatre couronnes;
Ton roi fait ce partage entre ton frère et toi;
Je ne suis plus ton père, obéis à ton roi.

NICOMÈDE. Si vous étiez aussi le roi de Laodice
Pour l'offrir à mon choix avec quelque justice,
Je vous demanderais le loisir d'y penser;
Mais enfin, pour vous plaire et ne pas l'offenser,
J'obéirai, seigneur, sans répliques frivoles,
A vos intentions, et non à vos paroles.
A ce frère si cher transportez tous mes droits,
Et laissez Laodice en liberté du choix.
Voilà quel est le mien.

PRUSIAS. Quelle bassesse d'âme !
Quelle fureur t'aveugle en faveur d'une femme !
Tu la préfères, lâche ! à ces prix glorieux
Que ta valeur unit au bien de tes aïeux !
Après cette infamie es-tu digne de vivre?

NICOMÈDE. Je crois que votre exemple est glorieux à suivre.
Ne préférez-vous pas une femme à ce fils
Par qui tous ces Etats aux vôtres sont unis?

PRUSIAS. Me vois-tu renoncer pour elle au diadème?

NICOMÈDE. Me voyez-vous pour l'autre y renoncer moi-même?
Que cédé-je à mon frère en cédant vos Etats?
Ai-je droit d'y prétendre avant votre trépas?
Pardonnez-moi ce mot, il est fâcheux à dire.
Mais un monarque enfin comme un autre homme expire;
Et vos peuples alors, ayant besoin d'un roi,
Voudront choisir peut-être entre ce prince et moi.
Seigneur, nous n'avons pas si grande ressemblance,
Qu'il faille de bons yeux pour y voir différence;
Et ce vieux droit d'aînesse est souvent si puissant,
Que pour remplir un trône il rappelle un absent.
Que si leurs sentiments se règlent sur les vôtres,
Sous le joug de vos lois j'en ai bien rangé d'autres;
Et, dussent vos Romains en être encor jaloux,
Je ferai bien pour moi ce que j'ai fait pour vous.

PRUSIAS. J'y donnerai bon ordre.

NICOMÈDE. Oui, si leur artifice
De votre sang par vous se fait un sacrifice:
Autrement vos Etats à ce prince livrés
Ne seront en ses mains qu'autant que vous vivrez.
Ce n'est point en secret que je vous le déclare,
Je le dis à lui-même, afin qu'il s'y prépare;

Le voilà qui m'entend.

PRUSIAS. Va, sans verser mon sang,
Je saurai bien, ingrat! l'assurer en ce rang;
Et demain...

SCÈNE IV.

PRUSIAS, NICOMÈDE, ATTALE, FLAMINIUS, ARASPE, GARDES.

FLAMINIUS. Si pour moi vous êtes en colère,
Seigneur, je n'ai reçu qu'une offense légère :
Le sénat en effet pourra s'en indigner;
Mais j'ai quelques amis qui sauront le gagner.
PRUSIAS. Je lui ferai raison; et dès demain Attale
Recevra de ma main la puissance royale;
Je le fais roi de Pont, et mon seul héritier.
Et quant à ce rebelle, à ce courage fier,
Rome entre vous et lui jugera de l'outrage.
Je veux qu'au lieu d'Attale il lui serve d'otage;
Et pour l'y mieux conduire il vous sera donné,
Sitôt qu'il aura vu son frère couronné.
NICOMÈDE. Vous m'enverrez à Rome!
PRUSIAS. On t'y fera justice.
Va, va lui demander ta chère Laodice.
NICOMÈDE. J'irai, j'irai, seigneur, vous le voulez ainsi;
Et j'y serai plus roi que vous n'êtes ici.
FLAMINIUS. Rome sait vos hauts faits, et déjà vous adore.
NICOMÈDE. Tout beau, Flaminius; je n'y suis pas encore.
La route en est mal sûre, à tout considérer;
Et qui m'y conduira pourrait bien s'égarer.
PRUSIAS. Qu'on le remène, Araspe; et redoublez sa garde.
(*A Attale.*)
Toi, rends grâces à Rome, et sans cesse regarde
Que, comme son pouvoir est la source du tien,
En perdant son appui tu ne seras plus rien.
Vous, seigneur, excusez si, me trouvant en peine
De quelques déplaisirs que m'a fait voir la reine,
Je vais l'en consoler, et vous laisse avec lui.
Attale, encore un coup, rends grâce à ton appui.

SCÈNE V.

FLAMINIUS, ATTALE.

ATTALE. Seigneur, que vous dirai-je après des avantages
Qui sont même trop grands pour les plus grands courages?
Vous n'avez point de borne, et votre affection
Passe votre promesse et mon ambition.

Je l'avouerai pourtant, le trône de mon père
Ne fait pas le bonheur que plus je considère :
Ce qui touche mon cœur, ce qui charme mes sens,
C'est Laodice acquise à mes vœux innocents.
La qualité de roi qui me rend digne d'elle...

FLAMINIUS. Ne rendra pas son cœur à vos vœux moins rebelle.

ATTALE. Seigneur, l'occasion fait un cœur différent:
D'ailleurs, c'est l'ordre exprès de son père mourant;
Et par son propre aveu la reine d'Arménie
Est due à l'héritier du roi de Bithynie.

FLAMINIUS. Ce n'est pas loi pour elle; et, reine comme elle est,
Cet ordre, à bien parler, n'est que ce qu'il lui plaît.
Aimerait-elle en vous l'éclat d'un diadème
Qu'on vous donne aux dépens d'un grand prince qu'elle aime,
En vous qui la privez d'un si cher protecteur,
En vous qui de sa chute êtes l'unique auteur?

ATTALE. Ce prince hors d'ici, seigneur, que fera-t-elle?
Qui contre Rome et nous soutiendra sa querelle?
Car j'ose me promettre encor votre secours.

FLAMINIUS. Les choses quelquefois prennent un autre cours.
Pour ne vous point flatter, je n'en veux pas répondre.

ATTALE. Ce serait bien, seigneur, de tout point me confondre ;
Et je serais moins roi qu'un objet de pitié,
Si le bandeau royal m'ôtait votre amitié.
Mais je m'alarme trop, et Rome est plus égale :
N'en avez-vous pas l'ordre?

FLAMINIUS. Oui, pour le prince Attale,
Pour un homme en son sein nourri dès le berceau:
Mais pour le roi de Pont, il faut ordre nouveau.

ATTALE. Il faut ordre nouveau! Quoi! se pourrait-il faire
Qu'à l'œuvre de ses mains Rome devînt contraire
Que ma grandeur naissante y fît quelques jaloux?

FLAMINIUS. Que présumez-vous, prince? et que me dites-vous?

ATTALE. Vous-même, dites-moi comme il faut que j'explique
Cette inégalité de votre république.

FLAMINIUS. Je vais vous l'expliquer, et veux bien vous guérir
D'une erreur dangereuse où vous semblez courir.
Rome qui vous servait auprès de Laodice
Pour vous donner son trône eût fait une injustice ;
Son amitié pour vous lui faisait cette loi :
Mais par d'autres moyens elle vous a fait roi;
Et le soin de sa gloire à présent la dispense
De se porter pour vous à cette violence.
Laissez donc cette reine en pleine liberté,
Et tournez vos désirs de quelque autre côté.
Rome de votre hymen prendra soin elle-même.

ATTALE. Mais s'il arrive enfin que Laodice m'aime?

FLAMINIUS. Ce serait mettre encor Rome dans le hasard

     Que l'on crût artifice ou force de sa part;
     Cet hymen jetterait une ombre sur sa gloire.
     Prince, n'y pensez plus, si vous m'en pouvez croire;
     Ou, si de mes conseils vous faites peu d'état,
     N'y pensez plus du moins sans l'aveu du sénat.
ATTALE. A voir quelle froideur à tant d'amour succède,
     Rome ne m'aime pas; elle hait Nicomède:
     Et, lorsqu'à mes désirs elle a feint d'applaudir,
     Elle a voulu le perdre et non pas m'agrandir.
FLAMINIUS. Pour ne vous faire pas de réponse trop rude
     Sur ce beau coup d'essai de votre ingratitude,
     Suivez votre caprice, offensez vos amis;
     Vous êtes souverain, et tout vous est permis.
     Mais puisqu'enfin ce jour vous doit faire connaître
     Que Rome vous a fait ce que vous allez être,
     Que perdant son appui vous ne serez plus rien,
     Que le roi vous l'a dit, souvenez-vous-en bien.

SCÈNE VI.

ATTALE.

Attale, était-ce ainsi que régnaient tes ancêtres?
Veux-tu le nom de roi pour avoir tant de maîtres?
Ah! ce titre à ce prix déjà m'est importun;
S'il nous en faut avoir, du moins n'en ayons qu'un.
Le ciel nous l'a donné trop grand, trop magnanime,
Pour souffrir qu'aux Romains il serve de victime:
Montrons-leur hautement que nous avons des yeux,
Et d'un si rude joug affranchissons ces lieux.
Puisqu'à leurs intérêts tout ce qu'ils font s'applique,
Que leur vaine amitié cède à leur politique,
Soyons à notre tour de leur grandeur jaloux,
Et, comme ils font pour eux, faisons aussi pour nous.

ACTE CINQUIÈME.

SCÈNE I.

ARSINOÉ, ATTALE.

ARSINOÉ. J'ai prévu ce tumulte et n'en vois rien à craindre;
     Comme un moment l'allume, un moment peut l'éteindre;
     Et si l'obscurité laisse croître ce bruit,
     Le jour dissipera les vapeurs de la nuit.

Je me fâche bien moins qu'un peuple se mutine,
Que de voir que ton cœur dans son amour s'obstine,
Et, d'une indigne ardeur lâchement embrasé,
Ne rend point de mépris à qui t'a méprisé.
Venge-toi d'une ingrate, et quitte une cruelle.
A présent que le sort t'a mis au-dessus d'elle,
Son trône, et non ses yeux, avait dû te charmer.
Tu vas régner sans elle; à quel propos l'aimer?
Porte, porte ce cœur à de plus douces chaînes.
Puisque te voilà roi, l'Asie a d'autres reines,
Qui, loin de te donner des rigueurs à souffrir,
T'épargneront bientôt la peine de t'offrir.

ATTALE. Mais, madame...

ARSINOÉ. Hé bien! soit, je veux qu'elle se rende:
Prévois-tu les malheurs qu'ensuite j'appréhende?
Sitôt que d'Arménie elle t'aura fait roi,
Elle t'engagera dans sa haine pour moi.
Mais, ô dieux! pourra-t-elle y borner sa vengeance?
Pourras-tu dans son lit dormir en assurance?
Et refusera-t-elle à son ressentiment
Le fer ou le poison pour venger son amant?
Qu'est-ce qu'en sa fureur une femme n'essaie?

ATTALE. Que de fausses raisons pour me cacher la vraie!
Rome, qui n'aime pas à voir un puissant roi,
L'a craint en Nicomède, et le craindrait en moi.
Je ne dois plus prétendre à l'hymen d'une reine,
Si je ne veux déplaire à notre souveraine;
Et puisque la fâcher ce serait me trahir,
Afin qu'elle me souffre il vaut mieux obéir.
Je sais par quels moyens sa sagesse profonde
S'achemine à grands pas à l'empire du monde:
Aussitôt qu'un Etat devient un peu trop grand,
Sa chute doit guérir l'ombrage qu'elle en prend.
C'est blesser les Romains que faire une conquête,
Que mettre trop de bras sous une seule tête;
Et leur guerre est trop juste après cet attentat
Que fait sur leur grandeur un tel crime d'Etat.
Eux qui pour gouverner sont les premiers des hommes
Veulent que sous leur ordre on soit ce que nous sommes,
Veulent sur tous les rois un si haut ascendant
Que leur empire seul demeure indépendant.
Je les connais, madame, et j'ai vu cet ombrage
Détruire Antiochus et renverser Carthage.
De peur de choir comme eux, je veux bien m'abaisser
Et cède à des raisons que je ne puis forcer:
D'autant plus justement mon impuissance y cède,
Que je vois qu'en leurs mains on livre Nicomède:
Un si grand ennemi leur répond de ma foi.

ACTE V.

C'est un lion tout prêt à déchaîner sur moi.
ARSINOÉ. C'est de quoi je voulais vous faire confidence.
Mais vous me ravissez d'avoir cette prudence.
Le temps pourra changer; cependant prenez soin
D'assurer des jaloux dont vous avez besoin.

SCÈNE II.

FLAMINIUS, ARSINOÉ, ATTALE.

ARSINOÉ. Seigneur, c'est remporter une haute victoire
Que de rendre un amant capable de me croire.
J'ai su le ramener aux termes du devoir,
Et sur lui la raison a repris son pouvoir.
FLAMINIUS. Madame, voyez donc si vous serez capable
De rendre également ce peuple raisonnable.
Le mal croît, il est temps d'agir de votre part
Ou, quand vous le voudrez, vous le voudrez trop tard.
Ne vous figurez plus que ce soit le confondre
Que de le laisser faire et ne lui point répondre.
Rome autrefois a vu de ces émotions,
Sans embrasser jamais vos résolutions.
Quand il fallait calmer toute une populace,
Le sénat n'épargnait promesse ni menace,
Et rappelait par là son escadron mutin
Et du mont Quirinal et du mont Aventin,
Dont il l'aurait vu faire une horrible descente,
S'il eût traité longtemps sa fureur d'impuissante,
Et l'eût abandonnée à sa confusion,
Comme vous semblez faire en cette occasion.
ARSINOÉ. Après ce grand exemple en vain on délibère :
Ce qu'a fait le sénat montre ce qu'il faut faire;
Et le roi... Mais il vient.

SCÈNE III.

PRUSIAS, ARSINOÉ, FLAMINIUS, ATTALE.

PRUSIAS.   Je ne puis plus douter,
Seigneur, d'où vient le mal que je vois éclater :
Ces mutins ont pour chefs les gens de Laodice.
FLAMINIUS. J'en avais soupçonné déjà son artifice.
ATTALE. Ainsi votre tendresse et vos soins sont payés!
FLAMINIUS. Seigneur, il faut agir; et si vous m'en croyez...

SCÈNE IV.

PRUSIAS, ARSINOÉ, FLAMINIUS, ATTALE, CLÉONE.

CLÉONE. Tout est perdu, madame, à moins d'un prompt remède :
Tout le peuple à grands cris demande Nicomède ;
Il commence lui-même à se faire raison,
Et vient de déchirer Métrobate et Zénon.
ARSINOÉ. Il n'est donc plus à craindre, il a pris ses victimes :
Sa fureur sur leur sang va consumer ses crimes ;
Elle s'applaudira de cet illustre effet,
Et croira Nicomède amplement satisfait.
FLAMINIUS. Si ce désordre était sans chefs et sans conduite,
Je voudrais, comme vous, en craindre moins la suite ;
Le peuple par leur mort pourrait s'être adouci :
Mais un dessein formé ne tombe pas ainsi ;
Il suit toujours son but jusqu'à ce qu'il l'emporte :
Le premier sang versé rend sa fureur plus forte :
Il l'amorce, il l'acharne ; il en éteint l'horreur,
Et ne lui laisse plus ni pitié ni terreur.

SCÈNE V.

PRUSIAS, FLAMINIUS, ARSINOÉ, ATTALE, CLÉONE, ARASPE.

ARASPE. Seigneur, de tous côtés le peuple vient en foule ;
De moment en moment votre garde s'écoule ;
Et, suivant les discours qu'ici même j'entends,
Le prince entre mes mains ne sera pas longtemps :
Je n'en puis plus répondre.
PRUSIAS. Allons, allons le rendre
Ce précieux objet d'une amitié si tendre :
Obéissons, madame, à ce peuple sans foi,
Qui, las de m'obéir, en veut faire son roi ;
Et du haut d'un balcon, pour calmer la tempête,
Sur ses nouveaux sujets faisons voler sa tête.
ATTALE. Ah ! seigneur !
PRUSIAS. C'est ainsi qu'il lui sera rendu :
A qui le cherche ainsi, c'est ainsi qu'il est dû.
ATTALE. Ah ! seigneur, c'est tout perdre, et livrer à sa rage
Tout ce qui de plus près touche votre courage ;
Et j'ose dire ici que Votre Majesté
Aura peine elle-même à trouver sûreté.
PRUSIAS. Il faut donc se résoudre à tout ce qu'il m'ordonne,
Lui rendre Nicomède avecque ma couronne :
Je n'ai point d'autre choix ; et, s'il est le plus fort
Je dois à son idole ou mon sceptre ou la mort.

FLAMINIUS. Seigneur, quand ce dessein aurait quelque justice,
Est-ce à vous d'ordonner que ce prince périsse?
Quel pouvoir sur ses jours vous demeure permis?
C'est l'otage de Rome et non plus votre fils :
Je dois m'en souvenir quand son père l'oublie.
C'est attenter sur nous qu'ordonner de sa vie;
J'en dois compte au sénat, et n'y puis consentir.
Ma galère est au port toute prête à partir :
Le palais y répond par la porte secrète;
Si vous le voulez perdre, agréez ma retraite;
Souffrez que mon départ fasse connaître à tous
Que Rome a des conseils plus justes et plus doux;
Et ne l'exposez pas à ce honteux outrage,
De voir à ses yeux même immoler son otage.
ARSINOÉ. Me croirez-vous, seigneur? et puis-je m'expliquer?
PRUSIAS. Ah! rien de votre part ne saurait me choquer.
Parlez.
ARSINOÉ. Le ciel m'inspire un dessein dont j'espère
Et satisfaire Rome et ne vous pas déplaire.
S'il est prêt à partir, il peut en ce moment
Enlever avec lui son otage aisément :
Cette porte secrète ici nous favorise.
Mais pour faciliter d'autant mieux l'entreprise,
Montrez-vous à ce peuple, et, flattant son courroux,
Amusez-le du moins à débattre avec vous;
Faites-lui perdre temps, tandis qu'en assurance
La galère s'éloigne avec son espérance.
S'il force le palais et ne l'y trouve plus,
Vous ferez comme lui le surpris, le confus :
Vous accuserez Rome, et promettrez vengeance
Sur quiconque sera de son intelligence.
Vous enverrez après, sitôt qu'il sera jour,
Et vous lui donnerez l'espoir d'un prompt retour,
Où mille empêchements que vous ferez vous-même
Pourront de toutes parts aider au stratagème.
Quelque aveugle transport qu'il témoigne aujourd'hui,
Il n'attentera rien tant qu'il craindra pour lui,
Tant qu'il présumera son effort inutile.
Ici la délivrance en paraît trop facile;
Et s'il l'obtient, seigneur, il faut fuir, vous et moi :
S'il le voit à sa tête, il en fera son roi;
Vous le jugez vous-même.
PRUSIAS. Ah! j'avouerai, madame,
Que le ciel a versé ce conseil dans votre âme.
Seigneur, se peut-il voir rien de mieux concerté?
FLAMINIUS. Il vous assure et vie, et gloire, et liberté;
Et vous avez d'ailleurs Laodice en otage.
Mais qui perd temps ici perd tout son avantage,

PRUSIAS. Il n'en faut donc plus perdre : allons-y de ce pas.
ARSINOÉ. Ne prenez avec vous qu'Araspe et trois soldats :
Peut-être un plus grand nombre aurait quelque infidèle.
J'irai chez Laodice, et m'assurerai d'elle.

SCÈNE VI.

ARSINOÉ, ATTALE, CLÉONE

ARSINOÉ. Attale, où courez-vous?
ATTALE. Je vais de mon côté
De ce peuple mutin amuser la fierté,
A votre stratagème en ajouter quelque autre.
ARSINOÉ. Songez que ce n'est qu'un que mon sort et le vôtre;
Que vos seuls intérêts me mettent en danger.
ATTALE. Je vais périr, madame, ou vous en dégager.
ARSINOÉ. Allez donc. J'aperçois la reine d'Arménie.

SCÈNE VII.

ARSINOÉ, LAODICE, CLÉONE.

ARSINOÉ. La cause de nos maux doit-elle être impunie?
LAODICE. Non, madame; et, pour peu qu'elle ait d'ambition,
Je vous réponds déjà de sa punition.
ARSINOÉ. Vous qui savez son crime, ordonnez de sa peine.
LAODICE. Un peu d'abaissement suffit pour une reine;
C'est déjà trop de voir son dessein avorté.
ARSINOÉ. Dites, pour châtiment de sa témérité,
Qu'il lui faudrait du front tirer le diadème.
LAODICE. Parmi les généreux il n'en va pas de même;
Ils savent oublier quand ils ont le dessus,
Et ne veulent que voir leurs ennemis confus.
ARSINOÉ. Ainsi qui peut vous croire aisément se contente.
LAODICE. Le ciel ne m'a pas fait l'âme plus violente.
ARSINOÉ. Soulever des sujets contre leur souverain,
Leur mettre à tous le fer et la flamme en la main,
Jusque dans le palais pousser leur insolence,
Vous appelez cela fort peu de violence?
LAODICE. Nous nous entendons mal, madame, et je le vois;
Ce que je dis pour vous, vous l'expliquez pour moi.
Je suis hors de souci pour ce qui me regarde;
Et je viens vous chercher pour vous prendre en ma garde,
Pour ne hasarder pas en vous la majesté
Au manque de respect d'un grand peuple irrité.
Faites venir le roi, rappelez votre Attale,
Que je conserve en eux la dignité royale :

ACTE V.

Ce peuple en sa fureur peut les connaître mal.
ARSINOÉ. Peut-on voir un orgueil à votre orgueil égal !
Vous, par qui seule ici tout ce désordre arrive
Vous, qui dans ce palais vous voyez ma captive
Vous, qui me répondrez au prix de votre sang
De tout ce qu'un tel crime attente sur mon rang,
Vous me parlez encore avec la même audace
Que si j'avais besoin de vous demander grâce !
LAODICE. Vous obstiner, madame, à me parler ainsi,
C'est ne vouloir pas voir que je commande ici,
Que, quand il me plaira, vous serez ma victime.
Et ne m'imputez point ce grand désordre à crime :
Votre peuple est coupable, et dans tous vos sujets
Ces cris séditieux sont autant de forfaits :
Mais pour moi, qui suis reine, et qui, dans nos querelles,
Pour triompher de vous, vous ai fait ces rebelles,
Par le droit de la guerre il fut toujours permis
D'allumer la révolte entre ses ennemis :
M'enlever mon époux, c'est vous faire la mienne.
ARSINOÉ. Je la suis donc, madame, et, quoi qu'il en avienne,
Si ce peuple une fois enfonce le palais,
C'est fait de votre vie, et je vous le promets.
LAODICE. Vous tiendrez mal parole, ou bientôt sur ma tombe
Tout le sang de vos rois servira d'hécatombe.
Mais avez-vous encor parmi votre maison
Quelque autre Métrobate ou quelque autre Zénon ?
N'appréhendez-vous point que tous vos domestiques
Ne soient déjà gagnés par mes sourdes pratiques ?
En savez-vous quelqu'un si prêt à se trahir,
Si las de voir le jour, que de vous obéir ?
Je ne veux point régner sur votre Bithynie :
Ouvrez-moi seulement les chemins d'Arménie;
Et pour voir tout d'un coup vos malheurs terminés
Rendez-moi cet époux qu'en vain vous retenez.
ARSINOÉ. Sur le chemin de Rome il vous faut l'aller prendre;
Flaminius l'y mène, et pourra vous le rendre :
Mais hâtez-vous, de grâce, et faites bien ramer
Car déjà sa galère a pris le large en mer.
LAODICE. Ah ! si je le croyais...
ARSINOÉ.   N'en doutez point, madame.
LAODICE. Fuyez donc les fureurs qui saisissent mon âme :
Après le coup fatal de cette indignité,
Je n'ai plus ni respect ni générosité.
Mais plutôt demeurez pour me servir d'otage
Jusqu'à ce que ma main de ses fers le dégage.
J'irai jusque dans Rome en briser les liens,
Avec tous vos sujets, avecque tous les miens;
Aussi bien Annibal nommait une folie

De présumer la vaincre ailleurs qu'en Italie.
Je veux qu'elle me voie au cœur de ses Etats
Soutenir ma fureur d'un million de bras,
Et sous mon désespoir rangeant sa tyrannie...

ARSINOÉ. Vous voulez donc enfin régner en Bithynie?
Et, dans cette fureur qui vous trouble aujourd'hui,
Le roi pourra souffrir que vous régniez pour lui?

LAODICE. J'y régnerai, madame, et sans lui faire injure.
Puisque le roi veut bien n'être roi qu'en peinture,
Que lui doit importer qui donne ici la loi,
Et qui règne pour lui, des Romains ou de moi?
Mais un second otage entre mes mains se jette.

SCÈNE VIII.

ARSINOÉ, LAODICE, ATTALE, CLÉONE.

ARSINOÉ. Attale, avez-vous su comme ils ont fait retraite?
ATTALE. Ah! madame!
ARSINOÉ. Parlez.
ATTALE. Tous les dieux irrités
Dans les derniers malheurs nous ont précipités.
Le prince est échappé.
LAODICE. Ne craignez plus, madame;
La générosité déjà rentre en mon âme.
ARSINOÉ. Attale, prenez-vous plaisir à m'alarmer?
ATTALE. Ne vous flattez point tant que de le présumer.
Le malheureux Araspe, avec sa faible escorte,
L'avait déjà conduit à cette fausse porte;
L'ambassadeur de Rome était déjà passé,
Quand dans le sein d'Araspe un poignard enfoncé
Le jette aux pieds du prince. Il s'écrie; et sa suite,
De peur d'un pareil sort, prend aussitôt la fuite.
ARSINOÉ. Et qui dans cette porte a pu le poignarder?
ATTALE. Dix ou douze soldats qui semblaient la garder;
Et ce prince...
ARSINOÉ. Ah! mon fils! qu'il est partout de traîtres!
Qu'il est peu de sujets fidèles à leurs maîtres!
Mais de qui savez-vous un désastre si grand?
ATTALE. Des compagnons d'Araspe, et d'Araspe mourant:
Mais écoutez encor ce qui me désespère.
J'ai couru me ranger auprès du roi mon père;
Il n'en était plus temps : ce monarque, étonné,
A ses frayeurs déjà s'était abandonné,
Avait pris un esquif pour tâcher de rejoindre
Ce Romain dont l'effroi peut-être n'est pas moindre...

SCÈNE IX.

PRUSIAS, FLAMINIUS, ARSINOÉ, LAODICE, ATTALE, CLÉONE.

PRUSIAS. Non, non, nous revenons l'un et l'autre en ces lieux
Défendre votre gloire, ou mourir à vos yeux.
ARSINOÉ. Mourons, mourons, seigneur, et dérobons nos vies
A l'absolu pouvoir des fureurs ennemies;
N'attendons pas leur ordre, et montrons-nous jaloux
De l'honneur qu'ils auraient à disposer de nous.
LAODICE. Ce désespoir, madame, offense un si grand homme
Plus que vous n'avez fait en l'envoyant à Rome.
Vous devez le connaître; et, puisqu'il a ma foi
Vous devez présumer qu'il est digne de moi :
Je le désavouerais, s'il n'était magnanime,
S'il manquait à remplir l'effort de mon estime,
S'il ne faisait paraître un cœur toujours égal.
Mais le voici, voyez si je le connais mal.

SCÈNE X.

PRUSIAS, NICOMÈDE, ARSINOÉ, LAODICE, FLAMINIUS, ATTALE,
CLÉONE.

NICOMÈDE. Tout est calme, seigneur : un moment de ma vue
A soudain apaisé la populace émue.
PRUSIAS. Quoi! me viens-tu braver jusque dans mon palais,
Rebelle?
NICOMÈDE. C'est un nom que je n'aurai jamais.
Je ne viens point ici montrer à votre haine
Un captif insolent d'avoir brisé sa chaîne;
Je viens, en bon sujet, vous rendre le repos
Que d'autres intérêts troublaient mal à propos.
Non que je veuille à Rome imputer quelque crime :
Du grand art de régner elle suit la maxime;
Et son ambassadeur ne fait que son devoir
Quand il veut entre nous partager le pouvoir.
Mais ne permettez pas qu'elle vous y contraigne :
Rendez-moi votre amour, afin qu'elle vous craigne;
Pardonnez à ce peuple un peu trop de chaleur
Qu'à sa compassion a donné mon malheur;
Pardonnez un forfait qu'il a cru nécessaire,
Et qui ne produira qu'un effet salutaire.
Faites-lui grâce aussi, madame, et permettez
Que jusques au tombeau j'adore vos bontés.
Je sais par quel motif vous m'êtes si contraire :
Votre amour maternel veut voir régner mon frère;
Et je contribuerai moi-même à ce dessein,

	Si vous pouvez souffrir qu'il soit roi de ma main.
	Oui, l'Asie à mon bras offre encor des conquêtes,
	Et pour l'en couronner mes mains sont toutes prêtes.
	Commandez seulement, choisissez en quels lieux ;
	Et j'en apporterai la couronne à vos yeux.
ARSINOÉ.	Seigneur, faut-il si loin pousser votre victoire,
	Et qu'ayant en vos mains et mes jours et ma gloire,
	La haute ambition d'un si puissant vainqueur
	Veuille encor triompher jusque dedans mon cœur?
	Contre tant de vertu je ne puis le défendre ;
	Il est impatient lui-même de se rendre.
	Joignez cette conquête à trois sceptres conquis,
	Et je croirai gagner en vous un second fils.
PRUSIAS.	Je me rends donc aussi, madame ; et je veux croire
	Qu'avoir un fils si grand est ma plus grande gloire.
	Mais parmi les douceurs qu'enfin nous recevons,
	Faites-nous savoir, prince, à qui nous vous devons.
NICOMÈDE.	L'auteur d'un si grand coup m'a caché son visage ;
	Mais il m'a demandé mon diamant pour gage,
	Et me le doit ici rapporter dès demain.
ATTALE.	Le voulez-vous, seigneur, reprendre de ma main ?
NICOMÈDE.	Ah ! laissez-moi toujours à cette digne marque
	Reconnaître en mon sang un vrai sang de monarque.
	Ce n'est plus des Romains l'esclave ambitieux,
	C'est le libérateur d'un sang si précieux.
	Mon frère, avec mes fers vous en brisez bien d'autres,
	Ceux du roi, de la reine, et les siens et les vôtres.
	Mais pourquoi vous cacher en sauvant tout l'État ?
ATTALE.	Pour voir votre vertu dans son plus haut éclat :
	Pour la voir seule agir contre notre injustice,
	Sans la préoccuper par ce faible service,
	Et me venger enfin ou sur vous ou sur moi,
	Si j'eusse mal jugé de tout ce que je voi.
	Mais, madame...
ARSINOÉ.	Il suffit, voilà le stratagème
	Que vous m'aviez promis pour moi contre moi-même.
	(*A Nicomède.*)
	Et j'ai l'esprit, seigneur, d'autant plus satisfait,
	Que mon sang rompt le cours du mal que j'avais fait.
NICOMÈDE *à Flaminius.*	Seigneur, à découvert, toute âme généreuse
	D'avoir votre amitié doit se tenir heureuse ;
	Mais nous n'en voulons plus avec ces dures lois
	Qu'elle jette toujours sur la tête des rois :
	Nous vous la demandons hors de la servitude ;
	Où le nom d'ennemi nous semblera moins rude.
FLAMINIUS *à Nicomède.*	C'est de quoi le sénat pourra délibérer :
	Mais cependant pour lui j'ose vous assurer,
	Prince, qu'à ce défaut vous aurez son estime,

ACTE V.

Telle que doit l'attendre un cœur si magnanime;
Et qu'il croira se faire un illustre ennemi,
S'il ne vous reçoit pas pour généreux ami.

PRUSIAS. Nous autres, réunis sous de meilleurs auspices,
Préparons à demain de justes sacrifices;
Et demandons aux dieux, nos dignes souverains,
Pour comble de bonheur l'amitié des Romains.

EXAMEN DE NICOMÈDE.

Voici une pièce d'une constitution assez extraordinaire ; aussi est-ce la vingt et unième que j'ai mise sur le théâtre ; et après y avoir fait réciter quarante mille vers, il est bien malaisé de trouver quelque chose de nouveau sans s'écarter un peu du grand chemin et se mettre au hasard de s'égarer. La tendresse et les passions, qui doivent être l'âme des tragédies, n'ont aucune part à celle-ci ; la grandeur de courage y règne seule, et regarde son malheur d'un œil si dédaigneux qu'il n'en saurait arracher une plainte. Elle y est combattue par la politique, et n'oppose à ses artifices qu'une prudence généreuse, qui marche à visage découvert, qui prévoit le péril sans s'émouvoir, et qui ne veut point d'autre appui que celui de sa vertu, et de l'amour qu'elle imprime dans les cœurs de tous les peuples.

L'histoire qui m'a prêté de quoi la faire paraître en ce haut degré est tirée du quatrième livre de Justin. J'ai ôté de ma scène l'horreur de sa catastrophe, où le fils fait assassiner son père qui lui en avait voulu faire autant, et n'ai donné ni à Prusias ni à Nicomède aucun dessein de parricide. J'ai fait ce dernier amoureux de Laodice, reine d'Arménie, afin que l'union d'une couronne voisine à la sienne donnât plus d'ombrage aux Romains, et leur fît prendre plus de soin d'y mettre un obstacle de leur part. J'ai approché de cette histoire celle de la mort d'Annibal, qui arriva un peu auparavant chez ce même roi, et dont le nom n'est pas un petit ornement à mon ouvrage : j'en ai fait Nicomède disciple, pour lui prêter plus de valeur et plus de fierté contre les Romains, et, prenant l'occasion de l'ambassade où Flaminius fut envoyé par eux vers ce roi leur allié pour demander qu'on remît entre leurs mains ce vieil ennemi de leur grandeur, je l'ai chargé d'une commission secrète de traverser ce mariage qui leur devait donner de la jalousie. J'ai fait que, pour gagner l'esprit de la reine, qui, suivant l'ordinaire des secondes femmes, avait tout pouvoir sur celui de son vieux mari, il lui ramène un de ses fils, que mon auteur m'apprend avoir été nourri à Rome. Cela fait deux effets; car d'un côté il obtient la perte d'Annibal par le moyen de cette mère ambitieuse, et de l'autre il oppose à Nicomède un rival appuyé de toute la faveur des Romains, jaloux de sa gloire et de sa grandeur naissante.

Les assassins qui découvrirent à ce prince les sanglants desseins de son père m'ont donné jour à d'autres artifices pour le faire tomber dans les embûches que sa belle-mère lui avait préparées ; et pour la fin, je l'ai réduite en sorte que tous mes personnages y agissent avec générosité, et que les uns rendant ce qu'ils doivent à la vertu, et les autres demeurant dans la fermeté de leur devoir, laissent un exemple assez illustre et une conclusion assez agréable.

La représentation n'en a point déplu; et ce ne sont pas les moindres vers qui soient partis de ma main. Mon principal but a été de peindre la politique des Romains au dehors, et comme ils agissaient impérieusement avec les rois leurs alliés, leurs maximes pour les empêcher de s'accroître, et les soins qu'ils prenaient de traverser leur grandeur quand elle commençait à leur devenir suspecte à force de s'augmenter et de se rendre considérable par de nouvelles conquêtes. C'est le caractère que j'ai donné à leur république en la personne de son ambassadeur Flaminius, à qui j'oppose un prince intrépide qui voit sa perte assurée sans s'ébranler, et qui brave l'orgueilleuse masse de leur puissance, lors même qu'il en est accablé. Ce héros de ma façon sort un peu des règles de la tragédie, en ce qu'il ne cherche point à faire pitié par l'excès de ses infortunes : mais le succès a montré que la fermeté des grands cœurs, qui n'excite que l'admiration dans l'âme du spectateur, est quelquefois aussi agréable que la compassion que notre art nous ordonne d'y produire par la représentation de leurs malheurs. Il en fait naître toutefois quelqu'une, mais elle ne va pas jusques à tirer des larmes : son effet se borne à mettre les auditeurs dans les intérêts de ce prince et à leur faire former des souhaits pour ses prospérités.

Dans l'admiration qu'on a pour sa vertu, je trouve une manière de purger les passions dont n'a point parlé Aristote, et qui est peut-être plus sûre que celle qu'il prescrit à la tragédie par le moyen de la pitié et de la crainte. L'amour qu'elle nous donne pour cette vertu que nous admirons nous imprime de la haine pour le vice contraire. La grandeur de courage de Nicomède nous laisse une aversion contre la pusillanimité; et la généreuse reconnaissance d'Héraclius, qui expose sa vie pour Martian à qui il est redevable de la sienne, nous jette dans l'horreur de l'ingratitude.

Je ne veux point dissimuler que cette pièce est une de celles pour qui j'ai le plus d'amitié. Aussi n'y remarquerai-je que ce défaut de la fin qui va trop vite, comme je l'ai dit ailleurs, et où l'on peut même trouver quelque inégalité de mœurs en Prusias et Flaminius, qui, après avoir pris la fuite sur la mer, s'avisent tout d'un coup de rappeler leur courage, et viennent se ranger auprès de la reine Arsinoé, pour mourir avec elle en la défendant. Flaminius y demeure en assez méchante posture, voyant réunir toute la famille royale, malgré les soins qu'il avait pris de la diviser, et les instructions qu'il en avait apportées de Rome. Il s'y voit enlever par Nicomède les affections de cette reine et du prince Attale, qu'il avait choisis pour instruments à traverser sa grandeur, et semble n'être revenu que pour être témoin du triomphe qu'il remporte sur lui. D'abord j'avais fini la pièce sans les faire revenir, et m'étais contenté de faire témoigner par Nicomède à sa belle-mère un grand déplaisir de ce que la fuite du roi ne lui permettait pas de lui rendre ses obéissances.

Cela ne démentait point l'effet historique, puisqu'il laissait sa mort en incertitude; mais le goût des spectateurs, que nous avons accoutumés à voir rassembler tous nos personnages à la conclusion de cette sorte de poëmes, fut cause de ce changement où je me résolus pour leur donner plus de satisfaction, bien qu'avec moins de régularité.

FIN DE NICOMÈDE.

SERTORIUS,

TRAGÉDIE EN CINQ ACTES.

NOTICE.

Quintus Sertorius était né à Nursie, 121 ans avant J. C. Il défendit avec Marius le parti plébéien contre Sylla, et s'empara d'une partie de l'Espagne, où il se soutint longtemps. Pompée fut envoyé contre lui sans pouvoir le vaincre, mais Perpenna, lieutenant du maître de l'Espagne, le fit assassiner, l'an de Rome 679, 73 ans avant J. C.

Voilà tout ce que l'histoire fournissait à Pierre Corneille. Il a empreint sa tragédie d'une grandeur toute romaine, et la fameuse entrevue qui commence l'acte III sera toujours admirée; mais de fades amours déparent le drame.

« Sertorius et Pompée, dit avec raison La Harpe, sont étrangement dégradés. Pourquoi Pompée demande-t-il une entrevue à Sertorius? C'est pour voir sa femme Aristie, qu'il a eu la lâcheté de répudier pour obéir à Sylla; c'est pour lui dire qu'il est désespéré d'avoir pris une autre femme, mais qu'il n'ose ni la quitter ni reprendre Aristie; c'est pour la supplier de lui être toujours fidèle, et d'attendre que la mort de Sylla lui permette de revenir à ses premiers liens. Tel est l'objet d'une très-longue scène entre lui et sa femme, où celle-ci ne manque pas de lui faire sentir toute son abjection. Je n'ai pas le courage d'en rien citer : il suffit de montrer le grand Pompée dans une situation pareille pour faire comprendre qu'il est impossible de mettre en scène un héros d'une manière plus indigne de lui et de la tragédie. On ne peut lui comparer que le vieux Sertorius qui aime Viriate; mais on peut juger de cet amour par le parti que prend Sertorius au premier mot que lui dit Perpenna de l'amour qu'il ressent de son côté pour cette même Viriate. Il la lui cède sur-le-champ et le recommande à la reine de Lusitanie, malgré les avances que celle-ci lui fait à lui-même. »

Voltaire a fait sur *Sertorius* des observations analogues. « C'est, dit-il, une belle chose dans l'histoire que Pompée brûle les lettres sans les lire; mais ce n'est point du tout une chose tragique : ce qui arrive dans un cinquième acte sans avoir été préparé dans les premiers, ne fait jamais une impression violente. Ces lettres sont une chose absolument étrangère à la pièce. Ajoutez à tous ces défauts contre l'art du théâtre que le supplice d'un criminel, et surtout d'un criminel méprisable, ne produit jamais aucun mouvement dans l'âme; le spectateur ne craint ni n'espère. Il n'y a point d'exemple d'un dénoûment pareil qui ait remué l'âme, et il n'y en aura point. Aristote avait bien raison et connaissait bien le cœur humain quand il disait que le simple châtiment d'un coupable ne pouvait être un sujet propre au théâtre. Encore une fois, le cœur veut être ému; et quand on ne le trouble pas, on manque à la première loi de la tragédie. »

Malgré ses défauts, *Sertorius* eut un grand succès; témoin ce passage de la *Muse historique* de Loret :

> Depuis huit jours les beaux esprits
> Ne s'entretiennent dans Paris
> Que de la dernière merveille
> Qu'a produite le grand Corneille,
> Qui, selon le commun récit,
> A plus de beautés que son *Cid*,
> A plus de forces et de grâces
> Que *Pompée* et que les *Horaces*,
> A plus de charmes que n'en a
> Son inimitable *Cinna*,
> Que l'*OEdipe* ni *Rodogune*,
> Dont la gloire est si peu commune,
> Ni même que l'*Héraclius*,
> Savoir : le grand *Sertorius*.

Le maréchal de Turenne assistait à la première représentation de *Sertorius*, et il s'écria à plusieurs reprises : « Où donc Corneille a-t-il appris l'art de la guerre ? »

Sertorius fut représenté le 25 février 1662, sur le théâtre du Marais.

ÉMILE DE LA BÉDOLLIÈRE.

AU LECTEUR.

Ne cherchez point dans cette tragédie les agréments qui sont en possession de faire réussir au théâtre les poëmes de cette nature; vous n'y trouverez ni tendresses d'amour, ni emportements de passions, ni descriptions pompeuses, ni narrations pathétiques. Je puis dire toutefois qu'elle n'a point déplu, et que la dignité des noms illustres, la grandeur de leurs intérêts, et la nouveauté de quelques caractères, ont suppléé au manque de ces grâces. Le sujet est simple, et du nombre de ces événements connus où il ne nous est pas permis de rien changer, qu'autant que la nécessité indispensable de les réduire dans la règle nous force d'en resserrer les temps et les lieux. Comme il ne m'a fourni aucunes femmes, j'ai été obligé de recourir à l'invention pour en introduire deux, assez compatibles l'une et l'autre avec les vérités historiques auxquelles je me suis attaché. L'une a vécu de ce temps-là : c'est la première femme de Pompée, qu'il répudia pour entrer dans l'alliance de Sylla par le mariage d'Émilie, fille de sa femme. Ce divorce est constant par le rapport de tous ceux qui ont écrit la vie de Pompée; mais aucun d'eux ne nous apprend ce que devint cette malheureuse, qu'ils appellent tous Antistie, à la réserve d'un Espagnol, évêque de Girone, qui lui donne le nom d'Aristie, que j'ai préféré, comme plus doux à l'oreille. Leur silence m'ayant laissé liberté entière de lui faire un refuge, j'ai cru ne lui en pouvoir choisir un avec plus de vraisemblance que chez les ennemis de ceux qui l'avaient outragée. Cette retraite en a d'autant plus qu'elle produit un effet véritable par les lettres des principaux de Rome que je lui fais porter à Sertorius, et que Perpenna remit entre les mains de Pompée, qui en usa comme je le marque. L'autre femme est une pure idée de mon esprit, mais qui ne laisse pas d'avoir aussi quelque fondement dans l'histoire. Elle nous apprend que les Lusitaniens appelèrent Sertorius d'Afrique pour être leur chef contre le parti de Sylla; mais elle ne nous dit point s'ils étaient en république ou sous une monarchie. Il n'y a donc rien qui répugne à leur donner une reine; et je ne la pouvais faire sortir d'un sang plus considérable que de celui de Viriatus dont je lui fais porter le nom, le plus grand homme que l'Espagne ait opposé aux Romains, et le dernier qui leur a fait tête dans ces provinces avant Sertorius. Il n'était pas roi en effet, mais il en avait toute l'autorité; et les préteurs et consuls que Rome envoya pour le combattre, et qu'il défit souvent, l'estimèrent assez pour faire des traités de paix avec lui comme avec un souverain, et juste ennemi. Sa mort arriva soixante-huit ans avant celle que je traite; de sorte qu'il aurait pu être aïeul ou bisaïeul de cette reine que je fais parler ici.

Il fut défait par le consul Q. Servilius, et non par Brutus, comme je l'ai fait dire à cette princesse, sur la foi de cet évêque espagnol que je viens de citer et qui m'a jeté dans l'erreur après lui. Elle est aisée à corriger par le changement d'un mot dans ce vers unique qui en parle, et qu'il faut rétablir ainsi :

   Et de Servilius l'astre prédominant.

Je sais bien que Sylla, dont je parle tant dans ce poëme, était mort six ans avant Sertorius; mais, à le prendre à la rigueur, il est permis de presser les temps pour faire l'unité de jour; et pourvu qu'il n'y ait point d'impossibilité formelle, je puis faire arriver en six jours, voire en six heures, ce qui s'est passé en six ans. Cela posé, rien n'empêche que Sylla ne meure avant Sertorius, sans rien détruire de ce que je dis ici, puisqu'il a pu mourir depuis qu'Arcas est parti de Rome pour apporter la nouvelle de la démission de sa dictature; ce qu'il fait en même temps que Sertorius est assassiné. Je dis de plus que, bien que nous devions être assez scrupuleux observateurs de l'ordre des temps, néanmoins, pourvu que ceux que nous faisons parler se soient connus, et aient eu ensemble quelques intérêts à démêler, nous ne sommes pas obligés à nous attacher si précisément à la durée de leur vie. Sylla était mort quand Sertorius fut tué, mais il pouvait vivre encore sans miracle; et l'auditeur, qui communément n'a qu'une teinture superficielle de l'histoire, s'offense rarement d'une pareille prolongation qui ne sort point de la vraisemblance. Je ne voudrais pas toutefois faire une règle générale de cette licence, sans y mettre quelque distinction.

La mort de Sylla n'apporta aucun changement aux affaires de Sertorius en Espagne, et lui fut de si peu d'importance, qu'il est malaisé, en lisant la vie de ce héros chez Plutarque, de remarquer lequel des deux est mort le premier, si l'on n'en est instruit d'ailleurs. Autre chose est de celles qui renversent les Etats, détruisent les partis, et donnent une autre face aux affaires, comme a été celle de Pompée, qui ferait soulever tout l'auditoire contre un auteur, s'il avait l'impudence de la mettre après celle de César. D'ailleurs, il fallait colorer et excuser en quelque sorte la guerre que Pompée et les autres chefs romains continuaient contre Sertorius; car il est assez malaisé de comprendre pourquoi l'on s'y obstinait, après que la république semblait être rétablie par la démission volontaire et la mort de son tyran. Sans doute que son esprit de souveraineté qu'il avait fait revivre dans Rome n'y était pas mort avec lui, et que Pompée et beaucoup d'autres, aspirant dans l'âme à prendre sa place, craignaient que Sertorius ne leur y fût un puissant obstacle, ou par l'amour qu'il avait toujours pour sa patrie, ou par la grandeur de sa réputation, et le mérite de ses actions, qui lui eussent fait donner la préférence, si ce grand ébranlement de la république l'eût mise en état de ne se pouvoir passer de maître. Pour ne pas déshonorer Pompée par cette jalousie secrète de son ambition, qui semait dès lors ce qu'on a vu depuis éclater si hautement, et qui peut-être était le véritable motif de cette guerre, je me suis persuadé qu'il était plus à propos de faire vivre Sylla, afin d'en attribuer l'injustice à la violence de sa domination. Cela m'a servi de plus à arrêter l'effet de ce puissant amour que je lui fais conserver pour Aristie, avec qui il n'eût pu se défendre de renouer, s'il n'eût eu rien à craindre du côté de Sylla, dont le nom odieux, mais illustre, donne un grand poids aux raisonnements de la politique, qui fait l'âme de toute cette tragédie.

Le même Pompée semble s'écarter un peu de la prudence d'un général d'armée, lorsque, sur la foi de Sertorius, il vient conférer avec lui dans une ville dont ce chef du parti contraire est maître absolu; mais c'est une confiance de généreux à généreux, et de Romain à Romain, qui lui donne quelque droit de ne craindre aucune supercherie de la part d'un si grand homme. Ce n'est pas que je ne veuille bien accorder aux critiques qu'il n'a pas assez pourvu à sa propre sûreté; mais il m'était impossible de garder l'unité de lieu sans lui faire faire cette échappée, qu'il faut imputer à l'incommodité de la règle, plus qu'à moi qui l'ai bien vue. Si vous ne voulez la pardonner à l'impatience qu'il avait de voir sa femme, dont je le fais encore si passionné, et à la peur qu'elle ne prît un autre mari, faute de savoir ses intentions pour elle, vous la pardonnerez au plaisir qu'on a pris à cette conférence, que quelques-uns des premiers dans la cour, et pour la naissance et pour l'esprit, ont estimée autant qu'une pièce entière. Vous n'en serez pas désavoué par Aristote, qui souffre qu'on mette quelquefois des choses sans raison sur le théâtre, quand il y a apparence qu'elles seront bien reçues, et qu'on a lieu d'espérer que les avantages que le poëme en retirera pourront mériter cette grâce.

PERSONNAGES.

SERTORIUS, général du parti de Marius en Espagne.
PERPENNA, lieutenant de Sertorius.
AUFIDE, tribun de l'armée de Sertorius.
POMPÉE, général du parti de Sylla.
ARISTIE, femme de Pompée.
VIRIATE, reine de Lusitanie (à présent Portugal).
THAMIRE, dame d'honneur de Viriate.
CELSUS, tribun du parti de Pompée.
ARCAS, affranchi d'Aristius frère d'Aristie.

La scène est à Nertobrige (à présent Catalayud) ville d'Aragon conquise par Sertorius.

SERTORIUS.

ACTE PREMIER.

SCÈNE I.
PERPENNA, AUFIDE.

PERPENNA. D'où me vient ce désordre, Aufide? et que veut dire
Que mon cœur sur mes vœux garde si peu d'empire?
L'horreur que malgré moi me fait la trahison
Contre tout mon espoir révolte ma raison;
Et de cette grandeur sur le crime fondée,
Dont jusqu'à ce moment m'a trop flatté l'idée,
L'image tout affreuse au point d'exécuter
Ne trouve plus en moi de bras à lui prêter.
En vain l'ambition qui presse mon courage
D'un faux brillant d'honneur pare son noir ouvrage;
En vain, pour me soumettre à ses lâches efforts,
Mon âme a secoué le joug de cent remords:
Cette âme, d'avec soi tout à coup divisée,
Reprend de ses remords la chaîne mal brisée;
Et de Sertorius le surprenant bonheur
Arrête une main prête à lui percer le cœur.

AUFIDE. Quel honteux contre-temps de vertu délicate
S'oppose au beau succès de l'espoir qui vous flatte?
Et depuis quand, seigneur, la soif du premier rang
Craint-elle de répandre un peu de mauvais sang?
Avez-vous oublié cette grande maxime,
Que la guerre civile est le règne du crime;
Et qu'aux lieux où le crime a plein droit de régner
L'innocence timide est seule à dédaigner?
L'honneur et la vertu sont des noms ridicules :
Marius ni Carbon n'eurent point de scrupules;
Jamais Sylla, jamais...

PERPENNA.   Sylla ni Marius
N'ont jamais épargné le sang de leurs vaincus;
Tour à tour la victoire, autour d'eux en furie,
A poussé leur courroux jusqu'à la barbarie;
Tour à tour le carnage et les proscriptions
Ont sacrifié Rome à leurs dissensions:
Mais leurs sanglants discords, qui nous donnent des maîtres,
Ont fait des meurtriers, et n'ont point fait de traîtres;

Leurs plus vastes fureurs jamais n'ont consenti
Qu'aucun versât le sang de son propre parti;
Et dans l'un ni dans l'autre aucun n'a pris l'audace
D'assassiner son chef pour monter en sa place.

AUFIDE. Vous y renoncez donc, et n'êtes plus jaloux
De suivre les drapeaux d'un chef moindre que vous?
Ah! s'il faut obéir, ne faisons plus la guerre;
Prenons le même joug qu'a pris toute la terre.
Pourquoi tant de périls? pourquoi tant de combats?
Si nous voulons servir, Sylla nous tend les bras.
C'est mal vivre en Romain, que prendre loi d'un homme;
Mais, tyran pour tyran, il vaut mieux vivre à Rome.

PERPENNA. Vois mieux ce que tu dis quand tu parles ainsi.
Du moins la liberté respire encore ici :
De notre république à Rome anéantie
On y voit refleurir la plus noble partie;
Et cet asile ouvert aux illustres proscrits
Réunit du sénat le précieux débris.
Par lui Sertorius gouverne ces provinces,
Leur impose tribut, fait des lois à leurs princes,
Maintient de nos Romains le reste indépendant.
Mais comme tout parti demande un commandant,
Ce bonheur imprévu qui partout l'accompagne,
Ce nom qu'il s'est acquis chez les peuples d'Espagne...

AUFIDE. Ah! c'est ce nom acquis avec trop de bonheur
Qui rompt votre fortune, et vous ravit l'honneur:
Vous n'en sauriez douter, pour peu qu'il vous souvienne
Du jour que votre armée alla joindre la sienne.
Lors...

PERPENNA. N'envenime point le cuisant souvenir
Que le commandement devait m'appartenir.
Je le passais en nombre aussi bien qu'en noblesse;
Il succombait sans moi sous sa propre faiblesse :
Mais sitôt qu'il parut je vis en moins de rien
Tout mon camp déserté pour repeupler le sien;
Je vis par mes soldats mes aigles arrachées
Pour se ranger sous lui voler vers ses tranchées;
Et, pour en colorer l'emportement honteux,
Je les suivis de rage, et m'y rangeai comme eux.
 L'impérieuse aigreur de l'âpre jalousie
Dont en secret dès lors mon âme fut saisie,
Grossit de jour en jour sous une passion
Qui tyrannise encor plus que l'ambition:
J'adore Viriate; et cette grande reine,
Des Lusitaniens l'illustre souveraine,
Pourrait par son hymen me rendre sur les siens
Ce pouvoir absolu qu'il m'ôte sur les miens.
Mais elle-même, hélas! de ce grand nom charmée,

S'attache au bruit heureux que fait sa renommée.
Cependant qu'insensible à ce qu'elle a d'appas
Il me dérobe un cœur qu'il ne demande pas.
De son astre opposé telle est la violence,
Qu'il me vole partout, même sans qu'il y pense,
Et que, toutes les fois qu'il m'enlève mon bien,
Son nom fait tout pour lui sans qu'il en sache rien.
Je sais qu'il peut aimer et nous cacher sa flamme :
Mais je veux sur ce point lui découvrir mon âme;
Et, s'il peut me céder ce trône où je prétends,
J'immolerai ma haine à mes désirs contents;
Et je n'envierai plus le rang dont il s'empare,
S'il m'en assure autant chez ce peuple barbare,
Qui, formé par nos soins, instruit de notre main,
Sous notre discipline est devenu romain.

AUFIDE. Lorsqu'on fait des projets d'une telle importance,
Les intérêts d'amour entrent-ils en balance?
Et si ces intérêts vous sont enfin si doux,
Viriate, lui mort, n'est-elle pas à vous?

PERPENNA. Oui; mais de cette mort la suite m'embarrasse
Aurai-je sa fortune aussi bien que sa place?
Ceux dont il a gagné la croyance et l'appui
Prendront-ils même joie à m'obéir qu'à lui?
Et, pour venger sa trame indignement coupée,
N'arboreront-ils point l'étendard de Pompée?

AUFIDE. C'est trop craindre, et trop tard : c'est dans votre festin
Que ce soir par votre ordre on tranche son destin.
La trêve a dispersé l'armée à la campagne,
Et vous en commandez ce qui nous accompagne.
L'occasion nous rit dans un si grand dessein;
Mais tel bras n'est à nous que jusques à demain.
Si vous rompez le coup, prévenez les indices;
Perdez Sertorius, ou perdez vos complices.
Craignez ce qu'il faut craindre : il en est parmi nous
Qui pourraient bien avoir même remords que vous;
Et si vous différez... Mais le tyran arrive.
Tâchez d'en obtenir l'objet qui vous captive;
Et je prierai les dieux que dans cet entretien
Vous ayez assez d'heur pour n'en obtenir rien.

SCÈNE II.

SERTORIUS, PERPENNA.

SERTORIUS. Apprenez un dessein qui vient de me surprendre.
Dans deux heures Pompée en ce lieu se doit rendre;
Il veut sur nos débats conférer avec moi,
Et pour toute assurance il ne prend que ma foi.

PERPENNA. La parole suffit entre les grands courages.

15.

D'un tel homme que vous la foi vaut cent otages;
Je n'en suis point surpris: mais ce qui me surprend,
C'est de voir que Pompée ait pris le nom de Grand,
Pour faire encore au vôtre entière déférence,
Sans vouloir de lieu neutre à cette conférence.
C'est avoir beaucoup fait, que d'avoir jusque-là
Fait descendre l'orgueil des héros de Sylla.

SERTORIUS. S'il est plus fort que nous, ce n'est plus en Espagne,
Où nous forçons les siens de quitter la campagne,
Et de se retrancher dans l'empire douteux
Que lui souffre à regret une province ou deux,
Qu'à la fortune lasse il craint que je n'enlève,
Sitôt que le printemps aura fini la trêve.
C'est l'heureuse union de vos drapeaux aux miens
Qui fait ces beaux succès qu'à toute heure j'obtiens:
C'est à vous que je dois ce que j'ai de puissance;
Attendez tout aussi de ma reconnaissance.
Je reviens à Pompée, et pense deviner
Quels motifs jusqu'ici peuvent nous l'amener.
Comme il trouve avec nous peu de gloire à prétendre,
Et qu'au lieu d'attaquer il a peine à défendre,
Il voudrait qu'un accord, avantageux ou non,
L'affranchît d'un emploi qui ternit ce grand nom
Et chatouillé d'ailleurs par l'espoir qui le flatte
De faire avec plus d'heur la guerre à Mithridate,
Il brûle d'être à Rome, afin d'en recevoir
Du maître qu'il s'y donne et l'ordre et le pouvoir.

PERPENNA. J'aurais cru qu'Aristie ici réfugiée,
Que, forcé par ce maître, il a répudiée,
Par un reste d'amour l'attirât en ces lieux
Sous une autre couleur lui faire ses adieux;
Car de son cher tyran l'injustice fut telle,
Qu'il ne lui permit pas de prendre congé d'elle.

SERTORIUS. Cela peut être encore; ils s'aimaient chèrement:
Mais il pourrait ici trouver du changement.
L'affront pique à tel point le grand cœur d'Aristie,
Que, sa première flamme en haine convertie,
Elle cherche bien moins un asile chez nous,
Que la gloire d'y prendre un plus illustre époux.
C'est ainsi qu'elle parle, et m'offre l'assistance
De ce que Rome encore a de gens d'importance,
Dont les uns ses parents, les autres ses amis,
Si je veux l'épouser, ont pour moi tout promis.
Leurs lettres en font foi, qu'elle me vient de rendre:
Voyez avec loisir ce que j'en dois attendre;
Je veux bien m'en remettre à votre sentiment.

PERPENNA. Pourriez-vous bien, seigneur, balancer un moment,
A moins d'une secrète et forte antipathie

Qui vous montre un supplice en l'hymen d'Aristie?
Voyant ce que pour dot Rome lui veut donner,
Vous n'avez aucun lieu de rien examiner.
SERTORIUS. Il faut donc, Perpenna, vous faire confidence
Et de ce que je crains et de ce que je pense.
J'aime ailleurs. A mon âge il sied si mal d'aimer,
Que je le cache même à qui m'a su charmer:
Mais, tel que je puis être, on m'aime, ou, pour mieux dire,
La reine Viriate à mon hymen aspire;
Elle veut que ce choix de son ambition
De son peuple avec nous commence l'union,
Et qu'ensuite à l'envi mille autres hyménées
De nos deux nations l'une à l'autre enchaînées
Mêlent si bien leur sang et l'intérêt commun,
Qu'ils réduisent bientôt les deux peuples en un.
C'est ce qu'elle prétend pour digne récompense
De nous avoir servis avec cette constance
Qui n'épargne ni biens ni sang de ses sujets
Pour affermir ici nos généreux projets:
Non qu'elle me l'ait dit, ou quelque autre pour elle;
Mais j'en vois chaque jour quelque marque fidèle;
Et comme ce dessein n'est plus pour moi douteux,
Je ne puis l'ignorer qu'autant que je le veux.
Je crains donc de l'aigrir, si j'épouse Aristie,
Et que de ses sujets la meilleure partie,
Pour venger ce mépris, et servir son courroux,
Ne tourne obstinément ses armes contre nous.
Auprès d'un tel malheur, pour nous irréparable,
Ce qu'on promet pour l'autre est peu considérable;
Et, sous un faux espoir de nous mieux établir,
Ce renfort accepté pourrait nous affaiblir.
Voilà ce qui retient mon esprit en balance.
Je n'ai pour Aristie aucune répugnance;
Et la reine à tel point n'asservit pas mon cœur,
Qu'il ne fasse encor tout pour le commun bonheur.
PERPENNA. Cette crainte, seigneur, dont votre âme est gênée,
Ne doit pas d'un moment retarder l'hyménée.
Viriate, il est vrai, pourra s'en émouvoir;
Mais que sert la colère où manque le pouvoir?
Malgré sa jalousie et ses vaines menaces,
N'êtes-vous pas toujours le maître de ses places?
Les siens, dont vous craignez le vif ressentiment,
Ont-ils dans votre armée aucun commandement?
Des plus nobles d'entre eux, et des plus grands courages,
N'avez-vous pas les fils dans Osca pour otages?
Tous leurs chefs sont Romains; et leurs propres soldats,
Dispersés dans nos rangs, ont fait tant de combats.
Que la vieille amitié qui les attache aux nôtres

Leur fait aimer nos lois et n'en vouloir point d'autres.
Pourquoi donc tant les craindre? et pourquoi refuser...

SERTORIUS. Vous-même, Perpenna, pourquoi tant déguiser?
Je vois ce qu'on m'a dit; vous aimez Viriate,
Et votre amour caché dans vos raisons éclate.
Mais les raisonnements sont ici superflus:
Dites que vous l'aimez, et je ne l'aime plus.
Parlez : je vous dois tant, que ma reconnaissance
Ne peut être sans honte un moment en balance.

PERPENNA. L'aveu que vous voulez à mon cœur est si doux,
Que j'ose...

SERTORIUS. C'est assez: je parlerai pour vous.

PERPENNA. Ah! seigneur, c'en est trop; et...

SERTORIUS. Point de repartie :
Tous mes vœux sont déjà du côté d'Aristie;
Et je l'épouserai, pourvu qu'en même jour
La reine se résolve à payer votre amour:
Car, quoi que vous disiez, je dois craindre sa haine,
Et fuirais à ce prix cette illustre Romaine.
La voici : laissez-moi ménager son esprit;
Et voyez cependant de quel air on m'écrit.

SCÈNE III.
SERTORIUS, ARISTIE.

ARISTIE. Ne vous offensez pas si dans mon infortune
Ma faiblesse me force à vous être importune:
Non pas pour mon hymen, les suites d'un tel choix
Méritent qu'on y pense un peu plus d'une fois;
Mais vous pouvez, seigneur, joindre à mes espérances
Contre un péril nouveau nouvelles assurances.
J'apprends qu'un infidèle, autrefois mon époux,
Vient jusque dans ces murs conférer avec vous.
L'ordre de son tyran et sa flamme inquiète
Me pourront envier l'honneur de ma retraite :
L'un en prévoit la suite, et l'autre en craint l'éclat;
Et tous les deux contre elle ont leur raison d'Etat.
Je vous demande donc sûreté tout entière
Contre la violence et contre la prière,
Si par l'une ou par l'autre il veut se ressaisir
De ce qu'il ne peut voir ailleurs sans déplaisir.

SERTORIUS. Il en a lieu, madame; un si rare mérite
Semble croître de prix quand par force on le quitte;
Mais vous avez ici sûreté contre tous,
Pourvu que vous puissiez en trouver contre vous,
Et que, contre un ingrat dont l'amour fut si tendre,
Lorsqu'il vous parlera, vous sachiez vous défendre.
On a peine à haïr ce qu'on a bien aimé;

ACTE I.

         Et le feu mal éteint est bientôt rallumé.
ARISTIE. L'ingrat, par son divorce en faveur d'Emilie,
         M'a livrée au mépris de toute l'Italie.
         Vous savez à quel point mon courage est blessé :
         Mais s'il se dédisait d'un outrage forcé,
         S'il chassait Emilie et me rendait ma place,
         J'aurais peine, seigneur, à lui refuser grâce;
         Et tant que je serai maîtresse de ma foi,
         Je me dois toute à lui, s'il revient tout à moi.
SERTORIUS. En vain donc je me flatte, en vain j'ose, madame,
         Promettre à mon espoir quelque part en votre âme;
         Pompée en est encor l'unique souverain :
         Tous vos ressentiments n'offrent que votre main;
         Et quand par ses refus j'aurai droit d'y prétendre,
         Le cœur toujours à lui ne voudra pas se rendre.
ARISTIE. Qu'importe de mon cœur, si je sais mon devoir,
         Et si mon hyménée enfle votre pouvoir?
         Vous ravaleriez-vous jusques à la bassesse
         D'exiger de ce cœur des marques de tendresse,
         Et de les préférer à ce qu'il fait d'effort
         Pour braver mon tyran et relever mon sort?
         Laissons, seigneur, laissons pour les petites âmes
         Ce commerce rampant de soupirs et de flammes;
         Et ne nous unissons que pour mieux soutenir
         La liberté que Rome est prête à voir finir.
         Unissons ma vengeance à votre politique,
         Pour sauver des abois toute la république :
         L'hymen seul peut unir des intérêts si grands.
         Je sais que c'est beaucoup que ce que je prétends :
         Mais, dans ce dur exil que mon tyran m'impose,
         Le rebut de Pompée est encor quelque chose;
         Et j'ai des sentiments trop nobles ou trop vains
         Pour le porter ailleurs qu'au plus grand des Romains.
SERTORIUS. Ce nom ne m'est pas dû; je suis...
ARISTIE.   Ce que vous faites
         Montre à tout l'univers, seigneur, ce que vous êtes;
         Mais quand ce même nom semblerait trop pour vous,
         Du moins mon infidèle est d'un rang au-dessous :
         Il sert dans son parti, vous commandez au vôtre;
         Vous êtes chef de l'un, et lui sujet dans l'autre;
         Et son divorce enfin, qui m'arrache sa foi,
         L'y laisse par Sylla plus opprimé que moi,
         Si votre hymen m'élève à la grandeur sublime,
         Tandis qu'en l'esclavage un autre hymen l'abîme.
            Mais, seigneur, je m'emporte, et l'excès d'un tel heur
         Me fait vous en parler avec trop de chaleur.
         Tout mon bien est encor dedans l'incertitude;
         Je n'en conçois l'espoir qu'avec inquiétude;

Et je craindrai toujours d'avoir trop prétendu,
Tant que de cet espoir vous m'ayez répondu.
Vous me pouvez d'un mot assurer ou confondre.

SERTORIUS. Mais, madame, après tout, que puis-je vous répondre?
De quoi vous assurer, si vous-même parlez
Sans être sûre encor de ce que vous voulez;
De votre illustre hymen je sais les avantages;
J'adore les grands noms que j'en ai pour otages,
Et vois que leur secours, nous rehaussant le bras,
Aurait bientôt jeté la tyrannie à bas :
Mais cette attente aussi pourrait se voir trompée
Dans l'offre d'une main qui se garde à Pompée,
Et qui n'étale ici la grandeur d'un tel bien
Que pour me tout promettre et ne me donner rien.

ARISTIE. Si vous vouliez ma main par choix de ma personne,
Je vous dirais : « Seigneur, prenez, je vous la donne;
» Quoi que veuille Pompée, il le voudra trop tard. »
Mais, comme en cet hymen l'amour n'a point de part,
Qu'il n'est qu'un pur effet de noble politique,
Souffrez que je vous die, afin que je m'explique,
Que, quand j'aurais pour dot un million de bras,
Je vous donne encor plus en ne l'achevant pas.
Si je réduis Pompée à chasser Emilie,
Peut-il, Sylla régnant, regarder l'Italie?
Ira-t-il se livrer à son juste courroux?
Non, non; si je le gagne, il faut qu'il vienne à vous.
Ainsi par mon hymen vous avez assurance
Que mille vrais Romains prendront votre défense :
Mais si j'en romps l'accord pour lui rendre mes vœux,
Vous aurez ces Romains, et Pompée avec eux;
Vous aurez ses amis par ce nouveau divorce;
Vous aurez du tyran la principale force,
Son armée, ou du moins ses plus braves soldats,
Qui de leur général voudront suivre les pas;
Vous marcherez vers Rome à communes enseignes.
Il sera temps alors, Sylla, que tu me craignes.
Tremble, et crois voir bientôt trébucher ta fierté,
Si je puis t'enlever ce que tu m'as ôté.
Pour faire de Pompée un gendre de ta femme,
Tu l'as fait un parjure, un méchant, un infâme :
Mais s'il me laisse encor quelques droits sur son cœur,
Il reprendra sa foi, sa vertu, son honneur;
Pour rentrer dans mes fers il brisera tes chaînes;
Et nous t'accablerons sous nos communes haines.
  J'abuse trop, seigneur, d'un précieux loisir :
Voilà vos intérêts; c'est à vous de choisir.
Si votre amour trop prompt veut borner sa conquête,
Je vous le dis encor, ma main est toute prête.

Je vous laisse y penser : surtout souvenez-vous
Que ma gloire en ces lieux me demande un époux;
Qu'elle ne peut souffrir que ma fuite m'y range,
En captive de guerre, au péril d'un échange ;
Qu'elle veut un grand homme à recevoir ma foi;
Qu'après vous et Pompée il n'en est point pour moi;
Et que...

SERTORIUS. Vous le verrez, et saurez sa pensée.
ARISTIE. Adieu, seigneur : j'y suis la plus intéressée ;
Et j'y vais préparer mon reste de pouvoir.
SERTORIUS. Moi je vais donner ordre à le bien recevoir.
(Seul.) Dieux, souffrez qu'à mon tour avec vous je m'explique.
Que c'est un sort cruel d'aimer par politique!
Et que ses intérêts sont d'étranges malheurs,
S'ils font donner la main quand le cœur est ailleurs !

ACTE DEUXIÈME.

SCÈNE I.

VIRIATE, THAMIRE.

VIRIATE. Thamire, il faut parler, l'occasion nous presse :
Rome jusqu'en ces murs m'envoie une maîtresse;
Et l'exil d'Aristie, enveloppé d'ennuis,
Est prêt à l'emporter sur tout ce que je suis.
En vain de mes regards l'ingénieux langage,
Pour découvrir mon cœur a tout mis en usage ;
En vain, par le mépris des vœux de tous nos rois,
J'ai cru faire éclater l'orgueil d'un autre choix;
Le seul pour qui je tâche à le rendre visible,
Ou n'ose en rien connaître, ou demeure insensible,
Et laisse à ma pudeur des sentiments confus,
Que l'amour-propre obstine à douter du refus.
Epargne-m'en la honte, et prends soin de lui dire,
A ce héros si cher... Tu le connais, Thamire ;
Car d'où pourrait mon trône attendre un ferme appui?
Et pour qui mépriser tous nos rois que pour lui?
Sertorius, lui seul digne de Viriate,
Mérite que pour lui tout mon amour éclate.
Fais-lui, fais-lui savoir le glorieux dessein
De m'affermir au trône en lui donnant la main :
Dis-lui... Mais j'aurais tort d'instruire ton adresse,
Moi qui connais ton zèle à servir ta princesse.
THAMIRE. Madame, en ce héros tout est illustre et grand ;
Mais, à parler sans fard, votre amour me surprend.

Il est assez nouveau qu'un homme de son âge
Ait des charmes si forts pour un jeune courage,
Et que d'un front ridé les replis jaunissants
Trouvent l'heureux secret de captiver les sens.

VIRIATE. Ce ne sont pas les sens que mon amour consulte;
Il hait des passions l'impétueux tumulte;
Et son feu que j'attache aux soins de ma grandeur
Dédaigne tout mélange avec leur folle ardeur.
J'aime en Sertorius ce grand art de la guerre
Qui soutient un banni contre toute la terre;
J'aime en lui ces cheveux tout couverts de lauriers,
Ce front qui fait trembler les plus braves guerriers,
Ce bras qui semble avoir la victoire en partage.
L'amour de la vertu n'a jamais d'yeux pour l'âge;
Le mérite a toujours des charmes éclatants,
Et quiconque peut tout est aimable en tout temps.

THAMIRE. Mais, madame, nos rois, dont l'amour vous irrite,
N'ont-ils tous ni vertu, ni pouvoir, ni mérite?
Et dans votre parti se peut-il qu'aucun d'eux
N'ait signalé son nom par des exploits fameux?
Celui des Turdetans, celui des Celtibères,
Soutiendraient-ils si mal le sceptre de vos pères...

VIRIATE. Contre des rois comme eux j'aimerais leur soutien;
Mais contre des Romains tout leur pouvoir n'est rien.
Rome seule aujourd'hui peut résister à Rome :
Il faut, pour la braver, qu'elle nous prête un homme,
Et que son propre sang, en faveur de ces lieux,
Balance les destins et partage les dieux.
Depuis qu'elle a daigné protéger nos provinces,
Et de son amitié faire honneur à leurs princes,
Sous un si haut appui nos rois humiliés
N'ont été que sujets sous le nom d'alliés;
Et ce qu'ils ont osé contre leur servitude
N'en a rendu le joug que plus fort et plus rude.
Qu'a fait Mandonius, qu'a fait Indibilis,
Qu'y plonger plus avant leurs trônes avilis,
Et voir leur fier amas de puissance et de gloire
Brisé contre l'écueil d'une seule victoire?
Le grand Viriatus, de qui je tiens le jour,
D'un sort plus favorable eut un pareil retour.
Il défit trois préteurs, il gagna dix batailles,
Il repoussa l'assaut de plus de cent murailles;
Et de Servilius l'astre prédominant
Dissipa tout d'un coup ce bonheur étonnant.
Ce grand roi fut défait; il en perdit la vie,
Et laissait sa couronne à jamais asservie
Si, pour briser les fers de son peuple captif,
Rome n'eût envoyé ce noble fugitif.

Depuis que son courage à nos destins préside,
Un bonheur si constant de nos armes décide.
Que deux lustres de guerre assurent nos climats
Contre ces souverains de tant de potentats,
Et leur laissent à peine, au bout de dix années,
Pour se couvrir de nous, l'ombre des Pyrénées.
Nos rois, sans ce héros, l'un de l'autre jaloux,
Du plus heureux sans cesse auraient rompu les coups;
Jamais ils n'auraient pu choisir entre eux un maître.

THAMIRE. Mais consentiront-ils qu'un Romain puisse l'être?
VIRIATE. Il n'en prend pas le titre, et les traite d'égal :
Mais, Thamire, après tout, il est leur général;
Ils combattent sous lui, sous son ordre ils s'unissent;
Et tous ces rois de nom en effet obéissent,
Tandis que de leur rang l'inutile fierté
S'applaudit d'une vaine et fausse égalité.

THAMIRE. Je n'ose vous rien dire après cet avantage,
Et voudrais comme vous faire grâce à son âge :
Mais enfin ce héros, sujet au cours des ans,
A trop longtemps vaincu pour vaincre encor longtemps;
Et sa mort...

VIRIATE.   Jouissons, en dépit de l'envie,
Des restes glorieux de son illustre vie.
Sa mort me laissera pour ma protection
La splendeur de son ombre et l'éclat de son nom.
Sur ces deux grands appuis ma couronne affermie
Ne redoutera point de puissance ennemie :
Ils feront plus pour moi que ne feraient cent rois.
Mais nous en parlerons encor quelque autre fois;
Je l'aperçois qui vient.

SCÈNE II.

SERTORIUS, VIRIATE, THAMIRE.

SERTORIUS.   Que direz-vous, madame,
Du dessein téméraire où s'échappe mon âme?
N'est-ce point oublier ce qu'on vous doit d'honneur,
Que demander à voir le fond de votre cœur?

VIRIATE. Il est si peu fermé que chacun y peut lire,
Seigneur, peut-être plus que je ne puis vous dire
Pour voir ce qui s'y passe il ne faut que des yeux

SERTORIUS. J'ai besoin toutefois qu'il s'explique un peu mieux.
Tous vos rois à l'envi briguent votre hyménée;
Et comme vos bontés font notre destinée,
Par ces mêmes bontés j'ose vous conjurer,
En faisant ce grand choix, de nous considérer.
Si vous prenez un prince inconstant, infidèle,
Ou qui pour le parti n'ait pas assez de zèle,

Jugez en quel état nous nous verrons réduits,
Si je pourrai longtemps encor ce que je puis,
Si mon bras...

VIRIATE. Vous formez des craintes que j'admire !
J'ai mis tous mes Etats si bien sous votre empire,
Que quand il me plaira faire choix d'un époux,
Quelque projet qu'il fasse, il dépendra de vous.
Mais, pour vous mieux ôter cette frivole crainte,
Choisissez-le vous-même, et parlez-moi sans feinte.
Pour qui de tous ces rois êtes-vous sans soupçon ?
A qui d'eux pouvez-vous confier ce grand nom ?

SERTORIUS. Je voudrais faire un choix qui pût aussi vous plaire :
Mais, à ce froid accueil que je vous vois leur faire,
Il semble que pour tous sans aucun intérêt..

VIRIATE. C'est peut-être, seigneur, qu'aucun d'eux ne me plaît,
Et que de leur haut rang la pompe la plus vaine
S'efface au seul aspect de la grandeur romaine.

SERTORIUS. Si donc je vous offrais pour époux un Romain ?
VIRIATE. Pourrais-je refuser un don de votre main ?
SERTORIUS. J'ose, après cet aveu, vous faire offre d'un homme
Digne d'être avoué de l'ancienne Rome.
Il en a la naissance, il en a le grand cœur,
Il est couvert de gloire, il est plein de valeur ;
De toute votre Espagne il a gagné l'estime ;
Libéral, intrépide, affable, magnanime ;
Enfin c'est Perpenna sur qui vous emportez...

VIRIATE. J'attendais votre nom après ces qualités :
Les éloges brillants que vous daignez y joindre
Ne me permettaient pas d'espérer rien de moindre.
Mais certes le détour est un peu surprenant :
Vous donnez une reine à votre lieutenant !
Si vos Romains ainsi choisissent des maîtresses,
A vos derniers tribuns il faudra des princesses.

SERTORIUS. Madame...
VIRIATE. Parlons net sur ce choix d'un époux.
Êtes-vous trop pour moi ? suis-je trop peu pour vous ?
C'est m'offrir ; et ce mot peut blesser les oreilles :
Mais un pareil amour sied bien à mes pareilles ;
Et je veux bien, seigneur, qu'on sache désormais
Que j'ai d'assez bons yeux pour voir ce que je fais.
Je le dis donc tout haut, afin que l'on m'entende :
Je veux bien un Romain ; mais je veux qu'il commande ;
Et ne trouverais pas nos rois à dédaigner,
N'était qu'ils savent mieux obéir que régner.
Mais si de leur puissance ils vous laissent l'arbitre
Leur faiblesse du moins en conserve le titre.
Ainsi ce noble orgueil qui vous préfère à tous
En préfère le moindre à tout autre qu'à vous.

ACTE II.

Car enfin, pour remplir l'honneur de ma naissance,
Il me faudrait un roi de titre et de puissance ;
Mais comme il n'en est plus, je pense m'en devoir,
Ou le pouvoir sans nom, où le nom sans pouvoir.

SERTORIUS. J'adore ce grand cœur qui rend ce qu'il doit rendre
Aux illustres aïeux dont on vous voit descendre :
A de moindres pensers son orgueil abaissé
Ne soutiendrait pas bien ce qu'ils vous ont laissé.
Mais puisque, pour remplir la dignité royale,
Votre haute naissance en demande une égale,
Perpenna parmi nous est le seul dont le sang
Ne mêlerait point d'ombre à la splendeur du rang ;
Il descend de nos rois et de ceux d'Etrurie.
Pour moi, qu'un sang moins noble a transmis à la vie,
Je n'ose m'éblouir d'un peu de nom fameux,
Jusqu'à déshonorer le trône par mes vœux :
Cessez de m'estimer jusqu'à lui faire injure ;
Je ne veux que le nom de votre créature :
Un si glorieux titre a de quoi me ravir ;
Il m'a fait triompher en voulant vous servir ;
Et malgré tout le peu que le ciel m'a fait naître...

VIRIATE. Si vous prenez ce titre, agissez moins en maître ;
Ou m'apprenez du moins, seigneur, par quelle loi
Vous n'osez m'accepter, et disposez de moi.
Accordez le respect que mon trône vous donne,
Avec cet attentat sur ma propre personne :
Voir toute mon estime et n'en pas mieux user,
C'en est un qu'aucun art ne saurait déguiser.
Ne m'honorez donc plus jusqu'à me faire injure.
Puisque vous le voulez, soyez ma créature ;
Et me laissant en reine ordonner de vos vœux,
Portez-les jusqu'à moi parce que je le veux.
Pour votre Perpenna, que sa haute naissance
N'affranchit point encor de votre obéissance,
Fût-il du sang des dieux aussi bien que des rois,
Ne lui promettez plus la gloire de mon choix.
Rome n'attache point le grade à la noblesse :
Votre grand Marius naquit dans la bassesse ;
Et c'est pourtant le seul que le peuple romain
Ait jusques à sept fois choisi pour souverain.
Ainsi, pour estimer chacun à sa manière,
Au sang d'un Espagnol je ferais grâce entière ;
Mais parmi vos Romains je prends peu garde au sang,
Quand j'y vois la vertu prendre le plus haut rang.
Vous, si vous haïssez comme eux le nom de reine,
Regardez-moi, seigneur, comme dame romaine :
Le droit de bourgeoisie à nos peuples donné
Ne perd rien de son prix sur un front couronné.

Sous ce titre adoptif, étant ce que vous êtes,
Je pense bien valoir une de mes sujettes;
Et si quelque Romaine a causé vos refus,
Je suis tout ce qu'elle est et reine encor de plus.
Peut-être la pitié d'une illustre misère...

SERTORIUS. Je vous entends, madame; et pour ne vous rien taire,
J'avouerai qu'Aristie...

VIRIATE. Elle nous a tout dit :
Je sais ce qu'elle espère et ce qu'on vous écrit.
Sans y perdre de temps, ouvrez votre pensée.

SERTORIUS. Au seul bien de la cause elle est intéressée.
Mais puisque pour ôter l'Espagne à nos tyrans,
Nous prenons, vous et moi, des chemins différents,
De grâce, examinez le commun avantage,
Et jugez ce que doit un généreux courage.
Je trahirais, madame, et vous, et vos États,
De voir un tel secours, et ne l'accepter pas :
Mais ce même secours deviendrait notre perte,
S'il nous ôtait la main que vous m'avez offerte,
Et qu'un destin jaloux de nos communs desseins,
Jetât ce grand dépôt en de mauvaises mains.
Je tiens Sylla perdu si vous laissez unie
A ce puissant renfort votre Lusitanie.
Mais vous pouvez enfin dépendre d'un époux,
Et le seul Perpenna peut m'assurer de vous.
Voyez ce qu'il a fait : je lui dois tant, madame,
Qu'une juste prière en faveur de sa flamme...

VIRIATE. Si vous lui devez tant, ne me devez-vous rien?
Et lui faut-il payer vos dettes de mon bien?
Après que ma couronne a garanti vos têtes,
Ne mérité-je point de part en vos conquêtes?
Ne vous ai-je servi que pour servir toujours,
Et m'assurer des fers par mon propre secours?
Ne vous y trompez pas : si Perpenna m'épouse,
Du pouvoir souverain je deviendrai jalouse,
Et le rendrai moi-même assez entreprenant
Pour ne vous pas laisser un roi pour lieutenant.
Je vous avouerai plus : à qui que je me donne,
Je voudrai hautement soutenir ma couronne;
Et c'est ce qui me force à vous considérer,
De peur de perdre tout s'il nous faut séparer :
Je ne vois que vous seul qui, des mers aux montagnes,
Sous un même étendard puisse unir nos Espagnes.
Mais ce que je propose en est le seul moyen :
Et, quoi qu'ait fait pour vous ce cher concitoyen,
S'il vous a secouru contre la tyrannie,
Il en est bien payé d'avoir sauvé sa vie.
Les malheurs du parti l'accablaient à tel point

Qu'il se voyait perdu s'il ne vous eût pas joint;
Et même, si j'en veux croire la renommée,
Ses troupes, malgré lui, grossirent votre armée.
Rome offre un grand secours, du moins on vous l'écrit;
Mais s'armât-elle toute en faveur d'un proscrit,..
Quand nous sommes aux bords d'une pleine victoire,
Quel besoin avons-nous d'en partager la gloire?
Encore une campagne, et nos seuls escadrons
Aux aigles de Sylla font repasser les monts :
Et ces derniers venus auront droit de nous dire
Qu'ils auront en ces lieux établi notre empire!
Soyons d'un tel honneur l'un et l'autre jaloux;
Et, quand nous pouvons tout, ne devons rien qu'à nous.

SERTORIUS. L'espoir le mieux fondé n'a jamais trop de forces :
Le plus heureux destin surprend par les divorces;
Du trop de confiance il aime à se venger;
Et, dans un grand dessein, rien n'est à négliger.
Devons-nous exposer à tant d'incertitude
L'esclavage de Rome et notre servitude,
De peur de partager avec d'autres Romains
Un honneur où le ciel veut peut-être leurs mains?
Notre gloire, il est vrai, deviendra sans seconde
Si nous faisons sans eux la liberté du monde;
Mais si quelque malheur suit tant d'heureux combats,
Quels reproches cruels ne nous ferons-nous pas?
D'ailleurs, considérez que Perpenna vous aime;
Qu'il est, ou qu'il se croit digne du diadème;
Qu'il peut ici beaucoup; qu'il s'est vu de tout temps
Qu'en gouvernant le mieux on fait des mécontents;
Que, piqué du mépris, il osera peut-être...

VIRIATE. Tranchez le mot, seigneur : je vous ai fait mon maître,
Et je dois obéir malgré mon sentiment;
C'est à quoi se réduit tout ce raisonnement.
Faites, faites entrer ce héros d'importance,
Que je fasse un essai de mon obéissance;
Et, si vous le craignez, craignez autant, du moins,
Un long et vain regret d'avoir prêté vos soins.

SERTORIUS. Madame, croiriez-vous...

VIRIATE. Ce mot vous doit suffire;
J'entends ce qu'on me dit, et ce qu'on me veut dire.
Allez, faites-lui place; et ne présumez pas...

SERTORIUS. Je parle pour un autre; et toutefois, hélas!
Si vous saviez...

VIRIATE. Seigneur, que faut-il que je sache?
Et quel est le secret que ce soupir me cache?

SERTORIUS. Ce soupir redoublé...

VIRIATE. N'achevez point : allez;
Je vous obéirai plus que vous ne voulez.

SCÈNE III.
VIRIATE, THAMIRE.

THAMIRE. Sa dureté m'étonne; et je ne puis, madame...
VIRIATE. L'apparence t'abuse : il m'aime au fond de l'âme.
THAMIRE. Quoi! quand pour un rival il s'obstine au refus...
VIRIATE. Il veut que je l'amuse, et ne veut rien de plus.
THAMIRE. Vous avez des clartés que mon insuffisance...
VIRIATE. Parlons à ce rival, le voilà qui s'avance.

SCÈNE IV.
VIRIATE, PERPENNA, AUFIDE, THAMIRE.

VIRIATE. Vous m'aimez, Perpenna; Sertorius le dit :
Je crois sur sa parole et lui dois tout crédit :
Je sais donc votre amour. Mais tirez-moi de peine :
Par où prétendez-vous mériter une reine?
A quel titre lui plaire? et par quel charme, un jour,
Obliger sa couronne à payer votre amour?
PERPENNA. Par de sincères vœux, par d'assidus services,
Par de profonds respects, par d'humbles sacrifices;
Et si quelques effets peuvent justifier...
VIRIATE. Hé bien! qu'êtes-vous prêt de lui sacrifier?
PERPENNA. Tous mes soins, tout mon sang, mon courage, ma vie.
VIRIATE. Pourriez-vous la servir dans une jalousie?
PERPENNA. Ah! madame!
VIRIATE. A ce mot, en vain le cœur vous bat;
Elle n'est pas d'amour, elle n'est que d'état.
J'ai de l'ambition, et mon orgueil de reine
Ne peut voir sans chagrin une autre souveraine
Qui, sur mon propre trône à mes yeux s'élevant,
Jusque dans mes États prenne le pas devant.
Sertorius y règne, et dans tout notre empire
Il dispense des lois où j'ai voulu souscrire.
Je ne m'en repens point; il en a bien usé :
Je rends grâces au ciel qui l'a favorisé.
Mais, pour vous dire enfin de quoi je suis jalouse,
Quel rang puis-je garder auprès de son épouse?
Aristie y prétend, et l'offre qu'elle fait,
Ou que l'on fait pour elle, en assure l'effet.
Délivrez nos climats de cette vagabonde,
Qui vient par son exil troubler un autre monde;
Et forcez-la, sans bruit, d'honorer d'autres lieux
De cet illustre objet qui me blesse les yeux.
Assez d'autres États lui prêteront asile.
PERPENNA. Quoi que vous m'ordonniez, tout me sera facile;
Mais quand Sertorius ne l'épousera pas,
Un autre hymen vous met dans le même embarras.

Et qu'importe, après tout, d'une autre, ou d'Aristie,
Si...

VIRIATE. Rompons, Perpenna, rompons cette partie;
Donnons ordre au présent; et quant à l'avenir
Suivant l'occasion nous saurons y fournir :
Le temps est un grand maître, il règle bien des choses.
Enfin, je suis jalouse, et vous en dis les causes.
Voulez-vous me servir?

PERPENNA. Si je le veux! j'y cours,
Madame, et meurs déjà d'y consacrer mes jours.
Mais pourrai-je espérer que ce faible service
Attirera sur moi quelque regard propice;
Que le cœur attendri fera suivre...

VIRIATE. Arrêtez :
Vous porteriez trop loin des vœux précipités.
Sans doute un tel service aura droit de me plaire;
Mais laissez-moi, de grâce, arbitre du salaire.
Je ne suis point ingrate, et sais ce que je dois;
Et c'est vous dire assez pour la première fois.
Adieu.

SCÈNE V.

PERPENNA, AUFIDE.

AUFIDE. Vous le voyez, seigneur, comme on vous joue.
Tout son cœur est ailleurs; Sertorius l'avoue,
Et fait auprès de vous l'officieux rival,
Tandis que Viriate...

PERPENNA. Ah! n'en juge point mal.
A lui rendre service elle m'ouvre une voie
Que tout mon cœur embrasse avec excès de joie.

AUFIDE. Vous ne voyez donc pas que son esprit jaloux
Ne cherche à se servir de vous que contre vous;
Et que, rompant le cours d'une flamme nouvelle,
Vous forcez ce rival à retourner vers elle?

PERPENNA. N'importe, servons-la, méritons son amour;
La force et la vengeance agiront à leur tour.
Hasardons quelques jours sur l'espoir qui nous flatte,
Dussions-nous, pour tout fruit, ne faire qu'une ingrate.

AUFIDE. Mais, seigneur...

PERPENNA. Epargnons les discours superflus;
Songeons à la servir, et ne contestons plus :
Cet unique souci tient mon âme occupée.
Cependant de nos murs on découvre Pompée;
Tu sais qu'on me l'a dit : allons le recevoir,
Puisque Sertorius m'impose ce devoir.

ACTE TROISIÈME.

SCÈNE I.
SERTORIUS, POMPÉE, suite.

SERTORIUS. Seigneur, qui des mortels eût jamais osé croire
Que la trêve à tel point dût rehausser ma gloire,
Qu'un nom à qui la guerre a fait trop applaudir
Dans l'ombre de la paix trouvât à s'agrandir?
Certes, je doute encor si ma vue est trompée,
Alors que dans ces murs je vois le grand Pompée;
Et, quand il lui plaira, je saurai quel bonheur
Comble Sertorius d'un tel excès d'honneur.

POMPÉE. Deux raisons. Mais, seigneur, faites qu'on se retire,
Afin qu'en liberté je puisse vous les dire.

SCÈNE II.
SERTORIUS ET POMPÉE assis.

POMPÉE. L'inimitié qui règne entre les deux partis
N'y rend pas de l'honneur tous les droits amortis :
Comme le vrai mérite a ses prérogatives,
Qui prennent le dessus des haines les plus vives,
L'estime et le respect sont de justes tributs
Qu'aux plus fiers ennemis arrachent les vertus;
Et c'est ce que vient rendre à la haute vaillance,
Dont je ne fais ici que trop d'expérience,
L'ardeur de voir de près un si fameux héros,
Sans lui voir en la main piques ni javelots,
Et le front désarmé de ce regard terrible
Qui dans nos escadrons guide un bras invincible.
  Je suis jeune, et guerrier, et tant de fois vainqueur
Que mon trop de fortune a pu m'enfler le cœur;
Mais, et ce franc aveu sied bien aux grands courages,
J'apprends plus contre vous par mes désavantages,
Que les plus beaux succès qu'ailleurs j'aie emportés
Ne m'ont encore appris par mes prospérités.
Je vois ce qu'il faut faire, à voir ce que vous faites.
Les siéges, les assauts, les savantes retraites,
Bien camper, bien choisir à chacun son emploi;
Votre exemple est partout une étude pour moi.
Ah! si je vous pouvais rendre à la république,
Que je croirais lui faire un présent magnifique!
Et que j'irais, seigneur, à Rome avec plaisir,
Puisque la trêve enfin m'en donne le loisir,
Si j'y pouvais porter quelque faible espérance

ACTE III.

D'y conclure un accord d'une telle importance!
Près de l'heureux Sylla ne puis-je rien pour vous?
Et près de vous, seigneur, ne puis-je rien pour tous?

SERTORIUS. Vous me pourriez sans doute épargner quelque peine,
Si vous vouliez avoir l'âme toute romaine.
Mais, avant que d'entrer en ces difficultés,
Souffrez que je réponde à vos civilités.
 Vous ne me donnez rien par cette haute estime
Que vous n'ayez déjà dans le degré sublime :
La victoire attachée à vos premiers exploits
Un triomphe avant l'âge où le souffrent nos lois
Avant la dignité qui permet d'y prétendre,
Font trop voir quels respects l'univers vous doit rendre.
Si dans l'occasion je ménage un peu mieux
L'assiette du pays, et la faveur des lieux,
Si mon expérience en prend quelque avantage,
Le grand art de la guerre attend quelquefois l'âge;
Le temps y fait beaucoup : et, de mes actions
S'il vous a plu tirer quelques instructions,
Mes exemples un jour ayant fait place aux vôtres,
Ce que je vous apprends, vous l'apprendrez à d'autres;
Et ceux qu'aura ma mort saisis de mon emploi
S'instruiront contre vous, comme vous contre moi.
 Quant à l'heureux Sylla, je n'ai rien à vous dire :
Je vous ai montré l'art d'affaiblir son empire;
Et si je puis jamais y joindre des leçons
Dignes de vous apprendre à repasser les monts,
Je suivrai d'assez près votre illustre retraite
Pour traiter avec lui sans besoin d'interprète;
Et sur les bords du Tibre, une pique à la main,
Lui demander raison pour le peuple romain.

POMPÉE. De si hautes leçons, seigneur, sont difficiles,
Et pourraient vous donner quelques soins inutiles,
Si vous faisiez dessein de me les expliquer
Jusqu'à m'avoir appris à les bien pratiquer.

SERTORIUS. Aussi me pourriez-vous épargner quelque peine,
Si vous vouliez avoir l'âme toute romaine :
Je vous l'ai déjà dit.

POMPÉE.   Ce discours rebattu
Lasserait une austère et farouche vertu :
Pour moi, qui vous honore assez pour me contraindre
A fuir obstinément tout sujet de m'en plaindre,
Je ne veux rien comprendre en ces obscurités.

SERTORIUS. Je sais qu'on n'aime point de telles vérités
Mais, seigneur, étant seuls, je parle avec franchise;
Bannissant les témoins vous me l'avez permise :
Et je garde avec vous la même liberté
Que si votre Sylla n'avait jamais été.

Est-ce être tout Romain qu'être chef d'une guerre
Qui veut tenir aux fers les maîtres de la terre?
Ce nom, sans vous et lui, nous serait encor dû;
C'est par lui, c'est par vous, que nous l'avons perdu.
C'est vous qui sous le joug traînez des cœurs si braves;
Ils étaient plus que rois, ils sont moindres qu'esclaves;
Et la gloire qui suit vos plus nobles travaux
Ne fait qu'approfondir l'abîme de leurs maux;
Leur misère est le fruit de votre illustre peine :
Et vous pensez avoir l'âme toute romaine!
Vous avez hérité ce nom de vos aïeux;
Mais s'il vous était cher vous le rempliriez mieux.

POMPÉE. Je crois le bien remplir, quand tout mon cœur s'applique
Aux soins de rétablir un jour la république :
Mais vous jugez, seigneur, de l'âme par le bras;
Et souvent l'un paraît ce que l'autre n'est pas.
Lorsque deux factions divisent un empire,
Chacun suit au hasard la meilleure ou la pire,
Suivant l'occasion ou la nécessité
Qui l'emporte vers l'un ou vers l'autre côté;
Le plus juste parti, difficile à connaître,
Nous laisse en liberté de nous choisir un maître :
Mais quand ce choix est fait on ne s'en dédit plus.
J'ai servi sous Sylla du temps de Marius,
Et servirai sous lui tant qu'un destin funeste
De nos divisions soutiendra quelque reste.
Comme je ne vois pas dans le fond de son cœur,
J'ignore quels projets peut former son bonheur :
S'il les pousse trop loin, moi-même je l'en blâme;
Je lui prête mon bras sans engager mon âme;
Je m'abandonne au cours de sa félicité,
Tandis que tous mes vœux sont pour la liberté;
Et c'est ce qui me force à garder une place
Qu'usurperaient sans moi l'injustice et l'audace,
Afin que, Sylla mort, ce dangereux pouvoir
Ne tombe qu'en des mains qui sachent leur devoir.
Enfin je sais mon but, et vous savez le vôtre.

SERTORIUS. Mais cependant, seigneur, vous servez comme un autre;
Et nous, qui jugeons tout sur la foi de nos yeux,
Et laissons le dedans à pénétrer aux dieux,
Nous craignons votre exemple, et doutons si dans Rome
Il n'instruit point le peuple à prendre loi d'un homme.
Et si votre valeur sous le pouvoir d'autrui
Ne sème point pour vous lorsqu'elle agit pour lui.
Comme je vous estime, il m'est aisé de croire
Que de la liberté vous feriez votre gloire,
Que votre âme en secret lui donne tous ses vœux;
Mais si je m'en rapporte aux esprits soupçonneux,

Vous aidez aux Romains à faire essai d'un maître,
Sous ce flatteur espoir qu'un jour vous pourrez l'être.
La main qui les opprime, et que vous soutenez,
Les accoutume au joug que vous leur destinez :
Et, doutant s'ils voudront se faire à l'esclavage,
Aux périls de Sylla vous tâtez leur courage.

POMPÉE. Le temps détrompera ceux qui parlent ainsi;
Mais justifiera-t-il ce que l'on voit ici?
Permettez qu'à mon tour je parle avec franchise;
Votre exemple à la fois m'instruit et m'autorise :
Je juge comme vous sur la foi de mes yeux,
Et laisse le dedans à pénétrer aux dieux.
Ne vit-on pas ici sous les ordres d'un homme?
N'y commandez-vous pas, comme Sylla dans Rome?
Du nom de dictateur, du nom de général,
Qu'importe, si des deux le pouvoir est égal?
Les titres différents ne font rien à la chose :
Vous imposez des lois ainsi qu'il en impose;
Et s'il est périlleux de s'en faire haïr,
Il ne serait pas sûr de vous désobéir.
Pour moi, si quelque jour je suis ce que vous êtes,
J'en userai peut-être alors comme vous faites :
Jusque-là...

SERTORIUS. Vous pourriez en douter jusque-là,
Et me faire un peu moins ressembler à Sylla.
Si je commande ici, le sénat me l'ordonne;
Mes ordres n'ont encore assassiné personne :
Je n'ai pour ennemis que ceux du bien commun;
Je leur fais bonne guerre et n'en proscris pas un.
C'est un asile ouvert que mon pouvoir suprême;
Et si l'on m'obéit, ce n'est qu'autant qu'on m'aime.

POMPÉE. Et votre empire en est d'autant plus dangereux,
Qu'il rend de vos vertus les peuples amoureux;
Qu'en assujettissant vous avez l'art de plaire;
Qu'on croit n'être en vos fers qu'esclave volontaire;
Et que la liberté trouvera peu de jour
A détruire un pouvoir que fait régner l'amour.
Ainsi parlent, seigneur, les âmes soupçonneuses.
Mais n'examinons point ces questions fâcheuses,
Ni si c'est un sénat qu'un amas de bannis
Que cet asile ouvert sous vous a réunis.
Une seconde fois, n'est-il aucune voie
Par où je puisse à Rome emporter quelque joie?
Elle serait extrême à trouver les moyens
De rendre un si grand homme à ses concitoyens.
Il est doux de revoir les murs de la patrie :
C'est elle par ma voix, seigneur, qui vous en prie;
C'est Rome...

SERTORIUS. Le séjour de votre potentat,
Qui n'a que ses fureurs pour maximes d'Etat!
Je n'appelle plus Rome un enclos de murailles
Que ses proscriptions comblent de funérailles;
Ces murs, dont le destin fut autrefois si beau,
N'en sont que la prison ou plutôt le tombeau.
Mais, pour revivre ailleurs dans sa première force,
Avec les faux Romains elle a fait plein divorce;
Et, comme autour de moi j'ai tous ses vrais appuis,
Rome n'est plus dans Rome, elle est toute où je suis.
 Parlons pourtant d'accord. Je ne sais qu'une voie
Qui puisse avec honneur nous donner cette joie
Unissons-nous ensemble, et le tyran est bas,
Rome à ce grand dessein ouvrira tous ses bras.
Ainsi nous ferons voir l'amour de la patrie,
Pour qui vont les grands cœurs jusqu'à l'idolâtrie;
Et nous épargnerons ces flots de sang romain
Que versent tous les ans votre bras et ma main.

POMPÉE. Ce projet, qui pour vous est tout brillant de gloire,
N'aurait-il rien pour moi d'une action trop noire?
Moi qui commande ailleurs, puis-je servir sous vous?

SERTORIUS. Du droit de commander je ne suis point jaloux:
Je ne l'ai qu'en dépôt; et je vous l'abandonne,
Non jusqu'à vous servir de ma seule personne,
Je prétends un peu plus; mais dans cette union
De votre lieutenant m'envieriez-vous le nom?

POMPÉE. De pareils lieutenants n'ont des chefs qu'en idée:
Leur nom retient pour eux l'autorité cédée,
Ils n'en quittent que l'ombre; et l'on ne sait que c'est
De suivre ou d'obéir, que suivant qu'il leur plaît.
Je sais une autre voie, et plus noble et plus sûre:
Sylla, si vous voulez, quitte sa dictature;
Et déjà de lui-même il s'en serait démis,
S'il voyait qu'en ces lieux il n'eût plus d'ennemis.
Mettez les armes bas, je réponds de l'issue;
J'en donne ma parole après l'avoir reçue.
Si vous êtes Romain, prenez l'occasion.

SERTORIUS. Je ne m'éblouis point de cette illusion:
Je connais le tyran, j'en vois le stratagème;
Quoi qu'il semble promettre, il est toujours lui-même.
Vous qu'à sa défiance il a sacrifié
Jusques à vous forcer d'être son allié...

POMPÉE. Hélas! ce mot me tue; et je le dis sans feinte,
C'est l'unique sujet qu'il m'a donné de plainte:
J'aimais mon Aristie; il m'en vient d'arracher.
Mon cœur frémit encore à me le reprocher;
Vers tant de biens perdus sans cesse il me rappelle;
Et je vous rends, seigneur, mille grâces pour elle,

ACTE III.

A vous, à ce grand cœur dont la compassion
Daigne ici l'honorer de sa protection.
SERTORIUS. Protéger hautement les vertus malheureuses,
C'est le moindre devoir des âmes généreuses ;
Aussi fais-je encor plus, je lui donne un époux.
POMPÉE. Un époux ! Dieux ! qu'entends-je ! Et qui, seigneur ?
SERTORIUS.   Moi.
POMPÉE.   Vous !
Seigneur, toute son âme est à moi dès l'enfance.
N'imitez point Sylla par cette violence :
Mes maux sont assez grands, sans y joindre celui
De voir tout ce que j'aime entre les bras d'autrui.
SERTORIUS. Tout est encore à vous.

SCÈNE III.

ARISTIE, SERTORIUS, POMPÉE.

SERTORIUS.   Venez, venez, madame,
Faire voir quel pouvoir j'usurpe sur votre âme,
Et montrer, s'il se peut, à tout le genre humain
La force qu'on vous fait pour me donner la main.
POMPÉE. C'est elle-même, ô ciel !
SERTORIUS.   Je vous laisse avec elle
Et sais que tout son cœur vous est encor fidèle.
Reprenez votre bien ; ou ne vous plaignez plus,
Si j'ose m'enrichir, seigneur, de vos refus.

SCÈNE IV.

POMPÉE, ARISTIE.

POMPÉE. Me dit-on vrai, madame ? et serait-il possible...
ARISTIE. Oui, seigneur, il est vrai que j'ai le cœur sensible :
Suivant qu'on m'aime ou hait, j'aime ou hais à mon tour ;
Et ma gloire soutient ma haine et mon amour :
Mais si de mon amour elle est la souveraine,
Elle n'est pas toujours maîtresse de ma haine ;
Je ne le suis pas même ; et je hais quelquefois,
Et moins que je ne veux, et moins que je ne dois.
POMPÉE. Cette haine a pour moi toute son étudue,
Madame, et la pitié ne l'a point suspendue ;
La générosité n'a pu la modérer.
ARISTIE. Vous ne voyez donc pas qu'elle a peine à durer ?
Mon feu, qui n'est éteint que parce qu'il doit l'être
Cherche en dépit de moi le vôtre pour renaître ;
Et je sens qu'à vos yeux mon courroux chancelant
Trébuche, perd sa force, et meurt en vous parlant.

M'aimeriez-vous encor, seigneur?
POMPÉE.   Si je vous aime!
Demandez si je vis ou si je suis moi-même.
Votre amour est ma vie et ma vie est à vous.

ARISTIE. Sortez de mon esprit, ressentiments jaloux :
Noirs enfants du dépit, ennemis de ma gloire,
Tristes ressentiments, je ne veux plus vous croire.
Quoi qu'on m'ait fait d'outrage, il ne m'en souvient plus.
Plus de nouvel hymen, plus de Sertorius.
Je suis au grand Pompée ; et, puisqu'il m'aime encore,
Puisqu'il me rend son cœur, de nouveau je l'adore.
Plus de Sertorius. Mais, seigneur, répondez;
Faites parler ce cœur qu'enfin vous me rendez.
Plus de Sertorius. Hélas! quoi que je die,
Vous ne me dites point, seigneur : Plus d'Émilie.
   Rentrez dans mon esprit, jaloux ressentiments,
Fiers enfants de l'honneur, nobles emportements;
C'est vous que je veux croire; et Pompée infidèle
Ne saurait plus souffrir que ma haine chancelle;
Il l'affermit pour moi. Venez, Sertorius;
Il me rend toute à vous par ce muet refus.
Donnons ce grand témoin à ce grand hyménée !
Son âme toute ailleurs n'en sera point gênée ;
Il le verra sans peine; et cette dureté
Passera chez Sylla pour magnanimité.

POMPÉE. Ce qu'il vous fait d'injure également m'outrage :
Mais enfin je vous aime et ne puis davantage.
Vous, si jamais ma flamme eut pour vous quelque appas,
Plaignez-vous, haïssez; mais ne vous donnez pas.
Demeurez en état d'être toujours ma femme;
Gardez jusqu'au tombeau l'empire de mon âme.
Sylla n'a que son temps, il est vieil et cassé;
Son règne passera, s'il n'est déjà passé;
Ce grand pouvoir lui pèse, il s'apprête à le rendre :
Comme à Sertorius, je veux bien vous l'apprendre.
Ne vous jetez donc point, madame, en d'autres bras:
Plaignez-vous, haïssez ; mais ne vous donnez pas :
Si vous voulez ma main, n'engagez point la vôtre.

ARISTIE. Mais quoi! n'êtes-vous pas entre les bras d'une autre?
POMPÉE. Non, puisqu'il vous en faut confier le secret.
Emilie à Sylla n'obéit qu'à regret :
Des bras d'un autre époux ce tyran qui l'arrache
Ne rompt point dans son cœur le saint nœud qui l'attache.
Elle porte en ses flancs un fruit de cet amour,
Que bientôt chez moi-même elle va mettre au jour;
Et, dans ce triste état, sa main qu'il m'a donnée
N'a fait que l'éblouir par un feint hyménée,
Tandis que, tout entière à son cher Glabrion,

ACTE III.

Elle paraît ma femme et n'en a que le nom.
ARISTIE. Et ce nom seul est tout pour celles de ma sorte.
Rendez-le-moi, seigneur, ce grand nom qu'elle porte.
J'aimai votre tendresse et vos empressements;
Mais je suis au-dessus de ces attachements;
Et tout me sera doux si ma trame coupée
Me rend à mes aïeux en femme de Pompée,
Et que sur mon tombeau ce grand titre gravé
Montre à tout l'avenir que je l'ai conservé.
J'en fais toute ma gloire et toutes mes délices;
Un moment de sa perte a pour moi des supplices.
Vengez-moi de Sylla, qui me l'ôte aujourd'hui;
Ou souffrez qu'on me venge et de vous et de lui;
Qu'un autre hymen me rende un titre qui l'égale;
Qu'il me relève autant que Sylla me ravale :
Non que je puisse aimer aucun autre que vous;
Mais, pour venger ma gloire, il me faut un époux,
Il m'en faut un illustre, et dont la renommée...
POMPÉE. Ah! ne vous lassez point d'aimer et d'être aimée.
Peut-être touchons-nous au moment désiré
Qui saura réunir ce qu'on a séparé.
Ayez plus de courage et moins d'impatience;
Souffrez que Sylla meure ou quitte sa puissance...
ARISTIE. J'attendrai de sa mort ou de son repentir,
Qu'à me rendre l'honneur vous daigniez consentir!
Et je verrai toujours votre cœur plein de glace,
Mon tyran impuni, ma rivale en ma place,
Jusqu'à ce qu'il renonce au pouvoir absolu,
Après l'avoir gardé tant qu'il l'aura voulu!
POMPÉE. Mais, tant qu'il pourra tout, que pourrai-je, madame?
ARISTIE. Suivre en tous lieux, seigneur, l'exil de votre femme,
La ramener chez vous avec vos légions,
Et rendre un heureux calme à nos divisions.
Que ne pourrez-vous point en tête d'une armée
Partout, hors de l'Espagne, à vaincre accoutumée?
Et quand Sertorius sera joint avec vous,
Que pourra le tyran? qu'osera son courroux?
POMPÉE. Ce n'est pas s'affranchir qu'un moment le paraître,
Ni secouer le joug que de changer de maître.
Sertorius pour vous est un illustre appui;
Mais en faire le mien, c'est me ranger sous lui;
Joindre nos étendards, c'est grossir son empire.
Perpenna, qui l'a joint, saura que vous en dire.
Je sers : mais jusqu'ici l'ordre vient de si loin,
Qu'avant qu'on le reçoive il n'en est plus besoin;
Et ce peu que j'y rends de vaine déférence,
Jaloux du vrai pouvoir, ne sert qu'en apparence.
Je crois n'avoir plus même à servir qu'un moment;

Et, quand Sylla prépare un si doux changement,
Pouvez-vous m'ordonner de me bannir de Rome,
Pour la remettre au joug, sous les lois d'un autre homme,
Moi qui ne suis jaloux de mon autorité
Que pour lui rendre un jour toute sa liberté?
Non, non : si vous m'aimez, comme j'aime à le croire,
Vous saurez accorder votre amour et ma gloire
Céder avec prudence au temps prêt à changer,
Et ne me perdre pas, au lieu de vous venger.

ARISTIE. Si vous m'avez aimée et qu'il vous en souvienne,
Vous mettrez votre gloire à me rendre la mienne.
Mais il est temps qu'un mot termine ces débats.
Me voulez-vous, seigneur? ne me voulez-vous pas?
Parlez : que votre choix règle ma destinée.
Suis-je encore à l'époux à qui l'on m'a donnée?
Suis-je à Sertorius? C'est assez consulté :
Rendez-moi mes liens ou pleine liberté...

POMPÉE. Je le vois bien, madame, il faut rompre la trêve,
Pour briser en vainqueur cet hymen, s'il s'achève;
Et vous savez si peu l'art de vous secourir,
Que pour vous en instruire il faut vous conquérir.

ARISTIE. Sertorius sait vaincre et garder ses conquêtes.

POMPÉE. La vôtre à la garder coûtera bien des têtes.
Comme elle fermera la porte à tout accord,
Rien ne l'en peut jamais assurer que ma mort :
Oui, j'en jure les dieux, s'il faut qu'il vous obtienne,
Rien ne peut empêcher sa perte que la mienne;
Et peut-être tous deux, l'un par l'autre percés,
Nous vous ferons connaître à quoi vous nous forcez.

ARISTIE. Je ne suis pas, seigneur, d'une telle importance
D'autres soins éteindront cette ardeur de vengeance :
Ceux de vous agrandir vous porteront ailleurs,
Où vous pourrez trouver quelques destins meilleurs;
Ceux de servir Sylla, d'aimer son Émilie,
D'imprimer du respect à toute l'Italie,
De rendre à votre Rome, un jour, sa liberté,
Sauront tourner vos pas de quelque autre côté.
Surtout ce privilége acquis aux grandes âmes
De changer à leur gré de maris et de femmes
Mérite qu'on l'étale au bout de l'univers,
Pour en donner l'exemple à cent climats divers.

POMPÉE. Ah! c'en est trop, madame; et de nouveau je jure...

ARISTIE. Seigneur, les vérités font-elles quelque injure?

POMPÉE. Vous oubliez trop tôt que je suis votre époux.

ARISTIE. Ah! si ce nom vous plaît, je suis encore à vous.
Voilà ma main, seigneur.

POMPÉE.   Gardez-la-moi, madame.

ARISTIE. Tandis que vous avez à Rome une autre femme!

Que par un autre hymen vous me déshonorez!
Me punissent les dieux que vous avez jurés,
Si, passé ce moment et hors de votre vue,
Je vous garde une foi que vous avez rompue!
POMPÉE. Qu'allez-vous faire, hélas!
ARISTIE.   Ce que vous m'enseignez.
POMPÉE. Eteindre un tel amour!
ARISTIE.   Vous-même l'éteignez.
POMPÉE. La victoire aura droit de le faire renaître.
ARISTIE. Si ma haine est trop faible, elle la fera croître.
POMPÉE. Pourrez-vous me haïr?
ARISTIE.   J'en fais tous mes souhaits.
POMPÉE. Adieu donc pour deux jours.
ARISTIE.   Adieu pour tout jamais.

ACTE QUATRIÈME.

SCÈNE I.

SERTORIUS, THAMIRE.

SERTORIUS. Pourrai-je voir la reine?
THAMIRE.   Attendant qu'elle vienne,
Elle m'a commandé que je vous entretienne,
Et veut demeurer seule encor quelques moments.
SERTORIUS. Ne m'apprendrez-vous point où vont ses sentiments?
Ce que doit Perpenna concevoir d'espérance?
THAMIRE. Elle ne m'en fait pas beaucoup de confidence;
Mais j'ose présumer qu'offert de votre main
Il aura peu de peine à fléchir son dédain.
Vous pouvez tout sur elle.
SERTORIUS.   Ah! j'y puis peu de chose,
Si jusqu'à l'accepter mon malheur la dispose;
Ou, pour en parler mieux, j'y puis trop et trop peu.
THAMIRE. Elle croit fort vous plaire en secondant son feu.
SERTORIUS. Me plaire?
THAMIRE.   Oui. Mais, seigneur, d'où vient cette surprise?
Et de quoi s'inquiète un cœur qui la méprise?
SERTORIUS. N'appelez point mépris un violent respect
Que sur mes plus doux vœux fait régner son aspect.
THAMIRE. Il est peu de respects qui ressemblent au vôtre,
S'il ne sait que trouver des raisons pour un autre;
Et je préférerais un peu d'emportement
Aux plus humbles devoirs d'un tel accablement.
SERTORIUS. Il n'en est rien parti capable de me nuire,
Qu'un soupir échappé ne dût soudain détruire :

Mais la reine, sensible à de nouveaux désirs,
Entendait mes raisons et non pas mes soupirs.

THAMIRE. Seigneur, quand un Romain, quand un héros soupire,
Nous n'entendons pas bien ce qu'un soupir veut dire;
Et je vous servirais de meilleur truchement,
Si vous vous expliquiez un peu plus clairement.
Je sais qu'en ce climat, que vous nommez barbare,
L'amour par un soupir quelquefois se déclare :
Mais la gloire qui fait toutes vos passions,
Vous met trop au-dessus de ces impressions;
De tels désirs, trop bas pour les grands cœurs de Rome...

SERTORIUS. Ah! pour être Romain, je n'en suis pas moins homme!
J'aime, et peut-être plus qu'on n'a jamais aimé;
Malgré mon âge et moi, mon cœur s'est enflammé.
J'ai cru pouvoir me vaincre; et toute mon adresse,
Dans mes plus grands efforts, m'a fait voir ma faiblesse :
Ceux de la politique et ceux de l'amitié
M'ont mis en un état à me faire pitié.
Le souvenir m'en tue; et ma vie incertaine
Dépend d'un peu d'espoir que j'attends de la reine.
Si toutefois...

THAMIRE. Seigneur, elle a de la bonté;
Mais je vois son esprit fortement agité;
Et, si vous m'ordonnez de vous parler sans feindre,
Vous pouvez espérer, mais vous avez à craindre.
N'y perdez point de temps, et ne négligez rien;
C'est peut-être un dessein mal ferme que le sien.
La voici. Profitez des avis qu'on vous donne,
Et gardez bien surtout qu'elle ne m'en soupçonne.

SCÈNE II.

SERTORIUS, VIRIATE, THAMIRE.

VIRIATE. On m'a dit qu'Aristie a manqué son projet,
Et que Pompée échappe à cet illustre objet :
Serait-il vrai, seigneur?

SERTORIUS. Il est trop vrai, madame;
Mais, bien qu'il l'abandonne, il l'adore dans l'âme,
Et rompra, m'a-t-il dit, la trêve dès demain,
S'il voit qu'elle s'apprête à me donner la main.

VIRIATE. Vous vous alarmez peu d'une telle menace?

SERTORIUS. Ce n'est pas en effet ce qui plus m'embarrasse.
Mais vous, pour Perpenna, qu'avez-vous résolu?

VIRIATE. D'obéir sans remise au pouvoir absolu;
Et si d'une offre en l'air votre âme encor frappée
Veut bien s'embarrasser du rebut de Pompée,
Il ne tiendra qu'à vous que dès demain tous deux

De l'un et l'autre hymen nous n'assurions les nœuds;
Dût se rompre la trêve, et dût la jalousie
Jusqu'au dernier éclat pousser sa frénésie.
SERTORIUS. Vous pourrez dès demain...
VIRIATE.   Dès ce même moment.
Ce n'est pas obéir qu'obéir lentement;
Et quand l'obéissance a de l'exactitude,
Elle voit que sa gloire est dans la promptitude.
SERTORIUS. Mes prières pouvaient souffrir quelques refus.
VIRIATE. Je les prendrai toujours pour ordres absolus.
Qui peut ce qui lui plaît commande alors qu'il prie.
D'ailleurs Perpenna m'aime avec idolâtrie :
Tant d'amour, tant de rois d'où son sang est venu,
Le pouvoir souverain dont il est soutenu,
Valent bien tous ensemble un trône imaginaire
Qui ne peut subsister que par l'heur de vous plaire.
SERTORIUS. Je n'ai donc qu'à mourir en faveur de ce choix :
J'en ai reçu la loi de votre propre voix;
C'est un ordre absolu qu'il est temps que j'entende.
Pour aimer un Romain, vous voulez qu'il commande;
Et comme Perpenna ne le peut sans ma mort,
Pour remplir votre trône il lui faut tout mon sort.
Lui donner votre main, c'est m'ordonner, madame,
De lui céder ma place au camp et dans votre âme.
Il est, il est trop juste, après un tel bonheur,
Qu'il l'ait dans notre armée ainsi qu'en votre cœur.
J'obéis sans murmure, et veux bien que ma vie...
VIRIATE. Avant que par cet ordre elle vous soit ravie,
Puis-je me plaindre à vous d'un retour inégal
Qui tient moins d'un ami qu'il ne fait d'un rival?
Vous trouvez ma faveur et trop prompte et trop pleine!
L'hymen où je m'apprête est pour vous une gêne!
Vous m'en parlez enfin comme si vous m'aimiez!
SERTORIUS. Souffrez, après ce mot, que je meure à vos pieds.
J'y veux bien immoler tout mon bonheur au vôtre,
Mais je ne vous puis voir entre les bras d'un autre;
Et c'est assez vous dire à quelle extrémité
Me réduit un amour que j'ai mal écouté.
Bien qu'un si digne objet le rendît excusable,
J'ai cru honteux d'aimer quand on n'est plus aimable;
J'ai voulu m'en défendre à voir mes cheveux gris,
Et me suis répondu longtemps de vos mépris :
Mais j'ai vu dans votre âme ensuite une autre idée,
Sur qui mon espérance aussitôt s'est fondée;
Et je me suis promis bien plus qu'à tous vos rois,
Quand j'ai vu que l'amour n'en ferait point le choix.
J'allais me déclarer sans l'offre d'Aristie :
Non que ma passion s'en soit vue alentie·

Mais je n'ai point douté qu'il ne fût d'un grand cœur
De tout sacrifier pour le commun bonheur.
L'amour de Perpenna s'est joint à ces pensées :
Vous avez vu le reste, et mes raisons forcées.
Je m'étais figuré que de tels déplaisirs
Pourraient ne me coûter que deux ou trois soupirs;
Et, pour m'en consoler, j'envisageais l'estime
Et d'ami généreux et de chef magnanime :
Mais, près du coup fatal, je sens par mes ennuis
Que je me promettais bien plus que je ne puis.
Je me rends donc, madame : ordonnez de ma vie;
Encor tout de nouveau je vous la sacrifie.
Aimez-vous Perpenna?

VIRIATE.   Je sais vous obéir,
Mais je ne sais que c'est d'aimer ni de haïr;
Et la part que tantôt vous aviez dans mon âme
Fut un don de ma gloire et non pas de ma flamme.
Je n'en ai point pour lui, je n'en eus point pour vous;
Je ne veux point d'amant, mais je veux un époux,
Mais je veux un héros qui par son hyménée
Sache élever si haut le trône où je suis née,
Qu'il puisse de l'Espagne être l'heureux soutien,
Et laisser de vrais rois de mon sang et du sien.
Je le trouvais en vous, n'eût été la bassesse
Qui pour ce cher rival contre moi s'intéresse,
Et dont, quand je vous mets au-dessus de cent rois,
Une répudiée a mérité le choix.
Je l'oublierai pourtant, et veux vous faire grâce.
M'aimez-vous?

SERTORIUS.   Oserais-je en prendre encor l'audace?
VIRIATE. Prenez-la, j'y consens, seigneur; et dès demain,
Au lieu de Perpenna, donnez-moi votre main.
SERTORIUS. Que se tiendrait heureux un amour moins sincère,
Qui n'aurait autre but que de se satisfaire,
Et qui se remplirait de sa félicité,
Sans prendre aucun souci de votre dignité !
Mais quand vous oubliez ce que j'ai pu vous dire,
Puis-je oublier les soins d'agrandir votre empire,
Que votre grand projet est celui de régner?
VIRIATE. Seigneur, vous faire grâce, est-ce m'en éloigner?
SERTORIUS. Ah! madame! est-il temps que cette grâce éclate?
VIRIATE. C'est cet éclat, seigneur, que cherche Viriate.
SERTORIUS. Nous perdons tout, madame, à le précipiter.
L'amour de Perpenna le fera révolter;
Souffrez qu'un peu de temps doucement le ménage,
Qu'auprès d'un autre objet un autre amour l'engage :
Des amis d'Aristie assurons le secours
A force de promettre, en différant toujours :

Détruire tout l'espoir qui les tient en haleine,
C'est les perdre, c'est mettre un jaloux hors de peine,
Dont l'esprit ébranlé ne se doit pas guérir
De cette impression qui peut nous l'acquérir.
Pourrions-nous venger Rome après de telles pertes?
Pourrions-nous l'affranchir des misères souffertes?
Et de ses intérêts un si haut abandon...

VIRIATE. Et que m'importe à moi si Rome souffre ou non?
Quand j'aurai de ses maux effacé l'infamie,
J'en obtiendrai pour fruit le nom de son amie!
Je vous verrai consul m'en apporter les lois,
Et m'abaisser vous-même au rang des autres rois?
Si vous m'aimez, seigneur, nos mers et nos montagnes
Doivent borner vos vœux, ainsi que nos Espagnes :
Nous pouvons nous y faire un assez beau destin,
Sans chercher d'autre gloire au pied de l'Aventin.
Affranchissons le Tage, et laissons faire au Tibre.
La liberté n'est rien quand tout le monde est libre :
Mais il est beau de l'être, et voir tout l'univers
Soupirer sous le joug, et gémir dans les fers;
Il est beau d'étaler cette prérogative
Aux yeux du Rhône esclave et de Rome captive,
Et de voir envier aux peuples abattus
Ce respect que le sort garde pour les vertus.
Quant au grand Perpenna, s'il est si redoutable,
Remettez-moi le soin de le rendre traitable :
Je sais l'art d'empêcher les grands cœurs de faillir.

SERTORIUS. Mais quel fruit pensez-vous en pouvoir recueillir?
Je le sais comme vous, et vois quelles tempêtes
Cet ordre surprenant formera sur nos têtes.
Ne cherchons point, madame, à faire des mutins,
Et ne nous brouillons point avec nos bons destins.
Rome nous donnera, sans eux, assez de peine,
Avant que de souscrire à l'hymen d'une reine;
Et nous n'en fléchirons jamais la dureté,
A moins qu'elle nous doive et gloire et liberté.

VIRIATE. Je vous avouerai plus, seigneur : loin d'y souscrire
Elle en prendra pour vous une haine où j'aspire,
Un courroux implacable, un orgueil endurci;
Et c'est par où je veux vous arrêter ici.
Qu'ai-je à faire dans Rome? et pourquoi, je vous prie...

SERTORIUS. Mais nos Romains, madame, aiment tous leur patrie;
Et de tous leurs travaux l'unique et doux espoir,
C'est de vaincre bientôt assez pour la revoir.

VIRIATE. Pour les enchaîner tous sur les rives du Tage,
Nous n'avons qu'à laisser Rome dans l'esclavage :
Ils aimeront à vivre et sous vous et sous moi,
Tant qu'ils n'auront qu'un choix, d'un tyran, ou d'un roi.

SERTORIUS. Ils ont pour l'un et l'autre une pareille haine,
Et n'obéiront point au mari d'une reine.
VIRIATE. Qu'ils aillent donc chercher des climats à leur choix.
Où le gouvernement n'ait ni tyrans ni rois.
Nos Espagnols, formés à votre art militaire,
Achèveront sans eux ce qui nous reste à faire.
　　La perte de Sylla n'est pas ce que je veux;
Rome attire encor moins la fierté de mes vœux :
L'hymen où je prétends ne peut trouver d'amorces
Au milieu d'une ville où règnent les divorces;
Et du haut de mon trône on ne voit point d'attraits
Où l'on n'est roi qu'un an, pour n'être rien après.
Enfin, pour achever, j'ai fait pour vous plus qu'elle :
Elle vous a banni, j'ai pris votre querelle;
Je conserve des jours qu'elle veut vous ravir.
Prenez le diadème, et laissez-la servir.
Il est beau de tenter des choses inouïes,
Dût-on voir par l'effet ses volontés trahies.
Pour moi, d'un grand Romain je veux faire un grand roi;
Vous, s'il y faut périr, périssez avec moi:
C'est gloire de se perdre en servant ce qu'on aime.
SERTORIUS. Mais porter dès l'abord les choses à l'extrême,
Madame, et sans besoin faire des mécontents !
Soyons heureux plus tard pour l'être plus longtemps.
Une victoire ou deux jointes à quelque adresse...
VIRIATE. Vous savez que l'amour n'est pas ce qui me presse,
Seigneur. Mais, après tout, il faut le confesser,
Tant de précaution commence à me lasser.
Je suis reine; et qui sait porter une couronne,
Quand il a prononcé, n'aime point qu'on raisonne.
Je vais penser à moi : vous penserez à vous.
SERTORIUS. Ah! si vous écoutez cet injuste courroux...
VIRIATE. Je n'en ai point, seigneur; mais mon inquiétude
Ne veut plus dans mon sort aucune incertitude :
Vous me direz demain où je dois l'arrêter.
Cependant je vous laisse avec qui consulter.

SCÈNE III.

SERTORIUS, PERPENNA, AUFIDE.

PERPENNA à *Aufide*. Dieux! qui peut faire ainsi disparaître la reine?
AUFIDE à *Perpenna*. Lui-même a quelque chose en l'âme qui le gêne,
Seigneur; et notre abord le rend tout interdit.
SERTORIUS. De Pompée en ces lieux savez-vous ce qu'on dit?
L'avez-vous mis fort loin au delà de la porte?
PERPENNA. Comme assez près des murs il avait son escorte,
Je me suis dispensé de le mettre plus loin.

ACTE IV.

Mais de votre secours, seigneur, j'ai grand besoin :
Tout son visage montre une fierté si haute...

SERTORIUS. Nous n'avons rien conclu ; mais ce n'est pas ma faute :
Et vous savez...

PERPENNA. Je sais qu'en de pareils débats...

SERTORIUS. Je n'ai point cru devoir mettre les armes bas ;
Il n'est pas encor temps.

PERPENNA. Continuez, de grâce ;
Il n'est pas encor temps que l'amitié se lasse.

SERTORIUS. Votre intérêt m'arrête autant comme le mien :
Si je m'en trouvais mal, vous ne seriez pas bien.

PERPENNA. De vrai, sans votre appui je serais fort à plaindre ;
Mais je ne vois pour vous aucun sujet de craindre.

SERTORIUS. Je serais le premier dont on serait jaloux ;
Mais ensuite le sort pourrait tomber sur vous.
Le tyran, après moi, vous craint plus qu'aucun autre,
Et ma tête abattue ébranlerait la vôtre.
Nous ferons bien tous deux d'attendre plus d'un an.

PERPENNA. Que parlez-vous, seigneur, de tête et de tyran ?

SERTORIUS. Je parle de Sylla, vous le devez connaître.

PERPENNA. Et je parlais des feux que la reine a fait naître !

SERTORIUS. Nos esprits étaient donc également distraits :
Tout le mien s'attachait aux périls de la paix ;
Et je vous demandais quel bruit fait par la ville
De Pompée et de moi l'entretien inutile.
Vous le saurez, Aufide ?

AUFIDE. A ne rien déguiser,
Seigneur, ceux de sa suite en ont su mal user :
J'en crains parmi le peuple un insolent murmure.
Ils ont dit que Sylla quitte sa dictature ;
Que vous seul refusez les douceurs de la paix,
Et voulez une guerre à ne finir jamais.
Déjà de nos soldats l'âme préoccupée
Montre un peu trop de joie à parler de Pompée ;
Et si l'erreur s'épand jusqu'en nos garnisons,
Elle y pourra semer de dangereux poisons.

SERTORIUS. Nous en romprons le coup avant qu'elle grossisse,
Et ferons par nos soins avorter l'artifice.
D'autres plus grands périls le ciel m'a garanti.

PERPENNA. Ne ferions-nous pas mieux d'accepter le parti,
Seigneur ? trouvez-vous l'offre ou honteuse, ou mal sûre ?

SERTORIUS. Sylla peut en effet quitter sa dictature ;
Mais il peut faire aussi des consuls à son choix,
De qui la pourpre esclave agira sous ses lois ;
Et quand nous n'en craindrons aucuns ordres sinistres
Nous périrons par ceux de ses lâches ministres.
Croyez-moi, pour des gens comme vous deux et moi
Rien n'est si dangereux que trop de bonne foi.

Sylla par politique a pris cette mesure
De montrer au soldat l'impunité fort sûre;
Mais pour Cinna, Carbon, le jeune Marius,
Il a voulu leur tête, et les a tous perdus.
Pour moi, que tout mon camp sur ce bruit m'abandonne,
Qu'il ne reste pour moi que ma seule personne,
Je me perdrai plutôt dans quelque affreux climat,
Qu'aller tant qu'il vivra briguer le consulat.
Vous...

PERPENNA. Ce n'est pas, seigneur, ce qui me tient en peine :
Exclu du consulat par l'hymen d'une reine,
Du moins si vos bontés m'obtiennent ce bonheur,
Je n'attends plus de Rome aucun degré d'honneur;
Et, banni pour jamais dans la Lusitanie,
J'y crois en sûreté les restes de ma vie.

SERTORIUS. Oui; mais je ne vois pas encor de sûreté
A ce que vous et moi nous avions concerté.
Vous savez que la reine est d'une humeur si fière...
Mais peut-être le temps la rendra moins altière.
Adieu : dispensez-moi de parler là-dessus.

PERPENNA. Parlez, seigneur : mes vœux sont-ils si mal reçus?
Est-ce en vain que je l'aime, en vain que je soupire?

SERTORIUS. Sa retraite a plus dit que je ne puis vous dire.

PERPENNA. Elle m'a dit beaucoup : mais, seigneur, achevez,
Et ne me cachez point ce que vous en savez.
Ne m'auriez-vous rempli que d'un espoir frivole?

SERTORIUS. Non; je vous l'ai cédée, et vous tiendrai parole.
Je l'aime, et vous la donne encor malgré mon feu :
Mais je crains que ce don n'ait jamais son aveu,
Qu'il n'attire sur nous d'impitoyables haines.
Que vous dirai-je enfin? L'Espagne a d'autres reines;
Et vous pourriez vous faire un destin bien plus doux,
Si vous faisiez pour moi ce que je fais pour vous.
Celle des Vacéens, celle des Ilergètes,
Rendraient vos volontés bien plutôt satisfaites :
La reine avec chaleur saurait vous y servir.

PERPENNA. Vous me l'avez promise, et me l'allez ravir.

SERTORIUS. Que sert que je promette, et que je vous la donne,
Quand son ambition l'attache à ma personne?
Vous savez les raisons de cet attachement :
Je vous en ai tantôt parlé confidemment;
Je vous en fais encor la même confidence.
Faites à votre amour un peu de violence;
J'ai triomphé du mien; j'y suis encor tout prêt :
Mais s'il faut du parti ménager l'intérêt,
Faut-il pousser à bout une reine obstinée,
Qui veut faire à son choix toute sa destinée,
Et de qui le secours, depuis plus de dix ans,

Nous a mieux soutenus que tous nos partisans?
PERPENNA. La trouvez-vous, seigneur, en état de vous nuire?
SERTORIUS. Non; elle ne peut pas tout à fait nous détruire;
Mais si vous m'enchaînez à ce que j'ai promis,
Dès demain elle traite avec nos ennemis.
Leur camp n'est que trop proche; ici chacun murmure:
Jugez ce qu'il faut craindre en cette conjoncture;
Voyez quel prompt remède on y peut apporter,
Et quel fruit nous aurons de la violenter.
PERPENNA. C'est à moi de me vaincre, et la raison l'ordonne:
Mais d'un si grand dessein tout mon cœur qui frissonne...
SERTORIUS. Ne vous contraignez point; dût m'en coûter le jour,
Je tiendrai ma promesse en dépit de l'amour.
PERPENNA. Si vos promesses n'ont l'aveu de Viriate...
SERTORIUS. Je ne puis de sa part rien dire qui vous flatte.
PERPENNA. Je dois donc me contraindre, et j'y suis résolu.
Oui, sur tous mes désirs je me rends absolu;
J'en veux, à votre exemple, être aujourd'hui le maître;
Et, malgré cet amour que j'ai laissé trop croître,
Vous direz à la reine...
SERTORIUS. Hé bien! je lui dirai?
PERPENNA. Rien, seigneur, rien encor; demain j'y penserai.
Toutefois la colère où s'emporte son âme
Pourrait dès cette nuit commencer quelque trame:
Vous lui direz, seigneur, tout ce que vous voudrez;
Et je suivrai l'avis que pour moi vous prendrez.
SERTORIUS. Je vous admire et plains.
PERPENNA. Que j'ai l'âme accablée!
SERTORIUS. Je partage les maux dont je la vois comblée.
Adieu: j'entre un moment pour calmer son chagrin,
Et me rendrai chez vous à l'heure du festin.

SCÈNE IV.

PERPENNA, AUFIDE.

AUFIDE. Ce maître si chéri fait pour vous des merveilles!
Votre flamme en reçoit des faveurs sans pareilles!
Son nom seul, malgré lui, vous avait tout volé,
Et la reine se rend sitôt qu'il a parlé!
Quels services faut-il que votre espoir hasarde
Afin de mériter l'amour qu'elle vous garde?
Et dans quel temps, seigneur, purgerez-vous ces lieux
De cet illustre objet qui lui blesse les yeux?
Elle n'est point ingrate; et les lois qu'elle impose
Pour se faire obéir promettent peu de chose;
Mais on n'a qu'à laisser le salaire à son choix,
Et courir sans scrupule exécuter ses lois.

Vous ne me dites rien! Apprenez-moi, de grâce,
Comment vous résolvez que le festin se passe.
Dissimulerez-vous ce manquement de foi?
Et voulez-vous...

PERPENNA. Allons en résoudre chez moi.

ACTE CINQUIÈME.

SCÈNE I.

ARISTIE, VIRIATE.

ARISTIE. Oui, madame, j'en suis comme vous ennemie :
Vous aimez les grandeurs et je hais l'infamie.
Je cherche à me venger; vous, à vous établir :
Mais vous pourrez me perdre et moi vous affaiblir,
Si le cœur mieux ouvert ne met d'intelligence
Votre établissement avecque ma vengeance.
On m'a volé Pompée; et moi, pour le braver,
Cet ingrat que sa foi n'ose me conserver,
Je cherche un autre époux qui le passe ou l'égale :
Mais je n'ai pas dessein d'être votre rivale,
Et n'ai point dû prévoir, ni que vers un Romain
Une reine jamais daignât pencher sa main,
Ni qu'un héros dont l'âme a paru si romaine
Démentît ce grand nom par l'hymen d'une reine;
J'ai cru dans sa naissance et votre dignité
Pareille aversion et contraire fierté.
Cependant on me dit qu'il consent l'hyménée,
Et qu'en vain il s'oppose au choix de la journée,
Puisque, si dès demain il n'a tout son éclat,
Vous allez du parti séparer votre État.
Comme je n'ai pour but que d'en grossir les forces,
J'aurais grand déplaisir d'y causer des divorces,
Et de servir Sylla mieux que tous ses amis,
Quand je lui veux partout faire des ennemis.
Parlez donc : quelque espoir que vous m'ayez vu prendre,
Si vous y prétendez, je cesse d'y prétendre.
Un reste d'autre espoir, et plus juste et plus doux,
Saura voir sans chagrin Sertorius à vous :
Mon cœur veut à toute heure immoler à Pompée
Tous les ressentiments de ma place usurpée;
Et comme son amour eut peine à me trahir,
J'ai voulu me venger, et n'ai pu le haïr.
Ne me déguisez rien, non plus que je déguise.

VIRIATE. Viriate à son tour vous doit même franchise.

ACTE V.

Madame; et d'ailleurs même on vous en a trop dit
Pour vous dissimuler ce que j'ai dans l'esprit.
J'ai fait venir exprès Sertorius d'Afrique
Pour sauver mes Etats d'un pouvoir tyrannique :
Et mes voisins domptés m'apprenaient que sans lui
Nos rois contre Sylla n'étaient qu'un vain appui.
Avec un seul vaisseau ce grand héros prit terre ;
Avec mes sujets seuls il commença la guerre :
Je mis entre ses mains mes places et mes ports,
Et je lui confiai mon sceptre et mes trésors.
Dès l'abord il sut vaincre, et j'ai vu la victoire
Enfler de jour en jour sa puissance et sa gloire.
Nos rois lassés du joug et vos persécutés,
Avec tant de chaleur l'ont joint de tous côtés,
Qu'enfin il a poussé nos armes fortunées
Jusques à vous réduire au pied des Pyrénées.
Mais après l'avoir mis au point où je le voi,
Je ne puis voir que lui qui soit digne de moi ;
Et regardant sa gloire ainsi que mon ouvrage,
Je périrai plutôt qu'une autre la partage :
Mes sujets valent bien que j'aime à leur donner
Des monarques d'un sang qui sache gouverner,
Qui sache faire tête à vos tyrans du monde,
Et rendre notre Espagne en lauriers si féconde
Qu'on voie un jour le Pô redouter ses efforts,
Et le Tibre lui-même en trembler pour ses bords.

ARISTIE. Votre dessein est grand ; mais à quoi qu'il aspire...
VIRIATE. Il m'a dit les raisons que vous me voulez dire.
Je sais qu'il serait bon de taire et différer
Ce glorieux hymen qu'il me fait espérer ;
Mais la paix qu'aujourd'hui l'on offre à ce grand homme
Ouvre trop les chemins et les portes de Rome :
Je vois que s'il y rentre il est perdu pour moi ;
Et je l'en veux bannir par le don de ma foi.
Si je hasarde trop de m'être déclarée,
J'aime mieux ce péril que ma perte assurée ;
Et si tous vos proscrits osent s'en désunir,
Nos bons destins sans eux pourront nous soutenir.
Mes peuples, aguerris sous votre discipline,
N'auront jamais au cœur de Rome qui domine ;
Et ce sont des Romains dont l'unique souci
Est de combattre, vaincre et triompher ici.
Tant qu'ils verront marcher ce héros à leur tête,
Ils iront sans frayeur de conquête en conquête.
Un exemple si grand dignement soutenu
Saura... Mais que nous veut ce Romain inconnu ?

SCÈNE II.

ARISTIE, VIRIATE, ARCAS.

ARISTIE. Madame, c'est Arcas l'affranchi de mon frère :
Sa venue en ces lieux cache quelque mystère.
Parle, Arcas, et dis-nous...
ARCAS. Ces lettres mieux que moi
Vous diront un succès qu'à peine encor je croi.
ARISTIE *lit.* « Chère sœur, pour ta joie il est temps que tu saches
» Que nos maux et les tiens vont finir en effet.
» Sylla marche en public sans faisceaux et sans haches,
» Prêt à rendre raison de tout ce qu'il a fait.
» Il s'est en plein sénat démis de sa puissance;
» Et si vers toi Pompée a le moindre penchant,
» Le ciel vient de briser sa nouvelle alliance,
» Et la triste Emilie est morte en accouchant.
» Sylla même consent, pour calmer tant de haines,
» Qu'un feu qui fut si beau rentre en sa dignité,
» Et que l'hymen te rende à tes premières chaînes,
» En même temps qu'à Rome il rend sa liberté.
   » QUINTUS ARISTIUS. »

Le ciel s'est donc lassé de m'être impitoyable!
Ce bonheur, comme à toi, me paraît incroyable :
Cours au camp de Pompée, et dis-lui, cher Arcas...
ARCAS. Il a cette nouvelle et revient sur ses pas.
De la part de Sylla chargé de lui remettre
Sur ce grand changement une pareille lettre,
A deux milles d'ici j'ai su le rencontrer.
ARISTIE. Quel amour, quelle joie a-t-il daigné montrer?
Que dit-il? que fait-il?
ARCAS. Par votre expérience
Vous pouvez bien juger de son impatience :
Mais rappelé vers vous par un transport d'amour
Qui ne lui permet pas d'achever son retour,
L'ordre que pour son camp ce grand effet demande
L'arrête à le donner, attendant qu'il s'y rende.
Il me suivra de près, et m'a fait avancer
Pour vous dire un miracle où vous n'osiez penser.
ARISTIE. Vous avez lieu d'en prendre une allégresse égale,
Madame; vous voilà sans crainte et sans rivale.
VIRIATE. Je n'en ai plus en vous, et je n'en puis douter ;
Mais il m'en reste une autre et plus à redouter :
Rome, que ce héros aime plus que lui-même,
Et qu'il préférerait sans doute au diadème,
Si contre cet amour...

SCÈNE III.

VIRIATE, ARISTIE, THAMIRE, ARCAS.

THAMIRE. Ah! madame!
VIRIATE. Qu'as-tu,
Thamire? et d'où te vient ce visage abattu?
Que nous disent tes pleurs?
THAMIRE. Que vous êtes perdue;
Que cet illustre bras qui vous a défendue...
VIRIATE. Sertorius?
THAMIRE. Hélas! ce grand Sertorius...
VIRIATE. N'achèveras-tu point?
THAMIRE. Madame, il ne vit plus.
VIRIATE. Il ne vit plus! ô ciel! Qui te l'a dit, Thamire?
THAMIRE. Ses assassins font gloire eux-mêmes de le dire.
Ces tigres dont la rage, au milieu du festin,
Par l'ordre d'un perfide a tranché son destin,
Tout couverts de son sang courent parmi la ville
Emouvoir les soldats et le peuple imbécile;
Et Perpenna par eux proclamé général
Ne vous fait que trop voir d'où part ce coup fatal.
VIRIATE. Il m'en fait voir ensemble et l'auteur et la cause :
Par cet assassinat c'est de moi qu'on dispose;
C'est mon trône, c'est moi qu'on prétend conquérir;
Et c'est mon juste choix qui seul l'a fait périr.
  Madame, après sa perte et parmi ces alarmes,
N'attendez point de moi de soupirs ni de larmes :
Ce sont amusements que dédaigne aisément
Le prompt et noble orgueil d'un vif ressentiment;
Qui pleure l'affaiblit, qui soupire l'exhale.
Il faut plus de fierté dans une âme royale;
Et ma douleur, soumise aux soins de le venger...
ARISTIE. Mais vous vous aveuglez au milieu du danger.
Songez à fuir, madame.
THAMIRE. Il n'est plus temps : Aufide
Des portes du palais saisi pour ce perfide,
En fait votre prison et lui répond de vous.
Il vient, dissimulez un si juste courroux;
Et jusqu'à ce qu'un temps plus favorable arrive,
Daignez vous souvenir que vous êtes captive.
VIRIATE. Je sais ce que je suis, et le serai toujours,
N'eussé-je que le ciel et moi pour mon secours.

SCÈNE IV.

PERPENNA, ARISTIE, VIRIATE, THAMIRE, ARCAS.

PERPENNA *à Viriate.* Sertorius est mort : cessez d'être jalouse,
Madame, du haut rang qu'aurait pris son épouse;
Et n'appréhendez plus, comme de son vivant,
Qu'en vos propres Etats elle ait le pas devant.
Si l'espoir d'Aristie a fait ombrage au vôtre,
Je puis vous assurer et d'elle et de tout autre,
Et que ce coup heureux saura vous maintenir
Et contre le présent et contre l'avenir.
C'était un grand guerrier, mais dont le sang ni l'âge
Ne pouvaient avec vous faire un digne assemblage;
Et, malgré ces défauts, ce qui vous en plaisait,
C'était sa dignité qui vous tyrannisait.
Le nom de général vous le rendait aimable;
A vos rois, à moi-même il était préférable :
Vous vous éblouissiez du titre et de l'emploi;
Et je viens vous offrir et l'un et l'autre en moi,
Avec des qualités où votre âme hautaine
Trouvera mieux de quoi mériter une reine.
Un Romain qui commande et sort du sang des rois
(Je laisse l'âge à part) peut espérer son choix,
Surtout quand d'un affront son amour l'a vengée,
Et que d'un choix abject son bras l'a dégagée.

ARISTIE. Après t'être immolé chez toi ton général,
Toi, que faisait trembler l'ombre d'un tel rival,
Lâche, tu viens ici braver encor des femmes,
Vanter insolemment tes détestables flammes,
T'emparer d'une reine en son propre palais,
Et demander sa main pour prix de tes forfaits!
Crains les dieux, scélérat, crains les dieux ou Pompée;
Crains leur haine ou son bras, leur foudre ou son épée;
Et, quelque noir orgueil qui te puisse aveugler,
Apprends qu'il m'aime encore, et commence à trembler.
Tu le verras, méchant, plus tôt que tu ne penses;
Attends, attends de lui tes dignes récompenses.

PERPENNA. S'il en croit votre ardeur, je suis sûr du trépas :
Mais peut-être, madame, il ne l'en croira pas;
Et quand il me verra commander une armée
Contre lui tant de fois à vaincre accoutumée,
Il se rendra facile à conclure une paix
Qui faisait dès tantôt ses plus ardents souhaits.
J'ai même entre mes mains un assez bon otage
Pour faire mes traités avec quelque avantage.
Cependant vous pourriez, pour votre heur et le mien,

ACTE V.

    Ne parler pas si haut à qui ne vous dit rien :
    Ces menaces en l'air vous donnent trop de peine.
    Après ce que j'ai fait, laissez faire la reine;
    Et, sans blâmer des vœux qui ne vont point à vous,
    Songez à regagner le cœur de votre époux.

VIRIATE. Oui, madame, en effet, c'est à moi de répondre;
    Et mon silence ingrat a droit de me confondre.
    Ce généreux exploit, ces nobles sentiments,
    Méritent de ma part de hauts remercîments;
    Les différer encor, c'est lui faire injustice.
    Il m'a rendu sans doute un signalé service;
    Mais il n'en sait encor la grandeur qu'à demi.
    Le grand Sertorius fut son parfait ami;
    Apprenez-le, seigneur (car je me persuade
    Que nous devons ce titre à votre nouveau grade;
    Et, pour le peu de temps qu'il pourra vous durer,
    Il me coûtera peu de vous le déférer) :
    Sachez donc que pour vous il osa me déplaire,
    Ce héros; qu'il osa mériter ma colère;
    Que malgré son amour, que malgré mon courroux,
    Il a fait des efforts pour me donner à vous;
    Et qu'à moins qu'il vous plût lui rendre sa parole
    Tout mon dessein n'était qu'une attente frivole;
    Qu'il s'obstinait pour vous au refus de ma main.

ARISTIE. Et tu peux lui plonger un poignard dans le sein!
    Et ton bras....

VIRIATE.   Permettez, madame, que j'estime
    La grandeur de l'amour par la grandeur du crime.
    Chez lui-même, à sa table, au milieu d'un festin,
    D'un si parfait ami devenir l'assassin,
    Et de son général se faire un sacrifice,
    Lorsque son amitié lui rend un tel service;
    Renoncer à la gloire, accepter pour jamais
    L'infamie, et l'horreur qui suit les grands forfaits;
    Jusqu'en mon cabinet porter sa violence;
    Pour obtenir ma main m'y tenir sans défense :
    Tout cela d'autant plus fait voir ce que je doi
    A cet excès d'amour qu'il daigne avoir pour moi;
    Tout cela montre une âme au dernier point charmée :
    Il serait moins coupable à m'avoir moins aimée.
    Et, comme je n'ai point les sentiments ingrats,
    Je lui veux conseiller de ne m'épouser pas :
    Ce serait en son lit mettre son ennemie
    Pour être à tous moments maîtresse de sa vie;
    Et je me résoudrais à cet excès d'honneur
    Pour mieux choisir la place à lui percer le cœur.
    Seigneur, voilà l'effet de ma reconnaissance.
    Du reste, ma personne est en votre puissance;

Vous êtes maître ici; commandez, disposez,
Et recevez enfin ma main, si vous l'osez.
PERPENNA. Moi! si je l'oserai? Vos conseils magnanimes
Pouvaient perdre moins d'art à m'étaler mes crimes;
J'en connais mieux que vous toute l'énormité,
Et, pour la bien connaître, ils m'ont assez coûté.
On ne s'attache point, sans un remords bien rude,
A tant de perfidie et tant d'ingratitude :
Pour vous je l'ai dompté, pour vous je l'ai détruit:
J'en ai l'ignominie, et j'en aurai le fruit.
Menacez mes forfaits et proscrivez ma tête;
De ces mêmes forfaits vous serez la conquête :
Et n'eût tout mon bonheur que deux jours à durer,
Vous n'avez dès demain qu'à vous y préparer.
J'accepte votre haine, et l'ai bien méritée ;
J'en ai prévu la suite, et j'en sais la portée.
Mon triomphe....

SCÈNE V.

PERPENNA, ARISTIE, VIRIATE, AUFIDE, ARCAS, THAMIRE.

AUFIDE.   Seigneur, Pompée est arrivé,
Nos soldats mutinés, le peuple soulevé.
La porte s'est ouverte à son nom, à son ombre.
Nous n'avons point d'amis qui ne cèdent au nombre :
Antoine et Manlius, déchirés par morceaux,
Tout morts et tout sanglants, ont encor des bourreaux.
On cherche avec chaleur le reste des complices,
Que lui-même il destine à de pareils supplices.
Je défendais mon poste : il l'a soudain forcé,
Et de sa propre main vous me voyez percé;
Maître absolu de tout, il change ici la garde.
Pensez à vous; je meurs : la suite vous regarde.
ARISTIE. Pour quelle heure, seigneur, faut-il se préparer
A ce rare bonheur qu'il vient vous assurer?
Avez-vous en vos mains un assez bon otage
Pour faire vos traités avec grand avantage?
PERPENNA. C'est prendre en ma faveur un peu trop de souci,
Madame; j'ai de quoi le satisfaire ici.

SCÈNE VI.

POMPÉE, PERPENNA, VIRIATE, ARISTIE, CELSUS, ARCAS, THAMIRE.

PERPENNA. Seigneur, vous aurez su ce que je viens de faire.
Je vous ai de la paix immolé l'adversaire,
L'amant de votre femme, et ce rival fameux

ACTE V.

Qui s'opposait partout au succès de vos vœux.
Je vous rends Aristie, et finis cette crainte
Dont votre âme tantôt se montrait trop atteinte;
Et je vous affranchis de ce jaloux ennui
Qui ne pouvait la voir entre les bras d'autrui.
Je fais plus : je vous livre une fière ennemie,
Avec tout son orgueil et sa Lusitanie;
Je vous en ai fait maître, et de tous ces Romains
Que déjà leur bonheur a remis en vos mains.
Comme en un grand dessein, et qui veut promptitude,
On ne s'explique pas avec la multitude,
Je n'ai point cru, seigneur, devoir apprendre à tous
Celui d'aller demain me rendre auprès de vous;
Mais j'en porte sur moi d'assurés témoignages :
Ces lettres de ma foi vous seront de bons gages;
Et vous reconnaîtrez par leurs perfides traits
Combien Rome pour vous a d'ennemis secrets,
Qui tous, pour Aristie enflammés de vengeance,
Avec Sertorius étaient d'intelligence.
Lisez.

(*Il lui donne les lettres qu'Aristie avait apportées de Rome à Sertorius.*)

ARISTIE.   Quoi! scélérat! quoi! lâche! oses-tu bien...
PERPENNA. Madame, il est ici votre maître et le mien;
Il faut en sa présence un peu de modestie,
Et, si je vous oblige à quelque repartie,
La faire sans aigreur, sans outrages mêlés,
Et ne point oublier devant qui vous parlez.
    Vous voyez là, seigneur, deux illustres rivales,
Que cette perte anime à des haines égales.
Jusques au dernier point elles m'ont outragé;
Mais, puisque je vous vois, j'en suis assez vengé.
Je vous regarde aussi comme un dieu tutélaire;
Et ne puis... Mais, ô dieux! seigneur, qu'allez-vous faire?

POMPÉE *après avoir brûlé les lettres sans les lire.*
    Montrer d'un tel secret ce que je veux savoir.
Si vous m'aviez connu, vous l'auriez su prévoir.
    Rome en deux factions trop longtemps partagée
N'y sera point pour moi de nouveau replongée;
Et quand Sylla lui rend sa gloire et son bonheur,
Je n'y remettrai point le carnage et l'horreur.
Oyez, Celsus...   (*Il lui parle bas.*)
            Surtout empêchez qu'il ne nomme
Aucun des ennemis qu'elle m'a faits à Rome.
    (*A Perpenna.*)
Vous, suivez ce tribun; j'ai quelques intérêts
Qui demandent ici des entretiens secrets.

PERPENNA. Seigneur, se pourrait-il qu'après un tel service...
POMPÉE. J'en connais l'importance, et lui rendrai justice.
Allez.

PERPENNA. Mais cependant leur haine...
POMPÉE. C'est assez.
Je suis maître, je parle; allez, obéissez.

SCÈNE VII.

POMPÉE, VIRIATE, ARISTIE, THAMIRE, ARCAS.

POMPÉE. Ne vous offensez pas d'ouïr parler en maître,
Grande reine; ce n'est que pour punir un traître.
Criminel envers vous d'avoir trop écouté
L'insolence où montait sa noire lâcheté,
J'ai cru devoir sur lui prendre ce haut empire
Pour me justifier avant que vous rien dire :
Mais je n'abuse point d'un si facile accès,
Et je n'ai jamais su dérober mes succès.
Quelque appui que son crime aujourd'hui vous enlève
Je vous offre la paix, et ne romps point la trêve;
Et ceux de nos Romains qui sont auprès de vous
Peuvent y demeurer sans craindre mon courroux.
Si de quelque péril je vous ai garantie,
Je ne veux pour tout prix enlever qu'Aristie,
A qui, devant vos yeux, enfin maître de moi,
Je rapporte avec joie et ma main et ma foi.
Je ne dis rien du cœur, il tint toujours pour elle.
ARISTIE. Le mien savait vous rendre une ardeur mutuelle;
Et, pour mieux recevoir ce don renouvelé,
Il oubliera, seigneur, qu'on me l'avait volé.
VIRIATE. Moi, j'accepte la paix que vous m'avez offerte;
C'est tout ce que je puis, seigneur, après ma perte;
Elle est irréparable : et comme je ne voi
Ni chefs dignes de vous, ni rois dignes de moi,
Je renonce à la guerre, ainsi qu'à l'hyménée;
Mais j'aime encor l'honneur du trône où je suis née.
D'une juste amitié je sais garder les lois,
Et ne sais point régner comme règnent nos rois :
S'il faut que sous votre ordre ainsi qu'eux je domine,
Je m'ensevelirai sous ma propre ruine;
Mais si je puis régner sans honte, et sans époux,
Je ne veux d'héritiers que votre Rome, ou vous.
Vous choisirez, seigneur; ou, si votre alliance
Ne peut voir mes Etats sous ma seule puissance,
Vous n'avez qu'à garder cette place en vos mains,
Et je m'y tiens déjà captive des Romains.
POMPÉE. Madame, vous avez l'âme trop généreuse
Pour n'en pas obtenir une paix glorieuse;
Et l'on verra chez eux mon pouvoir abattu,
Ou j'y ferai toujours honorer la vertu.

SCÈNE VIII.

POMPÉE, ARISTIE, VIRIATE, CELSUS, ARCAS, THAMIRE.

POMPÉE. En est-ce fait, Celsus?
CELSUS.   Oui, seigneur; le perfide
A vu plus de cent bras punir son parricide;
Et, livré par votre ordre à ce peuple irrité,
Sans rien dire...
POMPÉE.   Il suffit, Rome est en sûreté;
Et ceux qu'à me haïr j'avais trop su contraindre,
N'y craignant rien de moi, n'y donnent rien à craindre.
   (*A Viriate.*)
Vous, madame, agréez pour notre grand héros
Que ses mânes vengés goûtent un plein repos.
Allons donner votre ordre à des pompes funèbres,
A l'égal de son nom illustres et célèbres,
Et dresser un tombeau témoin de son malheur,
Qui le soit de sa gloire et de notre douleur.

FIN DU TOME SECOND ET DERNIER.

TABLE DES PIÈCES

CONTENUES DANS CE VOLUME.

Pompée. 5
Rodogune. 53
Héraclius. 105
Don Sanche d'Aragon. 155
Nicomède. 203
Sertorius. 253

www.ingramcontent.com/pod-product-compliance
Lightning Source LLC
Chambersburg PA
CBHW071129160426
43196CB00011B/1840